大方廣佛華嚴經

八十華嚴講述⑫

夢參老和尚主講

方廣編輯部整理

升夜摩天宮品 夜摩宮中偈讚品

十行品 十無盡藏品

目錄

十行品 第二十一

十無盡藏品 第二十二

夢參老和尚略傳

夢參老和尚生於西元一九一五年，中國黑龍江省開通縣人。

一九三一年在北京房山縣上方山兜率寺出家，法名為「覺醒」。但是他認為自己沒有覺也沒有醒，再加上是作夢的因緣出家，便給自己取名為「夢參」。

出家後先到福建鼓山佛學院，依止慈舟老法師學習《華嚴經》，該佛學院是虛雲老和尚創辦的；之後又到青島湛山寺學習倓虛老法師的天台四教。

一九三七年奉倓老命赴廈門迎請弘老到湛山寺，夢參作弘老侍者，以護弘老生活起居半年，深受弘一大師身教的啓發。

一九四〇年起赴西藏色拉寺及西康等地，住色拉寺依止夏巴仁波切學習西藏黃教修法次第，長達十年之久。

一九五〇年元月二日即被令政治學習，錯判入獄長達三十三年。在獄中，他經常觀想：「假使熱鐵輪，於我頂上旋，終不以此苦，退失菩提心。」這句偈頌，自我勉勵，堅定信心，度過了漫長歲月。

一九八二年平反，回北京任教於北京中國佛學院。

一九八四年接受福建南普陀寺妙湛老和尚、圓拙長老之請，離開北京到廈門南普陀寺，協助恢復閩南佛學院，並任教務長。

一九八八年旅居美國，並數度應弟子邀請至加拿大、紐西蘭、新加坡、香港、台灣等地區弘法。

二〇〇四年住五台山靜修，農曆二月二日應五台山普壽寺之請，開講《大方廣佛華嚴經》（八十華嚴），二〇〇七年圓滿。

二〇〇九年以華梵大學榮譽講座教授身份來台弘法，法緣鼎盛。

二〇一七年十一月二十七日（農曆丁酉年十月初十申時），圓寂於五台山真容寺，享年一〇三歲。十二月三日午時，在五台山碧山寺塔林化身窯荼毗。

八十華嚴講述　總敘

二〇〇四年早春，夢參老和尚以九十嵩壽之高齡，在五台山普壽寺如瑞法師請法下，發願講述《大方廣佛華嚴經》；前後又輔以〈大乘起信論〉、《大乘大集地藏十輪經》、《法華經》、《楞嚴經》等大乘經論，完整開演華嚴甚深奧義，實為中國近代百年難得一遇的殊勝法緣。

回顧　夢參老和尚一生學法、求法、受難，乃至發願弘法度生，儼然是一部中國近代佛教史的縮影；而老和尚此次開講《華嚴經》，剛毅內斂，猶如屋漏痕渾然天成，將他畢生所學之顯密經論、華嚴、天台義理，搭配清涼國師、李通玄長者的疏論，交插貫穿於其中，層層疊疊，彷若千年古藤，最終將華嚴七處九會不思議境界全盤托出。

夢參老和尚為圓滿整部《華嚴經》，以堅忍卓絕的意志力，克服身心的重重障礙；他不畏五台深山的大風大雪，縱使在耳疾的折磨下，也能夠對治一切病苦，包容一切的順逆境界，堅持講經說法不令中斷，寫下中國近代佛教史上九十歲僧人開講《華嚴經》的紀錄。

老和尚雖老耄已至，神智依舊朗澈分明，講法次第有序，弘法音聲偉岸，陞座講經氣勢十足，宛如文殊菩薩來臨法座加持，令親臨法會者信心增長；無緣親臨法會者，相信透過閱讀整套的八十華嚴講述，也能如臨現場親聞法義。

惟華嚴玄理過於高遠，聞法者程度不一，老和尚為方便接引初入門者，往往費盡心思，委委曲曲，勤勤懇懇，當機裁剪玄義，又輔之以俚語民間典故，情無不周，辭無不達，俾使初學者聽聞華嚴境界生起學法的信心；間或有不識老和尚悲心者，輕易檢點過失，如指窮於為薪，闇然不知薪燼火傳的法界奧義。

如今海內外各地學習華嚴經論者與日俱增，持誦《大方廣佛華嚴經》的道場方興未艾，方廣文化繼出版整套八十華嚴講述DVD光碟之後，秉承 夢參老和尚殷重之交付囑託，在專修華嚴法門出家法師的協助下，將陸續出版全套八十華嚴講述書籍。

最後願此印經功德，迴向真如實際、菩提佛果、法界眾生。

祈願 夢參老和尚法身常住，廣利群生；

所有發心參與製作、聽聞華嚴法義者，福慧增長，同圓種智！

願此功德殊勝行

無邊勝福皆迴向

普願沉溺諸有情

速往無量光佛剎

凡例

本書的科判大綱是以〈華嚴經疏論纂要〉爲參考架構，力求簡要易解，如欲學習詳密的科判，請進一步參考清涼國師〈華嚴疏鈔〉與李通玄〈華嚴經合論〉。

書中的經論文句，以民初鉛字版《大方廣佛華嚴經》（方廣校正版《八十華嚴》）暨〈華嚴經疏論纂要〉爲底本；惟華嚴經論的名相用典，屬唐代古雅風格，與現代習慣用詞大相逕庭，尚祈讀者閱讀之餘，詳加簡擇。

凡書中列舉的傳說典故，係方便善巧，以得魚忘筌爲旨趣；有關文獻考證，僅在必要處以編者按語方式，註明出處。

夢參老和尚主講之〈八十華嚴講述〉正體中文版DVD光盤，業已製作完成，流通日久；惟影像的講經說法與書籍的文字書寫，呈現方式有所差異，爲求義理結構的完整敘述，書中文字略經刪改潤飾，如有誤植錯謬之處，尚祈不吝指正，是爲禱！

方廣文化編輯部　謹誌

升夜摩天宮品

○來意 釋名 宗趣

這一品講十行，你要行的時候，知易行難。知道的時候、學的時候，感覺還容易，做起來可就艱難了。中國古來的大德，有兩句話「知難行易」、「知易行難」，一個說知道很難，行起來、做起來就容易了，這是一種觀點。另一種說不是這樣的，知道容易，做起來很難。

這兩句話在文學界、知識界裡，辯論好多年，在我們說，知道不容易，做起來更難，知也難、做也難。沒有善因緣，用我們佛法說，你能聞到嗎？你沒有過去生的那些因緣，沒有知道的緣，行的緣更沒有了，行之惟艱。

前面是講法慧菩薩，引發我們的智慧，以智慧指導我們身口意的行動，以下就是行。行的時候，讚這個行的功德，顯我們自己本具的體性，乃至求佛加持。「感應道交難思議」，我們的感、諸佛菩薩的應，感和應，在菩提道上交流會通，就是感應道交。以前在須彌山頂，現在到了夜摩天宮，〈升夜摩天宮品〉（按：升或作昇），「夜摩」是什麼？是梵語，我們翻「時分」。這天叫「時分天」，時分天脫離須彌山頂，沒有地居了，空中了。從此以後諸天，或者在空中，這叫空居天。行要去做什麼呢？主要是化度眾生，還有自己修行。

第一個，化度眾生，得要知道時機，所以叫時分。要知道時間，時分是不是你度眾生的時候？適其時。大家讀任何佛經，如是如來一時，那一時是什麼時候？就是一時，前時後時中時，沒有！就是一時，說法的因緣契合了，有機可度就是一時。契合時機，聽者也歡喜，做者也喜悅。但是夜摩天不是完全離開有法，因為它跟忉利天、須彌頂還是很接近，涉有依空，不是完全離開有。依著空，言的是有。

行菩提道，講的是事，入到玄妙裡，人間聽不懂的，這個人講的很玄了，講故事說玄妙的，即事入玄。再一種，託事，依託事來顯道理。這是「夜摩」的意思，就是你得善知道時分。這個時候是末法，很多成道者沒有了，佛是智者，佛的預言，說在這個時候，修道成道的、證菩薩果的、證阿羅漢果的沒有了，善知時分。

夜摩天在六欲天裡是第三天，有的翻譯不同，加個「須」字，須夜摩天、須燄天、離諍天，這個天從來不諍。有這麼幾種名詞，在〈阿毗達磨論〉，還有《正法念處經》，還有佛的經論，還有慧遠音譯，就講夜摩天，說這個天，「為此天無日月晦明」，光明赫奕沒有晝夜之分，沒有黑夜白天，沒有日月光。

我們在須彌山講的是十住法門，是從我們有信心升到十住，從凡夫地到了十住位。從十住位漸漸的就入了十行位，夜摩天依空而住，是十行法門，依著法空之理而行，若再進呢？就進到兜率陀天，兜率陀天講的是十迴向法門。

這是佛到兜率陀天說十迴向法門，這個時候，於諸境界相沒貪求，這是以大悲爲主，利化眾生，大悲爲主慈悲。彌勒菩薩住兜率天，稱慈氏菩薩饒益眾生。於一切境界無所貪求，說十迴向法門。在夜摩天說十行，兜率天說十迴向，再升他化，他化自在天就說十地法門，這是佛所說的法，次第大概是這樣，現在我們看經文。

○釋文

爾時如來威神力故。十方一切世界。一一四天下南閻浮提。及須彌頂上。皆見如來處於眾會。彼諸菩薩悉以佛神力故。而演說法。莫不自謂恆對於佛。

這是說夜摩天的會上，是從須彌頂上升到夜摩天，眾生都見到佛，都「恆對於佛」，沒有離開。

爾時世尊不離一切菩提樹下。及須彌山頂。而向於彼夜摩天宮寶莊嚴殿。

還在菩提樹下，可是到忉利天、到須彌山頂，完了又到夜摩天。佛偏一切處，《華嚴經》是偏歷一切處，並不是離開這處到那處，離開了須彌山頂來到了夜摩天，不是的。到了忉利天，不離開眾會，每會還是照常的說法運行，大眾還在，都見著佛，恆對於他。

時夜摩天王遙見佛來。

夜摩天的天王看見佛來了，當然生大歡喜了。

即以神力於其殿內化作寶蓮華藏師子之座。百萬層級以為莊嚴。百萬金網以為交絡。百萬華帳。百萬鬘帳。百萬香帳。百萬寶帳。彌覆其上。華蓋。鬘蓋。香蓋。寶蓋。各亦百萬周迴布列。百萬光明而為照曜。百萬夜摩天王恭敬頂禮。

百萬夜摩天天王不是一個，爲什麼百萬世界？一個世界有一個天王，徧一切處，百萬菩薩稱揚讚歎。

百萬梵王踊躍歡喜。百萬菩薩稱揚讚歎。百萬天樂。各奏百萬種法音。相續不斷。百萬種華雲。百萬種鬘雲。百萬種莊嚴具雲。百萬種衣雲。周帀彌覆。百萬種摩尼雲。光明照曜。從百萬種善根所生。百萬諸佛之所護持。百萬種福德之所增長。百萬種深心。百萬種誓願之所嚴淨。百萬種行之所生起。百萬種法之所建立。百萬種神通之所變現。恆出百萬種言音。顯示諸法。

這些跟前面十住顯現都是相同的，大同小異，就是天不同了。總之，「行」不要當成在我們世間修行，我們世間是依著實有而行，天是依空而修行。前面都說化作，化作你不要執著沒有實體，是化現的。你不執著，無依無著來導你行的，都是蓮華所生的。

一個行爲含著無量無量的行爲，所以叫藏，藏者含藏義。懂得這個道理了，說百萬也好、說一個也好，表顯的形容，你要會想。百萬夜摩天，佛到這看著是一處，說百萬夜摩天都如是，百萬夜摩天王、百萬夜摩天，每個天都如是。

這是佛要說的法門功德莊嚴，因緣的莊嚴，福德智慧深心一切都契合佛的果體。發願修行，佛的體、佛的用、眾生的體用都是無生法體所緣起的，現在要加到無生，無生故無有滅，都是大願所修的。佛的神力，所行動的莊嚴，夜摩天也是佛所莊嚴的。這時候夜摩天王，把佛請到寶座上坐，向佛合掌恭敬，向佛表白。

時彼天王。敷置座已。向佛世尊曲躬合掌。恭敬尊重而白佛言。善來世尊。善來善逝。善來如來應正等覺。唯願哀愍處此宮殿。

說你來的很好，就叫善來，「善來善逝」。佛的十號，「逝」就是去的樣子。「善來如來應正等覺，唯願哀愍處此宮殿。」請你來這個宮殿坐。

時佛受請。即升寶殿。一切十方悉亦如是。

夜摩天王請了，佛就受他的請，升了這個寶殿，十方無量夜摩天亦如是。夜摩天王就讚歎了，讚歎誰呢？表白那個殿的功德，說寶座的功德。佛，您今天來坐，這個寶座過去佛都坐過，舉十尊佛。

爾時天王即自憶念過去佛所。所種善根。承佛威力。而說頌言。

夜摩天王就想了，過去的佛所，所種善根承佛的威神力，他憶念的時候、要說的時候得承佛的威神力。我們看一切經論，不論文殊、普賢、觀音、彌勒那些大菩薩都說承佛的威神力，前面法慧菩薩也是承佛的威神力演說諸法，這是尊重佛，讚歎佛，說這個智慧是佛所加持，我才能演。

名稱如來聞十方　諸吉祥中最無上
彼曾入此摩尼殿　是故此處最吉祥

這個地方最好了，最吉祥。爲什麼？名稱佛在這住過，來到這個殿也坐這個寶座，也如是莊嚴。

寶王如來世間燈　諸吉祥中最無上
彼曾入此清淨殿　是故此處最吉祥

寶王如來，過去佛。「世間燈」，就是佛的智光，照破了世間無明的黑暗。寶王如來也到這個殿坐過，所以這個地方最吉祥。

喜目如來見無礙　諸吉祥中最無上
彼曾入此莊嚴殿　是故此處最吉祥
然燈如來照世間　諸吉祥中最無上
彼曾入此殊勝殿　是故此處最吉祥
饒益如來利世間　諸吉祥中最無上
彼曾入此無垢殿　是故此處最吉祥
善覺如來無有師　諸吉祥中最無上
彼曾入此寶香殿　是故此處最吉祥
勝天如來世中燈　諸吉祥中最無上

彼曾入此妙香殿　是故此處最吉祥
無去如來論中雄　諸吉祥中最無上
彼曾入此普眼殿　是故此處最吉祥
無勝如來具眾德　諸吉祥中最無上
彼曾入此善嚴殿　是故此處最吉祥
苦行如來利世間　諸吉祥中最無上
彼曾入此普嚴殿　是故此處最吉祥

如此世界中夜摩天王承佛神力。憶念往昔諸佛功德。稱揚讚歎。十方世界夜摩天王。悉亦如是歎佛功德。爾時世尊入摩尼莊嚴殿。於寶蓮華藏師子座上結跏趺坐。此殿忽然廣博寬容。如其天眾諸所住處。十方世界悉亦如是。

這就是升夜摩天，第十九品。這是形式，跟下品是聯繫的。下面說〈夜摩宮中偈讚品〉。

升夜摩天宮品　竟

夜摩宮中偈讚品

◯來意 釋名 宗趣 釋文

爾時佛神力故。十方各有一大菩薩。一一各與佛剎微塵數菩薩俱。從十萬佛剎微塵數國土外諸世界中。而來集會。

法會換了，這個法會的大眾也換了，但是佛沒換。這個會主是功德林菩薩，十位菩薩都叫「林」。

其名曰功德林菩薩。慧林菩薩。勝林菩薩。無畏林菩薩。慚愧林菩薩。精進林菩薩。力林菩薩。行林菩薩。覺林菩薩。智林菩薩。

如果念過《地藏經》，有的本子前面有覺林菩薩讚歎佛的偈，就是這一品夜摩天宮覺林菩薩讚歎佛的偈頌，大家可能常念。從覺林菩薩體會到，十林菩薩完全談的空義，《華嚴經》行位的菩薩怎麼行呢？證得空義了，所有的教化眾生，讓眾生都悟得體性的道理，說我們的體，法體跟佛的法體，法身同一體性。行，修行的一切功德，不執著不貪戀，空無相無願無作，經常這樣觀想。

大家常念《地藏經》，覺林菩薩給我們用比喻，「譬如工畫師，分布諸彩色」，畫畫的，他的心沒有入顏色，顏色也不是心，他能畫出諸彩色。告訴你，地獄是沒有的，是眾生心（業）化現的，為什麼在《地藏經》前加上覺林菩薩讚歎佛的偈頌呢？就是這個涵義。

這菩薩修行的是什麼呢？是心法，在世間不離世間覺，在世間認識世間、不貪戀世間、覺悟世間，世間是空的如幻的。佛法在世間，一切諸菩薩在世間，不離世間覺。不離世間覺，翻過來就是覺悟世間，對於世間既不貪戀也不取捨，所從來國是哪個國？哪個世界？

此諸菩薩所從來國。所謂親慧世界。幢慧世界。寶慧世界。勝慧世界。燈慧世界。金剛慧世界。安樂慧世界。日慧世界。淨慧世界。梵慧世界。

所來的世界國土都叫「慧」，十行就是解慧，十解之慧，這就表明入十行位，十行位所依的就是十慧。慧是利生的妙用，智慧有時候一起說的，智是根本，慧就是妙用。十慧就是在利益眾生的時候，把他所修的清淨梵行，這十慧都依著他的佛，也就是他的本師。

此諸菩薩各於佛所淨修梵行。所謂常住眼佛。無勝眼佛。無住眼佛。

不動眼佛。天眼佛。解脫眼佛。審諦眼佛。明相眼佛。最上眼佛。紺青眼佛。

各各都有自己的佛國土，都有他所依止的佛，「淨修梵行」。佛所呢？以下就說所有來的這些大菩薩，他的佛是什麼德號？覺林菩薩所依止的佛是什麼德號？十菩薩依止十佛，「所謂常住眼佛、無勝眼佛、無住眼佛、不動眼佛、天眼佛、解脫眼佛、審諦眼佛、明相眼佛、最上眼佛、紺青眼佛。」

這是十林菩薩所依止的佛。爲什麼都叫「眼」呢？眼就是智慧，以智慧導你的行。我們走路得用眼睛來看一看，有沒有障礙，佛利益眾生的時候，都要依智來導行。智就是智慧眼，了了分明，我們這個腳要是沒有眼睛，那就瞎摸了，不知道走到哪裡去了，要先用眼睛看了路，要知路。所以佛有十眼佛，了了分明。

修行的時候，你得知道怎麼修行！要走路的時候，眼睛得要看一看怎麼走，這就是修十行法的果佛，這些佛都是修十行而開始成就的。這些菩薩所從來國土，所有的諸佛，依諸佛的教誨淨修梵行。第一，如功德林菩薩積行在躬，功德圓滿故得成於常住之果，先說功德林菩薩。第二慧爲最勝，故成無勝眼，第三悟勝義諦，名爲勝林菩薩，故成無住眼。第四聞深無畏，故成不動。

第五崇眞拒迷，崇尚眞實拒絕迷惑，拒絕無明，成大光淨。第六事理無差，事跟理從來沒有差謬，離身心相，得到解脫。我們要想解脫，先得離開你身心相，不離開身心相不能解脫。第七了相不動得審諦眼，諦是理實，理實永遠不動。第八照理正修故成明相，第九照心本源果成最上。第十鑒達諸佛迥超聲色，心言路絕叫智慧林，得果的妙明叫紺青眼。

是諸菩薩至佛所已。頂禮佛足。

這些來的十菩薩，到了夜摩天宮，到了毗盧遮那佛座下，先禮敬諸佛。

隨所來方各化作摩尼藏師子之座。於其座上。結跏趺坐。

各來各的，東西南北都不一定的，隨他所來的方向，自己化現一個寶座。「各化作摩尼藏師子之座。」一作意就化現了。

如此世界中夜摩天上菩薩來集。一切世界悉亦如是。其諸菩薩世界如來。所有名號悉等無別。

同一個名號，沒有什麼差別的。

爾時世尊從兩足上放百千億妙色光明。普照十方一切世界。夜摩宮中佛及大眾靡不皆現。

到夜摩天宮要說法，說法得要有眾。這些來的大眾，誰來說法呢？就是來的這些菩薩，佛一來到夜摩天宮有無量的十方菩薩，他們都帶很多眷屬，每個世界都有很多眷屬。不過，這上面沒說眷屬，略了，有主必有伴。經上有時說、有時不說，就隱了。

◎初功德林菩薩

爾時功德林菩薩承佛威力。普觀十方而說頌言。

功德林，「積行在躬，功德圓滿，故名功德。」以前我們齋館、素齋食，叫功德林。凡是開素食館的，都叫功德林。吃素食，你到他那兒去有功德，表示功德圓滿，過去所修行的得到什麼？功德。功德像什麼呢？拿林來形容。山林就言其多。若從他讚歎佛的功德說，佛的功德是無窮無盡的，佛的功德說不盡，就用那些林來形容。樹林子，一般人不會數它的數字，因為數不出來。

佛放大光明　普照於十方
悉見天人尊　通達無障礙

功德林讚歎佛的功德，說佛放大光明，感召十方，十方都見著佛，通達無障礙，讚歎佛的德。第一個頌，佛放大光明，前面是佛放光感召的。

佛坐夜摩宮　普徧十方界
此事甚奇特　世間所希有

世間是沒有的。佛在夜摩宮裡頭普徧十方的世界，放很奇特的大光明，這個事很希有。

須夜摩天王　偈讚十如來
如此會所見　一切處咸爾

夜摩天王讚歎十佛過去常來此殿，坐此座。

彼諸菩薩眾　皆同我等名

十方一切處　演說無上法

十方世界的夜摩天宮，所有菩薩眾，跟我功德林同名，跟來的菩薩同名，「皆同我等名」，跟我們的名字一樣。「十方一切處，演說無上法」，都說十行的無上法。

所從諸世界　名號亦無別
各於其佛所　淨修於梵行

都修清淨梵行，都在修行《華嚴經》十行法。

彼諸如來等　名號悉亦同
國土皆豐樂　神力悉自在

我們的名字同，所有十方國的佛的名字也同。每個佛世界都是安詳寂靜快樂，佛力都是自在的，同等的。

十方一切處　皆謂佛在此
或見在人間　或見住天宮

十方一切法會都說佛在我們這法會，其實佛在每個法會都如是的。功德林讚歎佛，或者在菩提樹，或者在須彌頂，或者在忉利天，十方一切處，佛都如是。或住天宮，如來是普安住一切諸國土。

如來普安住　一切諸國土
我等今見佛　處此天宮殿

我們見到的是處在夜摩天的宮殿。

昔發菩提願　普及十方界
是故佛威力　充徧難思議

世尊在往昔發的菩提大願，就是成佛。普現十方的一切世界，度眾生。無一處沒有佛，這是不可思議的。

遠離世所貪　具足無邊德
故獲神通力　眾生靡不見
遊行十方界　如空無所礙

一身無量身　其相不可得
佛功德無邊　云何可測知
無住亦無去　普入於法界

遠離世間的貪愛。不能測知佛的功德，佛在十方世界一切無所礙，像虛空一樣的。佛化的無量身，無量身即是一身，要求個相不可得的，因此說佛的功德無邊。云何可測知，怎麼來測度佛？既不住也不去，既不住此也不去他處，無住無去，但是能普徧入於一切法界。

◎第二慧林菩薩

爾時慧林菩薩。承佛威力。普觀十方而說頌言。

世間大導師　離垢無上尊
不可思議劫　難可得值遇
佛放大光明　世間靡不見
為眾廣開演　饒益諸羣生
如來出世間　為世除癡冥

如是世間燈　希有難可見

十林菩薩的第二位，「此辨智慧，悟此除冥難遇之慧，故名慧林。」慧林菩薩讚歎佛，表示佛所行的都是空行，十行菩薩所修的行位菩薩，住而後發心，發心行道，行道是度眾生而不執著，沒有染故，清淨的。說行，他的行從內心自性發起來的，度眾生不見眾生相，對眾生不起執著，佛就如是成道的。所以他稱讚，「世間大導師，離垢無上尊」，就是佛。十頌的意思都差不多，就是說佛難遇，離垢清淨，接引眾生，導引眾生。

「不可思議劫，難可得值遇。」經過好長時間不可思議，那麼多時間的劫，但是，沒有緣是遇不到的，難可得值遇，表明佛難遇。

「佛放大光明，世間靡不見。」這是約有緣說的，沒有因緣見不到的，就是佛放的光明，世間都見了。大家怎麼理解？現在我們見沒見？你從義理上會，佛所說的法、所遺留下來的像、世間的僧，我們所見到的都是住世三寶。理體三寶，我們每個人都具足。佛的住世三寶，這叫像法。這是約理性說，佛放的光明，世間無不見，沒有見不到的。現在我們是見不到的。從另一種意義說，我們看見佛像，讀誦佛經，見到僧寶，這個見，不如見到佛在世說法清淨。前面說難可得值遇，這裡是佛放大光明，世間沒有見不到的。怎麼理解？從世間上說，難可見，從理上說，佛放的光明，我們作爲般若智慧光，如果能照般若義，學甚深的空義，從理上見的。

「爲眾廣開演，饒益諸羣生。」「廣開演」就是佛說法，佛在世的時候是語言，現在是末法時候，我們把佛的語言記錄成文字，傳布於十方來饒益一切眾生。

「如來出世間，爲世除癡冥。」「冥」是冥暗的意思，「癡」是愚癡的意思，佛在世間上就是除眾生的苦難，除眾生的愚癡。「如是世間燈，希有難可見。」這個是事，佛出世間就像燈的光明一樣，形容燈的光明，說這個時候眾生的業，見不著佛的這個光明，前面說「佛放大光明，世間靡不見」，第三個偈頌就說佛如世間燈難可見，難値難遇。如果你在文字上去分析，難得見，他不是三寶弟子，無緣。就是三寶弟子，他有業障，惑業給他障住了。佛對世間說，利益很廣，但是得你有緣遇到，沒緣就見不到的。

已修施戒忍　精進及禪定
般若波羅蜜　以此照世間

這個沒有什麼解說的，就是六波羅蜜，布施、持戒、忍辱、精進、禪定、智慧，佛以六波羅蜜在世間度眾生，讓一切眾生，都能消除惑業苦三障，開智慧。

如來無與等　求比不可得

不了法真實　無有能得見
佛身及神通　自在難思議
無去亦無來　說法度眾生
若有得見聞　清淨天人師
永出諸惡趣　捨離一切苦

沒有與佛相等的，想要相比說不可得，就是佛佛道同，其他的菩薩、九界眾生不能跟佛相比，叫無能比。說你不了法的眞實義，就是諸法的體，法的眞實義是說的法體，我們經常說是法性。眞實義就是一眞法界，實相。名詞不同，義理是一個，就是法的眞實義。若想見法的眞實義，就得心開意解。心開意解就要學了，學完了經過行了，行完了經過證了。現在慧林菩薩，他示現行位菩薩，實際上他們跟文殊、普賢相等的，在他那個佛國土都成就的了。

「如來無與等，求比不可得，不了法眞實，無有能得見。」這個「無與等」跟前面「無能比」，意思是一樣的，想求比不可得的。若了法的眞實才能得見，不了法的眞實不能見。佛的神通力、佛的自在力，難思議。「難思議」就是凡夫去揣度，達不到的。「無去亦無來」，佛所說的一切法無去無來。這都是圓教話，都是圓融的，都是無相的，無作的。可是度眾生，度眾生是無作。佛住世間無相，如來，如者是不動，來者是隨緣，不動隨緣，隨緣亦不動。像我們現在講這個，佛本來在菩提場，不離菩提場到忉利天，不動忉利天到須彌頂，不動須彌頂又到夜摩天，不動。不動有沒有來？也沒來，是圓徧的。「無去亦無來」，離開菩提場來到夜摩天，沒有這種事的，這樣理解就不能見如來。

說法度眾生，《金剛經》上，佛問須菩提，如來有所說法耶？須菩提說，如來無所說，這就合乎佛義。無說無得無證，佛是自受用體。即無處來之相，而到一切處，說法度眾生。說法呢？說亦無說，「知我說法，如筏諭者，法尚應捨，何況非法。」這些涵義，大家掌握一個就行了，不要執著。我經常跟大家講，你不要執著，不要在相上來取，要悟得它的性。佛所說法，教化我們不要執著，不要在相上取，相即非相，所以說無去無來。終日說法度眾生，沒有一個眾生可度，不見眾生相。

「若有得見聞，清淨天人師，永出諸惡趣，捨離一切苦。」若能見到佛，聞到法，若見著清淨的天人師，就是佛，永遠不墮惡道了。「永出諸惡趣」，一切苦都捨離了。這兩句話可以用理上來解釋，根本沒有惡趣，所以永離。苦是眾生的執著，你的身體沒有，能受苦的是誰呢？苦的境界沒有，是你心意識的幻化。這個理，在你發心信佛的時候，信位就應當建立這個信心，完了再經過發心修行。因爲修行了，能夠自己了解到自性。信自己的體性，再依著這個體性而發菩提心，發個覺悟的心，達到自己體性，都是這個涵義。不過重覆、深入，深入、重覆。相信你的心，沒有一切相，沒有一切法，沒有一切事，佛心與眾生，是三皆平等。平等義是在這個理上，這所說的都是理上的話，大菩薩行菩薩道，不見眾生相。

十林菩薩讚歎的都是十行位的菩薩，把發菩提心的心擴大了，以前自己的信心，只是信，經過你的住又發菩提心，再加上你的行，完全證實你所信的，你自己那個體性與佛無二無別。

這個時候說的「如來無與等，求比不可得。」是說的事，你在事相上比不行，本來具足的，也沒有什麼比不比。這就是把我們所認識的世間相，跟著法理兩個合而爲一，把一切世間所有的分別諸相，虛妄諸相都合入理體，這些大菩薩讚歎的就把相入於理，事入於理。我們現在事不能入於理，例如我們的苦，我們不能理解。苦的性是沒有的，諸相是幻化的，這在住位發菩提心的時候，就有這麼一個覺心，覺照一切法。

無量無數劫　修習菩提行
不能知此義　不可得成佛

雖然經過無量無數劫，修習菩提行，如果你沒悟著這個道理，「不可得成佛」。如果經過無量劫的修行，發菩提心，修菩提行，悟得菩提，證得菩提，那就「知此義」，可以得成佛了。如果沒有修，無論修好長時間修菩提行，菩提行是覺行，行無所行，無去來之相，沒有修行之相。這個道理一定得懂，要是不懂的話，「不可得成佛」。

不可思議劫　供養無量佛
若能知此義　功德超於彼
無量剎珍寶　滿中施於佛
不能知此義　終不成菩提

這顯示菩提果的眞義。你用無量刹的珍寶供養於佛，這只是有形有相的世間相，不是覺性。他怎麼樣能知此義呢？能施者菩提，所施者也是菩提，所施的物也是菩提，三個，沒有能施者，沒有所施物，沒有受施者，這叫「知此義」。如果你有分別，有能施者，有受施者，還有個供養的施物，這就不能知此義，不能成佛。以什麼供養佛？以法供養，以心供養，這是能知此義，心佛與眾生，是三無差別。

◎第三勝林菩薩

爾時勝林菩薩。承佛威力。普觀十方而說頌言。

第三位菩薩，就是勝林，「悟勝義甚深之法」。「林」作爲義理講，林是形容詞。「勝林」，殊勝，什麼殊勝呢？菩提義。悟得菩提眞正的甚深之法，所以叫勝林。

譬如孟夏月　空淨無雲曀
赫日揚光暉　十方靡不充
其光無限量　無有能測知
有目斯尚然　何況盲冥者
諸佛亦如是　功德無邊際
不可思議劫　莫能分別知

他讚歎佛的功德，甚深、無邊際。譬如說五六月時的太陽，印度古來的劃分，不像我們講四季分明，它是三季，不是四季。一個地方的風俗習慣，個人的信仰，歷代遺留下來的，時間計算是不一樣的。他們五六月時叫孟夏月，空中清淨，一點雲都沒有。我到印度去，印度最熱的時候是三四月，不是五六月。爲什麼？到五六月，天天要下小雨。三四月沒雨，那熱得不得了。天上一點雲彩都沒有，太陽照的就是「空淨無雲曀」，沒有遮陽的。若有雲把陽光遮到了，那就清涼了。「赫日揚光暉，十方靡不充，這個偈頌稱頌什麼？稱頌佛的果德，我們眾生本具的那個德，清淨的，無染的，光明照耀的。沒有一個地方沒有，「十方靡不充」，「充」是充足，是徧滿十方的意思。這形容佛所說的法，甚深的義理，是徧滿十方界的。

「其光無限量，無有能測知。」說佛的光輝無限量，沒有能測知佛的光明所含的道理。佛要說法的時候先放光明，如果能測知了，你不聞法了，不要修道了，就悟得了。佛在很多經論上先放光，此經在夜摩天，因爲佛放光，這些諸林菩薩才從十方世界來，就是這個涵義。

「其光無限量，無有能測知，有目斯尙然，何況盲冥者。」一切眾生都有眼，他不能測知，不能見到光明，「盲冥」，沒有眼睛的，更測知不了了。這是形容諸佛的功德，「有目」，我們是有目的，還不能知道佛的功德，沒有學法的，那些盲冥的能知道嗎？更不知道了。

「不可思議劫，莫能分別知。」經過很長時間的籌劃、思惟、計度，想知道佛的功德，不可得。這些都是形容詞，用比喻形容的，讚歎佛功德怎麼讚歎，那些大菩薩就說種種的譬喻因緣，顯眞實義。

諸法無來處　亦無能作者
無有所從生　不可得分別

諸法從什麼地方來的？沒有來處可得，諸法誰作的？「亦無能作者」。這是形容諸法無生，諸法本無生，無生也無滅，無生滅法如何以言語表達呢？表達不出來，你要分別，沒有。生即無生，講無生的。

一切法無來　是故無有生
以生無有故　滅亦不可得

一切法無來，無來才說無生。生既沒有，滅亦不可得，有生才有滅，無生怎麼會有滅呢？無生亦無滅，所以滅也不可得。

一切法無生　亦復無有滅
若能如是解　斯人見如來

這些菩薩所行的道，是行在空中，我們是行在有中。那個空，隨勝義諦，隨勝義諦就是隨自性觀，要觀自性。一切諸法無自性，所以觀一切法空，法無自性。《心經》上說，觀自在菩薩行甚深般若，照見五蘊皆空，無一法存在的，這叫作自性觀，觀自性。諸法都是因緣生的，因緣就是依他生的，不是自生的。因緣依因緣生的，因緣生的是空的，依他起，依他起還是沒有自性的。達到圓滿成就了，圓成實性。諸法沒有一法是眞實的，世俗諦不是眞實的，勝義諦也不是眞實的，對著世俗諦顯勝義諦。這就是中觀的觀，觀一切諸法，觀法無來處，也沒有能作者，無有所從生，不可得分別，凡是分別皆不可得。一切法無來，一切法也無去，無來才無去，無生才無滅。

例如說我們這個桌子，有木材，有這個事物，這是現實的，但是中間還得加個工具，這些是和合的？是不和合的？說和合的生住有法，那就是幻滅的，爲什麼？它和合，有時候不和合了。生滅法，你要這樣來作觀。等到證到果了，果是空的。緣生的果，果法是空的。原先沒有這麼個東西，現在生出這麼個東西，這個東西不存在的，爲什麼？將來要滅的，因爲有生就有滅了，無生無滅。沒有自體，是和合而生的！心裡經常地思惟觀想，從你的內心觀，先觀外五蘊，或內五蘊，分析自己的身體，假使有個來處，它就一定先有了，說沒來處，或者這個東西沒有，原先沒有，那現在有了。這就要思惟修，菩薩修行就是這樣修。

因爲諸法皆空，空了不產生果，空不能產生果，果是因，因爲什麼生果？世間性是世間法，是妄計的。有生就有滅，滅了就沒有了。這個要你修觀，觀就是思惟修。生是說從來的，從來是因爲因。但是生成了，所生的是果，這叫因果。

因果是自己生的因果嗎？還是他方來生的因果？不自生，不他生，不共不無因。一個人跟木頭，跟工具怎麼合到一起的？和合而生，和合而滅。它是無常的，無自性的，它會消失的，損壞的，用用會滅的，火一燒就沒有了。若是自己生成的，火燒燒不了的。

要常時這麼思惟修，它所從的因、所從生而來的果，都是幻滅之法，無常法。有生一定有滅，無生絕對沒滅，若這樣的觀觀成了，無生觀成了，無生就是佛。若執（見）著有因緣法，那你不能見佛，有的說因緣能見佛，依他緣起故，緣起諸法無自性，無生的。必須得達到無生，無生才能不滅，有生就有滅。

諸法無生故　自性無所有
如是分別知　此人達深義

一切諸法無自性，爲什麼？「無生故」，無自性。這樣來認識一切諸法，你就達到甚深廣大義。

以法無性故　無有能了知
如是解於法　究竟無所解

若想了知一切法，一切法沒有體性的，「如是解於法」，這樣來解釋法，「究竟無所解」。解釋什麼？本來就沒有，怎麼解釋呢！一切諸法無自性性觀中，這個修行就是觀自性，沒有能生的相，生出相，因爲是幻滅的，都是生即無生，所生的法體，從緣生的，緣生的沒有自體，緣生無自性，眞性不立，眞性建立不起來，讓你作如是觀。因爲諸法無生，所以才無滅。諸法沒有自性，自性無所有，這樣來分別思惟、觀察，了知諸法無自性。要想了知自性，能了得到嗎？這樣來解釋一切諸法，「究竟無所解」，解釋不透徹的，解釋不了。

所說有生者　以現諸國土
能知國土性　其心不迷惑
世間國土性　觀察悉如實
若能於此知　善說一切義

一切國家，國土就是土地，山河大地。國土有什麼性？無性的，知道一切諸法無自性，你的心才不會迷惑。世間國土，一切世間國土的性，你去觀察，如實知，知道無自性的。若能這樣解說，才能把一切義理解釋清楚。這樣能生所生經常地觀察，觀察一切法怎麼生起的，所生一切諸法，觀能生和所生。觀察完了，知道無自性，這樣才了佛眞實義，這叫菩提性。

發菩提心、行菩薩道，在菩提道上走，究竟成就菩提佛果，十林菩薩都是顯示修行，觀諸法的性體，不從相上去取分別。

◎第四無畏林菩薩

爾時無畏林菩薩。承佛威力。普觀十方而說頌言。

如來廣大身　究竟於法界

不離於此座　而徧一切處

第四無畏林菩薩，「以信樂力，聞深不畏，名無畏林。」我們所信的境界相，信佛的境界，佛法身的本體就是法界，他的智慧身，證得的法界究竟極果了，所以能不離此座而徧一切處，如來的身是廣大的，是無邊身雲，廣大身就徧於法界，「不離於此座，而徧一切處。」智身就是佛的應用身，因爲他的體徧一切處，智身依體而起的，這叫不動本處而徧十方。

若聞如是法　恭敬信樂者

永離三惡道　一切諸苦難

若聞見如來如是法，能深信不疑就能離開一切惡道果。這是說修行，還不是說信，前面講信心位，像住位已經住了位，位不退了，信堅定了，信究竟了，這是說行。在你行道的時候，菩薩行道的時候，如果照佛這樣去做，一發菩提心就能百界作佛，這是學佛做的。如來身有多廣大呢？徧十方，徧虛空，盡法界，究竟在法界一切處都能示現身雲，而不離本座，「如」是佛的法身，「來」是徧十方。在一切處，一切處所，一切時間，佛的身體都徧滿的。爲什麼我們現在在這裡沒有？這個沒有是我們用分別心，不是見佛的心，不是菩提心的覺心，是妄想識，見不到！如果用眞心，說心佛與眾生，是三無差別，你的心跟佛的心合了，你就見到了，你見到還是你的心。

「若聞如是法」，如果聞著這種法，聞著佛的圓滿徧十方的智身證極法界，佛的智慧身，「恭敬信樂者」，不懷疑，因爲恭敬而相信，「永離三惡道，一切諸苦難」，三惡道也如是，三惡道眾生業，不能達到性，不能達到智，若達到智了就沒有了，就永離三惡道一切諸苦難。

設往諸世界　無量不可數
專心欲聽聞　如來自在力

假使你徧滿十方往一切世界去，「無量不可數」，那世界多了，沒有量也沒有邊際，也沒有數量，「專心欲聽聞，如來自在力」，佛的如來廣大身，徧滿法界的，觀想你的身也徧滿法界的。如果能夠這樣作、這樣觀，這樣成就了，能夠聽聞如來的法，《華嚴經》叫大法，我們一般稱大法，大乘無上妙義，這是什麼呢？如來自在的神力，你如果想聽，你的心契合佛的心，假佛的威神力，能夠十方徧往住處，聽聞說法。

如是諸佛法　是無上菩提
假使欲暫聞　無有能得者

這樣才是無上的究竟菩提，相信佛身雲徧滿十方，相信佛他所教化的處所徧滿十方，沒有一處沒有一時有停歇過。你沒聽到那是你的問題，不是佛的問題。像這樣所教授的方法、所覺悟的方法，這才是眞正的無上菩提，眞正覺了。

「假使欲暫聞」，我暫時聽一聽，辦不到，「無有能得者」。前面是不動而能徧往十方，完了得要信了，信了在十方處所，任何處所，聞著法就能生上信，離一切惡，但是聞不到。因爲你的境界相跟佛的境界相，相距太懸遠了。假使你能夠這樣觀，你把經本一打開，一念經，用你的觀力，佛就在你的面前。佛的法身就是一切法寶，一切法寶就是佛的全部法身。你打開哪部經，哪部經都是佛的全部法身，也是自己的法身，這是自他不二。

若有於過去　信如是佛法
已成兩足尊　而作世間燈

若有當得聞　如來自在力
聞已能生信　彼亦當成佛

在過去劫，我也是這樣信的，「若有」，假使有這麼個眾生，過去他一直相信如是佛法，這是眞的佛法。說佛給眾生作明燈，指路者，誰若聞到佛的自在神力，能生起信心，你一定當成佛。

若有於現在　能信此佛法
亦當成正覺　說法無所畏
無量無數劫　此法甚難值
若有得聞者　當知本願力

你聞到《大方廣佛華嚴經》，這是你過去的發心，聞到了，一定有原因的，有因由的。因爲過去發過願，如果沒願，你聞不到。

若有能受持　如是諸佛法
持已廣宣說　此人當成佛

若能受持大乘教義的法，又經常宣說這個法，給一切眾生說，「此人當成佛」。他這樣讚歎了，《華嚴經》早說了，《法華經》也早說了，你們遇到《法華經》的，遇到《華嚴經》的一定能成佛，什麼時候成？那就無量劫了。完了你還得有因緣，還得有修，還得有證，那才能成。

況復勤精進　堅固心不捨
當知如是人　決定成菩提

一定能成、入佛道，凡是讀過〈普賢行願品〉的都知道，讀〈普賢行願品〉一定能成佛，成就法身佛。

◎第五慚愧林菩薩

爾時慚愧林菩薩。承佛威力。普觀十方而說頌言。

慚愧林，「拒妄崇眞，拒迷崇智，名為慚愧。」這個菩薩常時慚愧，名字就叫慚愧林，承佛的威力觀十方一切諸佛。要崇信眞理，眞理就是佛的覺悟道理。拒絕一切妄，崇信眞理，所以叫慚愧。我們慚愧的意思，是懺悔過去的業，崇信佛所教授的眞理，讚歎佛的大智慧。

若人得聞是　希有自在法
能生歡喜心　疾除疑惑網

怎麼能生起一乘的利益？大乘的利益？聞了法了，生長一切殊勝的信心。以這個信心所獲得的利益是不可思量的，這就是佛智，佛智的利益。若有人能聞到希有之法，就是《華嚴經》，能生起歡喜心，不懷疑，你的功德就無量。不懷疑的沒有，除非覺林菩薩，說這十林菩薩，乃至十行菩薩，像這些菩薩他們不懷疑了；乃至《華嚴經》的十信位菩薩也不懷疑了。我們的信心還不具足，在任何事情上不相信自己是佛，也不相信自己能成佛。這個信心一直建立不起來，建立不起來信心就沒有，發起菩提心的時候，因地不眞，果上就招迂曲了，發心不眞。

如果我們每位道友都能眞誠發心，相信我跟佛無二無別，相信我自己的心是覺的，你這個心在身上所起的道行，所有修道，無論持戒也好，念佛也好，修禪觀也好，決定能成就的。一發了這個心，堅定不移了，信不退了，那就是了生死。我們歸依佛，歸依法，歸依僧，不是眞心的，而是妄心的，效果不大，力用不大。如果常時修理這個心，不讓它錯了念頭，不要被境界相轉，隨時念念的契合佛意，契合佛心，這就是佛智，希有法。

聞著希有法，絕對能成佛，因爲你原來的心就是佛。信嗎？這就是希有法，這叫自在。能生個歡喜心，生大歡喜心，你的心就成佛了。你不被一切疑惑，不只說財色利祿，人間的富貴，天上的享受，你都看著如敝屣，早就丟它了，把這些都丟掉，那是眞正的佛子。

一切知見人　自說如是言
如來無不知　是故難思議

能夠以佛的種智說這種難思議法，這個知見叫大知見，正確的知見，佛知見。你的知見與佛能如是說，「如來無不知」，悉知是人，悉見是人。這話在《金剛經》上也這樣說，能夠讀《金剛經》深信不疑不謗毀的，如來悉知，如來悉見。因爲佛對一切種智、一切智智，都成就了，所以他悉知了。

無有從無智　而生於智慧
世間常暗冥　是故無能生

怎麼能生起大智慧？你要想生智慧當求佛，向佛求，佛是無所不知的，佛就是大智慧人，不要向凡間、向世間求，求不到的。世間是暗冥的，生不出智慧來，沒有智慧，你想生出智慧來可能嗎？不可能。

如色及非色　此二不為一
智無智亦然　其體各殊異

色跟非色，這是兩個，不是一個。「智無智亦然」，智跟無智也是兩個。「其體各殊異」，智的體性不同的了。

如相與無相　生死及涅槃
分別各不同　智無智如是

相跟無相，或者生死與涅槃，這兩個是一個，我們經常說，相即無相，生死即涅槃，不是沒有說嗎？「分別各不同，智無智如是。」有智慧者跟無智者，如果分別起來不一樣的了。

世界始成立　無有敗壞相
智無智亦然　二相非一時

這意思是剛成立這個世界，什麼時候剛成立的？無始。假使這麼說，世界剛成立，哪有敗壞相？都是新興的、新成的。「智無智亦然」，智無智也如是，智慧跟無智也如是。「二相非一時」，不是一個時間。

如菩薩初心　不與後心俱
智無智亦然　二心不同時
譬如諸識身　各各無和合
智無智如是　究竟無和合

菩薩初發心跟最後成就的佛心，不是俱成的。我們這個色跟我們這個心是兩個？是一個？色是一切形相，心是緣慮，這兩個不是一個，眼耳鼻舌身不是一個，這是幻化的相。色和非色，有顏色沒有顏色，是兩個不是一個，說有相的跟無相的不是一個，拿這個作形容詞。我們這個心智、體性、佛性，本具足的覺性，能跟我們生滅身相和合嗎？不和合義。但是離開這個身，離開這妄識，你的心在哪地方顯現？這是讓你參的，讓你修行的。

愚癡，愚癡不是有智慧，有智慧的人絕不愚癡，把愚癡跟智慧兩個說成是一個，可以不可以呢？不可以。佛跟眾生不是一個。說體性，一個達到的，一個沒達到的，那是不同的。一個有智慧者，一個沒智慧者，那是不同的了。說性，性體不是相，相不是性體，二相是不同的，就是顯不同，不同是相，是比喻。色是一切相法，色法，心就是心法，兩個體性是不一樣的，以下加個比喻。

如阿伽陀藥　能滅一切毒
有智亦如是　能滅於無智

用阿伽陀藥形容佛所說的一切法，能滅一切黑暗，能滅一切毒症，有智慧的能消滅無智慧，消滅無智慧變成有智慧。功能作用不一樣的，「如阿伽陀藥，能滅一切毒」。

「有智亦如是，能滅於無智。」有智慧的把無智滅壞了，不都成有智了嗎？藥能去毒，愚癡人呢？愚癡人就把智慧給泯滅了。說修道者、行菩薩道的人，有智慧者能滅一切凡夫的智慧，能滅凡夫愚癡。凡夫自己認爲有智慧，在世間上要很多手段，能找錢，能欺騙。這個跟智慧來比，它不是智慧，而是愚癡。學佛法，你學的是智慧，能滅世間黑暗，能滅世間貪瞋癡愛。

如來無有上　亦無與等者
一切無能比　是故難值遇

如來是最尊無上的，沒有能與佛相等的，「亦無與等者」，歸結如來是超出世間，在世間上想跟如來相等的，沒有。「一切無能比，是故難值遇。」因此說難值遇佛，佛很難值遇的。

◎第六精進林菩薩

爾時精進林菩薩。承佛威力。普觀十方而說頌言。

諸法無差別　無有能知者
唯佛與佛知　智慧究竟故

精進林，「勤觀理事，同無差別，離身心相，故名精進。」「諸法無差別」，所有一切法沒有差別，誰能知道沒差別的意思呢？「唯佛與佛知」，不成到佛了是不知道諸法無差別的。必須得達到究竟慧了，才知道「諸法無差別」，唯佛與佛才能究盡（竟）。

這是說在沒達到佛位之前，一切諸法都有差別的，所謂無差別者是指體性，所有能契合佛心的，與佛證得究竟的才能知道，爲什麼諸法無差別？究竟的了義，唯佛與佛的智慧才能究盡（竟）。

如金與金色　其性無差別
法非法亦然　體性無有異

金子跟金所成的器皿都是色相，它的性體都是金子。它的性體是沒差別的，但是金子跟金子的色相不同。什麼叫法？什麼叫非法？也如是。「法非法亦然」，什麼叫法？什麼叫非法？一切法都如是，「體性無有異」。

大菩薩所讚歎佛的是互相酬唱的，怎麼叫互相酬唱呢？這個這樣說，那個那樣說，完了讓你去體會吧。上面說有差別，這個就說沒差別。一個從性上說，一個從理上說，一個從外邊環境說，一個從總體來說，一個從別體來說。

說普壽寺跟顯通寺有差別，那差別還大了，但是都是廟。五臺山跟普陀山，人家說沒差別，普陀山、五臺山都是和尚廟，都是和尚的道場，沒差別啊。普陀山是普陀山，五臺山是五臺山，有差別沒差別，這是說總體的差別。再仔細分析，就五臺山裡頭一個廟，普壽寺，你們普壽寺有差別沒差別啊？住戒律部的跟淨土部的就是有差別。一個是從總體說，一個是從差別相說，一個是對事物說，一個是對有情世間顯說，一切諸法都如是，看你從哪方面說，看你怎麼認識的。

我們認識我們這個身體結構，佛說是五蘊成就的，我們就體會不到。五蘊之中就合四大種地水火風，看人看成地水火風合成的，分析起來才能知道。你若不學佛的話，不是佛的分析，你知道人體是四大種和合的？好多人不承認空間，說肉體裡頭還有空間哪。地水火風，《楞嚴經》還加上空根（見）識，七大組成的。四大組成是按世間說，如果給你們出個答卷，每個道友，你們都學佛這麼多年了，你把身體分析一下，哪個屬於地，哪個屬於火，哪個屬於水。

屬於空的是什麼？假使你分析，你這心裡說想想，先分析完了，各歸各，地歸地，水歸水，火歸火，這個人的肉體還有沒有了？說和合成的，怎麼能和合啊？水跟火兩個能和合嗎？那是不同類說的，它是在人身上，就有和合了。

人家說你們和尚談天說地，我說你說的太小了吧，你說的天和地是好大，我們知道就天和地，天沒有，天是空中的。

什麼叫天？天是自然，大自然。地是什麼？地是心，是心意識的心，這叫天地。換句話說就是自然的心體，唯心識所變，萬法唯心的涵義。心呢？心爲萬法，金與金色，它的體性是一個，沒有差別，但是它做出形狀來不同了。金耳環不是金戒指，金獅子也不是金佛像。都是金子，樣子不同。

一切法，法和非法，什麼叫非法？什麼叫法？就像這金子、金色一樣的意思。金子金色其性無差別，法與非法，體性無有異。這句話就圓融了，貪瞋癡、戒定慧，戒定慧是眞，是法，貪瞋癡是非法。貪瞋癡的體性是什麼？戒定慧的體性是什麼？無有異。佛、眾生有差異，體性呢？一個是修證得了，一個是還沒有修！

眾生非眾生　二俱無真實
如是諸法性　實義俱非有

「眾生非眾生」，眾生是眞的嗎？非眾生是眞的嗎？眾生不是眞的，非眾生也不是眞的，都不是眞實的。

「如是諸法性，實義俱非有。」一切法都不是眞實的，有時候說顯眞理，把俗諦就隱了，有時候顯俗諦，把眞又隱了，這樣是沒有差別的。緣成眾生是虛的，不是眾生，要這樣來理解，「實義俱非有」，在法性當中，實義全不是眞的。

譬如未來世　無有過去相
諸法亦如是　無有一切相

過去相已經過去了，現在沒有了，但是留下一些相片。未來世呢？未來世能有過去的相嗎？這是不可能的，當然沒有了，一切法也是這樣，「無有一切相」。我們是二〇〇五年，沒有一九一九年相，那是過去相！三世皆不可得的意思，一切諸法都如是，沒有一切相。現在我們這個世界，過去的好多古佛，地球早沒有了，不曉得壞了好多次，這是新成立的地球，名字也各異了，名字也不同了。

我們每個人都死過，不曉得死過千萬億次，但是誰說你要死了，他不高興了，他煩惱死了，再死一次有什麼關係，無量劫你都死了好多次，就是看生死。你現在都二三十歲，五六歲的事當然沒有，說七八十歲的時候，你還沒來，當然也沒有了。現在只能說現在，這說三世了不可得，要作如是思惟要作如是想。

譬如生滅相　種種皆非實
諸法亦復然　自性無所有

「生滅相」大家都會想的，生了滅了，滅了生了。明天，明天是什麼樣子，還有些什麼事發生，誰也不知道。知道了又能怎麼樣呢？知道了能改變它嗎？一切諸法都如是，「自性無所有」。我們所見到的都是生滅諸法，四相都非實的，自性上不存在的了，一切諸法所依靠的是什麼呢？是理，只有這麼一個理，是一切諸法所依靠的，另外沒有別的自性。

因此說一切相無，爲什麼相無呢？性無故，性無故，相也無故。一切諸法所依的這個理，一切諸法並沒有別的自性。生、住、異、滅四相，若離開生、住、異、滅諸相的相，還有什麼相？沒有了。生、住、異、滅，這是四相，這四相含著有個眞的。什麼是四相的體？四相不是眞實的，四相各個不同，生不是滅，異也不是滅，住又更不是滅，生，生下來了，生是生一個相。住就是住世了，住世一個相。住的時候也年年變，天天變，你不感覺。從生來住，住就見異（易），異就是變，變異，變變變，變了死了。

這樣你常時觀，生死本來是觀久了，你的生死就生死觀了，生也好，住也好，死也好，壞也好，隨它去吧，隨它就隨緣了。不要在這上想什麼辦法，什麼辦法也辦不到，沒辦法，誰有辦法嗎？特別是富貴的人不想死，不但富貴的人，窮苦人也不想死，他總感覺活著比死了好，活著有什麼好？死了再換換吧，重新造一造。

一切世間相都給你個啓發，讓你悟得自性。一切法都如是，諸法都如是。你的自性是無所有的，你是沒有這樣觀照，如果你觀照觀照，生在這個世界，認識這個世界，就是大一點。先認識認識你自己。我這樣跟人說，人家說我開玩笑，自己還不認識自己！我說沒有一個認識自己的，除了佛成了道，認識自己，我們都沒認識自己。你這樣提出來問號，他聽著又沒聽說過，聽著很詫異。除了我們出家人，四眾弟子，你跟他說，他雖然沒完全同意，也不會反對，他知道是怎麼回事，因爲佛這樣教導的。你說你必定得死，誰都得死，這叫生滅法。生滅法如是，因此涅槃也不可取。要知道「眾生非眾生，二俱無眞實」，眾生不是眾生，我們讀《金剛經》知道，這兩個都不是眞實的。

「如是諸法性，實義俱非有。」一切諸法約體來說，眞、俗、假都是攬緣成的，緣成無自性，所以眾生即非眾生。眾生即非眾生，二俱非眞實，大家常時觀，甚深的道理想不懂，這個很通俗了，都能如是觀。眾生非眾生，想到自己，說我就非我。

想想看，思惟思惟，「如是諸法性，實義俱非有。」沒有啊，這可不是斷滅的，別搞錯了，顯示眞理，眞諦把俗諦奪了，攬緣成眾生，非是眾生，諸法從緣起，是故說無生。一切法都是緣起的，沒一個生，無生也無滅，懂得這個道理就好了。

「譬如未來世，無有過去相，諸法亦如是，無有一切相。」精進林菩薩讚歎佛的。十林菩薩就是十行位，我們講到十住位、十行位，文字上有所差別，在義理上就是一個，十行就是一行，一行是什麼？觀，觀是什麼呢？觀諸法皆空。沒有三世相，假三世過去現在未來作比喻，因爲他講的是無相、無作、無願，所以說未來世，過去世，未來還沒來呢！來了也無相，過去了也無相，不只三世，一切諸法都如是，無有一切相。讓我們作如是觀，也是說自己的修行。

「譬如生滅相，種種皆非實，諸法亦復然，自性無所有。」一切法的性體沒有一切差別相，哪有什麼三世，一切法都如是。離所有相，見法自性，在自性上沒有分別的體性，諸法離一切能依所依，顯法的性體。因爲諸法的本身無性，它所依理，那是眞的，那個是無相無作的。一切諸法所依的理，似有相，沒有別的自性，所以說相無，似有相而相無，喻一切諸法無自性，不論哪一法都如是。

涅槃不可取　說時有二種

諸法亦復然　分別有殊異

不要產生疑惑，這是涅槃法，我們說涅槃法不生不滅，爲什麼說不生不滅呢？沒有相的差別。離開體，也沒有有，也沒有無。離開分別，離開你的分別就沒有境界相了，什麼生死涅槃，什麼生滅不生滅，一切諸法皆空，這是從體性上講。從信心，相信這個心，依著這個信而能成就住，十信滿了，信滿了入住，這個住了發菩提心，只是發心。十住都是發菩提心，發了菩提心，依著菩提心而來行道。

行道就是觀，讓你觀哪，觀菩提心。自己所發的願，所發的大菩提心，這個菩提心就是覺，就是覺悟的覺，什麼事物都沒有，要是應物對機，都是假的，乃至於諸法的眞俗二諦，理事法界唯一眞理，光顯眞理。

如依所數物　而有於能數
彼性無所有　如是了知法

因爲所數的事物，都是依於能數的。你要認識一切法，沒有一個能知的，知於所知。在這上面不要去懷疑，不要去起分別，有能知（數）就有所知（數），離了所知（數）之物沒有能知之數，無有能所。爲什麼？彼性無所有，一切諸法的性沒有，要這樣的來了知一切諸法，這是了知諸法的體。

譬如算數法　增一至無量

數法無體性　智慧故差別

加減乘除，就說一個加法，從一加到無量數，在《華嚴經》，他以十就圓滿了，一至十，你數數吧！一二三四五六七八九十，到十之後還得說一。一切都是從一開始的，從一增到無量，這是假的，沒有實在的，沒有體性的，數法無體性，有你的智慧才有差別，智慧差別是對機說的，就智體的本身來說是沒有的，一切沒有。智慧有個什麼相嗎？有能作有所作嗎？沒有相可得的，無相亦無作者，沒有能作也沒有所作的事物。

譬如諸世間　劫燒有終盡
虛空無損敗　佛智亦如是
如十方眾生　各取虛空相
諸佛亦如是　世間妄分別

這個世界到劫火燒燃，化了盡了沒有了，這是大三災上說。最後歸於空，空二十小劫，完了以後漸漸成，這是數字，來回循環的，在於劫燒跟劫住的時候，虛空沒損壞，虛空有什麼損壞嗎？燒也燒不到虛空。看著一切眾生有生滅法，有能有所，佛菩薩是能度的，一切眾生是所度的。佛本身有沒有度眾生的願？我們講經時都有，但是菩薩行菩薩道的時候，他這個都取消了，取消的時候是修觀，修觀的時候不要起一點執著。虛空沒有成住也沒有損壞，虛空沒有。

一切世間相生住異滅，那是世間相，最後都是空的。形容佛的智慧看一切法都是虛妄的，虛妄沒有本體的。達到它的本體，就是佛智所顯現的一切妄法，一切成壞，說有假的才說有眞的，有世間相才說虛空相。眾生有許多妄，說佛的眞，「佛陀」就翻覺悟的「覺」。覺是什麼樣子？沒有形相，這樣的如實觀。佛所顯的教義、教理，佛度生的一切法都是權巧，權法不是實法。

權法就是生滅門，心的生滅部分。我們講〈大乘起信論〉，心有二法，一者心眞如門，二者心生滅門。如果講心眞如門，一法都不立了，什麼都沒有了，就是眞如，一眞法界。講到心生滅門，那就有佛、有眾生、有十法界，說十方眾生都是虛妄相，乃至諸佛法界也是虛妄相。這是世間妄分別，一切世間相虛妄分別，佛的智慧上面如此，其他都如是，佛智亦如是，隨心妄取，佛無異相。三十二相八十種好，那當然沒有了，佛無異相。這些有異相者都是世間上的虛妄分別，不是眞實所有的。因爲講虛空義，這個不是那個空，形容第一義，空的。空的就是沒有虛妄分別，沒有差別。空還有什麼分別嗎？空就不起分別了。

精進慧菩薩所讚揚佛的，也是自己在這個會中表達他所證得的、他所修行的，也以此利益眾生。

◎第七力林菩薩

爾時力林菩薩。承佛威力。普觀十方而說頌言。

一切眾生界　皆在三世中
三世諸眾生　悉在五蘊中
諸蘊業為本　諸業心為本
心法猶如幻　世間亦如是

十林菩薩的第七，力林菩薩，「智了三種世間，性相諸邊不動，故名力林。」力是表示他的修行，他的功力有一定的力量，成就將近佛位，還沒有成佛！他所說的偈頌讚歎佛的修行，他自己也是如是修行。

力林菩薩，他普觀十方而說頌言，承佛的加持力，他所讚歎的是顯眞實的智慧，眞實的智慧是離相的，佛所證得的是離相的，沒有言說的。一切眾生界包括九界，一切眾生界皆在三世中，就是過去現在未來，有的眾生過去了，有的現在還住世。還有未來世的一切眾生，這些眾生以什麼爲本呢？一切眾生他的生活、他的居住，以什麼爲本呢？過去的眾生、現在的眾生、未來的眾生三世，還有未來的世界的一切眾生，過去世的未來世的，三世諸眾生，都是以五蘊爲身，都住在五蘊中。

五蘊就是色受想行識，一切眾生都不離開這五種。五蘊怎麼來的呢？五蘊因什麼而起的呢？「諸蘊業爲本」，造業了。這裡頭包括造的善業、造的惡業，都有了。諸眾生的種類就複雜了。色受想行識是根據他的起惑造業，所以得到現在的果，惑業因而得到的果，各個就不同了。爲什麼要起惑造業呢？業以什麼爲本？是心。我們所說這個心，現在這個心是識（八識的識），善惡業的根本。這業就是業識，業識是五蘊的根本，八識的本又是什麼？就是心，心爲本。但是這個心，「心法猶如幻」，像幻術一樣的。

追到心就不往上追了，心就沒有了。一切眾生界都在過去現在未來三世中，所以過去現在未來一切眾生，都是因色受想行識五蘊色法而形成的。五蘊是根據無量劫造的業所形成的，業爲本。業呢？一切惑業起之於心，心爲本。心法就像幻術一樣的，如幻。我們講〈大乘起信論〉，依於心故而起成二門，一者心眞如門、二者心生滅門，心生滅門是以業爲本。以這個業爲根本而產生種種的三界，三世一切諸法；但是心法，最根本的如幻，世間所有一切皆如幻。無相無作無願就是這麼來的。你修觀的時候可以修兩種觀，我們現在是枝末的末，要想返本還源，就攝末歸本，返本還源觀。一個觀眾生的性，生在世間上是空的，二緣所生的。生就沒有所生，雖然生，有能生有所生，這都是假的，能生所生不存在的，叫無作觀。

這是有情世間。一切世間生物的無情世間叫器世間，器世間、有情世間、正覺世間，正覺世間是指佛說的，這一切世間全是無常的，顯的都是無常的。推求一切眾生都在五蘊中。五蘊是和合的，和合才有我，五蘊分離了，我不存在了。五蘊是由業，業果本空，明果是空的，也不存在的。業是你的心，心外無法，明了這個心，心之外什麼都不存在。為什麼？體性如幻故。

這個本體、這個心是虛幻不實的，是眾生的妄計。這叫不離於性空，顯示中道，諸法無自性虛幻不實，非有非無。這幾句話是說你在修行，觀想你這個心的時候，觀想心眞如，如如眞體是不動的。你所依靠的是什麼呢？依靠不實的，眞實的沒有得到。依靠都是不實的，依靠心生滅，心生滅都是幻化不實的。一切世間、出世間都是依著心生滅而建立的，從心生滅而觀想修道，究竟成就了，歸了心眞實，那就是心眞如門，一心、二門、三大。

世間非自作　亦復非他作
而其得有成　亦復得有壞

把這個道理明白了，就知道世間怎麼來的？不是由世間作出個世間來。那又是誰造的世間呢？沒誰造的，世間根本就沒有。不是自作也不是他作，為什麼要有個世間呢？這是幻化不實的。世間相是不常的，不是常法，世間相是可壞性，一個時間、一個時間不同，因為它不是實在的，不是實在的就壞了。我經歷的時間不長，從降生到現在才九十年，這九十年變化的世間相太多了，都是十年一變化，十年一變化，整個世間就在變化。這還是有形，就像我們現在這個海嘯，把這些人都吞進去，人也沒有了。如果大的板塊再移動，天翻地覆，整個都沒有了。小的如是、大的也如是。

佛教講大三災，大家聽起來不相信，事實就是這樣。海嘯就是山崩，山崩就陷下去了，就沒有了，這連小三災都不是。拿這個做例子，這不是有，看著是有，它可以沒了，大海可以乾。整個地球大三災，完了再火災，一燒什麼都酥了，風一吹沒有了。不是自作的，也不是他作的，怎麼成就的呢？怎麼成壞呢？萬法唯心，眾生心。一切如夢幻泡影，三世不存在的。三世不存在，我們現在人知現世，未來呢？你活到五十歲，四十歲成過去了。你到六十歲，五十歲又成了過去，來回循轉，一切沒有實在的。看見世間有成，但要壞。

我們這是住，住完了壞，壞完了就空了，成住壞空。空完了，漸漸又形成，形成完了又有，有了漸漸又壞，成住壞空，成住壞空循流不息，諸法常如是，但是同是假的。等你悟到你的心，等你把世間相認識了，就知道了。知道什麼？知道世間上沒有成壞，沒有成也沒有壞，要了達世間法，唯心所現的，二俱空，二俱不應說。佛門所說的空，跟我們世間相的空，是兩樣的。

六道輪迴的業報，各各的報不同。果報的報，所感的報不同，有種種的差異。報，就是因爲自己的因，業因，業因所受報，所感的報果，在果上看著是有，實際上非有，報盡了還源。還源又回歸。若能夠修道還源，成就佛道了，這個無上的因果，也屬於因果之類。沒有無因之果，有因必有果，也有無果之因。但是因果本身是不存在的，都是唯心識所現。

這些果報因緣是從業生的，業是迷了心而生的，悟得了心了又還源了。譬如說受苦，是自作的？是別人給的？這個可以參。外道問佛說：「這苦怎麼來的？」佛不答覆他。爲什麼佛不答覆他，這需要參了。信者，就是我們三寶弟子。這些問題都是外道問的。裸形迦葉外道問佛，苦是如何來的？是自己作嗎？是別人附加給的？苦不是我自己作的，而是別人加給我的，是不是這樣？佛不答。苦是自作的、不是別人加給的？佛也不答。這是什麼意思呢？

世間雖有成　世間雖有壞
了達世間者　此二不應說

如果你把世間相都了達了，這要你自己去修道去參，我們可以說一切諸法，前面講都是業所造成的，業是誰造的呢？業是自造的，爲什麼他自己要造業呢？這就要參。參就是爲什麼我要造業？你一天所有的動作，你在幹什麼，每一天都在造業。

我們睜開眼睛，知道我是造業。我睡覺了，睡覺還是在造業。

我們的業，總說分為兩種，一個屬於善，一個屬於惡，善惡兩途。如果加一個作業，那是非善非惡，也不是善業也不是惡業。這兩種，你若了達世間的眞實，二俱不應說，所以佛不答，不應說。不應說的涵義是什麼呢？叫你自己去參，叫你去思惟。〈大乘起信論〉講一個心眞如，心眞如返本還源，清淨無染。純善無染了是清淨的，沒有染，清淨也安不上了，清淨是對著染說的，染是對淨說的，無染不會說淨，無淨也不會說染，無生不會說死，無死也不會說生。所以有生死無生死，二俱不可說，這叫修行，應如是觀。

觀了之後你就懂得了。懂得一切諸法就如是，懂得什麼？性空，性空不可說。為什麼？苦是空的，佛不答的意思就是空。一切苦難是自己作的嗎？還是異熟成就的，是他給的嗎？這些都不答的。因緣相待，〈十地經論〉上講因緣是相待的，因說緣，因緣說因，對法所明。因緣互相和合說的諸法，必須有因有緣，有因有果。以因望果，因是望果說的。自作不可以，他作也不可以，共作，那叫無因作也不可以，一切諸苦，果上不然，果上不是這樣子的。果是不是自己呢？果不是自，果不是自己。我們現在受的這個苦果，果是我嗎？不是。我這又造了因，這個果已經沒有了。果造的因，因的果還沒來呢！是自作的嗎？他作的嗎？還是無因作的嗎？還是和合而生起的嗎？全都不是，都不對，果非自，是因成的。那因就是我？因也不是自己，因也不是、果也不是，把果來作爲自己的體，不可以的。

一般小乘教義初學佛的人，說我這個善業也好，惡業也好，果報結成這個身體，這個說不成立的。不是從他的，果是酬因的，因是多種。那不是無因嗎？不是的，有因的，因不是自己，所以因不是自己因成的果，果也不是自己。那緣成的？緣是他、不是自己。因是假，緣是他。遣因遣緣，排遣，因也不是，緣也不是。假的緣跟因違背，不是眞的。假的是無用，不能成就，就說他無用。這在因明論、在其他論的教義裡，就辨別這個問題。我們在這裡講這個的時候，不說這些，一切都排除。

現在我們講十行，講一切眾生界，一切諸佛界，乃至一切五蘊，蘊是業爲本，業又是心爲本，一直講到心法如幻，到此爲止。世間是自作的？不是。一切世間是世間自己成就自己的世間嗎？是自作的一個世間嗎？不是的。他加入的嗎？他成就的嗎？也不是的，那怎麼成就的？這個問題複雜了，這個叫因明，明白它的因怎麼成就的，明白是假的，爲什麼？有成一定有壞。成就是假的，壞也是假的。一切世間不應說成，也不應說壞，二俱不應說。我們剛才說外道來問佛，佛不答，因爲這二種，二俱不應說。

云何為世間　云何非世間

世間非世間　但是名差別

什麼叫世間？沒有。世間都沒有，非世間也沒有。只是個假名而已，「但是名差別」。過去現在未來三世的五蘊法，五蘊就是色受想行識，拿這個來說明「世非世間」，五蘊法非世間。彼滅，五蘊法滅了，非世間了，世間沒有了，但是留個假名而已。你到陵墓，一個石頭牌位一個名字，幾萬個牌位幾萬個名字，假名而已，實物已經沒有了。

我到美國公墓，單獨有一個軍人公墓，一個人一個石頭牌，光有個名字，什麼都沒有。我們一定要有屍骨，上面立個牌。這底下什麼都沒有，上面一個石牌就代表了，屍骨也俱無了。在世間上一看到這個，你想起來了，公墓裡幾萬幾十萬，一個石頭牌。若要用這塊土地，拿推土機一推，石頭牌全沒有了，東西就變化了，沒有了。但是假名，以後連假名都沒有了。一代幾萬人幾十萬人，一代一代幾百萬人，幾千萬人都沒有了，一代一代的都沒有了。這叫假相，世間假相。

三世五蘊法　說名為世間
彼滅非世間　如是但假名
云何說諸蘊　諸蘊有何性
蘊性不可滅　是故說無生
分別此諸蘊　其性本空寂

空故不可滅　此是無生義
眾生既如是　諸佛亦復然
佛及諸佛法　自性無所有

世間就是「三世五蘊」。什麼是色受想行識的體？是它的性，有沒有蘊性？根本沒有。假使蘊的體性不可滅，「諸蘊有何性」，蘊性又是不可滅，「是故說無生」，諸法無生。因此說一切諸法無生，無生故才無滅，有生一定有滅，生滅法如是。生滅法都是有生說有滅，無生了還有什麼滅，無生亦無滅。這就是空了，空了還滅個什麼？拿什麼去滅空？這說一切諸法無生。「眾生既如是，諸佛亦復然。」不只一切眾生如是，諸佛也如是。哪有什麼佛及佛法，「自性無所有」。

這個道理很不容易得到，這些菩薩修這個空，所行都在空中，這可不是斷滅空，什麼都沒有了，不是這樣。他還在修，所行都在空中。空就不可滅了，空還滅嗎？空義，眾生心永遠不滅，佛心永遠不滅，就是這個道理。那個不滅是建立在空中的，空是不可滅的。這樣使你知道一切事都是不可滅的，沒有滅，爲什麼？沒有！沒有還滅個什麼，是這樣才不可滅。一切諸法，本來不自生，亦不從他生，是故說無生。

能知此諸法　如實不顛倒

一切知見人　常見在其前

經常說顛倒眾生，爲什麼？不如實知，能知道這些法，如實的這樣知道，不顛倒了。這就是眞正的了知。當你觀想得到實體，得到實際的利益了。眞正知道了，眞正明白了，明白了才知道一切法空。一切法空是建立在這個涵義上的，不是我們隨便說的空，給你兩耳光你就不空了，當你病得痛得不得了，不空了。如果你觀成了，五蘊皆是假的，成就的時候、分離的時候，都是虛幻不實的。這樣的來理解一切法，這樣悟解一切法，這就要成道了。以下講行林菩薩。

◎第八行林菩薩

爾時行林菩薩。承佛威力。普觀十方而說頌言。

譬如十方界　一切諸地種
自性無所有　無處不周徧
佛身亦如是　普徧諸世界
種種諸色相　無住無來處

第八是行林菩薩，「照理觀佛而起正修，故名行林。」觀佛的體、相、用，用就是普度眾生的德，這樣來觀佛的。他承佛的威力而說頌言，觀佛而起正修，「譬如十方界，一切諸地種，自性無所有，無處不周徧。」十方世界都如是，「地種」，這個地種沒有自性的，但是大地普徧都如是，拿大地形容佛身。

「佛身亦如是，普徧諸世界，種種諸色相，無住無來處。」佛從什麼地方來的？沒有處所，一切諸色相也如是，但是他能普徧一切眾生，因爲沒自性才能普周徧，如果有自性就不能周徧。從人來看，我的性不是他的性，各人有各人的個性。但是這是不同的，各有各的性，但是同是人，他有個人性，這個性好像又是同的。十方世界一切的土地，一切大種的體性上沒有，「自性無所有」，但是徧一切處，這是相不是性。「佛身亦如是」，處處都有佛，普徧諸世界，從什麼處來的？誰爲主？沒有主宰，沒有來處。

但以諸業故　說名為眾生
亦不離眾生　而有業可得

一切眾生的色從什麼地方來的？這個世間，爲什麼那個地區生出的人皮膚都是紅的，非洲生的人都是黑色的，亞洲人是黃顏色的，歐美人是白顏色的。拿皮膚說，這種種色相誰規定的？沒個主宰義，這是總說。誰來作主宰把他分的紅黃藍白黑，沒人作主宰。十方界的地種，生到那就是那樣，生到這就是這樣，體性無所有。人都是人性嗎！不管什麼顏色，他總是個人，人有人性。

「無處不周偏」，佛也如是，普偏諸世界。這是什麼意思呢？佛是無生的，諸法無生。無生故才無不生。無生故無不生，才能普偏。

種種諸色相沒有個作主宰的，沒有個來處。無性無種才普偏，有性有種就不普偏。爲什麼？「但以諸業故，說名爲眾生。」他所作的種種業，眾業成就他的生，就叫眾生。眾生造的業，來現這些眾生，我們每個人造每個人的業，我們現在所受的，就依著我們所造的業來受報。就是以種種業說名諸眾生，這叫眾生，眾業所和合而生的。

業性本空寂　眾生所依止
普作眾色相　亦復無來處

業是什麼樣子？離開眾生業也不可得，業也沒有。「業性本空寂」，業性沒有體的，是空的，但是眾生可依著業生的。「眾生所依止」，眾生就依著這個業而存在的。「普作眾色相」，什麼樣都有，作種種色相。

什麼處來的？你看電視上，醫院裡頭難產的，生不下來，你說這個小孩子什麼處來的？人家生不難產，他一個媽媽生了好幾個孩子，她就遇到一個難產的，這也是業。我們佛所教化的法，遇到什麼事情，能夠想一想，琢磨琢磨、研究研究，觀一觀。醫院登記，生了五千多個，只出這麼一個難產的。開腹也取不出來，生也生不下來，那叫業。什麼業呢？說不清楚。說這個孩子不能生，什麼業？在佛教講因果要命債的，他要他媽媽死，他來討她命的，他不是來給她做兒子做女兒的，他要她命的，沒法報復她，投生要妳死、我也不活了。這不叫業嗎？這叫業。這業誰又能知道呢？誰又能知道他怎麼回事嗎？能把這業說清楚嗎？

業的體是什麼呢？是空的，業性本空寂。我們是學佛，佛經上告訴我們說我這業障深，你把業拿出來我們看看，你這業障是什麼樣子嗎？誰也拿不出來，每個人誰也拿不出來，生下來了，男的男的業，女的女的業，富貴富貴的業，貧窮貧窮的業，天生打工的業。人家住大學，他在這看一看而已，大學門是進不去的。爲什麼？那是他的業。

說在家不如意當和尚去，你當吧！和尚更難當，那不是想像的。「但以諸業故，說名爲眾生」，諸業是諸法，眾生是諸法生的。不是一樣兩樣，好多種了。但是「亦不離眾生，而有業可得」，離開眾生，離開眾生誰造業？業是眾生造的，離開眾生還有業可得嗎？沒有。什麼是業的體性？業的體性沒有，「業性本空寂」，業性本來是空的。空的，眾生可以依止，眾生都依止業。

「業性本空寂，眾生所依止，普作眾色相。」依著這個業造了種種相，馬牛羊雞犬豕，六道畜生變了老鼠、變了蒼蠅，人人討厭，那是業啊，相不同了。爲什麼？

業不同故，你要找業個來處，找不到業怎麼來的？

如是諸色相　業力難思議
了達其根本　於中無所見

想想吧！別人我不知道，我知道自己。有人跟我說，他知道他自己。我笑一笑，我說那你比我強，你可以給我作老師，我不知道我自己。好多人都認爲：「我不認識別人，我還不認識我自己？」你就不認識自己，你若認識自己你就成了。就是業力所使，「業力難思議」，了達這個根本，這才知道無所見無所聞無所事，什麼都沒有，一切諸法如夢幻泡影。不只眾生身如是。

佛身亦如是　不可得思議
種種諸色相　普現十方剎
身亦非是佛　佛亦非是身
但以法為身　通達一切法

不是我們想一想，思惟思惟、琢磨琢磨，找些人開個會，研究研究、議論議論，辦不到。佛身眾生身一樣的，「不可得思議，種種諸色相」，在十方國土所現的身，這個身，「身亦非是佛，佛亦非是身」。佛非身，身非佛。

我們也如是，我們這個名字是假的，隨時可以換的。名字是假名了，名必詮實體，有這個名字、有這個實體，沒有這個名，拿什麼來顯這個實體！但是名是假的，名不是這個實體，這個實體也不是這個名。像我們和尚的名字，比丘尼的名字，要是在世間上叫起來怪裡怪氣的。什麼性空啊！這個空那個空，一堆空。講禪定的那個禪，一堆禪。寂靜的那個寂，我們這裡就好多就叫「寂」。這些名字怪了，在社會見不著的，和尚名字都很怪。這都是假名，不是眞名。名字能代表身體嗎？若不給個標籤，標個名字，你找誰？知道誰是誰？怎麼來分別呢？這就叫難思議，你想去吧。

若到醫院，把人的身體每個部位來給你分析，骨科的，內臟的，六腑的，腸胃的，那分多少類了，每一類又有好多名字。怎麼生得那麼巧妙呢？這叫難思議，「但以法爲身，通達一切法」，法就是身，身就是法。就我們學佛的，有百法。

說我們色法、心法，我們這一個心，佛教講起來，心法有八個，心所有法有五十一個，加起來五十九個，但是這些全不是心，說了半天，全不是心。眞的心呢？眞的心沒名字，也沒形相，在哪呢？徧於這些上，這些都是，這些又都不是。佛教語言，你聽起來不知道怎麼來理解，怎麼來分辨。這個還容易解釋，說惑，起惑造業那個惑，心裡一動念就一個惑，這一天動了好多念好多惑。這個惑是因，舉心動念都有果，因又產生果，所以複雜的不得了。

學佛的人，看破紅塵去出家，出家就舒服了，哪知道等當了和尙，和尙的事比你多得多！要這樣來觀照，觀照之後你才能進修。

若能見佛身　清淨如法性
此人於佛法　一切無疑惑

法性是什麼樣子？我們知道嗎？諸法的體性，法性是清淨的。聽到「法性」這個名詞，就代表清淨無染。也代表佛身，見了法性就見了佛身，我們每個人都有法性，我們見不到自己身。但是你是佛，相信自己是佛，但是沒有還源，還在受報當中，還在迷惑當中，你這個身就不叫佛身，就叫眾生身。如果你也清淨了達到法性身，那就是佛，那就不叫眾生身，叫佛身。如果你能見到佛身，你已經「清淨如法性」，證得清淨法性，能見佛身，你相信你的法身跟佛無二無別，從信達到初住再發菩提心，完了達到十行，行的都是佛行，所作的都是佛事。

「此人於佛法，一切無疑惑。」再不生起懷疑，我們學佛學到沒有疑惑，眞正深信不疑，成佛成到一半了。就這個懷疑不相信，我們天天講信，我出了七十多年家，現在我還是似信非信，自己感覺自己信了，還不是信。沒入位，沒有相信自己是佛，跟佛無二無別。就這個信心，修到這樣相信自己，都要修一萬劫，時間長了，對於佛法還有疑惑。如果能如是，相信自己，一切無疑惑，再沒有疑惑。

若見一切法　本性如涅槃
是則見如來　究竟無所住

一切法的性體都是不生不滅的，一切法都如是，他的體性就是涅槃，涅槃就是不生不滅的。「是則見如來」，如果能這樣來對待一切法，這就跟見了佛一樣的，什麼樣子呢？「究竟無所住」，對一切法無住無著，不起任何執著。《金剛經》上說，無住生心！云何住心？把你那個心住到無住上，就這麼住了。無住還是沒有住，住即無住。若見一切法的本性，一切法的體性就是不生不滅，是則見如來，見佛了。

「究竟無所住」，既不住生死也不住涅槃，一切自在一切無礙，心無罣礙。什麼都不住，心裡什麼都沒有，清淨無染。無住故無念，無念了，達到心無念，這才叫見佛，如來了。

若修習正念　明了見正覺
無相無分別　是名法王子

「修習正念」，正念是什麼念？什麼叫正念？無念，眞正覺悟了。這是見了佛，「正覺」就是佛。觀一切法無相無分別，我們現在見什麼執著什麼，一看啊，這個是女人，這個是男人，這個是老頭子，這個是小夥子，這都叫執著念。哪個老？哪個小？什麼男的什麼女的，沒有，一切無分別。但又不是傻子，傻子他不懂，而是明明白白，這就是法王子，眞正是佛子。眞正佛是什麼樣子呢？一切無疑惑，本性就是涅槃。

◎第九覺林菩薩

爾時覺林菩薩。承佛威力。徧觀十方而說頌言。

覺林菩薩在《華嚴經》十林菩薩的第九位，「照心本末，名爲覺林。」凡是印《地藏經》的，都把覺林菩薩讚佛的偈頌印上去。這是什麼意思呢？告訴你，沒有地獄。但是得你覺悟。你不覺，地獄就有，你覺了，地獄沒有。

覺悟，就是說他的心，從他本來具足的到變成眾生，又從眾生覺悟回到本位，這叫覺林。這十個偈頌，是用畫家的心、用諸顏色來比方。

譬如工畫師　分布諸彩色
虛妄取異相　大種無差別
大種中無色　色中無大種
亦不離大種　而有色可得

這兩句都是比喻一心。心是隨著外緣變化的。工畫師畫顏色，他的心跟顏色，跟那些畫不相干。但是心畫出來了，畫出來的畫不是心。那顏色也不是心，他在分配顏色的時候，那是虛妄的，是假的。他的心跟那些顏色不能和合到一起的。他爲什麼用筆、用顏色畫出個相來？那個相是假的是虛妄的，誰都知道！

「大種無差別」，他那個心跟那個種子，沒有差別。「大種」就是心，跟那些顏色，沒有色相可得。色裡頭畫出那些顏色，也沒有大種。它離開大種，離開地水火風四大種，它又有哪個色相可得！沒有色相可得。形容我們這個心跟世間都如是。

若說到心，其他的相都沒有了。有其他的相，那心就隨妄了。眞跟妄是不能合到一起的。心跟顏色跟畫不能合到一起的，他怎麼知道畫出來了呢？能畫的跟所畫的，兩個是不同的。

我們現在這個眾生相，跟眞心是兩回事。怎麼合到一起？但是畫，縱有顏色有畫筆，有畫紙，必須有個心指揮它來畫，拿這個作顯現的意思。你那個性體，心跟外邊境界相，一個相，一個心，互相交織的。一切相用畫筆來著顏色，它是無情的。你這個心是有情的，有情的跟無情的，合到一起嗎？不能合到一起。畫又是怎麼產生的？這讓你來參。更重要的是離開心意識來參，心裡頭沒有畫，畫裡頭也沒有心。

心中無彩畫　彩畫中無心

然不離於心　有彩畫可得

心裡頭沒有畫，沒有色彩，什麼也沒有。彩畫裡也沒有心。若離開心，有彩畫可得嗎？不離於心才有彩畫。這畫出顏色或畫出畫來，才能得的到。我們講〈大乘起信論〉，彩畫是心生滅的，這叫心生滅門。心是眞心，叫心眞如門。在心眞如門、心生滅門，上面有一個字，「心」。這是心，跟外邊的彩畫彩筆，那是境。心跟境不即，不是一個，不能相合也不離，離開也不行。這叫不即不離。我們經常講不即不離，就是這個意思。

心境，心跟境不相離，也不能合；但是出來畫了，出來畫了是事實，這叫彩。雖然不是和合的，它不由心的安排，哪個用哪個顏色，哪個用哪個顏色，這是心安排的。沒有心安排的，能有這些彩色嗎？畫不是心，畫畫的是手啊！手跟心又是兩回事，手跟畫又是兩回事。沒有心指揮手，手怎麼能畫？這個道理讓我們經常去想。

譬如「惑」，我們迷惑了。迷惑了所做的一切錯誤的事，不論做什麼事吧！一迷惑了，所做的都是錯事。從這裡返本還源。我們得修道，或是念阿彌陀佛，念阿彌陀佛，是你心念嗎？是你口念？心也得想，口裡才能念。心裡不想，想到別處去了！

你能念阿彌陀佛嗎？念阿彌陀佛又是誰？阿彌陀佛是誰？《阿彌陀經》說西方世界有一尊佛叫阿彌陀佛，他知道了。這是聽佛說的。《佛說阿彌陀經》上說十萬億佛土，那可遠了，你的心怎麼能觀想得到？當你念佛的時候，心裡如何想？你心裡頭沒有阿彌陀佛也沒有極樂世界。極樂世界阿彌陀那兒，沒有你的心。不離你的心，不離你的口，你念阿彌陀佛，得到生極樂世界。這個心是生滅的，住不住的。念念遷徙，無窮無盡的。那個思想難思議，想像不出來的。它示現一切色，而一切色各各不相知。

「一心」，連諸佛跟我們都是一個心，可是各各不相知。佛心，我們不說了，每個人都有一個心，我們能互相知嗎？誰也不知道誰的心在想什麼？各各不相知。就跟那畫的色相似的，那個彩色相，紅的跟藍的，它們各各相知嗎？它們是無情的，怎麼相知啊！根本知不了的，這個就要你去參！

就像我們剛才講的，心眞如是眞，心生滅是妄。眞妄怎麼能合到一起的？眞絕對不是妄，妄絕對不是眞。但是眞妄兩個和合了。因爲和合了，才生出來這個三世間，才生出來十法界。

這個比喻是讓我們思索的。讓我們依著它起修。《華嚴經》十行門，你要修行怎麼修行呢？你往內觀，觀你的身心！往外觀，外觀一切世間、一切世界。思惟觀一切法，無住無相無作。你所作的業，業業不相知，都是你心所作的。

互相不相知，你這個心是眞妄和合的。我們說把妄遮斷來顯示這個眞的，遮不斷哪！妄的遮不斷，眞的顯現不出來，所以要修行。修行的目的就是經常如是觀，觀一切法的生滅。觀的時候有兩種，一種是析空觀，把它分析分析，分析到沒有了，空了，這叫析空觀。一種是體空觀，知道這個本身，根本就沒有的，當體即空。

我們這個心，最經常的障礙，不是斷，就是常。斷是斷滅知見，死了就沒有了。可是想啊！總要活個上百年，上千年，做什麼事都想得很長，想活多久。這都是業不由己，不是你想怎麼樣就想怎麼樣，你得先把妄斷了。

〈大乘起信論〉上講，不生不滅與生滅和合，這個就是我們的阿賴耶識，眞妄和合。我們想遮止一切惡，斷絕這個妄。有時候把阿賴耶識當成是斷是常，既不是斷也不是常，非斷非常，恆如是轉。說它是眞啊！是妄。它是眞妄和合，恆時如是轉，常時不間斷的這樣相續。流轉生死，我們要把它斷了不再流轉，那就要靠修行了，修行就要下功夫。

彼心恆不住　無量難思議
示現一切色　各各不相知

覺林菩薩讚歎偈中，拿畫師來比喻心的變化。能變所變的形相，畫的畫，那變化多端了。所畫的畫不是心，「而由心故畫」。心裡所畫出來的，顯我們這個妄啊！就是我們現在說的這個妄心，你心裡想的很多怪樣子，妄心所想的，由這個心顯現一切法。

這個涵義不是顯現的，而是斷。顯現的是常，就是遮斷。因爲我們這個心，它所變現的一些形相，覺林菩薩就用畫師來顯現我們這個心。是心畫的嗎？是手畫的嗎？而且調色，或者用紙，畫出形形色色來。這個心是不住的，心裡包括無量的形形色色的各種想法。

它能表現出來，像那畫師似的，化現一切色。我們這個心也能變化種種樣樣的。但是你所變現的東西，互相不相知。也就是說你心所變現的，某一段時間的變現都是不一樣的。以下就解釋工畫師。

譬如工畫師　不能知自心
而由心故畫　諸法性如是

畫師自己並不曉得他的心，沒有了解他的心。一切法，法不知法，法法互不相知，無心故。但是它可能頓現，就像畫師畫畫一樣的，他不能知道自己的心，畫是由心畫的。參悟一切法的時候，你想一個形相，或者想個什麼東西，就是心裡在想。心裡想的不是事實，是假的。想的不見得變成眞實的！變成眞實的，還是假的。

心裡想做個什麼，雕刻匠他拿那個刀子來刻，想刻佛像！雕什麼？心支配他的手，手支配他的心，心跟手和合的。前面還得有一個模子，不是自心所造的。一切法都是如是產生的。法不知法，這個法本身不知道，它是無情的。而由畫師畫出來的，一切眾生都不能了達他自己的心。

但是他所做的一切事都是他的心做的。讓我們認識我們這個妄心，我們的心能現很多境界。在這個境界相，你不去攀緣，不必執著，沒有實體的。但是，讓你達到無住，以無住爲本。

那就難思了。心能畫，但是它不能知。所作的畫，畫也不能知心，心也不能知畫。像郎士甯畫的馬，那畫的神了！鄭板橋畫的竹子，把那竹子畫的很神了！但是那竹子不是他的心，可是由他的心來畫。這個身體不是我們，是我們畫出來的，沒有這個身又怎麼能顯出來？

我們這個緣念的心，人心不同，如其面然。大家看吧！好幾百人，各各面孔不一樣的，他的心，各各的心不一樣的境。一切境界相是由心變的，離開這個心哪！沒有境界相可得，境界相無體。但是我們這個心又去緣念這些境界相，攀緣這些境界相。這個心就像工畫師一樣的，畫師不知他的心。但是畫可是由他心生出來的，他的心裡也沒有畫，這要你自己去想。

一切諸法的體都如是的。原來是空無所有的，拿一張紙、拿點顏色，就畫出個相來，畫這人物、畫這山水，就有了。有的不是實在的，還是個假的，這要思惟修了！換句話說，就是參。

爲什麼讀《地藏經》之前，要先讀覺林菩薩的頌？地獄、一切境界都是心變現的，無量地獄相是由心變化的。心變化的是實在，又是沒有的。一切眾生受地獄苦，它是實在的，但是那個實在是非有的，是心所變化的。你的心變化地獄，造哪種業，就變化哪種地獄。所以在《地藏經》前，加上覺林菩薩這個偈頌。

還有另一種說法，有一個人，這是大德者，有神通的看到了。他墮地獄去了，到地獄門前，憶念起：「若人欲了知，三世一切佛」。本來他想念這個偈頌，「若人欲了知，三世一切佛，應觀法界性，一切唯心造。」還沒有念出來，地獄就空了。所以在《地藏經》前面，印上覺林菩薩偈，讚歎佛的偈，這是這段故事的原因。你要是怖畏地獄苦，念念覺林菩薩偈頌吧！

覺林菩薩這個偈頌，我每天念一遍，大概有二十四年了。因為念《地藏經》，一開始就要念覺林菩薩頌，以前講《華嚴經》，沒有怎麼去注意，念《地藏經》時，就開始注意了。每天念一遍，經常觀想你這個心，由這個心造種種的業。每天你的思惟，一切行動，離開心嗎？也有離開的。精神錯亂的人，離開心了，那叫傻子。

覺林菩薩教我們觀心法，觀什麼心？因為它是空的，行菩提道，發菩提心，千萬別產生障礙。一切法，先悟得它是空的，因為空，它沒有障礙了，才能建立一切，你要怎麼畫就怎麼畫，如果有障礙就不行了。你只能照葫蘆畫瓢，畫不出別的來，畫瓢可以，畫山水畫人物就畫不出來了。形容你這個心，主要是讓你觀心。

心如工畫師　能畫諸世間

五蘊悉從生　無法而不造

這個心妙到什麼程度呢？色受想行識都是心所造的，從心所生的，何況世間呢？世間相，什麼都能畫得出來的，那是心造的。所以能造一切法。既然是這樣，你要是講經或者說法，那你畫去吧！一部大藏經都是心畫出來的。那是佛心畫出來的，不是我們心畫出來的。無量無邊的地獄，那是我們心畫出來的，心所畫的。世間的山河大地一切事物，全是心畫的。

「無法而不造」，這個山河大地，可不是一個眾生心！無量眾生心，就是這個世界上，所有眾生集體畫出來的。有時候畫風災，這次大海嘯是誰畫出來的？自己畫出來的，我們並沒有畫它。爲什麼？我們沒有受難，只是知道而已。

這個心像工畫師一樣的，能夠畫世間。世間所有的形相，唯心識所變，都是你的心識變化出來的。天堂地獄、你的家庭，都是你的心變化出來的。在社會上，他的腦子在那裡想，他有財富，想要開個公司。他變出公司變出職員，這也開擴，那也開擴的。發展了多少家，就是他思想變的。有時變好了，有時變壞了。變好了呢？公司成立了，賺錢了，越來越興盛，掙多少個億，全世界都有他的生意。變壞了，倒楣了，什麼都沒有了。這是業，業是惑，惑是心。心裡一迷惑，生出來這麼多問題。家庭也如是，一切都如是。

總之，一切法都是你心所造的。就像畫師畫畫一樣，他能畫出各種畫來。但也有畫得好的，也有畫得不好的。畫得好的就是名家了。像我剛才舉了幾個畫好的，好的有什麼現相呢？古來人所有畫竹子的名畫家，你坐在他那畫跟前，你感覺著那個竹子清風吹動似的。有那麼一種感覺。那就是他的心感染到你。郎士甯畫的馬，那馬像活了一樣的，越看越像。那就是他的心有神力，心力所加持的。

爲什麼一張畫值幾千萬美金哪！這就說明心造化的不同。有的畫不值錢。爲什麼呢？他畫的心力不夠，心力不夠就不神。畫畫是畫的神態。例如說那畫竹子的，還作首詩，「重重疊疊上瑤台」，那竹子的影子，重重疊疊上到臺階了！「幾度呼童掃不開」，就叫他童子把掃了。那影子哪掃得到呢？怎麼掃也掃不開！太陽一出來，影子沒有了。「剛被太陽收拾去」，太陽把它收拾沒有了，一會月亮又出來了！「卻教明月送將來」，這個裡頭所含的義很深。（編者按：典出北宋蘇軾「花影」詩句。）

這個是說竹子的影子。另一種是說社會上的壞人擾亂你不得安。太陽一出來，陽光一普照完了，壞人都沒有！晚上那個月亮一來，他的影子又來了。太陽把它收拾走了，月亮又把它送回來了。馬畫的神奇了，能被人騎走了！牠把這個人度了，完了被戰火一燒，把馬尾巴燒了。完了回來，那畫上的馬尾巴，被燒的糊了！眞的是假的？這是畫的顯現。

故宮有間房子，一到天陰的時候，宮女就在裡頭來回走，這是北京一景。天陰了，到故宮裡看這影子。我們建國初期，這間房子拆了，影子也沒了。

北京有個倒影廟（編者按：即北京西城區慈慧寺），那座廟的大殿門有著一個洞，你在這洞子往外看；不論誰在這裡過，腳在上面走，腦殼在底下動，所以叫倒影廟。建國初期，共產黨一來沒有了，把那個門給拆了，燒了，燒了也沒事，什麼都沒有了。

這是什麼？唯心所造的。沒有一件眞實的，眞的就壞不了了，可壞性不是眞實的。能造這個心是假的。所造的一切法呢？哪有眞實的，都是假的。那畫家拿著手去畫，這個手就代表心了。他的心不注意，心神不在，他的手畫不出來，是手畫嗎？是心畫嗎？說手也在畫，心裡在指揮，心裡動念，手裡在畫，那就和合了。那手是有形的，心是無相的。無形無相的，怎麼合到一塊呢？合不在一塊兒。分開了，畫不出來了。合也不是，分也不是，我們這種種五蘊，就是這麼樣形成的。

「心如工畫師，能畫諸世間」，拿工畫師形容我們這個心。我們前面講，「惑」，因惑而起業，惑是把心迷了，起了惑了，那惑就造很多業了。拿手畫畫，就是造的業。這是迷惑所造的業，不是明明白白的，明白心了，明白心了不造這個業了。

十方一切法界諸法，虛妄不實的。告訴你，沒有一件實在的東西，讓你這樣觀。這樣觀就觀空了嗎？這叫修道的功行。怎麼行？發了菩提心，行道就是修行，怎麼修行？觀一切法是假的、空的。等你達到空了，連你這個能觀的心跟所觀的境，全是空的。空是性，是諸法的體性。畫呢？是隨緣而緣起的。

如心佛亦爾　如佛眾生然
應知佛與心　體性皆無盡
若人知心行　普造諸世間
是人則見佛　了佛真實性

世間的五蘊，一切境界相。色就是一切法，色相、受，這是心法。色心二法，受想行識，就這二種。一個境界相，一個心，全部沒有實在的。眾生如是，佛亦如是。佛如是，一切眾生也如是。心佛與眾生，所有的境界相，都不是眞實的。

這個是從什麼起的呢？從體性而起的，體性是無盡，這叫性空。但是因心緣起，假助緣一切緣。緣能使這個心，成一切五蘊相。要是能明白了這個心，這樣的來修行，你可以照出一切世間的境界相。這樣你了解心了，就能見佛了。

「是人則見佛，了佛眞實性」，這就是佛的眞實性。這是什麼呢？性空。佛是怎麼成就的呢？緣起，緣起性空。修行要這樣修行。觀心行、禮佛、拜懺、讀經，能讀的、所讀的經文，全是隨緣而起的，隨這個緣可以漸漸的覺悟。

明白你的心性，這是緣起。明白你的心性，那是性空，一切眾生都是心造的，心是一總相大法門體。我們講〈大乘起信論〉，一個心眞如，那就是佛。心眞如，心生滅，那就是眾生了，九法界都如是。「心生故種種法生，心滅故種種法滅。」

心有生滅嗎？心無生滅，隨緣而生一切諸法，緣盡，還歸於眞空，這叫眞空妙有，妙有眞空。一切經論都如是。

修行就是觀你心的起處，達到無念、無作、無相。之後就產生無邊的妙用，隨眾生緣，這樣的化度眾生。諸佛菩薩化度眾生，若見眾生相！那把他累死了，把他苦死了。這一天的悲慘事，就我們這個小世界，我們所知道的全是苦難，戰火的苦難，災害的苦難。這個地方受這個災害，那個地方受那個災害。若沒有智慧的大悲，不就跟著眾生一樣苦嗎？有智慧的大悲，這一切是假的現相。

如果自己能悟道了，任何環境，你都能安然自在。爲什麼？你放下了，你看破了。因爲你的心不起念，還有哪個來造這個事呢？起念才造作。佛就如是，能知道你的心裡所作，能達到無念、無作，天下太平了。什麼事都沒有了！這就見佛了，了佛的眞實性，這就是佛的眞實性。

如果能先觀自己的五蘊，先觀你的肉體。誰指揮你的肉體？找找原因吧！爲什麼會痛？找找痛的原因吧！爲什麼會生病？四大不調。人吃五穀雜糧會害病的，因爲病從口入。病是怎麼來的？不是多吃了，或者不吃了，或者食物裡頭有毒了，吃了不消化了。這樣去觀。先從有方面觀，能把有觀到空。那誰也拿你沒有辦法了！什麼害都不會受了！像眞歇了禪師、高妙峰禪師，看他們是怎麼成就的？就是這個涵義。等他一入空觀了，鬼拿他沒有辦法了，閻王爺也拿他沒辦法了。哪找他去？

沒有。要這樣來認識佛，來認識一切眾生。現在一切眾生，本覺在生滅門中，認識一切諸佛，本覺在眞如門中，什麼問題都解決了。

這是眞正的修行，這叫「一心二門三大」。這樣去觀，還只是觀。還在十行位的菩薩。講修行的方法，十行就是這麼樣修行的，達到梵行，把一切法都收歸到眞理。我剛才講的「一心二門」，「二門」就是一個染法，一個淨法。心眞如就是淨法，心生滅就是染法。染法也是這個心，淨法也是這個心，隨眾生的機，就變成染了。隨順諸佛的行，達到諸佛的境界，就是淨了。染法、淨法，平等平等，爲什麼？一心。一個心生滅，一個心眞如。這是二門。這個心是住於生滅？還是住於清淨？下文就說了。

心不住於身　身亦不住心
而能作佛事　自在未曾有

這就達到自在了。我們認爲這個心在我身上的，在我內腔上的。這是肉團心，這個心沒有作用的。「心不住於身」，那身在心裡頭住吧！身體住在心裡頭，「身亦不住心」，二俱無住，「心不住於身、身亦不住心」。心跟身是兩個？是一個？說一不可以，是錯誤的；說二也不可以。眞、妄，眞是心，妄是境。

要離開眞妄，因爲這是相對法。得達到無對，依著心所起的變化隨緣，起的心體，身就是變化所產生的，根身器界。這是有相的，識相分。什麼相呢？性體的相，性體本沒有，隨緣起業用，作諸佛事，實在是未曾有。用語言表達，只能顯示所說的語言表達不出來的，表達出來的都不是。

表達出來是妄，不是眞。眞是怎麼樣呢？眞得默契，「心不住於身，身亦不住心」。這都從哪來的！身從何處起？心又從何處生？這叫性空隨緣，隨緣而不變。所以說心本來不住身。大家有沒有讀過《楞嚴經》？心不在內，當然不在身體之內，也不在外。那在中間了？心不住中間。

在《楞嚴經》是七處徵心，八番顯見，徵心就是心在哪？心不在而無不在。眞跟妄，眞妄就是你心裡所顯現的境界相，但是它能作佛事，自在未曾有。

若人欲了知　三世一切佛
應觀法界性　一切唯心造

這個偈頌把上面所說的總結了！你要想知道過去現在未來諸佛，不去觀諸佛，那就觀法界的性體，觀性體。觀法界性，就是一眞法界性，一切唯心造。畫師畫的都是妄境。因爲不知道他的心？觀唯心造，一切法都是心造的。心造的什麼呢？你把它觀成佛吧！能造成佛，不造妄，不造眾生，光造佛，常時作觀照。

觀照什麼？無念、無著、無作。你觀這世間上一切差別，什麼是眞佛？人家說：

「佛在靈山莫遠求」，靈山在哪裡？「靈山只在汝心頭」！你的心就是了，觀你的心就好了。這就觀法界性的眞如門，一切世間相，「一念不覺生三細」，有念頭，就生起細相來了，不覺了。外頭再加上境界的緣，就長六粗，這叫九相循環。業相、轉相、現相、智相、相續相、執取相、計名字相、起業相、業繫苦相，就造了種種的業。一造業還不受報嗎？那就越轉越粗了。一造了業了，就跑不脫了，業繫苦。業就把你繫住了，業繫苦。但是你一觀法界性，這些都是唯心所造的，苦都解脫了，沒有了。就像你要做夢，被人家捆綁了！一醒了，什麼都沒有！哪有這個事？這就如是，跟那一樣的。觀法界的心，眞如門，又觀法界的心，所造的生滅門，一個心眞如，一個心生滅，都是一心。

我們拜懺的懺本，都是「一心頂禮」。一尊佛，一尊佛，一心頂禮，五十三佛，五十三個一心，還是一心。達到一心，問題就解決了。這叫什麼呢？唯心識觀。在《華嚴經》叫法界觀。但是隨事就不同了。事事無礙了！這個是觀眞空絕相，絕一切相，達到成佛了。

這個就深了！意思是我們修的時候，不容易做得到。你常時心裡繫念，繫念什麼呢？先辨眞假，找眞斷妄。在你心所起念處，心裡起心動念，這全是假的。只要一起念，觀那個無念，那就是智慧了。所以須菩提問佛，「云何應住？」佛答了那麼多，就是告訴他，「心無所住」。心還有住嗎？無住，無住就無念，無住、無念，你應達到一心了，達到一心了。

這個偈子就是這個意思。假使你想知道過去現在未來諸佛，欲了知過去三世一切諸佛，那你觀觀法界性吧！這法界性是指觀心眞如門。這一心什麼都沒有，清淨的。一切世間法，一切有形有相的，乃至諸佛，染淨諸法，那是唯心造的。說你不造，法界性什麼都不造，唯是一心，知道一切都是唯心造的。我的心不造了，一念不起，什麼也沒有了。因爲我們心裡有生有滅。若心裡達到無生，諸法無生，不自生、不從他生。經常這樣觀，業障自然就消失了，無業可造的，能造業的亡了。

所造的業還存在嗎？華嚴的懺法，大乘了義的懺法，悔罪要怎麼懺？他教你觀心。罪都是心造的，心都沒有了，誰來造罪啊？經常念這個偈頌。「若人欲了知，三世一切佛，應觀法界性，一切唯心造。」

這個偈頌念久了，什麼也不求了。無求也無得，求是得不到的。因此常作如是觀，這不是一輩子、兩輩子就可以成佛。要相續不斷的觀，永遠不退，勇猛不退，得發長遠心。

我們總是記時間，記數字。念阿彌陀佛還要比較，是你念得多，還是我念得多？「我一天念五萬，你一天念三萬。那你不如我了！」他問你，你怎麼答覆？你念好多數字？你可以說：「我無念。」「無念」後面再加兩個字，「無念而念」。無念還是眞念，念的時候，念就是無念。這不是語言，而是你的思想通了，才達到這種境界。

無念而念，念即無念，無住而生心，無住還生什麼心！無住是無生了，無念、無住、無生，這就是佛的境界相。

◎第十智林菩薩

爾時智林菩薩。承佛威力。普觀十方而說頌言。

所取不可取　所見不可見
所聞不可聞　一心不思議

第十是智林菩薩，「鑒達諸佛，迥超色聲，心言絕路，故云智林。」要想達到諸佛的境界，沒有色聲，沒有言語，心思念都斷絕了，言語道斷，思惟道斷，這叫智慧，眞正的智慧。沒有能取也沒有所取，能取所取都不可取，能見所見都不可見，能聞所聞都不可聞。「一心不思議」，就這麼一個心什麼都沒有，這一個心也沒有。如是觀吧！這就叫達到成佛，這個標準達不到，那就去修吧！

用你的身口意，把你所造的身口意，用善對治惡，惡沒有了！善也消失了！還是回歸，「所取不可取，所見不可見」。這裡頭達到唯一眞心，心行處滅。心裡頭什麼思惟什麼都沒有了，什麼都沒有了。又不是木頭，又不是石頭，石頭木頭也沒見沒聞，這個不是的。不可思還思什麼呢？不可見還見什麼呢？不可見無見，所見的不可見，所取的不可取。所聞的不可聞，就是一個心，一心不思議。

有量及無量　二俱不可取
若有人欲取　畢竟無所得

或者數量，或者長短大小方圓，都沒有。有量就是無量，無量成就有量，所以你要想取，畢竟不可得。「若有人欲取，畢竟無所得。」你取不到，什麼也沒有。

不應說而說　是為自欺誑
己事不成就　不令眾歡喜

自己誑自己，說什麼？不應說而說。「己事不成就，不令眾歡喜。」你自己的事，永遠成就不了，怎麼還能幫助別人成就？己事不成，染汙眾生的心識。這不是立，而是遣除一切法。

有欲讚如來　無邊妙色身
盡於無數劫　無能盡稱述

想讚佛的妙色身，功德所成的，是讚不盡的，爲什麼加個「妙」啊？沒有，就妙了。佛色身沒有，凡是加「妙」字都是遣除的意思，不可思議，微妙的。明明有個什麼，說沒有，這叫妙色身，這個有非有。「盡於無數劫，無能盡稱述」，這個道理，你就是說無量劫也說不完，說不清楚。爲什麼說不清楚呢？以法爲身。法身無身，徧一切處，徧一切法，這叫不可思議。我們的法身，我們現在這個身體是幻化的，但是幻化空身，即法身。法身就在幻化空身上顯你的法身。能夠理解嗎？你能夠進入嗎？能夠相信嗎？連信都不相信，你還怎麼能去修煉（練），不假修煉（練）你怎麼能成就你的妙法身哪？這樣來看如來。「盡於無數劫」，想把這個道理說清楚，無量劫你也稱述不完。佛的妙色身，佛身深奧，不是以色相、以言詞所能讚頌得到的。

譬如隨意珠　能現一切色
無色而現色　諸佛亦如是

無生而現生，來利益眾生，無眾生可度，而要度眾生。度眾生又不見眾生相，微妙不思議，這都是不可思議。沒有色而現色，佛現的妙色身，無色而現色，像摩尼珠子似的，隨意現出來的，現出來的是假的。

又如淨虛空　非色不可見
雖現一切色　無能見空者

虛空，看不到什麼，什麼也沒有，就叫虛空。「雖現一切色，無能見空者。」在一切色相上見著就是空的，達到這種境界是什麼呢？神通無礙。房子障礙不住你，因爲沒有色相可得，你的身在虛空！達到這種境界的時候，關也關不住你，什麼也限制不住你，這叫神通。神就是你的心，通就是無障礙，這是諸佛的境界。

諸佛亦如是　普現無量色
非心所行處　一切莫能覩

能現無量的色，無量色就是沒有色，「非心所行處」。這種境界，漸漸的這樣觀，才能成佛。十住菩薩滿了，十行菩薩修行，他們那修行，不像我們執著色聲香味去修行，他們是不執著的，一切不執著的。

這一段是十林菩薩讚歎佛的話，有相可得嗎？也沒說拜懺，也沒說念經，也沒教你持咒，而是教你觀，觀法界性、觀空，一切色，粗色細色根本就沒有。言語道斷、心行處滅。但有言說，都無實義，何況你還去行，還要磕頭禮拜，讀誦念經，都無是處，一切皆遣。

我們見著佛像，見著經書，這都是粗的色相。這不是如來的妙色。要見如來的妙色，妙色怎麼見？就見粗色，粗色就是妙色。這叫實教的大乘法，實教的大乘法就是如是修。到了佛地，沒有色聲，也沒有形相，也沒有功德，什麼都沒有，一切皆遣。這叫大智大悲大定大願，一切皆大，悲智願行。爲什麼加個「大」？大就是心，就是心大故。心大到什麼程度？無相的，虛空多大，心量有多大，虛空也是形容詞，形容佛的心。

一切心所表現的都如是，你看著好像沒作用，有眾生的機感，他就現了，也現相了，就現無盡身雲。一萬個眾生，他在一萬個眾生身前現，六十億，六十億每個人前都現，六百億每個人前都現。爲什麼能那麼普徧呢！因爲無著故，沒有相可執著的，是應機應時。這個時候，不是因緣契合的時候不現，沒有這種機感不現，有了就現，妙就妙在這裡頭。永遠不斷絕，有緣就現，有機就現，這叫隨他，隨眾生機，不是隨自的。懂得這個道理，這是《華嚴經》講的智慧，智慧身，智慧身隨眾生現，這叫如如。

雖聞如來聲　音聲非如來
亦不離於聲　能知正等覺

聽到佛說法，聞到如來的聲音，這個聲音不是佛，「音聲非如來」。聞到如來的聲，「音聲非如來，亦不離於聲，能知正等覺。」佛若不說法，怎麼知道他是正覺？還要不離開聲，一切無著。

菩提無來去　離一切分別
云何於是中　自言能得見

「菩提」翻「覺」，覺悟的覺。覺是個什麼樣子，沒辦法顯示出來。怎麼顯示？這不是物質有個樣子給你看，說這叫覺。怎麼辦呢？拿不覺顯覺，我們這些糊塗的、迷惑的都是不覺，那就顯出來了，佛是覺的。眞正覺悟的無來去，沒有一切分別相。但有分別都無實義，都是不覺的。眞正覺的就無分別了。

「離一切分別，云何於是中，自言能得見。」既然這樣說，爲什麼要說我能見佛，我能拜佛，我能得法呢？爲什麼這樣說？像這種殊妙的境界，爲什麼還說我要見佛，還要求佛，見個什麼？

諸佛無有法　佛於何有說
但隨其自心　謂說如是法

佛幾時說法？無有法可說，佛在《金剛經》上說，「知我說法者，如筏諭者，法尚應捨，何況非法？」若說我在說法，是謗佛的，不是讚歎佛的，《金剛經》都如是說的。「諸佛無有法，佛於何有說，但隨其自心，謂說如是法。」隨眾生的機、隨眾生的心。緣、感，有緣，感是求，求感，佛就現了。但是，離相離性，音聲非如來，音聲不是佛的。但是對機無錯謬，對任何機，佛就給你說，你就能得解脫了。又不能離開，又不能即，不即不離，「即」是不對的，「離」更不對了。「離」是行邪道，「即」也是行邪道。離聲取，離開佛的音聲來取佛，是斷滅的。在不即不離當中，要你默契，默默的契證，這是離言說相，離文字相，默契佛理。

現在大家學《華嚴經》，特別我們今天講的，好像莫名其妙，說些什麼哪？說了又沒說，沒說又說。又說不可說不可說，離開色聲香味觸法，又即是色聲香味觸法。我們說這個不是語言嗎？明明在講說沒講，什麼意思？佛說法，怕我們執著，說完了就把它遣除，不讓你把心意識留在執著的法上，執著在文字，執著在語言，那就不能行道。行道者離開語言、離開文字去觀，觀完了能入禪，觀完了能入三昧，就從三昧之中理可及，理解了契入道。

所謂道者就是菩提，菩提就是覺，覺了就是既無形相也無表色，表現不出來，一有表現出來的就不是了。說華嚴不是華嚴，說法華不是法華，說楞嚴也不是楞嚴。說金剛，金剛只是個比喻，比喻般若。說般若，不是般若，是讓你契入，契入者就是語言行為導引你能夠契入，但是你不要在語言上去起執著。學戒律，戒定慧三學都如是，你不要在語言，在行爲去執著，執著不捨，你不能入道。你心裡永遠不會解脫，心裡不解脫，你還能自在嗎？自在不了，一天的煩煩惱惱，就是放不下心！

天天講出家不要再想家，想家兩不發，我們就是放不下。出家又想家，放假了過年了看看媽媽。怎麼能夠出三界？出不了的，自找苦惱！煩惱本來沒有啊，自己找煩惱，無緣無故的找煩惱，自己跟自己過不去。

我們講《華嚴經》太深了，當機眾都是什麼人來學《華嚴經》？我們現在不說學道理，連文字還搞不通！這段經念下來，他說什麼呢？他告訴你什麼，怎麼做啊！還沒弄清楚，種種善根而已。這都是大菩薩境界，他一發心，初發心時成正覺，就是成佛。他的心量好大呢！

學經得轉變我們的氣質，轉變我們的行爲，轉變我們的思想狀態。我們學了一年，思想狀態還停留在原來的地方，沒得解脫。再學兩年、再學十年，還是如是，要能變化、轉化。轉化什麼呢？轉化你的量。量大，社會上說量大福大，能容人者，容的越多，量越大。

一切皆空，諸法皆空，這個量大了，虛空有好大，你的量就有好大。往東邊想，空，虛空可思量否？東邊不能思量，西邊也不能思量。南北都不能思量，虛空還可思量嗎？你這個心就變成像虛空一樣的，都能容，不要讓外邊境界相，看見什麼心裡就轉什麼，被人家牽著走。

我們經常說，把牛的鼻子拴個繩子，牽著鼻子走。我們經常被人家牽著走，被誰牽著走？境界相把你牽著走，見什麼執著什麼。本來你從牢籠裡鑽出來了，你出來了，解脫了，離開家了還想回去，當然不是還俗。心裡頭什麼都要放下，經常想什麼呢？想死，你曉得你哪天死。你說哪個不死，有不死的嗎？一想到死，心灰意冷了，死了什麼都沒有了，本來也什麼都沒有。你認爲死了就什麼都沒有了？不是的，死了就去受罪了，也有去享福，也有升天的，如果你功力用得好生到極樂世界，那解決問題了，一直到成佛。

想錯了路子，墮了三塗。你要能夠再想想《華嚴經》，三塗馬上就空了，不論墮哪一道，哪一道馬上就空了，什麼都沒有了，你就解脫了。覺林菩薩說的偈子，念了半偈，地獄就空了。「若人欲了知，三世一切佛。」地獄就空了。所以把這個偈子移到《地藏經》前面。

一定要加這個偈子，這是道理，明理。我們雖然沒證理，明白這個道理，這叫菩提道的道理，不是世間講的道理，我們是菩提道的道理。覺，覺悟的理是什麼樣子？我們現在開始講的都是覺悟的理，十行之後還有十迴向，更深了。十迴向之後到十地，那個又更深！給你分析的很清楚，完了讓你去認識、讓你去走，走就是作。

好了，我們就放假了，大概什麼時候開始講呢？等你們都回來吧！想想這個道理，到街上去看，乃至到社會上去看，眞的假的？隨時這樣想，都是假的，像我們這幫人都是假的。一百年之後一個都沒有了，這叫生滅法，滅了就沒有了。

夜摩宮中偈讚品 竟

十行品

○來意 釋名 宗趣

現在我們要學的是《大方廣佛華嚴經》〈十行品〉。〈十行品〉的來意是依著佛智去修行。佛智是所依，能依是我們，我們依著佛智而去行，那就叫十行。再往遠處說，在十信位，文殊菩薩教授我們〈淨行品〉，先從有門入手。說你一舉一動，吃飯穿衣屙屎撒尿，都要依著淨行，把這些變成清淨的行爲。這是有門，有相法。但是住位的菩薩入了住，能住的是我們的心念，所住的是我們眞正不變的佛性。

大家在學習過程中回憶一下，入了初住位的菩薩，他這個住是住在什麼地方？無所住。《金剛經》上說，「應無所住而生其心」，是依著無住而生的，生即無生。十住位菩薩是依著佛智，住在佛智。現在要依著佛智而起行，從住位菩薩就開始了。如我們學〈梵行品〉，就是清淨行，清淨行是什麼行呢？無行之行，無有行的行。〈梵行品〉所依的就是身、身業、口、口業、意、意業、佛、法、僧、戒，依著這十種，觀察這十種全是清淨梵行。

若我們去分析了解，不論淨法染法都是緣起的，依著我們眞心而生起的。生即無生，住亦無住，這完全是講理法界。《華嚴經》講理法界，完全純理性的法界，純理性的法界是佛的智慧。現在我們解釋，依著佛的智慧去修行，是怎麼樣的修行？依著佛的智慧起修，能依的就是〈十行品〉的行，所依的就是佛的智慧。這就是我們經常說的依著緣起顯性空，現在我們是依著緣起顯性空。

前面是講性空，性空是在緣起而顯現的，這叫「緣起性空，性空緣起」。性空呢？是我們的心，跟佛的智慧是一體的。純是理法界的，性空就是智慧，大般若智，就是文殊菩薩的大智慧。依著這個智慧而起的行是什麼行呢？就是緣起，大慈大悲，行就是大慈大悲。我們經常講慈悲，慈悲為什麼加個「大」？「大」就是體，就是性體。說慈悲是依著性體而起的，所以叫大慈大悲。如果你記不清楚，掌握四個字就行了，「緣起性空」。大慈大悲是指著體性而起的，體性是性空的。

「性空緣起」，依著根本大智慧而產生的大慈大悲，這叫緣起。讓一切眾生都能夠回悟到自己的本心，就是這樣的修行。緣起，順著自己本具的理性而起的修行，這修行是圓滿的。儘管名詞變化，理性是一樣的。修行什麼呢？十波羅蜜，就是施、戒、忍、進、禪、慧、方、願、力、智。但是在經文當中名字變了，等我們講到經文上再說。

現在我們要解釋菩薩怎麼樣修行，華嚴菩薩怎麼樣修行？「隨緣順理造修，名行。」這叫〈十行品〉。這一品定為〈十行品〉，說有十種法門，我們修行要依著這十種法門去修，這是功德林菩薩。我們前面講功德林菩薩、十林菩薩讚歎佛的功德，這是在什麼處所呢？是在夜摩天宮。夜摩天跟帝釋天跟四王天不同了，帝釋天是在須彌山頂，跟人間相接近。夜摩天不是，夜摩天在空中，離開大地。

為什麼叫「夜摩天」？這個天已經超過太陽月亮，在太陽月亮之上了，沒有太陽的光，沒有月亮的光。這個天沒有黑夜白日，這個天自然有種蓮華，蓮華開，那就是白天，就叫晝，蓮華合就叫夜。天上自己有光明，沒有日月，單看蓮華的開合，這個天叫「時分天」。「夜摩」是梵語，「時分天」是華言。這個天的寄位菩薩知道眾生發心的時候，菩薩就到夜摩天來接引他。應度者就是有緣者；未應度者，給他作一個得度的因緣。應度者給他說法，接引他入佛道。

○釋文

以下解釋經文。什麼叫行？行就是作用義，就是他在行的趣向進取當中，這一品的大意說他怎麼樣向前進？怎麼樣趣向佛菩提？他分七段來解釋，第一個是三昧分；第二個是加分；第三個是起分；第四個是本分；第五個是說分；第六個是顯瑞證成分；第七個是重頌分。

爾時功德林菩薩承佛神力。入菩薩善思惟三昧。

「功德林」，是這一品的法主。修行本身就是德，行是以德建立的。要想修行，先入三昧，這叫定，三昧就是定，從定而發慧。入這個三昧，入者就是要想行菩薩行，先以眾德建立，先得入定。這個定怎麼入？承佛神力。承佛的神力是入定的因，以這個因再加行，入菩薩的思惟三昧，這就是三昧分。

二者是加分，加是加被的加，我們經常說求加持，求佛菩薩加持，這叫加分。誰加持呢？當然是諸佛的加持。想入這個三昧，也顯現了諸佛加持，加就是所作爲的事。加持有一個相，顯加持之相。第一個是加持的因緣；第二個是爲什麼要加持；第三個講加持的相；以這麼三段解釋，承佛神力入佛思惟三昧，入菩薩三昧。

以下經文，第一個是「總辨作加因緣」，加持的因緣怎麼產生的？因爲功德林菩薩入三昧已，入三昧就是在定中，定中所見的相，就是境界相，什麼相呢？

入是三昧已。十方各過萬佛剎微塵數世界外。有萬佛剎微塵數諸佛。皆號功德林而現其前。

「十方」，我們舉一方，東方過萬佛剎微塵數世界，把萬佛剎都抹成微塵，一微塵一個世界，在這個世界外，有萬佛剎微塵數諸佛，這些佛的名號都叫功德林，「皆號功德林」。十方萬佛剎之外的世界，又有萬佛剎微塵數那麼多佛，每尊佛的德號都叫功德林，在現在功德林菩薩前，稱揚讚歎他說：

告功德林菩薩言。善哉佛子。乃能入此善思惟三昧。

「善哉」，說很好很好。你入這個三昧的名字，叫善思惟三昧。

善男子。此是十方。各萬佛剎微塵數同名諸佛共加於汝。亦是毗盧遮那如來往昔願力。威神之力。及諸菩薩眾善根力。令汝入是三昧而演說法。

諸佛共同加被，你才能入這個三昧。如果沒有十方各萬佛剎同名的諸佛加持，你入不了這個三昧，這叫意加。功德林菩薩得了兩個加，再一個加持是什麼呢？「毗盧遮那如來往昔願力」、「及諸菩薩眾善根力」，讓你入三昧說法，攝受一切有緣者。

一個是加被因緣的顯現，一個是此會的法主加持，雙重的加持。主佛伴佛同加，因爲有四種因。「伴佛同加」呢？就是十方諸佛加持。「主佛宿願」，就是毗盧遮那的主願，往昔的宿願。主佛伴佛共同加持，使功德林菩薩入這個三昧，演說十行法。說這個法要達到什麼目的？度什麼眾生？

為增長佛智故。深入法界故。了知眾生界故。所入無礙故。所行無障故。得無量方便故。攝取一切智性故。覺悟一切諸法故。知一切諸根故。能持說一切法故。所謂發起諸菩薩十種行。

第二個是「辨加所爲」，這一段經文只說明原因，爲什麼要入這個三昧？入這個三昧作什麼？入這個三昧能增長佛的智慧，能深入法界，能夠知道一切眾生的根，對根說法，所入無礙。有這個三昧的力量，沒有障礙，得無量的方便，也就是說法的方便善巧。能攝一切智性，能夠覺悟一切諸法通達無礙，能夠對根說法，知一切眾生根，能持一切法而不失，所謂的發起菩薩十種行。

善男子。汝當承佛威神之力而演此法。是時諸佛。即與功德林菩薩無礙智。無著智。無斷智。無師智。無癡智。無異智。無失智。無量智。無勝智。無懈智。無奪智。何以故。此三昧力。法如是故。

什麼法呢？就是菩薩十種行。什麼緣故得到這麼多智慧？「此三昧力」，入這個三昧的緣故，「法如是故」，自然得到這些智慧。

爾時諸佛各伸右手。摩功德林菩薩頂。

「爾時」，功德林菩薩入三昧得到各種的智慧，就在這個時候，十方諸佛各伸右手。這叫身加持，讚歎他是語業加持，令他來說十種菩薩行法。摩他的頂是加持力，就是身加；給他智慧是意加；口裡讚歎他是口加！三昧的加持，令他在當中得到對一切的捷辯，沒有間斷的辯，得到無師智，得到迅辯，得到應辯，得到無謬錯辯，得到豐義味辯，得到一切世間最上的妙辯，這七種緣故，叫「七無勝」。這是第二種的加分。第三個是起分。

時功德林菩薩即從定起。

入這個三昧有七分，入定起定。第四個是本分。

告諸菩薩言。佛子。菩薩行不可思議。與法界虛空界等。何以故。菩薩摩訶薩學三世諸佛而修行故。

這是功德林菩薩從定起，對一切的法會菩薩說，讚歎來會者。「菩薩行不可思議」，不可思議到什麼程度？與法界等，法界無邊故，菩薩智是無邊，菩薩行是無邊的。「與法界虛空界等」。虛空無盡，沒有邊際，菩薩行也無有邊際。「何以故」，什麼原因說這麼廣、這麼深呢？

「菩薩摩訶薩學三世諸佛而修行故」，學過去未來現在一切諸佛所修的。這個行菩薩行，入善思惟三昧爲體，功德林所入的三昧就是善思惟，是二諦雙融，眞諦俗諦的雙融。約能觀的智慧是大悲智，無障礙。約教相上說，就是十行各別的體，十種修行各別的體。

十種修行是什麼體呢？十波羅蜜爲體，慧方願力智施戒忍進禪，各有各的體。約教相說，是就經文所說的，一個標顯，一個徵釋（證）。顯呢？標顯解釋這個行的形狀，要修行怎麼下手？另一種，約過去諸菩薩諸佛所證得的行的體。修行所依的體是什麼？這個是難思的。就是所修行的行願海，與法界相等。什麼難思呢？相，修行的相，甚深微妙等於法界。

廣說呢？跟虛空相等，虛空無相了，沒有邊際了。如果是用言語，用心思了達菩薩性，罔及者是達不到的意思。他的名不可思議，爲什麼？他這個修行是即理，依理而起的事。同事法界是無量的，我們是講的事法界、理法界、理事無礙法界、事事無礙法界。因爲在事法界跟虛空相等，虛空無邊故，事亦無邊，事依理起的，事是緣起，緣起是依性空，性空無邊，性空所起的緣起諸法也是無邊的。虛空絕相，這個修行把無相變成有相。有相的是無相，這是說布施，布施是什麼樣子？我們說拿財物捨人，這都是假相。

因爲這十行，這十種修行的行爲，就像帝釋天因陀羅網一樣的，他成就了菩薩十種行，成就了如來無礙解脫，這是一切諸法實相的根源，這是約圓融說。約遮難說，凡聖絕分，不但是遮常的言語心行，也融合一切的言行。清涼國師在〈華嚴疏鈔〉說，這叫眞不思議。前面是總解釋，後面要分別說，這麼說不能得入，怎麼得入呢？

佛子。何等是菩薩摩訶薩行。佛子。菩薩摩訶薩有十種行。三世諸佛之所宣說。

什麼是大菩薩的修行？底下分別說。「佛子，菩薩摩訶薩有十種行。」就是他的行爲，我們經常講的修行。菩薩摩訶薩的修行有十種，這是一切諸佛所宣說的。

何等為十。一者歡喜行。二者饒益行。三者無違逆行。四者無屈撓行。五者無癡亂行。六者善現行。七者無著行。八者難得行。九者善法行。十者真實行。是為十。

這是三世諸佛同說的。先把這十種行的名目解釋一下子，這個名詞跟歷來經卷所說的名詞不同，道理是一樣的。

第一施悅自他，什麼叫歡喜行？就是布施。我們在修行上叫歡喜行，歡喜行就是布施，名字不同，涵義是一樣的。布施，當你施捨的時候，得者歡喜，施者歡喜，布施了心裡很高興，得到施物的也歡喜。所以，財施、法施、無畏施這三種布施，都是歡悅而起的，所以稱歡喜行。你施給他，眾生生歡喜，能施者得成道業生歡喜。法施呢？得到法，消除障礙、消除煩惱，身心安泰、歡喜。無畏施呢？一切眾生在恐怖時間，你施給他無畏，他不恐怖了，他的恐怖感消失了，他生歡喜心了，第一個叫歡喜行，這是離相眞如。離相眞如就是當你布施的時候，能施者不可得，所施物不可得，受施者沒有，叫三輪體空。第一個布施是這樣解釋的。

第二說持戒的三聚淨戒，這叫饒益行。行饒益行，當你持戒的時候，自心清淨布施給他清淨，饒益，把所有持戒的功德施給一切眾生，令一切眾生皆得利益，這叫利他，這是持戒。但是不叫持戒，叫饒益。

第三忍辱，他叫無違逆行，忍是忍受的忤逆，順著物理叫無違逆。行，得到無生法忍，沒有能忍所忍，爲什麼？無我、無我所，所以瞋恨起不來，沒有瞋恨的，忍辱是對著瞋恨說的。在晉譯華言叫無恚恨，無有瞋恚，沒有恨怨，順著物理，順著什麼物理呢？是法忍，法忍是無生忍。一切事物都順著物理忍可，這叫忍辱。

第四勤無怠退，叫無屈撓行。他是精進，就是我們精進度化眾生，從不退墮，從不怠慢。在精進中無退無怨，無喜足，永遠精勤，如是行。

第五以慧資定、慧離沈掉，有智慧人不會掉舉的，叫無癡亂行。現在菩薩修行，在《華嚴經》叫無癡亂行，就是慧，布施持戒忍辱智慧。這個無亂，這個慧力，能使你對無明的煩惱，乃至臨命終時，不被無明的鬼搗亂，正念不失，不濁、清淨、住於正念，所以叫無癡亂。離開癡亂了叫慧，心無癡亂。心無癡亂得有定力，心不動亂，但是這個定是以慧資持的。精進禪定，這個禪定是以慧資定，所以叫無癡亂，不被無明所搗亂。

第六般若，「慧能顯發三諦之理」，般若現前，在《華嚴經》第六行，叫善現行。善現就是般若智現前，就是善現。常在諸佛淨佛國土，生生世世都如是。因爲即空就是性體，性空而照（有），照（有）就是緣起照了一切，而能現生。

第七不滯事理，叫無著，於我是無我，理解到我是無我，乃至一切法皆是空如，空空如是。涉有的時候不迷於空，觀空的時候而不迷於理，這是空有無二。我無我，都不執著，雙不滯，不滯於我也不滯於無我，這個非常之難啊！

菩薩得根本智容易，得方便智非常的難。根本智，悟理就可以了，方便智要用善巧度眾生，慧產生的方便智，施戒忍進禪慧方願力智，這個就是方，方是什麼呢？方便善巧。大菩薩得了根本智，利生的方便善巧，像文殊普賢觀音彌勒這些大菩薩，他是方便善巧智具足，哪一類眾生怎麼樣度，他都有一定的。

第八大願可尊，這是《華嚴經》獨特的，從六度萬行開出來方願力智，就稱十度。大願呢？要想成一件事，你必先得有誓願，我們說你幹個什麼事，先得有個計劃，先得有個願，有個希望，所以叫難得，在菩薩十行當中叫難得行。這是純粹要修心的，所以難勝。

第九善巧說法，名為善法行。說法授人，說法就是啓發別人的信心，啓發別人進入。要說法授給人，目的是什麼呢？讓人人都覺悟，讓人人都明白，同於九地菩薩說法的法師位。

第十言行不虛，故名眞實。在《華嚴經》裡頭這樣說，二諦非如，眞俗諦非如，眞不是眞，假不是假，眞諦不一定是眞諦，俗諦不一定是俗諦，眞諦即是俗諦，俗諦即是眞諦，眞諦俗諦二諦。非相非非相，專門解釋眞實的，非如、非相、非非相，故名眞實，這就叫菩薩所行。

如果平時記不住，你就單念就行了，施、戒、忍、進、禪、慧、方、願、力、智十度，《華嚴經》所行的十波羅蜜。這只是標名。什麼叫〈十行品〉？功德林菩薩說〈十行品〉說什麼？就是說的十度。其他的經論也都在講，但是沒有這麼深入，沒有這麼圓融，各就各的當機眾。什麼叫當機眾呢？就是每一個說法，說一部經，當時那一部經要利益哪些人，對哪些人說的，得利益人者，都叫當機眾。《華嚴經》現在說的處所是在夜摩天，在空中。與會菩薩都是菩薩，沒有二乘，更沒有凡小。前面是標著菩薩行的十行，之後一個一個解釋。

◎一歡喜行

佛子。何等為菩薩摩訶薩歡喜行。

歡喜行，就是檀施，檀波羅蜜。我們稱施主叫檀主，布施者就是檀主，檀波羅蜜，歡喜行就是檀度，檀波羅蜜。這裡引證〈瑜伽師地論〉講菩薩地，每一度用九門來分析。

一者自性，要先辨別歡喜行，什麼是歡喜行的體？什麼是歡喜行的相？體相各有各的作用，歡喜行以自性爲體，這就是行歡喜行的體。

二者一切施，能具行。就是他的作用，他的行爲，一切無分別的。這是依自性之體去行。行什麼呢？行歡喜行。讓一切眾生都歡喜，這樣的行，具足一切行，這就是歡喜行。歡喜的體是自性的體，歡喜的行是一切，無簡擇的。

三者難行施，菩薩是難行能行。雖然是具足一切行，有難的，菩薩行菩薩道時候非常的困難，障礙很大的。

四者一切門，什麼是一切門呢？說行歡喜行的時候，方法是很多的，方便很多的。一切門是通達為義，怎麼樣使你通達無障礙，就是難行的能行，第三不是講難行？一切門難行能行。比如說有一個人請你布施，他不要你財物，他要你的心臟，他說：「我的心臟壞了，把心臟布施給我吧！」現在有辦法，找醫生一開刀把你那個換給他，他那個換給你，這是方法，這叫一切門，這是行的差別。

五者善士施，什麼叫善士？做一切饒益眾生的事，這叫善士。

六者一切種，給一切作種子，徧攝聖教。說一切的聖教，只要是佛教導的聖教量，佛陀教導我們的都叫聖教。這叫一切種。

七者遂求施，菩薩在行布施的時候，人家求什麼滿足他什麼，隨所需，他需要什麼就滿足他什麼。華嚴菩薩行菩薩道的時候，滿足一切眾生願，沒有一點執著。昨天跟幾位道友開玩笑說，人家現在要你的一切，我們能捨嗎？能做得到嗎？我們不是菩薩，別說大菩薩了，小菩薩也不是。遂求施，人家來跟你求眼睛，他說：「我就兩個眼睛，我給你，我還用什麼？」先把自己擺在前面。菩薩不是的，你要求什麼，就給什麼。

八者此世他世樂施，不但現生，與你未來得大安樂。有的眾生跟你求，「菩薩我不求現世得安樂，但願來生得幸福。」「好啊！那就念阿彌陀佛，我送你到極樂世界！」能滿他願，與二世樂不是現生。

九者清淨施，這是勝離相。他要成佛，你只有說法，說法讓他依著法去行，完了成就波羅蜜，到了彼岸了才能達到目的。這是標布施的。布施就是隨眾生意，有求必應。但是中間得有個字，緣哪！

佛說的，佛不能度無緣之人，佛能度一切，無緣度不了，懂得這意思就行了。講布施，這裡頭很複雜，不是像我們講的，我給你點東西就行了，不是這個意思。或者自己有財物，你捨，自己沒財物，你就很貧乏，他來求財物，怎麼捨？自己沒有，怎麼捨？那就給他說法，讓他依法去得。他求了生死，你說你發菩薩心了，滿眾生願，他來跟你求了生死，你自己還沒了生死，拿什麼給他了生死？怎麼解答？類似這類問題，他要求的物，你沒有，怎麼布施？他要求出世、求法，他要了生死，你怎麼布施給他？菩薩道菩薩行，華嚴菩薩這十種行是我們知道，發願去做，但是我們現在實在做不到。

這是還沒有登地的三賢位菩薩，十住十行，這就是十行。那麼，一種自有財物，勸他得到財物。或者，乃至於給他作奴婢，僕使；或有施與來求者。還有五種，淨信施，恭敬施，自手施，應時施，不惱亂他施。還有六種，無依施，廣大施、歡喜施，數數施，因器施，非因器施。還有七種，一切物施，一切處施，一切時施，無罪施，有情物施，方土物施，財穀物施。這是施的名詞，在〈華嚴疏鈔〉上摘了很多，有時在我們這個世界是沒辦法的。

財施法施無畏施，有人恐怖，你要施給他讓他無畏。還有國王會有賊盜，他受這個危害，你要布施，讓他安樂。若遭了水災，像這次地震，大水災，你要布施給他平安。這只是我們的願力，現在做不到。如果你沒證得空性，沒有大神通力，辦不到。還有轉眾生的業，給他稱理說法，業得自轉，不能包辦代替，還要勸他修學。

還有十種清淨施，不留滯施，不執取施，不積聚施，不高舉施，無所依施，不退轉施，不下劣施，無向背施，不望報施，不希異熟施。「希異熟」，我現在布施給你了，將來我得福德。我現在幫助你，你將來好的時候，你得還報，得幫助我。

我們有報恩堂，當初給我們恩德，他還要繳回扣嗎！怎麼理解？我們報三寶恩，報父母恩，報施主恩，報的恩很多。報眾生恩，特別是報眾生恩，這可從兩方面講的。一個從當事者，我們一切無求，施的時候，能施所施一切施，沒有異他的雜念，什麼念頭都沒有，施就是施。關於這個，各部經論說的都不一樣的，名詞也不一樣的，總的說就是布施。

佛子。此菩薩為大施主。凡所有物悉能惠施。

這叫自性無障礙施，所有都能惠施。但是你得有具足方便善巧的智慧，方便善巧籌量思惟，觀眾生的業。就像這次海嘯，有人給我打電話，「老法師啊，我們這些菩薩都睡大覺去了！」我說：「沒有啊！菩薩沒睡覺。」「那海嘯時候怎一個菩薩救度的都沒有？」我說：「要能救度的話，不等你說，他就不受業報了。」知道他是什麼的業嗎？佛有三不能，眾生的業得眾生自己轉，佛不能包辦代替。

學法的時候，得面面觀，要有智慧、善巧、籌量、思惟。凡所有物，悉能施捨，能捨是不錯的，有緣沒緣啊？你捨給他，他並不能得到，他沒有這個緣。約內、約外、約難、約易，財施、法施、無畏施，一切類別，隨求應與。我剛才說到自己有的施，沒有的怎麼施啊？可以告訴他方法，介紹他能求得到的，介紹他去求吧，就是這個涵義。

其心平等。無有悔吝。不望果報。不求名稱。不貪利養。

「其心平等」，你得有個平等心，「無有悔吝」。捨了不要後悔，有好多道友把東西給了人家，到自己用的時候沒有了，心裡就生起煩惱，那時候該不捨了，不給別人我不就有了嗎？這叫悔。明明有很多，他吝嗇。「無有悔吝」，既不後悔也不吝嗇。

「不望果報」，布施有個希望，想得果。我看現在的布施，救災，還要人登報聲明，某某人施了好多，既求名稱，又希望果報，想得到更大的，這叫貪利養，其心不平等。十行菩薩，他的心平等，沒有後悔沒有吝嗇，不望果報也不求名聲，不貪聞利養。

怎麼樣才達到平等？當你幫助別人的時候，或者力施，怎麼叫力施？舉個例，看見別人推車上坡，推不動了，上不去，你過去幫他推上去，這叫力，這看著也沒有什麼，這叫捨力。還有什麼嗎？無貪求，你的心要平等，要會觀察。什麼是漸施？什麼是頓施？這要會觀，平等無障礙。施時不高舉，不高舉就是你的行爲謙下，布施人家財物的時候，不要認爲我很有錢，很驕傲的甩給人家，這就是高舉。不高舉呢？恭恭敬敬的拿給他，哪管是一塊錢，哪管一毛錢，一個恭敬心，不是輕慢心，這兩者絕對不同。

在布施捨的時候，沒有退弱，沒退弱就是不後悔。不下劣，不論這個東西值好多錢，要捨就捨了，要供養就供養了。不留滯呢？就是不吝嗇的意思，拿起來又想布施，又想供養又捨不得，好像捨了我就沒有了，這叫吝嗇。不望報，捨的時候不希求，我們好多人供養三寶，希望三寶加被，要回扣給他。他不求反倒有，他一求啊！反倒沒有了。供養三寶，希望三寶加被，希望三寶攝受，希望三寶求成佛，可以，你沒有這個妄念，沒有這個想法，實得到了，有了妄念了反倒得不到了。特別是法施，以法布施。以法布施還望報嗎？有！不但有而且還很多。這怎麼望報啊？

我們舉個笑話，有位法師給人講開示，講開示完了，居士供養他紅包，我親自看見這位法師打開紅包，他一丟！我問他：「怎麼回事？」「他給兩毛錢！」我說：「兩毛錢還少嗎？他有供養就好」。這裡頭有很多問題。供養者不要輕心慢心，物質多和少沒有關係，但是不要輕心慢心。要恭敬供養，供養跟施捨兩回事，你供養師父，不是給叫化子。爲什麼我們供養師父要跪在那兒磕頭，表示尊敬心，這是禮節上的問題。但是你不望報、不求果報，自然得到果報。

因此，在布施供養修行當中，像十行菩薩，華嚴菩薩所做到的，我知道我是做不到的。爲什麼？沒達到體性平等，因爲不稱理，不稱理就不平等。因爲不平等故，有高下，有多少，有大小，有差別了。心裡要平等，不論那個事物尊貴也好，值錢也好，不值錢也好，多也好，少也好，不是在事物，而是在供養心，在你施捨的心。

華嚴菩薩所行的布施，他是清淨，無爲，叫無畏施。無爲的「爲」跟無畏的「畏」，兩個不同的。跟無作，無願，平等平等，空的，沒有能所之相，沒有物質的大小，要達到「其心平等，無有悔吝，不望果報，不求名稱，不貪利養。」

但為救護一切眾生。攝受一切眾生。饒益一切眾生。為學習諸佛本所修行。憶念諸佛本所修行。愛樂諸佛本所修行。清淨諸佛本所修行。增長諸佛本所修行。住持諸佛本所修行。顯現諸佛本所修行。演說諸佛本所修行。令諸眾生。離苦得樂。

這一共有十一句，這是會供養、會布施者。布施的目的只是爲救護眾生，不損惱眾生，布施的目的是攝受眾生。要親自給他，你這個態度，受施者很感動，還不是物質多少。

饒益，必須得知道時間，他正是需要的時候，你給他，他心裡好歡喜，增長向道之心。一種是清淨，一種是恭敬，心無雜染，恭敬就是清淨的意思，一切眾生都具足佛性，把一切眾生當成佛看。這是攝受眾生，饒益眾生，能使他憶持不忘，能使他愛樂不捨，把他障礙除掉，淨諸佛行，更加增加他的修行，住持正法不斷，令不隱沒。

總之，目的是要達到什麼呢？離苦得樂，性空緣起，緣起歸於大慈大悲。大慈大悲是稱性體而起的，所以叫大慈大悲。這個性體呢？性空，緣起。緣起是大悲，大慈大悲。性空，回歸自己的佛性，本具的佛性，生生世世都得到安逸，得到無所畏懼。

饒益有情戒，這是指著法說的，使一切有情界都能得到饒益。有情界不光指著人類說的，貓、狗，乃至老鼠，別人討厭的，因爲牠有佛性，你尊重牠的性體，也不輕視牠，這叫大慈大悲。大慈大悲是平等的，稱理的，心性平等的，這叫大慈大悲。

布施度，要布施的時候，「其心平等，無有悔吝，不望果報，不求名稱，不貪利養。」在布施的時候，捨的時候，心一定要平等。平等的意思，對於受施者，不論是老人、小孩、男人、女人，心裡是平等的，捨了不要後悔，捨的時候，不要吝嗇。捨的當中，中間生了悔心，捨不得了，布施或者供養的時候，不望果報。「我這個布施，將來得大果報！」不要有這個思想。不要求名稱，現在我們社會上好多道友，捨了之後，希望人家登報，希望人家表揚，這是求名稱，不是眞心布施。

不要貪利養，你本來是在捨，貪什麼利養？捨的時候，希望回扣，例如供養三寶，希望三寶加持我，使我身心健康，家宅平安，做生意求發財，當官的求升大官，這是貪利養，不是布施，不是清淨捨。這些心哪都不要有，這是反面的，不應該想的。布施的時候，應該想的是些什麼？

「但爲救護一切眾生，攝受一切眾生，饒益一切眾生。」等我布施的時候，濟乏眾生的貧苦，或者是施給眾生的無畏，這兩種是就現狀說的，或者給他說法，法布施讓他明了，明了自己的心性，是爲了攝受他，讓他入法門、歸依三寶，讓他得到這個利益，這樣來布施攝受他；同時是爲了利益一切眾生，要這樣來行施，這種施就叫清淨施。

心不平等，有悔吝，望果報，求名稱，貪利養，那就不是清淨施，心有所爲。如果單爲了救護眾生，攝受眾生，饒益眾生，這樣行施，是學習一切諸佛過去未成佛之前的布施。

同時要憶念一切諸佛在修菩薩行的時候，都是如是修的，布施是爲了救護眾生。又者，愛樂諸佛本所修行，一切諸佛未成佛之前，都如是修行的。清淨諸佛本所修行，諸佛行布施的時候，是清淨的，沒有能施，沒有所施，沒有所施之物，在性空而生起緣起大悲，這樣來行施的。增長諸佛本所修行，使佛法不斷，佛的慈悲相續，過去也是這樣修行的。住持諸佛本所修行，住持佛所做的，現在成爲住持，一間寺廟的住持，是住持佛法的，那叫住持。住是不動搖，持是不捨的。

同時，把諸佛怎麼樣修行施的，顯現！顯現就是以事實，以所做的行爲顯現諸佛本所修行。還要把諸佛布施的演說，讓一切眾生去布施。布施攝受眾生的目的，是讓一切眾生離苦得樂，這是布施的涵義。布施，就是爲了救護眾生，總的說，不損惱眾生。攝受，拿手授給他。我們經常念，受持佛法，請諸佛摩頂，請諸佛加持，那就叫受。

饒益，是指時間說的，他正在困難的時候，正在煩惱的時候，你給他說幾句法，或者困難沒有衣食了，你施給他點物質。在困難的時候，你又不捨，不困難你捨給他，不及時了。說法要及時，他正在煩惱的時候，給他說法，使他能夠得解脫。

清涼國師說，布施的方法有兩種的涵義，一個是清淨的信，以前講〈淨行品〉，前面講十信位，那叫淨信。第二是恭敬，淨信時要知理，學佛得到的清淨的信心，來作清淨的行爲，布施是行爲，恭敬！在這是講布施，你對受施者要有個恭敬心。

就像大家供養三寶，信心供養，是清淨心的！對一切眾生，都像供養三寶那樣來施捨，功德很大的。

令眾生離苦得樂，那就是菩薩所發的菩提心，我們經常講大慈大悲，大慈大悲的目的是要讓一切眾生離苦得樂，這是施捨最主要的目的，令他離苦得樂。攝受眾生，饒益眾生，攝受是指用財物。饒益不是了，饒益是給眾生說法，說法的時候是願和行，這叫法施，以法布施。在施的時候要發願，行菩薩行，發大菩提心，行菩薩道，這是以法布施。財物呢？財物是現行的，是攝受他。先令他生歡喜心，攝受他，漸令入佛道。這是布施的涵義。

施有三種，第一種是法，說法的，這叫法布施。第二種是給他財物，救濟他的貧困，這叫財施。第三種是無畏，他正在恐懼，或者在危險，施給他無畏施。我們經常念普賢菩薩十大願，乃至〈觀世音菩薩普門品〉，都有無畏施。眾生對於生和死，有恐怖感，布施讓眾生了生脫死，這也是無畏施。或者受種種迫害，刀兵、水火、饑饉，他在恐怖當中，施給他無畏，讓他安靜，不恐怖了。這三種施都應當具足無染心，布施的心要清淨，施與資財，施與資具，施與生活的事物。法施時，布施給他法，讓他能夠心領。不要這邊給他講法，希望貪求他的供養，這就錯誤了。

我們看〈高僧傳〉，五臺山的牛心菩薩，他就吝法，墮了五百世牛，而後再做人，又在大顯通寺出家。他的那個心跟牛心一樣的，什麼都不懂。後來他朝拜文殊菩薩，文殊菩薩拿如意把牛心給他勾出來，這是對法吝嗇，得這樣的報。無論財施法施，特別是財施，要隨相布施。隨相，或者給他財物，這是相，在布施的時候，隨相而離相，這就難了。我們現在所講的華嚴菩薩，所有一切都是離相的。〈大乘起信論〉講離相眞如！相信我們自己那個眞心，那個心跟佛無二無別的，那個就是離相的；但是在布施的時候，一定要迴向。迴向有幾種，一種迴事向理，你這布施是事，但是迴向，自他得到圓滿，圓滿達到佛位，這是向理，是離相的。沒有布施的相，也沒有能施者、受施者、所施之物，這都叫離相布施。隨相布施，明你所施時的行爲，施完了還有迴向的動作。以下講行施的時候發願，讓一切受施者能得到殊勝。

佛子。菩薩摩訶薩修此行時。令一切眾生歡喜愛樂。隨諸方土有貧乏處。以願力故往生於彼。豪貴大富財寶無盡。假使於念念中有無量無數眾生。詣菩薩所。白言。仁者。我等貧乏。靡所資贍。飢羸困苦。命將不全。惟願慈哀施我身肉。令我得食以活其命。爾時菩薩即便施之。令其歡喜。心得滿足。如是無量百千眾生而來乞求。菩薩於彼曾無退怯。但更增長慈悲之心。以是眾生咸來乞求。菩薩見之倍復歡喜。作如是念。我得善利。此等眾生。是我福田。是我善友。不求不請。而來教我入佛法中。我今應當如是修學。不違一切眾生之心。

這段經文，說菩薩在修布施行的時候，讓一切眾生都喜歡，讓他們都愛樂。貧乏的地方，菩薩以願力故，生到那個地方。生到那個地方，豪貴、大富，財寶無盡，念念中都能施捨無數眾生。這些眾生不是來求財寶，而是要吃他身上的肉，這個能捨嗎？菩薩就捨給他，不但捨，還令他歡喜。有一個眾生求了，還有無量的百千億眾生來求，菩薩不退怯，不生軟弱的心，不生不捨的心。隨無量百千萬眾生來求，他不退怯，不退心。更增長慈悲之心，他作什麼觀想呢？倍生歡喜，說我得大好處，得善利益。這些眾生是我的福田，布施得福的。是我的善友，幫助我成道，能使我進入佛法．我當如是學，不違一切眾生心，這叫廣大行。

還要發願！發什麼願呢？凡吃我的肉，都讓他成佛，還要做這個念頭，這是同類來求的。像異類，我們知道佛的故事，捨身飼虎，割肉餵鷹，這是對異類眾生施捨的。我在西藏，那時候西藏人身上有很多蝨子，他就作如是想，布施給這些眾生。漢人就把蝨子擠死了，或者拿開水燙了，西藏人頂多在身上摸一把蝨子，把他送出去。這就是捨身布施，每個人都作如是想。癢的時候蹭一蹭就算了，這就是布施。一切菩薩現異類身，布施了還要作如是想，發大願。

又作是念。願我已作現作當作所有善根。令我未來於一切世界。一切衆生中。受廣大身。以是身肉充足一切飢苦衆生。乃至若有一小衆生未得飽足。願不捨命。所割身肉。亦無有盡。以此善根。願得阿耨多羅三藐三菩提。證大涅槃。願諸衆生。食我肉者。亦得阿耨多羅三藐三菩提。獲平等智。具諸佛法。廣作佛事。乃至入於無餘涅槃。若一衆生。心不滿足。我終不證阿耨多羅三藐三菩提。

這種大願，我們想像都沒有想像過，只有佛教授我們。這是菩薩行菩薩行、行菩薩道的，才是十行位的菩薩，還沒有入地。前面講住，登了初住，十住完了就十行，中間夾一個梵行，梵行就是清淨，因為他達到了清淨就回歸自心，空、無障無礙，他證到這種境界。我們這個執著，傷到一點就痛得要死，還能割身肉給他吃，割了又割，割了又割，沒完沒了，不是一個衆生，而是無量無邊衆生，讓他們滿足。如果不滿足，我不成佛。怎能做得到呢？這叫清淨的意樂，這叫離相布施，他沒有我相人相衆生相壽者相。懂得這個道理就好了，無性無相無作，才能做到。

菩薩如是利益衆生而無我想。衆生想。有想。命想。種種想。補伽羅想。人想。摩納婆想。作者想。受者想。

利益眾生，假使有我想，有眾生想，有命想，有種種想，能做得到嗎？他前生入了住位之後，修〈梵行品〉，在修〈梵行品〉的時候，他的身、身業，口、口業，意、意業，佛法僧戒，十種，完全清淨的，這是所無之法。

我們經常講「我」，「我」是主宰義，能主宰嗎？「我」是諸蘊假成，色受想行識五蘊，這是假法所成的。在五蘊當中，我，我的心所起，這樣成就個我，這個我是無我的，所以「無我想」。怎麼能達到無我想？修行證得的，經過很多的修煉（練）。無我想，也無眾生想，五蘊和合所生的，是諸法所生的一切有情，這叫「眾生」。一切修入聖道的人、一切賢聖，《華嚴經》講的三賢十聖，他們都能如實了知，他們對這個都證得了，他們沒有眾生相了。

「有想」，一有我，就有人，就有事，必須傳宗接代，有父子，一代一代相承。還有「命想」，就是我們成就的命根子，生命啊。命還得跟壽結合，壽命壽命，壽不是命，命也不是壽。壽要經過好多時間才消失，那就跟命結合了。有人生下來就死了，無壽，或者短壽。壽跟命兩個要和合，才能存活。光有命，沒有壽，生下來就死了。壽有長短，這是你過去的果報，這叫命。

「種種想」，是一切諸法所成的，所以名爲「眾數」，就是你含著五蘊，色受想行識，十八界，色聲香味觸法，眼耳鼻舌身意，再加上八識，三六一十八，這叫界。界都有各個界限的，這叫「眾數」，又叫「種種」。

「補（特）伽羅想」就是我們說的一切眾生，他又叫「數取趣」。「數取趣」，就是取這個趣向，一會墮入人道，一會墮入畜生道，數取趣，他所趣向。在六道輪迴，數取往趣，沒有厭倦的時候，不求出離，也不知道出離。又者數取趣，說一聲，喊一個人名字，呼一人，多聲就喊多人了，這都叫「補（特）伽羅」。

「人想」，不是草木，不是土石，是有靈性的，有靈性的就叫「人」，在人中行佛法。《般若經》上講「士夫」，也就是菩提道次第上講的下士、中士、上士，一切士大夫他們所用的，這就叫人。「摩納婆想」，我們叫「儒童」，很小的時候，就很有學問。

第九種是「作者想」，是能造諸業的人，有所作，有所作業，就像我們手跟足，有所作。「受者想」，第十種受者，就是受未來的，受後世的罪福果報。你布施的對象就是這一類的眾生，種種的眾生。

但觀法界。眾生界。無邊際法。空法。無所有法。無相法。無體法。無處法。無依法。無作法。

這些菩薩為什麼能做得到？我剛才特別講了〈梵行品〉，〈梵行品〉的空觀，修成功了，觀法界，觀眾生界，觀無邊際法，法是空的，乃至佛法僧戒也沒有了。說觀法界、觀眾生界，無邊際法，空法，無所有法，無相法，無體法，無處法，無依法，無作法。菩薩了達法空，哪裡還有我呢？不但人空，法也空，這叫法空義，修法空觀。二乘人、阿羅漢，他修成了，他說我是空的，人是空的，但是法有，所以法執還在。

這個地方直接說法空觀，直接觀法界空。法界，眾生界，所觀的是法體，這個法體，菩薩都證得、都了知，沒證得了，他了知了，觀修成了，跟佛沒有差異，法空跟佛是沒有差異的。我們前面一舉都是依照法空觀來觀的，都建立在空當中，約橫說就是虛空；約竪說是沒有三際，沒有始終，沒有內外，一切皆空。但有名字，沒有實體。我們所說的實體全是假的，剩個名字。一百年前，兩百年前的古人，就當今現世說，毛主席、周總理，人呢？沒有了，但有個名字，爲什麼？空的。可壞性，可消失故，沒有自相，也沒有共相，無自無共。懂得這個道理才能行這個布施。對外說，沒有自相沒有共相，就沒有一切的色相，色名具相沒有了。

對內說，無爲的體性，我們前面講的都是體性。諸法之體是什麼？是無爲。無爲還有什麼作用呢？無爲就無作了。處所，處所是空的。建立起來的都是假相，都是可壞性，可消失性。我們從山頂上到山底下，在宋朝時是大華嚴寺，大華嚴寺沒有了，空地一片。現在建的不是大華嚴寺，而是普壽寺。古刹沒有了，現在還有土地，等到這個世界到空劫的時候，什麼都沒有了。這樣來觀眾生界、法界，一切都是空的，沒有體的，沒有處的，也沒有所依的，沒有能依的，無有所作的，無有能作的，菩薩了知究竟沒有差別。

從外說，沒有自相沒有共相，從內說，無為的體性，沒有住處，沒有依處，無二法相依。你去了之後沒有了，空了，現在還有個名字，再過一下連名字也沒有了，過一萬年，這個世界上哪些個人，還有名字嗎？沒有了。到一定時間全部都消失了。沒有造作沒有功用，無所有。無所有就空了，因此說眾生界即是法界。這樣來觀。這就叫法空觀，就是觀法空。

作是觀時。不見自身。不見施物。不見受者。不見福田。不見業。不見報。不見果。不見大果。不見小果。

作這個觀的時候，不見果，大果小果都沒有。「皆云不見」，都叫不見，這叫達到法性了。要學《華嚴經》，你先得建立一個空觀，不然你通不了，障礙就多了。因為窮法性的理體，這就成佛了，到了彼岸了，這叫性空。那得具足一切大慈大悲，所以產生緣起。

《華嚴經》全部是緣起。性空還說什麼？性空無可說。緣起，眾生他不能理解，為了眾生，度眾生故，就是緣起。等你得到了，證得了，就叫果。果是酬因的，酬因故，就叫報，這叫果報。果是習因的，都叫因，牽動後來所受的，就叫報。報是酬答因的。等要講到報上，有的是有漏的，有的是無漏的。有的因，報是有漏的，果是無漏的。這裡頭錯綜複雜，每個人就有無窮無盡的因果，你受報、降生，生了又報，報了又生，無窮無盡的。你布施，布施的少，小果。小施小果，大施得到大果。講緣起法都不見，性空緣起，在隨緣上，一切法都有的，有果報，有有漏，有無漏。

以下要行法施，要布施，這個是緣起。從緣生起的願、行，大願大行，這就是普賢行願。《華嚴經》講普賢行願，這些菩薩所行的布施禪定忍辱，都在普賢行願之內。這是觀的益處。以下講願行的好處，講法施的好處。

爾時菩薩。觀去來今一切眾生。所受之身。尋即壞滅。便作是念。

「去」是過去，「來」是未來，「今」是現在，「去來今」就是三世，不論過去的、現在的、未來的一切眾生，他們所受的身，他們的肉體，所受的身是無常的。「尋即壞滅」，很快就壞了，就滅，就消失了。

在我們生活當中，感覺這一輩子好像很長的。現在這裡頭，你們超過九十一歲的還沒有。這九十幾年回想一下，好快！但是有個過程，我從六歲的事情還記得，六歲以前不知道。當小孩子的時候，好像一年三百六十五天，非常長！盼過節，盼過年，爲什麼？過節的時候，書也不念了，吃得好穿得好玩得好，什麼事都不做，沒有逼迫性。喜歡過那個時候，但是很不長，一下就壞了，那個時候沒有了。不願意它壞，願意常過那個日子，不可能。

願意壞的呢？拿我來說，住監獄，天天盼，盼它壞。壞什麼呢？把這個現實環境壞了，換一個環境出去，辦不到。一年三百六十五天，十年三千六百五十天，一萬多天哪，天天這樣想，天天在壞，非常之慢。

快和慢，壞和滅，都是你的心，另外什麼都沒有，展轉消失。我們沒有得到宿命通，如果大家得到宿命通，回顧一下，你這一生一生、一世一世，那時間就長了。人家演電影演電視，演這一個人的一生，如果是演無量生，這個電影沒有，也演不出來，除非自己成道了，自己演。這樣來看你過去，壞了滅了，滅了生了，生了壞了，壞了滅了，生住異滅，這些事相，不停的變化。菩薩觀三世，一切眾生所受的身，一會壞了，一會生了，一會壞了，一會生了，他就作這樣念頭。

奇哉眾生。愚癡無智。於生死內。受無數身。危脆不停。速歸壞滅。若已壞滅。若今壞滅。若當壞滅。而不能以不堅固身求堅固身。我當盡學諸佛所學。證一切智。知一切法。為諸眾生說三世平等。隨順寂靜不壞法性。令其永得安隱快樂。佛子。是名菩薩摩訶薩。第一歡喜行。

怎麼樣給眾生說三世平等？過去現在未來三世平等平等，不住不異不壞。我們前面講壞的，那是肉體，不住不滅不壞的，這是寂靜。無爲法，是你的法身，你回歸你法身，返歸自性，就安隱快樂。

「是名菩薩摩訶薩，第一歡喜行。」在《華嚴經》叫歡喜行，歡喜行就是布施。《華嚴經》不說布施，說歡喜行。你捨給你歡喜，他受施他歡喜，你成就道業，他得到財物，他歡喜。歡喜行從什麼得來的？歡喜的反面是悲哀，因爲在你痛苦當中悲哀的時候，發大願，發大願，發大悲願。

歡喜是觀悲哀境界而生的，歡喜對著是悲哀的，歡喜是對著不歡喜的。觀悲境，你發起大願，以這個大願生起歡喜行。這是因，等你達到安隱快樂了，成就佛果了，得到堅固果。這是第一檀波羅蜜，布施波羅蜜。

◎二饒益行

佛子。何等為菩薩摩訶薩饒益行。此菩薩護持淨戒。於色聲香味觸心無所著。亦為眾生如是宣說。

十行的第二行是饒益行，饒益有情。

「佛子，何等爲菩薩摩訶薩饒益行？」持淨戒，我們一般持戒是講自己受持淨戒，持戒了，受持清淨。這個是說饒益眾生，饒益有情戒。我們講持戒是自己怎麼樣做，怎麼樣行，不能違犯戒。但是這個是饒益行，持戒是度眾生，以持戒來度眾生。

這個地方只說五塵，色聲香味觸五塵。自己心裡沒有執著，就是看破了，放下了，就是無著，沒有什麼淨、不淨。色聲香味觸法，法不說，因爲心代表了，心無所著，對色聲香味觸，不但自己不執著，亦爲眾生如是說，對一切眾生都如是說。無所著表示什麼呢？清淨義，不執著就清淨了。心地一點也不執著了，這是眞正的戒，眞正的律儀，眞正的清淨。「亦爲眾生如是宣說」，就是饒益有情，這就是饒益行。《華嚴經》講清淨戒，不是講戒的條文，而是就它的義、就它的道理講。

不求威勢。不求種族。不求富饒。不求色相。不求王位。如是一切皆無所著。

不執著，這就清淨了。這個不求，得你看破放下才能不求，你看不破放不下，怎麼能夠不求？例如說我們出家，出了家之後在寺廟，當清眾不自在，想當執事，或者當當家、當知客，哪管大小，在寺廟裡管點事，就有地位了。有的寺廟請個執事很困難，爲什麼？大家想修行，想了生死，你讓他做事，他認爲事打閑岔，不認爲是行菩薩道，這是一種。有的寺廟想當還當不到，還得花錢運動，給方丈和尚送點禮，讓方丈和尚給我執事當。乃至求當方丈，求當住持，這叫求名聞利養，求有權勢，這就是犯戒。一切不求，無所著，就是戒，是這樣解釋戒的。

但堅持淨戒。作如是念。我持淨戒。必當捨離一切纏縛。貪求熱惱。諸難逼迫。毀謗亂濁。得佛所讚平等正法。

「平等正法」就是戒，佛所讚歎的，就是戒法，「平等正法」，沒有毀謗濁亂的，也沒有諸難逼迫的，不必貪求熱惱。名聞利養地位，這叫貪求熱惱，往熱惱裡頭鑽，那都有逼迫性，毀謗濁亂的不清，佛所讚歎的是平等正法。

這一段的意思，說自己發誓或者發願，把這個誓願作成堅固的想法，這叫堅持。你的誓願就是對於淨戒堅持，不求名聞利養，不求名聞利養就沒有煩惱了。我們分析這些煩惱，什麼叫煩惱？一切的惡作，你要止住這些惡不作，乃至不能止住，能夠降伏他，這叫善心，這就是持戒。

在一切利養能夠堅持，不去作，沒有熱惱。若能護持淨戒，他能得三種快樂。若持戒的，能得三種快樂，哪三種呢？名譽、利養，死了之後生天。但是這三種都不是持戒人的願望，要是希望名聞利養，死後生天，不是持戒的人，但是必須得持戒才能得到這三種。

我們經常要觀想，無慚無愧，我們要有慚愧心，曉得自己的業很重，修不成道，這叫有慚愧心，經常感覺自己戒行不清淨，總感覺不足。掉舉惡作，就是小動作，並不是犯戒。惡作，不該做的去做。昏沈，昏沈是小睡眠，大睡就是睡覺。慳，慳貪，捨不得，完了還生嫉妒障礙，他捨不得，看別人捨，他生起嫉妒障礙。或者看別人得點好事，他就嫉妒了，他沒得到。這都是障戒的，還有障你的觀行，更重的是障你的善法饒益眾生。

八種纏，有時候加兩種，加個忿，憤怒的忿；還有，有錯誤不肯說，覆藏。這是十種纏。還有四縛，四種縛，貪欲、瞋恚、戒取、我見。貪欲，貪不到，就熱惱了，熱惱就生瞋恨心了，這都是給你的清淨行作障礙。這裡生出很多的過患，看人得了，自己沒得到，完了從中生出很多的毀謗。這些象（相）徵，就是貪求的時候容易熱惱，諸難的逼迫，逼迫你不得安靜。毀謗，謗毀別人，混亂不清，就叫亂濁。要是沒有這些，堅持淨戒，做這樣想法：我是持淨戒的，這些都離開，捨離一切束縛，捨離一切貪求，捨離一切熱惱，那就諸難沒有逼迫了，捨離一切毀謗亂濁，這是佛所讚賞的平等正法，這叫持淨戒。

這是從你的煩惱，從你所生的過患來說，不是從戒條來說，不是從不殺不盜不淫（婬）不妄語說的。持淨戒，眞正持淨戒，不來不去不出不入，平等平等。對一切事相不違不犯，了知戒性本空，無戒可持。雖然無戒可持而且不犯，佛所說的事相不違。不持的意思是不執著，了知戒性本空，是空寂的，不去執著。說總戒相，攝律儀戒，攝善法戒，饒益有情戒，這叫三聚淨戒，不論菩薩、沙彌、比丘、比丘尼，乃至歸依佛門，三聚淨戒你必須得持，一定要攝善法、攝律儀、攝受眾生。

佛子。菩薩如是持淨戒時。於一日中。假使無數百千億那由他諸大惡魔詣菩薩所。一一各將無量無數百千億那由他天女。皆於五欲善行方便。端正姝麗。傾惑人心。執持種種珍玩之具。欲來惑亂菩薩道意。爾時菩薩作如是念。此五欲者是障道法。乃至障礙無上菩提。是故不生一念欲想。心淨如佛。

不生一念欲想，清淨如佛，堅持不犯，這叫難持。遇到魔的擾亂，這種境界很難持，難持能持，不被擾亂。一般說的戒律叫三聚淨戒。一個攝律儀，一個攝善法，一個饒益有情。攝律儀，是把妨礙我們道業的，都把它離去，這是應離的。攝善法就不是，攝善法，凡是對修道有幫助的，都應當攝受、受持。或者修法的次第，正修法的時候，這個叫作持。律儀戒，是止，就是不該作的絕對不作。但是止持之中也有作，我們持銀錢戒，持過午不食戒，這大家天天都遇到的，持銀錢戒要說欲，作羯磨法，這是止中有作。攝善法戒也有止，作中有止。

攝善法戒之後，你修這個法的時候，跟當時的環境、客觀的現實，生活當中所遇到的一些障礙，雖然是攝善法應該做的，這個時候不能做。佛教授我們，如果佛所制的戒律，跟當時國家的法律兩個有矛盾、有抵觸，你就把佛所制的戒律放棄，遵守國家的法律。

饒益有情戒，這個開闊就多了，非常的廣，對一切有情眾生，使他們得到好處。佛制戒的主要目的還是饒益有情，在《華嚴經》就是饒益有情戒。如果你有這個本事，持淨戒的時候，有無數百千萬億那麼多的魔鬼、惡魔，來擾亂菩薩的道業，使你不能安心修行，惑亂你的身心，做種種五欲的怪現相。這是障道法，能夠障你無上菩提，但是你要堅守清淨的戒行，要把心清淨的像佛一樣的，這就堅持不犯。我們就說觀世音菩薩，觀世音菩薩對這些惡魔，他現的可不是菩薩相。大家放燄口的時候，觀世音菩薩現的面然大士，現的惡魔相，你惡，我比你還惡，這是以惡止惡。大菩薩能自然的運用，這個是指著一般菩薩端心正意，不生欲想。

五欲境界現前，而能把它攝受、轉化。若不能夠轉化，沒有這個力量，起碼不要起貪念。貪念就是著魔，萬法從心生，萬法由心滅。最近有位道友在杭州給我來封信，五欲境界已經把他魔（磨）了二十多年，其實是自己心生的。心生則種種法生，心滅則種種法滅。不論魔鬼也好，過去的宿業，冤家債主找上你來也好，都是乘虛而入的。小偷、盜賊、扒竊是你給他方便，才能進得來，如果你不給他方便，他進不來。如果菩薩經常觀照，說你沒有這個力量，觀照不現前，讀誦大乘，假諸佛菩薩加持力量，天天讀誦大乘經典，每部經都有護法。當你讀的時候，這種業障容易消失，不管時間長久一定會消失。你要是被魔障，道不能前進，乃至隨魔轉了，本來是佛子，突然間變成魔子魔孫，或者罷道還俗，或者受擾害，我們有好多的道友們作怪夢，被鬼神所迷。

爲什麼？是你的心裡先給他方便了。如果你不起五欲念頭，天天警策自己的身心，他不能入的。你現在是比丘、比丘尼，或者優婆塞、優婆夷，使道業天天增上，魔境現前，只能夠增加道業，增加你的信仰，增加你的道心。但是，最難的不是一帆風順的，等你受了戒了，說要做一個清淨律儀不犯，不可能，因爲現在我們是凡夫做不到。隨時照顧你的身心，隨犯隨懺。根本戒，你堅持，犯的時候少，像枝節的，我們說比丘戒，十三僧伽婆尸沙，四波羅提提舍尼，九十單提，百眾學，特別是百眾學，因爲你感覺這個戒，沒有什麼關係，隨便就犯了，一天都在犯。但是你若想到它的後果，那就嚴重了。犯一個突吉羅，墮地獄九百萬年。但是在我們這個九百萬年很長了。佛經上所說的，一來講刹那，一來講阿僧祇，那就無所謂了，九百萬年時間很短。

但是在我們日常生活當中就很長了。爲什麼半月半月誦戒？如果這半月有犯的，一誦戒，一對照鏡子，你馬上懺悔吧！有沒有發心天天誦戒的？不要等到半月了，天天自己對照一下子，有沒有？很少了。除非道心很強的，生死心很切的，我們每天都在懺，讀誦大乘、禮拜，所以我們在常住裡頭住，吃飯、穿衣、行動、坐臥，大眾的加持力，眾僧的威德加持力，要相信大家的力量。爲什麼目犍連救他的媽媽救不了，大阿羅漢的神通，那不行，抵不住那個業。因此他求佛，佛說：「我也沒有辦法！」等到七月十五，大眾僧結夏安居這一百天，結夏圓滿了，供養大眾僧，假大眾的力量自然就消失了。

意思就說是你在常住住，大家共住，犯戒的時候很少，沒有機會給你，機會很少的。即或你犯了，是隨犯隨懺。一天大家都在拜懺，吃飯都在拜懺。大家一吃飯飽了就要念，「飯食已訖，當願眾生，所作已辦，具諸佛法」，不就懺悔了嗎？那是〈淨行品〉上的偈頌。你每天都如是做，想制止不犯，做不到！犯了就懺，做得到。但是你得大眾共住，一個人或者三五師父住小廟，那就不成了，沒有這個力量了，力量薄弱。

這是菩薩行菩薩道的時候，你的感應，道業要成，那些惡魔才來找你。像我們的道業還沒成，魔還認爲你是我的魔子魔孫，用不著找你了，自己就找來了。如果堅持淨戒的時候，那就不同了。現在我們很多事情跟魔還打交道，意念不清淨。像《華嚴經》〈淨行品〉，你能把心約束到那樣程度，那就很不容易了。或者是在行路，困難，遇著災害，這本身就是魔業，不要向外找，要反觀觀自心，反聞聞自性。從內心上找，完了從內心上懺，等你的魔懺淨了，災難也消了。

這個道理大家一定得懂。懂得這個道理了，就是你對治的方法。讀誦大乘，持誦禮拜，就是請求佛菩薩的加持力，完了再加你的內心，跟佛菩薩結合起來，效果就大了。到你捨命的時候，遇著這種危難的時候，這個時候，心裡想著我的戒不能犯，特別在危難的時候，保持淨戒。所以說菩薩遭急難的時候，心裡頭還想著戒，想著佛的教誨。讀誦大乘經典，這些障礙也容易消失。例如我們害病，在病苦當中，病本身就是折磨，病本身就是苦，怎麼對待你的病？病一般說我們四大不調，地水火風，氣候的關係，身體健康的狀況不好，這是現相，他的本質不是這樣。凡是病就是業，你得從業上來消失，在你的思想上不要幫病的忙，在死的時候不要幫死的忙。生老病死四種，都應當如是觀，這是對治的方法。

唯除方便教化眾生。而不捨於一切智心。佛子。菩薩不以欲因緣故惱一眾生。寧捨身命而終不作惱眾生事。菩薩自得見佛已來。未曾心生一念欲想。何況從事。若或從事無有是處。

爾時菩薩但作是念。一切眾生於長夜中想念五欲。趣向五欲。貪著五欲。其心決定耽染沈溺。隨其流轉。不得自在。我今應當令此諸魔。及諸天女。一切眾生。住無上戒。住淨戒已。於一切智。心無退轉。得阿耨多羅三藐三菩提。乃至入於無餘涅槃。何以故。此是我等所應作業。應隨諸佛如是修學。

這一段經文的意思，不要隨著妄念！隨自己的妄想，隨你的業障，就是欲因緣。

這種因緣不但有而且多，不因爲這種因緣去惱害眾生，寧可以捨身命，終不作惱害眾生的事。這句經文非常的重要。我們把身命看作是最寶貴的，但是惱害眾生的事，比他的身命更寶貴，寧捨身命不去惱害眾生；未曾有一念的欲望想，凡是欲念都是惱害眾生的。爲什麼這樣說呢？眾生找你，是在五欲境找你，他是得快樂的？不是的。因爲眾生是在迷中，迷者不知道，菩薩是在悟中，悟者知道。

「若或從事無有是處」，不可能。爲什麼？菩薩作是念，他說一切眾生，在無明輪迴長夜的當中，想的就是五欲。財色名食睡，他是趣向五欲，貪著五欲。他的業跟他的心是決定的，「耽染沈溺，隨其流轉」，他不能得到自在的。你是菩薩不同，你是了解，你是明白，你要轉化他，度他。菩薩當令諸魔及諸天女，及一切眾生，住無上戒，就是清淨戒。我們不要講：「我受戒了，他沒受戒！」不是那個，這是自然戒，是心戒。菩薩以這種願力來度眾生，讓一切眾生都住清淨戒，讓他們得一切智。一切智就是求智慧，求佛的智，求智慧的心，就是求無明、斷無明，證菩提，就是這樣涵義，心無退轉。這樣能證得阿耨多羅三藐三菩提，乃至於成佛，入無餘涅槃。

菩薩應該這樣做，這就是菩薩的戒，什麼原因？「何以故」？此是我等所應作業。一切佛子都應當作的是這個業，轉化眾生，度眾生，讓眾生成佛。讓一切眾生都能應隨諸佛，如是修學。永遠不要捨棄智心，就是一切智。智就是淨戒，淨戒即是一切智，求一切智，堅持一切淨戒，得阿耨多羅三藐三菩提，乃至成佛。

這就是菩薩所應住的戒，就是攝眾生戒，這是眞持戒的菩薩。這裡頭，止中有作。在菩薩自身說是止，度一切眾生，給他們說法轉化眾生是作，止自己，度眾生，讓一切眾生都能如是持戒，這樣的不捨智慧心，才能夠通達於諸佛無二無別的智慧，才能成就佛果。

我們普壽寺是學戒的，你們是不是也這麼學的呢？我不曉得，反正《華嚴經》講戒是這樣講的。他講三聚淨戒，不是一個條文一個條文讓你來解釋，而是從你的心。大悲心從法空理，從空性的法空理，以大悲心，悲憫眾生貪著五欲，讓他們離欲，勸他們要持心戒，這個戒是戒心的。同時一切眾生在五欲境界，他一天生活在五欲當中，你讓他不起這個念頭，沒有這些事實，不可能的了，辦不到。

我們就說睡眠，我們佛弟子知道睡眠是蓋，知道睡眠是惑。不是學佛的人，睡眠有什麼惑啊？睡眠不是很好？多舒服，睡覺。像有些畜生、蚌殼，不是盡睡大覺嗎？你看蟲蟲冬眠的時候，晝夜都在睡，能睡幾個月。菩薩就生起大悲心，這樣怎麼能解脫，怎麼能了生死！菩薩生起大悲心，勸一切眾生都能脫離五欲，像我們這個肉體，不可能堅持說不休息，不睡眠，這是辦不到的。但是有一個界限，這就叫戒。

例如祖師訂常住的共住規約，早的是兩點半鐘，晚一點的三點鐘，現在我們有的時候訂到四點鐘，早晨起床打板。你在常住裡頭住，打板必須得起來。爲什麼？我們是求聖果的、求解脫的，不能讓睡眠把我們這個求解脫的心、求聖果的心把他蓋住了，這樣子減少睡眠，不能不睡眠。

但是我們有目的的，目的是想求佛道，想了生死。為什麼高旻寺的來果老和尚說：「寧在常住睡大覺，不到小廟去辦道。」要想了生死，在常住睡大覺，都可能了生死，如果到自己小廟，那就不行了，這是他的感覺。但是佛在世的比丘，不要大家共住的。大家共住多打閑岔，他怎麼修行？你要修行，他要做別的，都是單住的，各有各的長處。像我們現在普壽寺，我們大家是共住的，我們沒有這個條件。西藏的教義，西藏喇嘛，不論房間大小，一人一間房，一人一個鍋竈，這間房外頭一個小爐子，拿泥巴做的，燒牛糞的。一把水壺，熬茶的，挖糌粑的。挖糌粑的就是加糌粑的，互相不干擾的。色拉寺，五千五，發展到七千個喇嘛，一人一間房，只要在這出家，落髮了，單獨住。住一間房，這個廟裡就得有七千間房。中國的大廟只有天童寺，九百九十九，不到一千，就少一間，現在你在天童寺後山上去看，房子一間挨一間。

現在我們是共住，大家住一起，但是這個有它的長處。剛才說，你要想做個別的壞事，不可能，大家住在一個屋子裡，不可能，辦不到的。你想睡覺，人都起來了，你還睡啊？別人早把你拉起來了，「上殿了，你還睡大覺！」根本辦不到，各有各的長處。

我們眾生那個貪欲心，換句話說我們求舒服、求安逸的心，不容易斷。要想斷這個，這就是戒，佛給我們制止的，未得到的、想念，要得到。沒得到怎麼辦？就求，求要得到。得到了之後，貪著不捨。一切眾生的惡習，越染越深，沒有厭足的時候。這是指眾生心，他是迷醉，就像喝醉酒了，貪著無厭的。隨客觀現實的環境去流轉，到這個時候，想要斷啊，欲罷不能，斷不到。每位道友，從出家到現在，你感覺你的習氣，一直到現在都斷不了的，每人都有。

因此才說菩薩要起大悲心，文殊、普賢、觀音、地藏這些大菩薩，他們那個大悲心，要把眾生的習氣都給除掉。讚歎諸佛，大乘法寶的功德，讚歎三寶的功德。讓你聞法生歡喜心。如果對佛所制的教誨有犯，犯了就懺，再犯，再犯再懺。時時念念懺悔，要能夠不生，這就成道了，就更好了。不生，我們不可能，但是犯了我們就懺，懺久了自然就消失了。或者作羯磨法的懺。我是讀誦大乘，念那部經的時候，念久了，文字可能都背得了，你想想佛教我們做什麼？一個是持戒，經也是戒，經即是戒，這事你做不得，這事你不能做，叫你斷五欲，斷煩惱，經上都讓你斷煩惱，證菩提。那各別各別說，說我們比丘戒、比丘尼戒，叫別別解脫！

爲什麼叫別別解脫呢？持一條清淨一條，持一條清淨一條，別別解脫。無有毀犯，犯了，如法懺悔。在〈十行品〉裡，是發大願度眾生，勸一切眾生都持戒，勸一切眾生都受戒，受了就要持，持了就清淨了。清淨煩惱就斷了，同時在這一品，讚歎持戒的功德。持戒能成佛，持戒能成道，持戒能清淨。因爲我們的心，不假個約束力，它是時時犯的，心是放逸的，告訴你若犯了戒，要下地獄，要受什麼樣苦難，嚇得你就不敢犯戒了。這是警策你，犯了趕緊懺悔，不要留戀，不要捨不得。不知道，犯了罪輕；知道了，明知故犯，那罪就重。不要邊學邊懺又邊犯，這是要不得的，懺了就別再做了。

大家學戒的時候，看《十誦廣律》裡介紹很多故事，那些阿羅漢給我們示現作榜樣，作什麼榜樣呢？屢戒屢犯。但是他是證菩薩道的，給我們示現的，這叫示現。他一示現一犯，佛就制，佛這樣制、他那樣犯，同時一個戒，這樣制他那樣犯，那樣制，他又那樣犯。佛制的很多戒條，是給我們後人作榜樣的，這叫攝律儀，儀是威儀。

菩薩的攝善法，善法很多。有兩句話大家都很熟悉的，「諸惡莫作，諸善奉行」。《華嚴經》總說只有兩種，把他放開就多了，收攝來兩種，一個悲，一個智，就是大悲、大智，這就具足了一切善法。這也是發菩提心的時候，三心的最後二心，大悲心、般若智慧的智慧心。說我們學戒，怎麼樣學？以下就告訴我們。

作是學已。離諸惡行。計我無知。以智入於一切佛法。為眾生說。令除顛倒。

佛給你戒了，不許你去做了，就離諸惡行，因爲「計我無知」。沒有智慧，什麼事以我爲主，不是以智慧爲主。「無知」就是沒有智慧，靠智慧才能入一切佛法。

智慧就使你能覺悟，佛法，就是覺悟的方法，以智慧才能達到覺悟，「以智入於一切佛法」。眾生顛倒，所以給眾生說明白，令他除掉顛倒。怎麼除？智慧就給你專講離過，絕一切，離過絕非，這就是智慧。以這種方法教化一切眾生、攝受一切眾生，讓眾生別造業。別造業就不受苦了，無業就無苦，這就是菩薩的大悲心。為了眾生，學一切善法，學善法就得用智慧來學。攝受眾生得有大悲心，叫不捨一眾生，這是悲智雙運，這就是菩提心。以大智慧的心，才能發起大悲，以大悲才能成就智慧。

然知不離眾生有顛倒。不離顛倒有眾生。不於顛倒內有眾生。不於眾生內有顛倒。

同時要知道，眾生是顛倒的，黑白不分，以惡為善。具足顛倒就叫眾生，因為離不開顛倒，離不開顛倒就有眾生，眾生就是顛倒，顛倒就是眾生。為什麼？眾生是能起顛倒的人。怎麼叫顛倒？染淨不分。好多染法叫依他起性，依著他起的，這是所起的妄念。又把這些妄念計著為我，執著不捨，這叫執著。說放下了、看破了，知道一切都是假的，沒有眞實的，這是佛的教誨，不是一遍就能把顛倒糾正過來，不可能。

亦非顛倒是眾生。亦非眾生是顛倒。

非顛倒是眾生，非眾生是顛倒。這四句這樣說都不對的。

顛倒非內法。顛倒非外法。眾生非內法。眾生非外法。

再把經文重覆一下，讓大家記住，之後去修觀。不於顛倒內有眾生，不於眾生內有顛倒。亦非顛倒是眾生，亦非眾生是顛倒。顛倒非內法，顛倒非外法。眾生非內法，眾生非外法。這是四對。

先明因果互相對待，是緣而成的，因果相待緣成。因對果，果對因，互相對待，以緣而成的，就是緣起，沒緣是不成的。是先有顛倒是先有體？二物相待。因爲顛倒內沒有生，要是決定有，就叫偏計依他起，而不是眞實的。所以因果中沒有因，說生就沒有倒，眾生沒有倒，並不是有眾生就有顛倒，不是這樣解釋的。要說一定另有，那就沒一個不是顛倒眾生。凡是眾生都是顛倒，這是錯誤的。果裡沒有因，說眾生內就沒有顛倒，說要使令他有，這個有不是眞實的。

因中沒有果，解釋因中裡沒有果，所以才沒有顛倒眾生。怎麼樣才對呢？無生！偏計執又依他起，偏計執依著別的因緣而生起這件事，因爲果中沒有因，說生裡頭也沒有顛倒，這是簡擇是非的。若果中裡有因，有眾生就是顛倒，那就沒有不顛倒的眾生，要知道果中是沒有因的。

下面翻過來再解釋，不是顛倒是眾生，亦非顛倒是眾生，亦非眾生是顛倒。眾生不是顚倒，顚倒不是眾生，就這麼兩句話。顚倒究竟屬內法？屬外法？顚倒非內法，顚倒也非外法，眾生也非內法，也非外法。這是辨體，辨體就是辨心，心不是自生的，心是對境生心，境生故而心生，心生故則種種法生，心能生境。境能生心，境能引起心來的。這是顚倒非顚倒的涵義。

爲什麼？顚倒非是內法，如果顚倒是內法，它沒境也可以生，不因境生了。這是什麼？說那個境是情執，不是心生，是你情的執著。你執著不是眞實的，沒有外。有智慧的人怎麼說呢？他說既不應也不染，既不顚倒也不執眾生，既非內也非外，就是非內外。不在內外，在中間嗎？中間也不立，這叫什麼？執心和境，沒有自體的，當體即虛，就是空的。任何事物都應當作如是解，一切眾生也是這樣。在五蘊法—色受想行識去求，求不到的。色受想行識，求心，心不可得，求身，身亦不可得，爲什麼？它不是內法。那離開五蘊該有吧？離開五蘊就是外法，也非外法。離開五蘊，沒有境了，法從何立？主要是說，一切諸法，虛妄的不是眞實的，起了就滅，滅了就起，數起數滅，沒有一樣堅固的。

一切諸法虛妄不實。速起速滅。無有堅固。如夢如影。如幻如化。誑惑愚夫。

這一段解釋什麼呢？《金剛經》講，一切有爲法如夢、如影、如幻、如化，都是迷惑誑惑眾生的，誑惑愚夫的。因是倒因，倒因而產生的緣助成的，緣成不堅，緣成的不是堅固的，顛倒因，顛倒因是妄生偏計執，虛妄生起的偏計執，因此才說如夢、如幻、如化，一切愚癡的人，受這些誑惑。如果倒因，顛倒的因，因爲不知道緣所成就的物質，都不是堅固的，而是可壞的，性不堅固，所以說是誑惑愚癡的眾生，誑惑愚夫。誰來誑惑啊？眾生愚夫，就是沒有智慧的人，自己騙自己，實在無所得。

這是解釋什麼？大悲、大智所成就的，悲智所成就的，他是覺了一切的，明白成就了，成就了什麼？佛、覺。覺就是一切智，智慧的果，知道生死與涅槃。有大悲心度一切眾生，他通達了生死的因，知道生死的果，有大智慧的人，他又通達涅槃，那個大悲智慧的因，生起這個智慧大悲智慧的果，自度，就是智果成就。度他，大悲心成就，菩薩度有情，就是這樣度的。應攝受的眾生就攝受他，應調伏的眾生就調伏他，在身教、言教，二種業了，常時清淨的，這叫淨戒。

一切諸法，都是虛妄不實，速起速滅，無有堅固，找一個堅固法不可得。一切諸法全是虛妄不實的，速起速滅。大家可以回顧一下近三百年的歷史，拿歷史來證明，我們可以看這三百年的歷史，不管勝者也好，敗者也好，還有嗎？哪一個存在？哪一個境相存在？哪一個幻境存在？看電視、看電影，打開電門的時候宛然俱在，關上電門什麼都沒有了。你拿這個來驗證你的心，這個心是虛妄不實的，一會一個念頭，一會一個念頭，速起速滅。

因為你是妄心，虛妄的心，想在虛妄裡找個堅固的、找個不變的、找個眞常的，有嗎？一切愚夫，愚癡的誑惑的凡夫，把這個當成眞實的，明明是作夢，當成是眞實的。我們這樣可能理解了，作夢撿到的錢，醒了什麼都沒有了，還有嗎？但是你在社會上，一生所作的事業，多少億多少房產，壽終正寢的時候，什麼都沒有了。到底是誰的？限界，國界，國家跟國家，世界跟世界，乃至地水火風空根（見）識，七大的前四大，隨時變化的。現在大家看海嘯、看泥石流，看見是批山，那水一沖，那泥石流，山沒有了，隨著水流走了。哪去了？這樣來認識。

你的自體本性是空的，我們這心是空的。有兩句話，「心空及第歸」，就是心裡頭達到成佛了。空的還能起顛倒嗎？空的，什麼都沒有，我們前面講非即非離，離開顛倒見，非顛倒見，原來就沒有。所以心佛與眾生無差別，我們這個心原來就不顛倒的，虛妄起的顛倒不存在的。思念沒有了，惑也沒有了，哪還有顛倒呢？顛倒不是除了嗎？顛倒的惑自然就沒有了，因為本來就沒有。

我們看相片，大家觀想時候可以這樣想的，這個相片是有是無？舉個例子，看孫中山相片，這相片是眞的是假的？人都沒有了，說這個相是假的，眞的沒有了，假相也沒有了。眞的都沒有了，假的能存在好久啊？如夢幻泡影，你就這樣想想，誑惑人的。看破、放下，修觀的時候看破放下。這樣你對於持戒和犯戒，持戒，修眞，順眞故。犯戒，違背眞，不順眞，虛妄的。持也如是，犯也如是。

要想回歸自性，去妄顯眞，這就是能夠得眞。妄上本來是虛妄的，妄上再起個虛妄的妄見，妄行，妄的事業，我們這肉體是虛妄的，我們所有的貪求，財色名食睡，都如是。你這個本身就是假的。你所求這些哪一樣是眞的？把假的當成眞的就是顚倒，把眞的說成是假的也是顚倒。眞眞假假，虛虛實實，這叫顚倒。

現在我們在日常生活當中，假使你坐那修觀的時候，以佛的教導去觀想，想想自己會發笑的，笑自己好愚癡。這個事根本沒有，你可煩惱好幾天，相信嗎？要有人說你，你幹了什麼什麼壞事，一個人說你，你還可以不在乎，一會兒又一個人也來說你，第三個人也來說你，還有證人，這下完蛋了，你動搖了。我有這個事嗎？我沒有啊。爲什麼大家都說有？自己都恍惚了，到是有沒有？自己都不信任自己。這個事你容易懂。人說你本來跟佛無二無別，你是佛菩薩。你自己相信嗎？其實這是眞話，說你那個佛性，本來跟佛無二無別。

佛菩薩這樣來對我們說，我們不相信！佛菩薩天天都跟我們這樣說，打開經本都這樣說，相信嗎？說我信了，開講《華嚴經》前就講這個信。眞實的他不相信，假的，他信著不捨。這不叫顚倒嗎？我們不隨著前面那個文字轉，我看大家還茫然似的，我們用生活的事實來講。

過去有人就這樣說，他說假話，說到一千遍就是眞的。假話說一千遍，一個人說是假的，兩個人說是假的，三個人說的，我們這三四百人都說這是眞的，你怎麼辨別？是眞的？是假的？明明是假的，大家把它當成眞實的，這個世界就是這樣。一切諸法，虛妄不實的，不實的把它當成眞實的，不是顚倒嗎？大家可能很清楚。要是別人說，你這個身體是臭的、是髒的，一人這樣說，兩人這樣說，大家都不挨著你了，說你這又髒又臭，你自己就懷疑了，你能相信嗎？

諸佛菩薩說你那本性，跟佛無二無別。這個他又不相信，佛佛都這樣說，還是不相信，這不是顚倒嗎？在《楞嚴經》是這樣講，在《金剛經》也是這樣講。一切法如夢如影，如幻如化，誑惑愚夫。誰來誑惑你？自己誑惑自己，盡找假事，把假事盡當成眞事。家庭、社會，不斷的變化，特別我們這一百年，整個的變化，幾千年沒有的，現在有了。以前沒有，現在有了。現在有了，將來還有沒有呢？將來又沒有了，變成什麼樣子？不斷的變化。爲什麼？虛妄不實，隨時可以變化的。

例如說我們，我是男的，我是比丘，妳是女的，妳是比丘尼。再換個跑道，過一百年之後，你還知道嗎？你不知道了。我們這個娑婆世界把觀世音菩薩看成是女的，極樂世界認爲觀世音菩薩是男的不是女的，觀世音菩薩一會兒現男的，一會兒現女的，一會兒示現成佛，一會兒示現眾生，一會變魚了，這是虛幻不實的，這叫惑。惑就是迷了，不了解眞實的，把假的當成眞的，又把眞的當成假的，眞的根本不知道。因此才說顚倒。

如果這樣來解釋，這樣來看問題，你看一切的所有行，包括生死法，包括涅槃法，包括菩提法，這要修觀！觀就是思惟修，等自己眞正解脫了，你才幫助別人解脫。如果自己都沒解脫，怎麼幫助別人解脫？

如是解者。即能覺了一切諸行。通達生死。及與涅槃。證佛菩提。自得度。令他得度。自解脫。令他解脫。自調伏。令他調伏。自寂靜。令他寂靜。自安隱。令他安隱。自離垢。令他離垢。自清淨。令他清淨。自涅槃。令他涅槃。自快樂。令他快樂。

佛子。此菩薩復作是念。我當隨順一切如來。離一切世間行。具一切諸佛法。住無上平等處。等觀眾生。明達境界。離諸過失。斷諸分別。捨諸執著。善巧出離。心恆安住。無上無說。無依無動。無量無邊。無盡無色。甚深智慧。佛子。是名菩薩摩訶薩第二饒益行。

因爲理解、覺悟了，理解什麼？覺悟什麼？一切法不實的，是虛幻的，沒有眞實的，一切所行，行的相，是假的、是虛的、是幻化的。認得了，一切都是幻化的，你才能夠了達什麼是生死，生死就是生滅。行的體，行是動作義，沒有動作，動作都是假的，爲什麼？體，我們講行體，它是寂靜的、它是無爲的，這樣就了達了生死了，了達了涅槃，了達究竟了，這樣才得了菩提。這叫度苦。

經常有這樣一句話，說你自找苦吃。我也聽見，「老和尚你自找苦吃！」我說：「你知道他自找苦吃，怎麼沒曉得自己正在受苦。」他自找苦吃，你在受，他在找，他找到他受，大家受，不都是自找苦吃！你看一人背東西，或推車推不動。這個可以兩種解釋，你放下不推了，這就自在了，你放下了，往旁邊一坐，不就輕鬆了嗎？明明推不動你還推，推不動你還推什麼啊？我乾脆不推了，不推不就沒事了。

有一個人問我：「老法師，你們叫我們了生死，生死怎麼了？了不到的了。」我說：「你怎麼辦？」他說：「我不知道。」我說：「你不了不就了嗎？乾脆不了！」他笑起來了。我說：「你要了生死，了不了，了不了你不了不就完了嗎？你還了什麼？拿不動，拿不動你不拿，你放下，你不拿，不就拿得動了嗎？」

大家怎麼理解？我們天天在了生死，了不到，你乾脆不了了。不了了，他就眞了了。懂得這個涵義吧？學也學不清楚，解也解釋不明白，乾脆不學了，不解釋了，這可不行。剛才解釋這個，我生死了不了，我不了了，不了了當凡夫，兩種解釋，因爲你的法不對，得重新想。你做算數的題，它是變化的，你不要太呆板了，我對他們高中生學算數學的。幾何、微積分學不明白，你換一個跑道，換一個方式學，不要按這一個跑道跑，跑不通的。跑不通，你換個方式。

我剛才說了生死，了不了，不是了不了，方法沒對頭。不要太執著，執著是什麼呢？好比說五個數字，兩個加三個是五個，你就記到了兩個加三個才是五個，一個半加三個半算不算五個？兩個半加兩個半算不算五個？它的方式隨時變化的，不一定，你非得兩個加三個才是五個。我一個半加三個半，湊起來還是五個，這叫如是解。對一切法都如是解，說這個解釋，解不通，換一個方式。

今天有幾個道友從北京來，路上堵車堵了五六個鐘頭，我說：「你換個跑道！」他說：「我退不出去了。」我說：「你夾在當間了，你放下。」他說：「放什麼啊？」我說：「你從河北省開到大同，從大同再錯過來，那就跑通了。」有的路是空的，沒什麼車，這個路是堵塞，你退出來就好了。

你在生死裡頭，貪戀不捨，越陷越深。我們現在都剛退出來一半，那一半再努力，完全退出來了。怎麼這樣說呢？女眾經常要帶孩子的，現在我們好幾百人沒有一個有孩子的，她不帶了，就解脫了，了了一半。那一半，再把生死了了，不受後有，眞正了了。這個放下看破，道路很多的，有病，當然要找醫生看，吃藥把病除掉了。有時醫生沒辦法的，你自己得想辦法。

我們和尚有很多辦法，說睡不著覺，正好，我以前發心發不起來，這下子我發起來了，乾脆不睡了，誦經！念念的瞌睡就來了，你想不睡都不行，它就來了。好多問題很不可思議的，這是思想問題。

有些問題，學習的時候，不要按一條道跑，你這麼想不明白，想不明白，就糊塗一天吧，等他糊塗幾天了，突然間再想這個問題，變化了。為什麼變化？你腦子裡有這麼件事，通不過去，漸漸就通了。

當你一個問題解決不了，停下了不去解決它，等過一段時間它就通了。好多的事，一個是時間問題，一個是你的想法起變化，在這個時間，有個調和的過程。他有病、四大不調，等你休息這麼一段時間，又慢慢的順當了，順當他又好使了。

自己得要有個認識。認識什麼呢？跟煩惱作戰的時候，一個了生死，一個要投入生死，這兩個一定是有矛盾的，但是自己要會調和。倆夫婦談戀愛，談不成，找老和尚給廻向，我說：「我還給你廻向這個事，談不成你換個跑道，你倆不談嘛！」他說：「有障礙。」「有障礙你找別的！」好多的事物，都如是發展的。有智慧方便解脫，還得有智慧。智慧怎麼來的？學習、分辨。我沒有智慧，看看文殊師利菩薩的教誨，照他的學，智慧來了，等智慧來了再學。

我們學法，就是學方法。學什麼方法呢？學修行的方法。修行做什麼？求解脫，了生死。所修學的法不論深淺，就是求解脫了生死。我們講，觀一切沒有眞實的，就是作夢，你醒了什麼都沒有了。我們在生活當中，所遇到的一切不如意、如意，都是作夢，你把這段一過去了什麼都沒有了。思想經常這樣想，遇著一切事物，觀想，了解事物的眞相，如夢幻泡影。

同時覺察自己的所作所為，只有兩條道，屬於生死道嗎？屬於涅槃道嗎？因為我們學佛，要想證菩提，要想自己得度，也要讓一切他人都得度。不但爲自己求解脫，願一切有情都能得解脫，那自己先得解脫；同時，經常調伏自己的身和心。我們不隨便說話—「口業」，說話要動動腦子想一想，把你的身口意調伏了，你就寂靜了。寂靜了就安忍，不亂動。自己得清淨，離一切塵垢，令一切眾生都能得到清淨，都能離到塵垢。自己證涅槃，令他也證涅槃，自己得快樂，也令他得快樂。

如果每天都是如是想，還不說一切都能做到，每天能如是想，你就在行華嚴菩薩所行的，這才是眞正修行。我上來說的就是這麼幾句話，但是要做得到，可不是這輩子，不是一生兩生，三四五生，要經過多少生才能達到，這就是戒。饒益一切眾生，自己得度讓眾生得度，自己解脫讓眾生解脫，這就是饒益眾生。下面講無違逆行。

◎三無違逆行

佛子。何等為菩薩摩訶薩無違逆行。此菩薩常修忍法。謙下恭敬。不自害。不他害。不兩害。不自取。不他取。不兩取。不自著。不他著。不兩著。亦不貪求名聞利養。但作是念。我當常為眾生說法。令離一切惡。斷貪瞋癡。憍慢覆藏。慳嫉諂誑。令恆安住忍辱柔和。

這是修忍辱，「無違逆」就是隨順眾生，令眾生都能接受佛的教誨。不要驕傲自滿，要謙下，恭敬一切有情，不去傷害眾生。幫助眾生在受傷害的時候，不令他人去傷害眾生，以下的經文都是這個涵義。不自著，不他著，不兩著，自己不求名聞利養。不求名聞利養為什麼是忍呢？這個忍辱很不容易，有時候忍辱是別人羞辱我們、傷害我們，我們忍。這個不是的，沒人傷害你，是你忍可這法，佛所教授這個法，常修忍法，對於佛法，以一個忍心來求，忍是認可的意思。

不求名聞利養，這個問題非常的難，難到什麼程度？你從一當小孩，生下來剛會說話，媽媽教你的乃至六親眷屬教給你的，都是求名聞利養，這個念頭今生、過去生、無量生，根深蒂固。現在的五六歲小孩，剛一發蒙讀書，老師教的就是求名聞利養。從小孩子開始，在家裡頭，父母鼓勵你，老師鼓勵你，六親眷屬、認得的人鼓勵你，都是求名聞利養。現在哪個不願意自己的小孩住名牌大學，將來都能住大學，辦得到嗎？特別是我們農村有七八億人口，受教育的程度很低，也鼓勵他求名聞利養。要是忍名聞利養，很不容易了。

中國古來時候有兩句話，進一步怨深似海，你要得罪好多人，傷害很多眾生。等你成了名，給你作怨害惱害的人非常之多。沒成名，沒有鬥爭上去，好多看不起你，這個社會就是這樣。要想斷名聞利養，不貪求名聞利養，非常之難！就是這一法門，說忍辱，忍可，不去貪求，非常難。說到我們出家了，有沒有貪名聞利養的？我們所謂的攀緣法，就是化緣，不是利養嗎？這一班的同學，總要考到前面，總希望我的師父喜歡我，把我看重一點，有沒有這個思想？我們先檢查自己的自身，有沒有這個念頭？已經出了家，另有一個名聞，另有一個利養，不是世間那個，出世間也有。

讓人家說這個師父很好、很有道德，你高興了！這個師父破戒的，不好。你聽見人家說你這樣，煩惱不煩惱？這都屬於名聞利養。我看著我們很多同學的，就說這二十年之內，不求名聞利養的師父很少，鳳毛麟角，包括我自己在內！聽見人說這個老法師很好，很有修行，講經講的還可以，高興了。他講的簡直不好，不是個好法師，聽見了心裡很不舒服。如果讚歎也如是，批評也如是，心不爲所動。人家說壞話，這個忍還容易；人家讚歎了，當面讚歎的，心裡頭就像夏天吃霜淇淋一樣的，非常喜歡，這叫名聞利養。

以前有這麼一個笑話，一個老學究跟一班同學說，勸他們這班同學不要給別人戴高帽子，也不要接受別人給自己戴高帽子。他跟一班同學講，之後就說到自己，他說：「你們對我，要記住不要這樣做。」其中有一個同學說：「我們對誰都敢做，對老師哪敢做，老師你的道德高得很，不接受這個！」老師很高興，同學就說：「老師，我今天又賣了一頂高帽子！」換句話說，就是賣給你了。

忍，不是我們一般的說，忍別人羞辱我，這個包含的涵義非常的寬，這就是菩薩無違逆行。常修忍法，不是人家罵我、我能忍，那個不算的。自己在修行當中，認爲自己到了什麼程度，得要忍受啊，千萬不要認爲自己了不起，也不要人家說你了不起，說你了不得，不要受這個讚毀，傷害。讚的傷害，比毀的傷害，厲害得多。古來的大德們說，傷害你，你要忍受，這個容易，這叫「當頭棒」，你看得見，覺得到。

「腦後針」就不容易了，毀謗你的忍受還容易，要是讚歎你，你那個能忍，凡是人家讚歎，誇你，要考慮考慮，自己是不是行德相符。你的作爲，跟你所得到的，兩個是不是平等的？沒達到平行，這都屬於名聞利養。要把上面這些變化一下，怎麼變化呢？但作是念，常時這樣想，怎麼想呢？行菩薩行的時候，忍辱行，常爲眾生說法。說法的功德能令一切眾生，能令自己離一切惡，斷貪瞋癡，憍慢，覆藏，慳嫉諂誑，要斷這些。忍就包含這麼多東西，這都屬於惡法的。恆安住，忍辱柔和。清涼國師告訴我們，修忍行，我們的行爲，永遠謙虛謹慎，離忍過。

第三種，修忍意，意就是思想上常時觀想，要修忍。什麼是忍的相呢？修忍行的，修忍法的。哪些是忍相？三毒、三業、三忍。三毒，大家都知道，貪、瞋、癡。三業，身、口、意。別人傷害你，當然你不能去傷害別人，或者受刑害，或者受傷害，或者受死亡，這個使你不發脾氣，不生瞋恨心，這非常的難忍。一冒火，一不高興，這叫瞋恨。

從前，一位老和尚修忍行，修的功力很成就了。他這個小徒弟很小，要來考驗考驗他的師父，他就把木材燒完灰，拿一個小盆盛著。他問他師父說：「這是什麼啊？」他師父回說：「乇灰。」乇灰，燒過的沒了火，光剩下灰，叫乇灰。隔一會，小徒弟又來問他，「師父！這是什麼？」他師父瞅瞅，「乇灰！」到了七八遍的時候，他師父冒火了，小徒弟又拿去了，他問：「師父！師父！這是什麼？」他師父答說：「你問了這麼多遍，乇灰、乇灰、乇灰、乇灰。」他徒弟說：「不對，師父你說錯了！」他師父反問：「怎麼錯了？這是乇灰。」他徒弟說：「這裡頭還有火，不乇。」師父明白了，他的徒弟來教訓他，這裡頭有火，你冒火了，忍行還沒有修好。

在我們看，一遍二遍三四五遍，我們的人生豈止三四五遍，無量遍了。一天經過的事太多了，這個你能忍受得了，另一個你忍受不了了。苦的時候你能忍，在苦中能忍，樂的時候你不能忍了，怎麼不能忍了？放逸了，忘了自性，忘了修行。受，領受，過去世的善，今生享受，這個當然你能忍了。過去生作的惡，現在受報了，你就不能忍受了，這例子很多。依佛出家，堅持戒行，感到那惡報現前了，過去宿業現前了，抱怨了，「我這麼信佛，這麼修行，還讓我受這個苦難！」

這就是傷害，不能忍受，對於現前的境界忍受不了！凡是有瞋恨心的，必有傷害，只要你一發火，傷害馬上就來了，立竿見影。第一身體，第二事業，第三你所修行的道業。修道者，一念瞋恨起，百萬障門開，一個念頭瞋心生起來了，所有障礙全來了，所以要治瞋恨，必須要忍辱。爲什麼？不忍一定受傷害，不是現生，而是傷害你的法身。因爲現前境界忍受不了了，出現什麼現相呢？十幾歲小孩，他沒有經過什麼事情，對於現前忍受不了，他就自殺了，跳樓了，抹脖子上吊了。現在這些事發生好多了，就是不忍，略微一忍就過去了，這是現實的境界。

瞋必受害，你一發脾氣一定受到傷害。忍包括很多，譬如我們說害病，害病是業報現前，在我們佛所教導的生老病死苦都是業，你所作的業。沒有病的時候，無病一身輕，沒有病輕鬆快樂的，一有了病了，不行了。但是你得忍哪，忍是認可，就是換句話說，你要會觀照，會想。害病的時候，你不希望好嗎！希望好不要幫病的忙，怎麼叫幫病的忙呢？你本來就很痛苦的，你又著急，又希望它好，著急就生火。或者受寒了或者受熱了，忍受。忍受你也得觀想，你說，病就是消業障，病苦就是消業障，我本來是應該還受更大的災害，這一生病啊不能動了，不能去惹事生非，反倒把災難躲過去了，大的災難躲過去了，要作如是想。

人生飲食不調，氣候不能適應，四百四病。地水火風，每一個有一百一病，這是佛說的，這叫四百四病，你認識它了，忍受它了，只能到此爲止，當你壽命沒盡的時候還會好的。若對前境忍受不了，自殺或者幹什麼，自己就傷害自己，更加傷害。自殺必下地獄，各個經論都這樣教導的。不順因緣，還有傷害別人，憤怒忍受不了要報復，要傷害別人，傷自傷他。凡是瞋恨重的，互相拼命，要報復啊，互相傷害。要治這些病，就要忍哪。忍，忍什麼？忍貪愛。貪名利，貪利養，這都叫不忍的過錯，凡是不能忍的，就是愚癡，它是貪的。

貪瞋癡三個，一個就具足三個。瞋恨心一發，貪名貪利貪色，貪什麼沒得到就要報復。報復完了就以死相拼，這不是執著嗎？這叫愚癡，沒有智慧。你自己思忖一下，考慮考慮自己有什麼缺陷？沒有德，沒有道，行道有得於心謂之德，沒有德，人家傷害你，人家譭謗你；或者說你想求名利得不到，得不到，你要奮鬥，誰給你做求名利的障礙，你要把它消除，這都是沒有智慧。因爲你沒有德，招來人家傷害。要想，他爲什麼譭謗我？他爲什麼傷害我？他爲什麼要破壞我？因爲我沒有德，不是無緣無故的愛，也不是無緣無故的恨，一定有個因緣。

還有一種受苦的時候，安受苦忍。達人者知命，知命就是安受苦，我過去沒有這個福報，沒有這個德行，就受苦了。受苦一定是業障發現。受傷害的，一定是身體先受。你執著，執著一定是意起的，受傷害一定是身受的，虛假不實，讚歎別人，就是吹捧、諂媚，這都屬於口業。總之，身口意三業，不善所感召的，忍的時候也要這樣忍。像我們出家人住在山洞裡頭，出家了要修道，修道就要忍饑忍寒，饑寒交迫的時候心裡沒有注意這些。我在上房山，有一位老修行，什麼都沒有，無所畏懼，安受苦，但是他忍。忍了，他沒感覺：「我這是受苦！」沒有！他說：「我是在修道」。

一個忍怨害，一個忍饑寒，還一個忍很難哪，沒見理沒開悟，沒明心，忍可諸法，自己雖然沒有悟得，知道是性體常住與佛無二無別，這叫諦理忍。在《思益經》教授我們，「諸法念念滅」，一切諸法前念起了，後念滅了，前念起了，後念滅了。

「其性常不住」，它的體性不是常住的。但是這個體性裡頭，不常住這個體性。「於中無罵辱」，這個裡頭沒有什麼罵，沒有什麼毀辱。「亦無有恭敬」，也沒有恭敬，什麼叫恭敬？什麼叫辱罵？這樣的觀照你的身心，其心常不動，這叫眞正忍。

這句話大家要記住，我再重覆一下。《思益經》上說的，「諸法念念滅」，前念起來了，後念又滅了，一切諸法念念就消滅了。「其性常不住」，諸法是妄的，它的性常不住的。「於中無罵辱」，也沒有罵也沒有辱，其中「亦無有恭敬」。「若節節解身」，一段一段的，一節節解身。「其心常不動」，這樣使你的忍增長了，這樣忍有什麼好處呢？忍本身就斷惡、斷惑。忍就斷惡斷惑，如果是心裡常能這樣安忍，迷惑就妄了，就亡失了，消失了，智慧就現前了。菩薩是常住法忍，一切法都忍，沒有煩惱的，身心常柔和的，這才是眞正的法器。

分別說有三種，耐怨害，安受苦，諦察法。耐怨家，業障發現報復我們了，那個成熟了，若受害，能忍他人加害給我的。第二種，饒益有情，作利益眾生的事，使眾生得好處，菩薩行菩薩道的時候，明明你在利益眾生，眾生不但不感謝你的利益，反倒給你怨害。行菩薩道的行者，他認爲這個就很好，利益眾生的更大。如果道心沒有堅定的，我利益你，你還傷害我，那你要生報復心，或者停止你利益他的眾生心，這是屬於人事的。冷熱饑寒，這種忍受就是種種的苦事，修道心不退轉，在饑寒交迫的時候能忍受。

諦觀法忍可不容易，觀察如來的甚深廣大法義，你能夠接受，不管有領略，有沒有證得，世尊所說諸法，只是自己業障重，智慧不夠，不能理會！不能忽法，觀察一切諸法，觀察法忍。「諦觀法王法」，能夠深入法性的眞理，眞理是人法雙亡，這叫法忍，無生法忍。忍可諸法無生，無生故亦無有滅，無生無滅，諸法都如是，法性恆如是，這是最深的。忍可、承認，接受、修行。能忍難忍之境，難行能做。難行的行門要去做，難忍的境界相要忍，要能忍。

佛子。菩薩成就如是忍法。假使有百千億那由他阿僧祇眾生來至其所。一一眾生化作百千億那由他阿僧祇口。一一口出百千億那由他阿僧祇語。所謂不可喜語。非善法語。不悅意語。不可愛語。非仁賢語。非聖智語。非聖相應語。非聖親近語。深可厭惡語。不堪聽聞語。以是言詞毀辱菩薩。

一個眾生就有百千億那麼多嘴巴說，有無量無央的百千那麼多眾生都來攻擊，說不可聽的話，毀辱這個菩薩，這是口業。

又此眾生。一一各有百千億那由他阿僧祇手。一一手各執百千億那由

他阿僧祇器仗。逼害菩薩。如是經於阿僧祇劫。曾無休息。

不但動嘴，還要動手。口如是毀謗，手業如是傷害，不是一個時間，也不是一天。「如是經於阿僧祇劫」，身口來加害於菩薩，沒有暫停的時候，「曾無休息」。

菩薩遭此極大楚毒。身毛皆豎。命將欲斷。作是念言。我因是苦。心若動亂。則自不調伏。自不守護。自不明了。自不修習。自不正定。自不寂靜。自不愛惜。自生執著。何能令他心得清淨。

這位菩薩身上的毛孔都起來了。「命將欲斷」，當受這個傷害，那麼多的手來傷害，使你受的傷害活不成了。菩薩怎麼觀？怎麼思想？怎麼來對待？這是說的身，菩薩這樣來觀。「作是念言：我因是苦。」眾生惱害我、污辱我、打我，乃至於刀殺我，「心若動亂」。心若動亂就是不忍了，不忍了就動亂，動亂了就調伏不了，調伏不了不能守護，不能再觀心，守護不住心。如果不修習忍行，定不住了。

「則自不調伏，自不守護，自不明了，自不修習，自不正定，自不寂靜，自不愛惜，自生執著。」「執著」就是執著肉體，受傷害了。心裡還能清淨嗎？不能使自己心得寂靜相，不能忍了！你不能忍了，就把你的自在，修道的堅定信心、不動亂的信心失掉了。失掉之後產生什麼呢？不能調伏瞋恚，瞋恨心一定生起。瞋是瞋恨，恚是要報復，你產生報復心。不護根門，不能護自己的六根，把修忍的法門迷了。不能忍了，忍行不現前了，不能修忍辱波羅蜜，忍辱波羅蜜就達不成了。這時候怎麼樣呢？心裡頭生了動亂，隨著外頭環境轉，要報復！善根都不顧了，不惜善根了。這時候有人有我，有傷害我的，自己就放不下了，這是不能忍的現相。這樣得到什麼結果呢？墮落。自他兩不利，他要報復了，善法行成就不到了，假使翻過來，安受，心裡寂靜。

菩薩爾時復作是念。我從無始劫。住於生死。受諸苦惱。

怎麼樣觀照？我從無始劫，住於生死，受諸苦惱。在受傷害的時候，自己另一個想法，不是產生報復，而是說我從無始劫來，都在生死苦惱當中，現在受這個怨害的，受這個加害的，自己精勤策勵自己。

如是思惟。重自勸勵。令心清淨而得歡喜。善自調攝。自能安住於佛法中。亦令眾生同得此法。

什麼法？安忍，安靜忍受。這是非常不容易，說話可以這樣，要做起來可難了。要是一天、一個小時還可以，要是一年、兩年、三年、五年、二十年、三十年，那就夠受的，天天受，那就看菩薩怎麼樣觀想。別的我無所得，但是對這個我是有經驗的，三十多年，每天就是這樣做鬥爭，天天現實生活當中，每天遇到的。

不說天天受迫害，而是時時受迫害吧！從吃飯穿衣屙屎撒尿都在內。解大小便，拿槍桿壓著你，「起來了，回去了！」你正屙半截，讓你起來，不起來要打你，那起來了，起來怎麼辦？像這種忍受，一回兩回，無量劫的，怎麼忍哪！不忍，起煩惱、謗毀，或者發惡願，我將來要報復你們！那就糟糕了，那就無量劫永遠出不來了，不是一天、兩天了，安受。

你有個觀念，改變心意，消業障，反正我沒有智慧，這樣就給我增長智慧了。往好處想，活得出來。壞處想，他就不想活了。我的歸依徒弟問我，他說：「師父，那時候你想過死沒有？」我想過，不想活。不想活，忍受不了。你死了像攆死一個臭蟲，打死一個老鼠，毫不相干。人家說：「像你這個反革命份子，死一個少一個！」就是如是。說忍，不是一天兩天了，明天又來了，後天又來了！菩薩行菩薩道，要是容易的話，都成了大菩薩。就是難，那難字，你寫一百個也不多了。在生死輪轉當中你要善思惟，對治它。不是對治人家，對治自己的心。

假使你換一個想法，在你受完了，心裡很高興，這下我業障可消了。另一個心情，沒關係，越受多點越好，受多點，業障消的多一點，成佛快一點。這兩條道，這個是高興，那個是煩惱。說它幫助我道業成就，不但不生煩惱而生歡喜心，這個心就是清淨的，漸漸說平靜了，這叫安住佛法，眞正的聽佛教誨。得到什麼好處呢？開智慧。在你忍的時候就是開智慧，沒有智慧你忍受不了的。

有智慧看著這些如夢幻泡影，無常的！三十年，三十年過後呢？四十年過後呢？又變了，不是外頭事物變了，是你的心變了，清淨心。心變了，環境也就變了。心生則種種法生，這個道理要大家體會，不是光聽語言，光聽語言得不到受用！怎麼樣才得到受用？心生淨法，你得到清淨的享受。生染法得到污染的，那你得到果報。心清淨了得到歡喜了，你自己就會調伏它，身心健康。

一切事物很多是相反的，外頭已經受那些折磨，他也沒有病了！好多事物是相反的，你能在佛法之中安住，那就愉快了。如果不入道的，不信佛的，他說這些年輕姑娘們，都出家當比丘尼去了，一天生活在這個裡頭，他們看見苦死了。我們怎麼想的？我們是快樂的、安靜的。對照一下，到五六月份，朝山的人很多，看看他們的表情，煩動不安。乃至於到廟裡，他們的表情總是躁動不安，看看我們這些師父們，安安靜靜的。

誠於中，形於外。好多弟子，他說我有神通！我說有什麼神通？你的表情都告訴我了，動作都告訴我了，這叫誠於中形於外。你心裡想什麼，你看看哪個同學他心裡想事的時候，煩躁不安。他的面容就不是那麼安靜，他告訴你了，他的思想有問題。有什麼問題呢？你也不要去問人家。問人家，人家也不會跟你說，你觀察就好了，這叫觀察智慧。病由何生？病由何癒？怎麼樣會生病？我們認爲生病是身體，先由心裡，心裡不靜了，煩躁，不能安安靜靜的，一定有原因，自己去找。

忍是非常重要的。假使一切眾生，都能依著佛的教導，你觀哪，我們是無始劫來，受的苦還少了嗎？都在受苦當中，那個苦時間有多長，一直到現在還沒有解脫。無量諸苦，要說那些事，過去生不知道，你現在就是知道。無論哪位同學，無論我們現在哪個人，你問問他，或者你問問我吧。老和尚，你有什麼不如意的事？要說不如意的事太多了，生活當中的，心裡當中的，修行當中的，一切的障礙，不如意的事太多了，不是都合你的心意。

我們受苦的時間很長，現在聞了佛法，來修道的時候，這就好，有個出路了。那個苦，長時間苦，很快就把它斷除了，如果智慧大，現在能夠斷，知諸法性空，生滅緣起，「緣起性空」、「性空緣起」，以這四個字觀照就夠了。那你忍度，很快成就，現在我們受苦，值得啊！我們清閒安靜這個苦，很快就得到樂了，得到樂是成道的樂。消滅生死苦，消滅動亂苦，消滅不忍的苦，我們能達到靜而不亂，心裡清清淨淨的；不亂，這就是快樂。不亂還有什麼憂愁？還有什麼歡喜？

昨天一個小外甥女從北京上來問我，她問我：「有什麼煩惱啊？有什麼苦啊？」我說：「沒有。」她又問：「有什麼快樂？」我說：「沒有。」她又問：「你怎麼過日子？」我說：「無苦無樂最快樂。有苦有樂，有得有失，那有什麼快樂，無得無失，我什麼也不求，有什麼苦？越求越苦，求多多苦，求少少苦，不求無苦。多修行吧！」

這叫忍。忍什麼呢？忍於現狀。我就這樣修行，這樣忍於現狀，無求啊！無求不苦，一有想法，一有求，苦跟著來。應當如是觀，都應當住在忍法上，住在染而不亂。特別記住，多求多苦，不求不苦，觀諸法無自性，求什麼呢？都是假的，失掉了，你又失掉個什麼，無得無失。不要患得患失，但是要得這個忍受。

復更思惟此身空寂。無我我所。無有真實。性空無二。若苦若樂。皆無所有。諸法空故。我當解了。廣為人說。令諸眾生。滅除此見。是故我今雖遭苦毒。應當忍受。

「復更思惟」，這一忍叫什麼忍呢？諦察法忍。觀察一切諸法，觀察法忍，無得無失。「此身空寂」這個身是空的，是寂靜的。「無我我所」，我都沒有了，還有我所嗎？爲什麼？因爲都是虛幻，夢幻泡影，沒有眞實的。所以我們才要明心，要覺悟，覺悟什麼？覺悟一切諸法性體是空的。明白自己的心是智慧的，不著空有的，不屬於空有的，沒有苦也沒有樂。有苦有樂，有樂必定也有苦，一切皆無所有，諸法空。這個是我們一切佛子應當解了的，應當契入的。

「廣為人說，令諸眾生。」都能夠知道無我、無人、無眾生，一切皆無，這叫空性。但是現實的世界是有，這個是緣起，隨緣的。隨緣不是眞實的，緣有才能隨，沒有緣隨什麼，這個道理一定要懂。還要跟一切眾生說，令一切眾生知道，知道無我、無我所，此身空寂的。要了一切苦毒，必須得到無生法忍。你現在臨時的遭受一點苦難，沒關係的，時間會改變一切的。三十多年、四十多年，很長的，你把它縮短了，也就是一念。一念念生，可以無量劫，無量劫可以把它攝歸一念。但是這不是一天兩天，你經常這樣觀想。

現在看我們同學的，現在是一個樣，十年再來看，大家互相看看，再互相眞實認識一下吧，變了。五十年再來看，好多沒有了。一切諸法都如是，這種的情況要承認，要忍可。能到這樣還有煩惱嗎？沒有煩惱了。把一切諸法解成空法，就是空義。苦空無常無我，經常這樣觀想，人我，這兩法不是常法，是屬於生滅法。說常無常，不是實在的，相對而有的，相待而有的。一切都是相對的，到你悟得，證得相對法，空是寂的，有也是寂的。對空說有，對有說空。空沒有，有也沒有，這也沒有苦，也沒有樂。禍福無門，是自己去找的。

禍福無門唯人自招，福跟樂是雙寂的，有跟無也是雙寂的，無所有，這種叫無生法忍。忍可諸法無生，不自生、不他生、不共生、不無因生。所以一切眾生達不到忍，為什麼？他迷。他不解空，就迷空，不解有就迷有。一迷了就不清淨了，若忍可了，得到無生法忍，說忍可一切諸法是無生的。

假使有人罵你侮辱你，你自己想，這是自己招感的，這是自己的業，不理他，不計較，看得破，放得下，不就沒事了嗎？同時想到，他來侮辱我，他是在苦中，不是樂，他是在受苦！體諒他，不但不自己想，還去替他想。我跟他都在運動當中，都在行的當中，都在苦。他以苦加諸於我，他又得到什麼呢？什麼也沒得到。我受苦生煩惱，他要費力氣，打人不要費力氣嗎？打人本身也要受傷害。

還有種種想法，清涼國師說，第一種本親想，他污辱我，或者他是我親人，無始中就有這些怨親交雜起來。第二種修法想，在法上想，打罵不可得。不可得就是沒有一法是眞實的，不可得就是在法上去想，法沒有啊。第三種修無常想，一會就過去了，打完了！罵完了！吵完了！不就過去了，沒有了。第四種修苦想，我這是修苦行。打我罵我污辱我，我正好藉此修苦行。第五種修攝取想，反正是你用種種的觀想方法，消失別人的傷害，別人的恚惱，自己能夠忍可。還有修慈的方法，修慈悲觀，他在傷害你，你給他的回饋是什麼呢？慈悲攝受，不跟他鬥瞋恨。

為慈念眾生故。饒益眾生故。安樂眾生故。憐愍眾生故。攝受眾生故。不捨眾生故。自得覺悟故。令他覺悟故。心不退轉故。趣向佛道故。是名菩薩摩訶薩第三無違逆行。

這就叫忍辱。「慈念眾生」，以慈悲心觀察他。這些眾生好可憐，你看他的火那麼大，眼睛也歪了，嘴巴子也扭了，臉也紅了，好可憐。饒益他，不但不瞋恨他，不跟他鬥，同時觀照，他是個可憐愍者。同時，要攝受他，他打我、罵我、辱我、賤我，反正結了緣了，我跟他有緣。結了這麼個緣，我一定度他，攝受他慈憫他，不捨他，度他，不捨眾生。自己覺悟了，感化他，令他也覺悟。如是者，心不退轉了。修忍辱波羅蜜，這個心永遠不退轉，爲什麼？趣向佛道。我要成佛，爲達到這麼個目的，我才修忍辱行，又叫無違逆行。

這些眾生的惱害，這叫生忍。法忍哪，看著很安靜，沒有什麼？更不容易了。無生法忍，忍可諸法不生，這個忍很難哪！我們沒有智慧，不了解諸法，不生，無生故就無滅，這就叫無生滅法。有生就有滅，無生、忍可、承認，學習諸法。一切諸法宛然，宛然就是緣起而已，一切諸法不自生、不他生，不共生、不無因生！每一法都這樣觀察，這才能達到，無違逆行的本體，本體叫什麼呢？叫忍波羅蜜。六度到彼岸，忍辱波羅蜜。波羅蜜就是成就了，成佛了。當你行的時候，不是布施、持戒、忍辱、禪定都一起行，而是一門深入，一行修成功了，其他都具足了。這就是菩薩行。《華嚴經》的菩薩就是這樣行，這是說忍辱。

◎四無屈撓行

佛子。何等為菩薩摩訶薩。無屈撓行。

第四是精進度，六度的精進度，十度的精進度。這個標題叫「無屈撓」，「撓」是弱的意思。他提的是精進的反面，不是正面提的。

此菩薩修諸精進。所謂第一精進。大精進。勝精進。殊勝精進。最勝精進。最妙精進。上精進。無上精進。無等精進。普徧精進。

精進的名字有很多種，一個有一個的作用。精進的反面是懈怠，懈怠就是不能夠修道，被煩惱所持。煩惱是什麼呢？就是惑，迷惑。如果想得到精進，目的是爲了斷一切煩惱，斷煩惱才行精進。煩惱從哪來的？從惑來，惑染，迷惑。精進是拔除惑的根本，斷惑證眞。

在此文所講的不是粗惑，要斷習氣、斷種子，斷了種子才不產生現行。現行沒有了，還有過去的餘習。過去的習氣還斷不了，最後斷餘習。先斷煩惱的現行，完了斷煩惱的種子，完了斷煩惱的習氣。華嚴菩薩行菩薩道的時候，他是爲了度眾生，要度眾生不精進是度不了的，行菩薩道時也得精進行菩薩道，這是一種。另一種眾生的習氣煩惱根深蒂固，菩薩利益眾生，教化眾生的時候，他要精進勇猛不懈的來斷眾生煩惱，當然是先斷自己的，自己不斷怎麼斷眾生的煩惱呢？菩薩所以要精進。

怎麼樣度眾生？下面是度眾生。

性無三毒。性無憍慢。性不覆藏。性不慳嫉。性無諂誑。性自慚愧。終不為惱一眾生故而行精進。但為斷一切煩惱故而行精進。但為拔一切惑本故而行精進。但為除一切習氣故而行精進。但為知一切眾生界故而行精進。但為知一切眾生死此生彼故而行精進。但為知一切眾生煩惱故而行精進。但為知一切眾生心樂故而行精進。但為知一切眾生境界故而行精進。但為知一切眾生諸根勝劣故而行精進。但為知一切眾生心行故而行精進。

菩薩要想了知一切眾生界，眾生界不是一個眾生、兩個眾生，不是一類眾生、兩類眾生，而是無量的差別，這是指有情動物說的，不是光指人類說的，你得有智慧，智慧生長靠精進。要知道眾生界，菩薩就得增長智慧，勇猛精進。

「但爲知一切眾生死此生彼故而行精進。」還要知道一切眾生死此生彼，這一個分段身死了，又生到另一個分段身。這一個分段身是人，那一個分段身也許墮到餓鬼，也許墮到畜生。菩薩度每一個眾生的時候，要知道一切眾生的業、煩惱、根本習氣，是爲了知道眾生死此生彼，菩薩要精進，利益眾生。

「但爲知一切眾生煩惱故而行精進。」聽來好像很簡單，知道眾生煩惱了，他不高興了，那就是煩惱了，不是這麼簡單。煩惱從什麼起的？過去習氣產生現行的煩惱，菩薩要了知一切，才能幫助他、度脫他，菩薩要精進。

「但爲知一切眾生心樂故而行精進。」他喜歡什麼？求什麼？而行精進。「但爲知一切眾生境界故而行精進。」境界是指事說的，心樂是指理說的。

「但爲知一切眾生諸根勝劣故而行精進。但爲知一切眾生心行故而行精進。」但爲知一切眾生勝根劣根，我們是從現相上看，這小孩子聰明，知道他根勝，看這小孩子非常愚癡，知道他劣，這樣來行精進的。菩薩爲什麼要行精進？就是爲這個來行精進。還要知一切眾生的心行而行精進。

這十種在佛說，就是十力智，每段經文都念到佛的十力，知眾生處非處，就是那十種。但是這段名詞變了，本來是精進，精進度，他無屈撓，名詞變了，意義是一樣的。有煩惱就叫有漏業，煩惱就是漏。這個漏，漏到哪一界去就不知道了。他心裡所行的，受業的逼迫，或者受惑的逼迫。這個眾生投生錯了，不該生這個業道，那投生業道了，處非處，投生的處所。佛的十力智，先知道法，要說法，給這些眾生說法。以法來斷眾生的種子，種子斷了還有習氣，幫助眾生斷他的種子，斷他的習氣。

但為知一切法界故而行精進。但為知一切佛法根本性故而行精進。但

為知一切佛法平等性故而行精進。但為知三世平等性故而行精進。

這段經文，在《華嚴經》的四法界，這裡只說了三法界，一個事法界，一個理法界，一個理事無礙法界。因爲在十行菩薩，事事無礙法界還辦不到，就不標了，只標三法界。在事法界裡，菩薩利他的時候，勸眾生信，是以清淨信爲根本。菩薩利他的時候，是以大慈大悲爲根本，只在事上這樣說。在理上說，平等平等。理是平等的，事是差別的。

理事無礙，就是過去生、現在生、未來生，三世。在理上沒有三世，理上是平等平等的。過去如是，現在如是，未來還是如是。它是同一平等理性，但是事不同，事有千差。在理上是圓融，事是理的圓融，所以無礙了，理事無礙了。理事無礙就能進入事事無礙。每一事都是理，事事即是理。但爲度眾生，下化求法，給眾生說法。以下是求佛。

但為得一切佛法智光明故而行精進。但為證一切佛法智故而行精進。但為知一切佛法一實相故而行精進。但為知一切佛法無邊際故而行精進。但為得一切佛法廣大決定善巧智故而行精進。但為得分別演說一切佛法句義智故而行精進。

「但爲得一切佛法智光明故而行精進」，這是智修，菩薩修精進度的時候，是爲了得到佛的智慧光明，這樣來行精進的。「但爲證一切佛法智故而行精進。但爲知一切佛法一實相故而行精進。」精進是有目的的。「但爲知一切佛法無邊際故而行精進。」佛法無邊、無際，都是稱性，菩薩想達到而行精進。

「但爲得一切佛法廣大決定善巧智故而行精進。」前面講的是根本智，智光明是根本智，是照了的，這個善巧是方便的。你要想利生，必須得有方便善巧慧，就是方便善巧智而行精進。菩薩要利益眾生的時候，要給眾生說法，說法必須得稱眾生的心。「但爲得分別演說一切佛法句義智故而行精進。」

這一段經文說的是精進。什麼叫無屈撓精進？無屈撓就是精進的意思。總的說，在求佛的當中說，就是求佛的智慧，求佛的智慧要先求眞智，就是我們說的眞如智，根本智。爲了利益眾生故，是後得智，是俗智，亦名權智，就是方便善巧智。對機說法，對病施藥。

菩薩在行菩薩道的時候，自己先精進求。他自己以身教，讓所受化的眾生也如是跟著菩薩學。從初開始，取法義，法義是什麼呢？法，佛說的四聖諦法，知苦斷集，修道證滅。知道是苦，苦是怎麼來的了？是自己招感來的，集因來的。

怎麼對治這個？要想不苦，斷集，那怎麼斷？修道。出世間因果，消滅世間因果，修道證滅，修道證到滅諦理。但是這個是菩薩來觀照，做這個時候，不是二乘，它叫無作，不假造作，這叫無作四諦境。我們現在就是學的菩薩道，在十波羅蜜當中，這是精進度的波羅蜜。要想證得跟眾生說，讓眾生都得這個利益，你得精進，利益眾生精進。這是總說，怎麼樣精進呢？有兩種，一個是利樂，一個是被（披）甲。被甲就是打仗，就是作戰，方便善巧被甲精進，好像作戰時要披上盔甲。

佛子。菩薩摩訶薩成就如是精進行已。

要想修行利益眾生，成就這樣的精進行，必須精進修行，這個精進可不是自己念念佛的精進，這個精進是說入道、成就，學度眾生的方法。怎麼樣度眾生？完全是利他，怎麼樣度眾生？眾生數、眾生盡、眾生根性，你都得學。

設有人言。汝頗能為無數世界所有眾生。以一一眾生故。於阿鼻地獄經無數劫。備受眾苦。令彼眾生一一得值無數諸佛出興於世。以見佛故具受眾樂。乃至入於無餘涅槃。汝乃當成阿耨多羅三藐三菩提能爾不耶。答言我能。

假使有人問說你能夠對無數一一眾生，阿鼻地獄那些眾生經過無量劫，受種種苦難，怎麼令這些眾生都能得到佛的教誨，讓他們都能知道無數的諸佛，知佛興於世，讓他們能見佛聞法，聞法就受諸樂了。乃至把他們都度成佛，完了之後，自己當得阿耨多羅三藐三菩提。度了眾生成佛之後，自己再修成佛道。

「能爾不耶？」你能做得到嗎？這是說，為了一切無數世界的眾生，這些眾生都墮到阿鼻地獄，在阿鼻地獄裡要經過很長時間受苦。說能把他們都度了，讓他們都知道諸佛，佛出世都能聞到佛法，而後聞法入道，都能入於無餘涅槃，都能成佛，而後再得成阿耨多羅三藐三菩提。

大家都念過《地藏經》，《地藏經》第一品，所有到忉利天集會的諸佛、諸菩薩，乃至一切各類眾生，遇著佛在那說法，令這些眾生都能成道業。這個話，爾能不？說你能做得到嗎？地藏菩薩做到了。文殊師利菩薩用一千劫都測量不出來，到了法會，好多諸佛、好多菩薩、好多聞法者？佛跟文殊師利菩薩說：「我以佛眼觀故，猶不盡數。」我用佛眼看，數不盡地藏菩薩所度的人數。這就是說，令一切眾生都能成佛，但是地藏菩薩本身還沒成佛，他還沒度盡，眾生度盡方證菩提。

大家可能都念過《地藏經》，我們都在他化度之內，等我們都成佛了，可能地藏菩薩還沒成佛，這是一種的理解。另一種的理解，沒有眾生相，菩薩度眾生相沒有眾生相，度眾生不見眾生，那眾生就盡了。這就深入一層了，現在這只是說被甲精進。行精進行的菩薩「能爾不耶！」能做得到嗎？「答言：我能。」發菩提心行菩薩道，精進度，精進度一切眾生。

設復有人作如是言。有無量阿僧祇大海。汝當以一毛端滴之令盡。有無量阿僧祇世界盡末為塵。彼滴及塵。一一數之悉知其數。為眾生故經爾許劫。於念念中受苦不斷。菩薩不以聞此語故。而生一念悔恨之心。但更增上歡喜踴躍。深自慶幸得大善利。以我力故。令彼眾生永脫諸苦。

這段經文是說，你這麼一根毛，往海裡一沾，這麼一滴一滴往外沾，把無窮無盡的阿僧祇數的大海，把他乾了，怎麼乾的？就是這麼一毫毛，沾沾沾沾，能不能做到？「有無量阿僧祇世界」，把它都抹爲微塵，說那一滴海水，跟這一個微塵，「盡末（抹）爲塵，彼滴及塵，一一數之悉知其數。」大海水有好多滴？無量阿僧祇世界微塵，有好多數？一個世界有好多數，乃至無量阿僧祇世界有好多數？這個我們不能理解。

我們可以說，法堂從地到地基，從地基到沒有，地的微塵沒有了，把它都化爲微塵，你能知道有好多微塵嗎？這不是凡夫力，也不是二乘力所能知道的，這很難的。那個滴，無盡大海用一毛端一滴一滴，好多滴？無量阿僧祇世界把它抹爲微塵，有好多塵，一塵一數，一一數之，悉知其數。

如果聞了這個話，生退墮心了，精進心沒有了，這個是你沒辦法知道的。以這個菩薩的智力還辦不到。這是形容詞，拿海形容，拿微塵形容，完了說到眾生。

「爲眾生故經爾許劫」，爲了化度一切眾生，就是前面所說的，在阿鼻地獄那些眾生，要化度他們，要經過好長的不可思議時間，你能把這些眾生都度的讓他們離開阿鼻地獄。這段話是形容前面那段話說的，是形容前面的。說要度這些眾生，那你的苦沒盡頭了。菩薩聽到這句話，不生悔恨心，連一念的悔恨心都沒有。增長什麼心呢？歡喜踴躍，越多越好。

「於念念中受苦不斷。菩薩不以聞此語故，而生一念悔恨之心。但更增上歡喜踊躍。深自慶幸得大善利。以我力故，令彼眾生永脫諸苦。」這叫精進不退。在菩薩一發菩薩意的時候，把一大千劫那麼長的時間作一日算，無量無量時間去利益眾生，不生一念退悔心。一念退悔心都沒有，不退墮了，這叫精進。不是我一天坐幾個小時，拜幾個小時佛，這樣講就太渺小了，看看這菩薩是怎樣做的。你要想成就菩提果，度一切眾生，這還是小數，不是大數，度脫一個有情，菩薩度脫眾生的時候，化身跟這一個有情，一直把他度到成就！有這種願力，讓一切眾生都能證大菩提。

這個意思是顯示菩薩發精進心，生起勇猛無盡的心，怎麼能生起啊？前面告訴我們，不要在事上鑽牛角尖，牛角那個尖啊，鑽不出去的，越往裡頭鑽，越鑽不出去了。你怎麼樣理解？〈十行品〉之前，我們講〈梵行品〉，這是他在〈梵行品〉證入那個境界來行的那個行，〈梵行品〉怎麼講的？身、身業、語、語業、意、意業、佛、法、僧、戒，這十種。證得他的理性，證得他的空義，我們所說的這個都是事相，語言相，形容著這個實際的事相，清淨自然心，菩薩心，眾生心，清淨無爲，這他沒有辛苦了，正念不失，經常觀照！

最初跟大家講《華嚴經》的時候，必須得有這種觀念，你學這種法，你能夠進入。心量必須得大，心等虛空，量周沙界。你那個心量像虛空一樣的，知道諸法，一切諸法無自性。法空、無我，法性自然如是。令一切眾生永脫諸苦，一切眾生的體性不苦！現相，現相是幻化，幻化無實，無實的，如夢、如露、如電。念念的觀，這樣你才能夠精進，這是理上，理能成事，每度都如是。

我們講忍辱波羅蜜也如是。耐惱害忍，忍也如是，精進也如是。達到什麼呢？用我的力量，以我力故，令一切眾生永脫諸苦；若不證得空義，在有相上去分別、去計度，那你度不了眾生。因爲自己還沒解脫，怎麼能去度眾生？因爲你必須得從十信位，現在進入十住，十住完了經過修練，經過自己修行，證得空性，以後逐漸的行菩薩道。或者如果我們發大菩提心，要行大慈大悲，那得先得發菩提心，發了菩提心，隨順菩提心，而能行菩薩行，這樣才能做到。

發了大菩提心，完了你就成就了，住在大菩提心上，初住的時候，就是住在大菩提心上。住什麼？無住，住即無住。初住的菩薩，他的信心成就了，信心滿心了，那個滿心那個信心，相信自己，跟諸佛無二無別，所以他能示現成佛，示現度眾生。

在這種基礎上，證得空性，不論淨法染法，證得他的理性，證得他的空性，以理起行，行菩薩道，修十行法，行十度，有十波羅蜜法，有這麼個次序。

現在我們做不到，但是我們發心，願做到，願能主導你的行，願行！行就能得到。這個是一層一層的難。每一位菩薩發了菩提心，他發心的時候，代一切眾生受苦。怎麼能夠相代？你代不了！聞到這些苦難，自己能夠相代，怎麼代得了？同體性故。眾生跟我一體，這樣的代，所以他聽見他的大悲心，越難度他能度，越是無盡，他越是生歡喜心。無量劫不生退悔，不生懈怠。

下文講定，這叫正念，沒有一念喪失！一念喪失，那一念就不明了。沒有一念悔過，悔是退悔，他把這些事當成我得到大利益，有這麼些眾生我度，他是平等的通達，因為他已經證得深功德，這叫難行能行。這是精進，是要做的。前面是忍辱，難忍能忍，拔一切眾生痛苦，以下令一切眾生得安樂。像菩薩利益眾生的時候，隨順眾生，示現無量生，此生彼生，此滅彼滅，眾生生他生，眾生滅他滅，因此他不會退心的，不會悔的，不悔。

我們說淺近一點，比起這個精進心，我們諸位道友，不論比丘、比丘尼、優婆塞、優婆夷四眾弟子，在信佛過程當中，乃至出家學道、修道當中，自己回顧一下，你有沒有悔？出家遇著困難了，緣不隨意了，有些障礙了，你悔不悔？悔呢？涵義是，「我幹什麼要出家，我那時候不是很好嗎？」這叫悔，有這一個念頭，動這一個念頭，這叫悔。

或者遇著挫折了，你的知見跟人的知見不合，不是說不辦道的，他確實是一心辦道的，他辦道，他要辦道的場所，到這個廟裡不合，到那個廟不合，到了最後是大廟不收，小廟不留。你悔不悔？有一個師父就跟我講，他說：「師父，我是個好和尚。」我說：「那不行，好和尚得隨順壞和尚，那才能跟壞和尚共住。你說你好，人家不跟你共住，你到處吹毛求疵的，看人家這個不如法，那個不如法。你如法，人家不跟你住，自己住去吧！」遇著這困難，就悔了。遇著稍微一點挫折，我們不說罷道還俗，他道心退悔了，他說：「你看我這麼修行，這麼好，佛菩薩都不加持我。」他不在自己身上求，反而向佛菩薩怪罪。

怪罪佛菩薩，這有道理嗎？說出來誰都明白，到時候誰都糊塗。到時候就不明白了，煩惱來了，他不明白了。不要說發這麼深的大願，稍微有一點挫折，或者生活不習慣，或者道友之間不合，或者你幹的很對，寺廟的負責人責備你。那個不對的，人家還得到表揚，你說你氣不氣？煩惱不煩惱？現實生活當中，這些都不是我們的境界，我們把這個比我們現前的境界，不是那麼想像。也不是像我們最初要剃個腦殼，就是菩薩，剃個腦殼就是阿羅漢，哪有那麼容易的？不是那麼容易的。遇著多大的挫折，你本來發心求道，特別是學法之後，發菩提心，發菩提心就是覺，像我剛才說這個，你第二念、第三念是不覺了，糊塗了。讓你度眾生，不但沒度眾生，而是眾生把你度了。

越是深處的法，法說的很眞，你入不進去的時候，你回來，從最淺處的入。你拿你的心來比那件事，這樣的無量眾生墮地獄，墮落阿鼻地獄，讓你救苦救難，發心把我們這五百人都度成佛，這個數字很小很小。但是你得自己先成，說我沒成，沒成是說你不去成果位，專門利益眾生，你能做得到嗎？你做不到，這個位的菩薩，十行菩薩、精進菩薩，你距離他還遠的很，這叫漸行。你必須學法，完了回顧自己。像這種是很難的，難行精進。我們說精進精進，我們說的精進是，多念幾聲佛，多拜拜懺，多打打念佛七，多打打禪七，認爲這就是精進。看這些精進度，怎麼行的？發了願，從來不悔，沒有一念悔，儘管死了生了，生了又死了。但是所發的願，從來不悔。那就稱爲大菩薩，被甲精進。

菩薩以此所行方便。於一切世界中令一切眾生。乃至究竟。無餘涅槃。是名菩薩摩訶薩第四無屈撓行。

行方便行的時候，在一切處所，使一切有情都能夠成佛，這叫精進行。我們現在學這段文，不因爲他的難度大而退失菩提心。在理上講，菩薩的精進，他的不懈在什麼地方？願、行、念，主要是你的念。無屈撓行，爲什麼加「無屈撓」？就是不退墮，「屈」，就是委屈，委屈擾亂你的行爲，擾亂你的修行。「無」，沒有這種擾亂，不讓他擾亂，靠什麼呢？精進波羅蜜乃爲體，以這個體起這個用。菩薩不求世間名聞利養，只爲行菩薩道，度盡一切眾生，求佛一切智慧，形容精進行，也叫無屈撓行。

每一段經文，大家不要割裂，第四行也貫到前面，也通達後面，一切都要精進，忍辱不要精進嗎？都要精進，每一行都要。十行，舉一通十，一個就聯繫到十個。這是文字上的變化，在理上是一個。

◎五離（無）癡亂行

佛子。何等為菩薩摩訶薩離癡亂行。此菩薩成就正念。心無散亂。堅固不動。最上清淨。廣大無量。無有迷惑。

這是六句十種道理，十種道理收攝來是什麼？就是一個正念。癡亂呢？他的正念沒有了。不癡亂呢？那就是正念，成就一個就是正念，其餘九個都是成就正念的。「心無散亂，堅固不動，最上清淨，廣大無量，無有迷惑」，這叫正念。這地方講什麼呢？就是正定。在觀行當中叫奢摩他是止，毗鉢舍那是觀，止觀。止就叫正念，正念就是定，定心就是正念，離開一切妄想紛飛的雜念，離癡亂行，正念，是這樣講定的。

一般說定，要坐那兒行定了！這個不是，而是讓你做一切事，行菩薩道，正念不失，正念一失掉，精進也沒有了，忍辱也沒有了，都沒有了。不失掉正念。不論四教五教、中觀，都說這個正念是正定，他的體是定心，妄想雜念，那叫亂，沒有就叫定。從業用上說，八正道的正念，正念定攝。〈大乘起信論〉說，心不要馳散，妄想紛紛的叫心馳散。你把他攝回來，心念一亂想了，把他攝回來，念佛、念法、念僧，都是正念。

現在是講念定。我們這個心，想讓他不亂，不可能，一跑了就把他拉回來。讓他住正念，正念就是正定。毗鉢舍那，那就叫正念，毗鉢舍那是觀照的意思，怎麼叫正念呢？不偏離，意思是說正念諸法未曾忘失，稱爲正念，這就是度雜亂。觀想佛的時候一偏離了，不觀想佛了，把他再收回來觀想。這個正念不是指著一個說的，念佛、念法、念僧都是正念。讀誦《華嚴經》、讀誦《大般若經》、讀誦《妙法蓮華經》都是正念，攝心一處就叫正念，心不馳散就叫正念，也叫定。例如說我們觀照，這兩個是奢摩他、毗鉢舍那，觀即是定，定即是觀。觀也叫正念，就是不偏離，意思是說正念諸法未曾忘失，是名正念，離雜亂，念即離雜亂了。

一般講定，什麼不管事了。這個不是，要善解世間，明了一切諸法緣起，達到性空無礙，這就叫正念。能緣跟所緣，能緣的念，所緣的境，境即是心，心即是境，境因心起，心依境生。能夠這樣知道了，經常以定力持著你的心。禪定，禪那也叫定，也叫三昧。說你的心，只緣一境，不亂作攀緣。這個境，境即是心，境即是心，智慧了了境了，境即是智慧，智慧即是境，這叫三昧。心境相合，境智一如，這叫禪自性。很簡單，你的心不隨境轉，攝境歸心，叫沒散亂。這個心怎麼達到堅固？讓你不動，不隨境轉就是不動，任何障緣壞不了你的正念，念不離，任何過去現緣，任何緣牽不動，有定力了。緣，不能牽走，所以叫不動，堅固不動。超一切凡劣的戒、超一切凡劣的定，這叫正念常時現前，說大定，「楞伽常在定」，他一天做很多的事，在定中沒動正念。不論今生或來世，絕不受染汙所染，達到清淨無雜亂。

爲什麼叫廣？稱法界性，我們講大方廣的那個大，大是體，這個體稱法界性，廣依體起，體徧於廣。「法界」，這兩個字，「界」是生起的意思，就是心。界生起一切諸法，一切諸法還歸於此心，屬於廣。他趣向一切智，所以叫大。

什麼叫堅固？什麼叫不動？什麼叫無亂？什麼叫無癡？這四個就是廣大無量，就是無癡。大悲無量，不迷惑就叫無癡，沒有癡暗。趣向一切智就叫大，稱法界性就叫廣。得發起這個念，徧一切處，稱法界性，所以叫無量。永遠不捨大悲心叫無迷惑。

單解釋離（無）癡亂，無癡亂用十段來解釋，以下的十段經都解釋離（無）癡亂。有十段，一段一段的解釋。正念是總，正念底下有九段，剛才我們所說的，第一個是正念，這九段是顯示解釋正念的意思。無癡亂，癡是愚癡，愚癡就是無明，無明就是亂的了。無癡，就無亂了，正念永遠現前。

以是正念故。善解世間一切語言。能持出世諸法言說。

正念就含著觀義，這是止觀雙運的意思。止中含著有觀，所以叫「善解」，善解得有智慧，得有觀力。善解什麼呢？一切世間語言，能憶持諸法，能憶持諸法的言說。正念之中有觀就叫善解，正念之中有止就叫能持，能持正念，這是正念。

正念有觀，就叫善解，善解一切世間語言，能持諸法的言說。你說話、出言，沒有利益、沒什麼道理，爲什麼？缺乏正念。能持了，說的言語有利，這叫善解。在世間說的是出世間法，令一切聞者得益，能把出世間法憶持不忘。世間法沒有這種涵義，應不持。說出世間言持，持就是應當受持不捨。生生世世，記憶不忘，這叫義理兼攝。

如果我們今生修了，來生又斷了，從頭再起，那就困難了，生生世世就困難了。生生世世相續不斷，成佛要經過三大阿僧祇劫，這是正念永遠不斷，不斷就能增長。對一切事物的世間諸法無雜亂，無雜亂就是沒有愚癡，沒有無明，這是離雜亂心，定光常現，正念常現面前。以正念善解一切語言，能持世、出世諸法語言說，什麼言說？下面就解釋了。

所謂能持色法非色法言說。能持建立色自性言說。乃至能持建立受想行識。自性言說心無癡亂。

於世間中死此生彼。心無癡亂。入胎出胎。心無癡亂。發菩提意。心無癡亂。事善知識。心無癡亂。勤修佛法。心無癡亂。覺知魔事。心無癡亂。離諸魔業。心無癡亂。於不可說劫修菩薩行。心無癡亂。

這是五蘊法，色受想行識。色是境界相，受想行識是心，在《心經》上就是色心二法，這叫五蘊。心無癡亂，沒有迷惑，沒有無明，智慧的照了。在世間事上看，這死了那又生了，我們只是看見死，消滅了，沒有智慧，沒有那光明照了，不知道他在這兒死了，他在那生了，死此生彼。能持諸法，他死這兒，生那去，他看的清清楚楚。入胎、出胎心無癡亂，這得大菩薩，菩薩轉世是不被無明所障。正念不失是不亂，心裡頭永遠是發菩提心、發菩提意，所以沒有癡亂。

不論好長的時間，心裡永遠不癡亂，這得了根本智慧，有了大智、大慧、大慈、大悲，才能心無癡亂。在五欲境界相，心是空的，五蘊怎麼樣空呢？觀照。正念不失，正念就照著這些，心無癡亂。

正念，大家念《心經》，第一句話，「觀自在菩薩，照見五蘊皆空」，正念。觀就是照，照就是正念。這段意思跟《心經》前面的意思是一樣的，文字不同。持，就是任持自性，持之不捨，以前有這樣兩句話，「軌生物解，任持自性」，我們講戒波羅蜜，戒是規矩，按這個軌道，使一切眾生都能悟，任持了，任持自性就是正念不失。能持一切色法、或者非色法所有的言說，顯示色法、非色法的言說。持是不失掉的意思，執持不捨，任持自性，軌生物解。

這兩句話解釋這個持，這個色的自性，能持建立。什麼是色自性？空啊，般若義。《心經》第一句話說，照見五蘊皆空，色即是空，空即是色。空是什麼？色的自性。色受想行識，一個一個說，能持建立色之自性，能持建立受之自性，能持建立想之自性，能持建立行之自性，能持建立識之自性。

爲什麼能建立？心無癡亂。這個心可不是識，受想行識那個識，識是了別，心是照了，心無癡亂。識是妄，心是眞，心無癡亂。發菩提意，心無癡亂所發的菩提心。「事善知識，心無癡亂。」善知識都指菩薩說的，或者諸佛。「勤修佛法，心無癡亂。覺知魔事，心無癡亂。離諸魔業，心無癡亂。於不可說劫修菩薩行，心無癡亂。」如果這裡有菩薩，或者是諸佛化身，他心無癡亂，生生世世了知。

前生如何修，前生怎麼度眾生的，今生照樣增加，生生世世，爲什麼能做到？心無癡亂。菩薩修菩薩行的時候，經過無量劫，生生世世增長，心無癡亂增長，正念不失增長，法義不失增長，於一切法無罣無礙。

五蘊，我們把它解釋就是色心二法，色法，受想行識是心法，不是色都沒有了，把它都消滅了，才叫心。即色即心，顯它的義無礙故。他的道理無礙，道理爲什麼無礙呢？事也是理，理也是事，爲什麼？事的自性就是理的自性。理的自性即是事的自性。事能成理，事是能成就理性的，理能顯事。理把事成就了，事就能顯理，事能顯理性，理性能成就事。理性無性，無性就是色的自性、受的自性、行的自性、五蘊的自性，色受想行識的自性，這是理性的無性。

事是質礙的，是有色相的，理是無礙的，是沒色相的。無論是事還是理，一切相，所有諸相皆是虛妄，若見諸相非相，即見如來。這是從言說顯義理，從義理上成就言說。離開虛妄的分別，那就是無癡亂。不去分別、不去妄想執著，無癡亂。無癡故才能不亂，亂是因癡引起的，癡是愚癡，愚癡是無明，無明沒有了，亂也就一切沒有了。把五蘊一切諸法的生滅，照了得知，名爲無癡亂。這個死此生彼，今生來生，來生再來生，無量生，這樣生生不停的。

怎麼能達到不癡亂？這在〈十地品〉裡講的很清楚，現在只是略說。生生世世的相續，能夠無癡亂，生生世世的五蘊不同，今生受的五蘊跟來生的五蘊不同。怎麼能達到無癡亂？〈十地品〉說，死的時候有兩種業。

第一種能壞諸行，你所有的行道、諸行都壞了。不覺知，沒有智慧覺了。如果不覺知，相續不絕的話，你所行的菩薩道行，都壞了。能壞諸行，所有的修行，所有利益眾生的道業，全壞了。

第二種不覺知，這種壞相續不絕。菩薩爲什麼能夠無癡亂？於事、於理正念不失。大家注意，從始至終就講到正念。不失，沒有癡亂，正念現前無有癡亂。菩薩在受生的時候，他正念不失。正知入、正知出。這個道理很深，牽涉到我們出生、入生，生生流轉，每個人都如是，受父母出胎、入胎，這只說人類，沒說畜生。正知的是菩薩，不正知的是眾生，我們不能正知。什麼叫正知？出胎、入胎、住胎，入住出每人都經過的，每個人都這麼來的，沒有例外的，不論男的、女的，釋迦牟尼佛也如是，在印度受生也如是。一切菩薩示現利益眾生都如是，有癡亂、無癡亂，這個不同了。

一切諸法的自性，在自性上有理、有事。凡是一切色，色相是質礙的、有相的，都叫事。凡是無性的、無相的，這就叫理。我們經常講心，心是事？是理？我們這個色心，我們這個思惟，這是事。我們那個眞心，不見相的，那是理。在這兩種涵義，說我們要離虛妄的分別，是離開事。理呢？我們離不了的，也不能離。說離分別是事，達到無分別那是理。說我們色受想行識，這五蘊法是事法，讓他沒有顛倒、沒有癡亂，那是理法，但是這要有兩種業。

業是作用，有兩種作用的不同。一種是我們現在所行、所作的這個業，就是生滅的業。你所有的修行也好，行動也好，一切色相也好，這是能壞的。在壞的時候，你不覺知、不知道。它相續不絕的，不間斷的壞。例如說我們這肉體，念念不住，念念生滅，在壞。

我們感覺得到嗎？來聽課的時候，聽完課了，只有一個鐘頭，這一個鐘頭壞，就是行蘊在那壞，一個鐘頭，一分鐘不是一分鐘了，漸漸壞，不是頓壞，你感覺得到嗎？但是它相續不斷的，念念生滅，這是你不覺知的。說菩薩在行菩薩道的時候，不癡亂。癡，無知、無明，愚癡，那就是亂。在念念亂的時候，不知道。

在你靜下來的時候，觀照，用理來照的時候，你明白了，這個明白的時候就叫無癡亂。不明白的時候就叫癡亂，癡亂是事，不癡亂就是理。菩薩在受生的時候無癡亂。一切眾生受生的時候，就是入胎、住胎、出胎，入、住、出這三種，都是在癡亂當中。菩薩，他無癡亂。在正入胎的時候，一切眾生他不知道，他並不知道這個時候是入胎。在住胎的時候，他也不知道，無知。入、住、出，三皆無知。轉輪聖王有福德、有智慧，入胎了，他是清楚的。但是他不知道住胎，住胎裡頭就迷了，出胎也不知道。

獨覺菩薩，獨覺是二乘人，聲聞緣覺，緣覺就叫獨覺。入、入胎，住胎他知道，出胎他不知道了，迷了，出胎他就迷了。菩薩入胎，十信位菩薩修道利益眾生的時候，入、住、出都能知道。

凡夫具足癡亂。輪王、獨覺入胎的時候，他知道。在胎裡頭就什麼呢？就是糞坑、廁所。但是獨覺菩薩見著，他看是個房舍，並不是胎。或者是華林，可以遊覽。要是他是個男身，現的是個男身，他對母生愛。他不認爲去作兒子，他對他生愛，對父生瞋。要是女呢？他對母生瞋，對父生愛。在《大集經》、《涅槃經》、〈俱舍論〉，都是這樣說的。菩薩沒有愛情的現相，他是給有緣者，跟我有緣，借他的房舍。這裡頭有迷悟之不同。

什麼叫魔？什麼叫作佛事？輪王、獨覺，他叫迷了。菩薩不是的。菩薩是作佛事，他住胎還在說法，入住出胎都在說法。等到學〈離世間品〉，對這個問題講的非常多，什麼叫魔事？什麼叫菩薩事？除一切諸法之外的事都叫魔事，起心動念就叫魔業。我們每天起心動念，每一生這些念頭，就叫魔業。菩薩這把看成是魔事，覺察到是魔事，不隨他所魔，就是不隨這種入住出胎的轉化。菩薩定力強，我們這是講定力，其心不動，不忘失菩提心。

在五蘊上有十種魔，叫蘊魔。他在其中生一個取、一個捨，生取的執著，常時在煩亂雜染當中，這叫煩惱魔。所作的業，叫業魔，能給你作障礙。心魔，起高慢思想。死魔，我們每個人在死的時候不知道了，痛苦到極點，死了。一死，痛苦沒有了，該生入哪一道就入哪一道去了。天魔是慢心特大的，放縱的。恆執著取捨，有些不願意、要捨掉，有些執著要取，認爲是好的。這叫什麼魔？善根魔。還有三昧魔，受定、入定、修行，修行三昧，耽著味塵，感覺著入定，修行，非常的舒服，六根愉悅，當你入禪定的時候，身心安悅。

善知識魔，善知識還叫魔，不是那個善知識，而是說你起執著心，識起執著心。還有菩提法智魔，菩提法智魔要捨，該捨的一定要捨，覺悟、捨棄前境。不願意捨離，這叫菩提法智魔。這十種都叫魔。心魔，是體上說的。

還有魔業，魔業也有十種。沒有菩提心所修行的，不論修什麼，沒有發菩提心，不依著發菩提心而修行，都叫著魔。忘失菩提心，修諸善根，都叫魔業，不是正道，叫魔業。惡心的布施，心裡不高興，捨的時候沒有生歡喜心，沒有依著菩提心，這叫魔業，魔的作用。

發菩提心非常重要，不發菩提心，所修的善根福德都落於魔業。不是善心所，不是恭敬心來行布施，或者瞋恨心，持戒，在淨持戒律的時候起煩惱，像這戒律控制太嚴了，或者自己不願意的時候起瞋恨心，這叫惡性的人，沒有恭敬的布施。這個時候，他的輕慢、亂意、譏嫌，起這種惡智慧。因爲他不精進是懈怠的，這個一共有十種，增長我慢的。沒有恭敬心，沒有菩提心，對一切眾生他就有譏嫌。看這也不對，看那也不對，這個慧，不叫智慧，叫惡慧。

這都是增長我慢的，對於眾生多生惱害的，不求正法的眞實智慧。「其心弊惡，難可開悟」，想開悟永遠辦不到，這就叫魔業。

《大涅槃經》〈邪正品〉裡講說這個魔，能變成佛，他能示現成佛，變成佛，但是他是魔；或者示現作阿羅漢。怎麼分辨呢？依菩提心來分辨。爲什麼魔能變成佛？魔身能變成佛身，當然也能變成阿羅漢。佛對問的人說：「善男子，於汝所說！」要是你這樣說，你對佛生起疑惑、懷疑，這佛該不是魔變的吧！生起懷疑，這個不應受。不能聽這些話，也不能說，爲什麼？要你自己去觀照，善於分別。

佛說個比喻，家裡有賊來偷狗，或者家裡的佣人罵他，趕快走開，你若不走，「當奪汝命」，偷狗的賊聞著就跑了，再不回來了。佛對於這些弟子們說，汝等從今，也應該如是來降伏波旬，波旬就是來偷盜的、來變化的，不能把他作爲自己家人想。

魔示現的佛，不能把它想成佛。你要是這樣思想，他就繫縛你了！你把他遣走，說你是假的。如果這種思想都遣除了，這就叫正念。什麼叫正念呢？把這些都排除，就是正念。這是你所修行的法門，要讓他沒有癡亂行，說你一定要保持正念，千萬莫胡思亂想。你要這樣修行，你成就了無量的正念，不這樣修的話，正念不生。

此菩薩成就如是無量正念。於無量阿僧祇劫中。從諸佛菩薩善知識所。聽聞正法。所謂甚深法。廣大法。莊嚴法。種種莊嚴法。演說種種名句文身法。菩薩莊嚴法。佛神力光明無上法。正希望決定解清淨法。不著一切世間法。分別一切世間法。甚廣大法。離癡翳照了一切眾生法。一切世間共法不共法。菩薩智無上法。一切智自在法。菩薩聽聞如是法已。經阿僧祇劫不忘不失。心常憶念無有間斷。

「決定解」就是正念。菩薩成就如是正念，什麼是正念？以上念的這段文都叫正念。這一共有十五種，都叫正念。正念怎麼產生的？證了理體。菩薩證了理體，我們所說的明心見性，住在體中。我們在十住菩薩位，在〈梵行品〉講無願、無作、清淨無爲，眞實的體性，這叫正法。就是所證的理體，甚深、廣大，爲什麼甚深廣大呢？眞空故。在眞空所起的緣起，在體上所產生的業用，所作的業，就是依體而起的，具有一切德相的，這叫菩薩的正念，這些都說的是理法。理法界的法，依理來成事，事事都是理。

這段經文有十種解釋，什麼是所證的理體呢？甚深廣大，所謂空故，叫眞空，眞空是絕相的，它在這個體上隨緣，這個緣起產生一切業用。在業用當中具足空的體相、業用，佛現的無量相好，利益眾生說的無量法，具足一切，這都叫所詮的理法。在所詮的理法，說依著這個理法而教授於一切眾生，這叫教法。從修因嚴淨果德，這叫行法。果法是無言說的，毗盧遮那，法身沒有言說的。

這叫教、理、行、果。通達這四法，都能達到高深的程度，這才是登了地，發大願。產生決定解，二障蠲除，煩惱障、所知障都沒有了，這叫清淨、歡喜。登了歡喜地的大菩薩，證得了根本智，證得法身。初住菩薩是悟得的，不是證得的。十信滿心了，相信自己跟佛無二無別，相信自己的法身眞空絕相。信滿了入住，這時候發菩提心。

登地的菩薩不只是相信而是證得，親自證得，使他生大歡喜，叫歡喜地；但是，對法身只證得一分，把法身分成十分，初地菩薩只證得一分。所證得的叫什麼呢？

叫根本智。依根本智而起的作用，方便善巧利益眾生。登了地的菩薩重新學起，從二地到七地，得到的智慧叫後得智。

對於甚深的廣大法，精勤不懈，一直到八地叫甚深廣大法，八地法，這才證得深入的無生法忍，入法界。等到九地菩薩，一般教義上說，叫法師位，專門說法利眾生，他了知一切眾生的根機，了物機故，稱體性而說法，與眾生的機，跟眾生相合，眾生能夠契入，悟得，這叫二利。現在依自他是自利也利他，九地菩薩純利他，說法利益眾生。等到十地滿了，世間法出世間，共法不共法，苦空無常，色法、心法，圓融無礙。

什麼叫共？什麼叫不共？此法不是心法，心法不是色法，這叫不共。器世界跟有情世間，這一切物相，一切物質，這也叫不共。因爲共業所感，色心不二，有情世間即是器世間，器世間即是有情世間，這是圓融的。這叫共。色是色，心是心，色心是兩個，這叫不共。器世間即是有情世間，色即是心，心即是色，大家讀《心經》讀到這些話，這叫共業所感。

再一個解釋，我們現在是器世間，這裡頭有菩薩，有聖人，也有凡夫，大家共在一個器世間，這也叫共。佛世間跟眾生世間，佛是佛世界，眾生是眾生世界。這是指法身佛住的。常寂光淨土跟凡聖同居土，這是不共的。這個你自己能夠選擇，什麼是共的？什麼是不共的？到究竟成就了，自己的業，自己做，自己成就了，這跟你隨他的意行，隨他的業所種的不同，自成就的不共。隨自己的意不共，隨他意就共。

有漏的色相，跟無漏的色相，或者無色相，或者遇二乘的五通，二乘的通跟鬼神的通，兩者不一樣。有時跟凡小共的，凡夫、小乘都是共的，有時不共的。要看那個業。像菩薩無漏大悲，凡小沒辦法，跟凡小不同，無漏大悲，凡小是有漏大悲，那是不共的。如來智跟等覺智看著是相似，其實是不同。不論約橫約豎，一地一地的因緣，時而說共、時而說不共，他就在這上面分別。但是，他也通因通果，果上不同，因發心都發菩提心。因此菩薩沒有癡亂，不像眾生有癡亂，他永遠不會忘記菩提心，永遠不癡，心常憶念如來的正法，叫正念。

何以故。菩薩摩訶薩於無量劫修諸行時。終不惱亂一眾生。令失正念。不壞正法。不斷善根。心常增長廣大智故。

重新深入解釋。上面分別這些因緣，什麼原因？「菩薩摩訶薩」，「摩訶薩」翻「大」，「菩提薩埵」翻「覺有情」。覺悟一切有情。度生廣，智慧大，所以叫大菩薩。菩薩本來沒有大小，這個是他度生的廣。

文殊、普賢、觀音、地藏，我們都稱大菩薩，第一個是從斷無明惑來說，第二個是利生的方便善巧來說，我們尊敬的這種意思，說那些大菩薩，他在無量劫修行的時候，他不會惱亂眾生，乃至一個眾生，他不去惱亂，不要失掉正念。不令他壞正法，不斷法，不斷善根，這是眾生心常增長廣大智。菩薩說法有時候眾生生煩惱，菩薩沒有隨眾生的機，說法不對機，令眾生失掉正念了，壞了正法了，斷了善根。但是菩薩摩訶薩沒有這個現相，絕不惱害一個眾生，讓他失掉正念。

菩薩在行菩薩行的時候，沒有成到佛果以前，不是大菩薩，對機有時失去機感。機感就是眾生的感應，感跟應不相應。因爲自己修因修的深了，他的道行很大了，一切皆能知曉，不亂故。他就成就佛果，叫無亂果。不壞正法，增加廣大智慧，大菩薩得到無癡果，再沒有無明了，無明習氣都沒有了，相續不斷。十行菩薩在行菩薩道的時候，心無散亂，心無散亂就是絕不失掉正念。沒到這個位的菩薩，說明他有失掉正念的時候，讓眾生得不到效果。

復次此菩薩摩訶薩種種音聲不能惑亂。所謂高大聲。麤濁聲。極令人恐怖聲。悅意聲。不悅意聲。諠亂耳識聲。沮壞六根聲。此菩薩聞如是等無量無數好惡音聲。假使充滿阿僧祇世界。未曾一念心有散亂。所謂正念不亂。境界不亂。三昧不亂。入甚深法不亂。行菩提行不亂。發菩提心不亂。憶念諸佛不亂。觀真實法不亂。化眾生智不亂。淨眾生智不亂。決了甚深義不亂。

無量無數的這些世界，不管聲音有多少，多麼惱亂，到這位的菩薩，他的心沒有一念心動心。動心就是散亂。「所謂正念不亂」，三昧就指正念說的，正念不亂。不管什麼境界相，「境界不亂」。三昧就指正念說的，正念不亂。「三昧不亂」，就是定，定中不亂。定即是前面那個正念，從深說依正念修定。

「入甚深法不亂，行菩提行不亂，發菩提心不亂，憶念諸佛不亂，觀眞實法不亂，化眾生智不亂，淨眾生智不亂，決了甚深義不亂。」怎麼樣達到心不散亂？菩薩必須自己先證得不亂。「不亂」，總的說來，就說我們的觀照般若，觀照他，好比現在你修行，說這個打閑岔了，那個動你的念頭了，這都叫亂。

這是指聲音說的。聲音不惑亂，聲音特別廣大，能夠不亂。例如地震，戰爭飛機丟炸彈，種種的聲不能亂菩薩正念，不動。以下都是形容詞，不管有好多的聲音，不亂。這裡說種種惱害眾生六根的，專指耳根說的。任何聲音把這耳根奪不去，耳根永遠正念不失，在定中壞不了，破壞不了的。還有禪定，《治禪病經》，有這麼一部經，治你修禪產生種種的病患，佛就教導你專門治禪病的擾亂。

這專說聲音說，外頭的聲音他動你的根門，是擾亂你的耳根。約耳根，六根是相通的，其他根也不安靜的。震動你的耳根，耳根牽涉你的心脈，他就不安了。從音聲的風動，動你的心。或歌或舞，種種變現，破壞的意思。壞你的身，根身，從耳根，動你的意識，意識一動了，動你的全身。

一門壞了，其他的也都壞了。不管聲音如何干擾，你長時間的不亂，有定力了，有定力了才能不亂。不論什麼境界相不亂，審查自己的心，不能因聲音干擾，不論什麼聲音！例如在這修定的時候什麼聲音都不動，心定了。

在清涼國師引證有六種。第一個善靜慮，靜慮就是修止的，思想清靜，靜慮。這是善靜慮，修行很好的了。第二個無記變化，不論怎麼變化，不起分別。第三個奢摩他靜慮，止。第四個毗鉢舍那，就是觀，止觀雙運的時候，不亂。第五個於自他利，利自己，自修，利他人，幫助別人修，正審思惟不亂。第六種引發神通，產生功德了，能夠不亂，心不動。

另有七種緣念。一者名緣，緣定，靜心思惟，排除一切外緣的干擾。二者義緣，在緣起的義理上能夠靜慮下來，以這種緣不動。三者止相緣，止一切相，什麼動作都不做了。四者舉相緣，相的緣念，心裡不想什麼相了。五者捨相緣，過去的、意識的，不去緣念它，不去緣起它，把一切外相都捨掉，不去緣念它。六者現法樂住，現前的境界相，樂住，能夠安住不動。因爲我們現在在這個環境裡頭，能夠樂住不動。一動就不靜了，一動念就失掉了。七者能饒益他，能幫助其他的道友，靜慮下來，能饒益他靜慮。

不作惡業故。無惡業障。不起煩惱故。無煩惱障。不輕慢法故。無有

法障。不誹謗正法故。無有報障。佛子。如上所說如是等聲。一一充滿阿僧祇世界。於無量無數劫未曾斷絕。悉能壞亂眾生身心一切諸根。而不能壞此菩薩心。

經文上說，不作惡業故，無惡業障。不起煩惱故，無有煩惱障。不起不輕慢法故，無有法障。不誹謗正法故，無有報障。四種大障礙的時候，不能夠壞你這個道心。簡單說，菩薩他的正念，堅固不動，不論出現什麼，擾亂你正念的時候，不論什麼因、什麼緣，來擾亂你的正念的時候，都不起心，表示你堅固了。

對法，一切教法、所有的教法，不了解，不了解就是法的障礙，打開經不懂它說什麼，這叫對法有障礙，你不能進入。你必須消除法障，對法產生恭敬。不懂，那就禮拜、持誦。一遍不懂，兩遍！兩遍不懂，三遍！你讀到多了，自己就明白了，這叫開悟。

有位道友向我講，他看了七遍大藏經，漸漸深入，等他看到第五遍，很多經文自己看了明白了。什麼叫明白？不是開悟，這句話「我明白了」，是對法產生無上的恭敬，法的障礙就沒有，就能知道正法。

誹謗正法就不同了，誹謗正法就有報感的業障。看《地藏經》，不相信，完了還要謗毀，完了感這個業障，墮地獄，時間非常的長。經過無量劫，出了地獄了，完了轉生，還得轉畜生、轉餓鬼、再轉人，轉人的時候六根不全，這都是謗法障。不誹謗正法，凡佛所說的教法你從不誹謗，只有讚歎、恭敬、禮拜、讀誦，如法修行。當然沒有這個障礙。所有這一切的障礙都不能壞菩薩的正念，因爲菩薩的正念已堅固了。這些諸法不壞菩薩的正念，障不了佛的正法，沒有這些謗。

「悉能壞亂眾生身心一切諸根。」一切眾生都受不了的，諸根被這個音聲所傷害、所壞，但是對於菩薩，而不能壞此菩薩心。菩薩這個心，再惡的惡緣牽不動，再怎麼惱亂，也惱亂不了。但是眾生不行，菩薩不能壞，眾生的身心就被這個壞了。這個聲音的過患，能傷害眾生的身心，但是可不能傷害菩薩的心。「而不能壞此菩薩心」，這就叫不可思議，難思。爲什麼不能傷害呢？菩薩在正念當中。

菩薩入三昧中住於聖法。思惟觀察一切音聲。善知音聲。生住滅相。善知音聲。生住滅性。

觀察一切音聲的生住滅相，他能知道，了知了！一切音聲的生住滅性，他了達了聲音的體，聲音的體是無聲的。一切人的相是無相的。這個我們達不到，必須得如是觀，見相無相才能見如來，不在相上起分別，不在相上起執著，見相入於無相。這裡清涼國師舉幾個小故事。

〈大智度論〉上說，舍利弗，當道坐禪，就是人家走的道路他在那坐禪，坐禪就入定了。他坐禪堵塞了人家的通路，有大力鬼，叫刑害鬼，大力鬼就拿手搏他。舍利弗從禪定起來之後，這腦殼怎麼這麼痛，不理解。到了佛所，佛就跟他說，幸虧你定力好，如果你沒定力，大力鬼這一巴掌就打的粉身碎骨了。大力鬼有好大力量呢？他給須彌山打一巴掌，能把須彌山打為微塵。你這個身體讓他打一巴掌，你只是頭痛一點，沒什麼問題。但是有一樣，以後你要坐禪不要當道坐，道路不是坐禪的處所，這是舉這個例子。

迦葉尊者不聞涅槃之聲，什麼意思呢？如來在二月十五日，一早晨，早晨向所有的弟子通告，普告一切弟子，如來今日中夜，當入無餘涅槃。我們說往生了，佛叫涅槃，入了不生不滅。你們還有什麼事沒了，還有什麼事不清楚，還有可懷疑的，快來問。今悉可問，現在你就來問。這個問是最後問，佛說我要入涅槃了，假使你不問，以後機會沒有了！以佛的神力，這個聲音，徧娑婆世界，徧三千大千世界。一切眾生都聞到了，而迦葉不聞，說佛涅槃的時候迦葉沒在跟前，他入定了。他從定一起，他感覺著不對，感覺大地世界突然變化了，他很驚怪，很詫異了，他一問，如來已經入了涅槃。

一個舍利弗尊者，一個迦葉尊者，說這麼兩個故事顯什麼呢？在定中，不能聞聲，聞不到聲音了。二乘這個三昧叫劣，劣小的意思，不殊勝。菩薩入三昧，殊勝的了。他要入定，起了定，他才能知道，菩薩沒有。前面入住出胎，菩薩入住出胎一如，聲聞、緣覺就不行，就有差異了。爲什麼？一個是了達性，達到如來的心性的本體。了達相，相是不住的，生滅法，念念不住的。取不可得，捨也不可得，不取不捨。菩薩達到一切性空，入住出的相，他是空的，他是無所得。

性相一切不著，隨順性相的體。相是念念不住的，性從來不動故，沒動過，性常如是，相是如是的。有緣起，攬的是緣起，攬緣而生，生就是無有生，因爲這是緣生的，不是眞生的。你在一切法空中，還有障礙嗎？你在一切諸法有法當中就有障礙了。

但是有法的是假相，虛相安立的。在安立的時候，這就叫住。虛相安立的這個住，靠得住嗎？住即無住，這個住靠不住的了，生即無生，住即無住。現在菩薩證得的體，隨緣的相，他是圓融的。圓融的時候，形相沒有了，隨緣轉化，隨緣轉化的時候，這叫異。異就是不同，在體上異即無異，無異就是同。生相滅盡都沒有。沒有生沒有滅，這就叫自性。在性上講生即無生，滅亦無滅，滅即無滅。到這種境界了，相即是性；相即是性，所以才無所得。什麼都沒有了，無所得不就清淨了嗎？這叫清淨相。舉音聲，不貪，再悅耳的，心裡不執著，不貪。再煩惱的，不瞋恨，念是如如不動，不被相所染著。取相之性，而不被相所染。

如是聞已。不生於貪。不起於瞋。不失於念。善取其相而不染著。

在我們人生當中，處一切境，境都是有相的，有我們歡喜的，有我們不歡喜的，歡喜的是貪愛，不歡喜的就生瞋恚，這些都不要染著。你不對它起貪愛，也不生起煩惱，這叫善取。爲什麼能夠善取呢？慧是了別，定是不動，你的正念了別是非無有，了它的體性沒有什麼差別，念不動，那就有了定，有了慧了。了一切相無相，了一切無相，這叫「善取」，這叫有正念的。佛說個比喻，這個大地是鼓，須彌山是椎，拿須彌山的椎，搥打大地的鼓，這亂不亂？

在《如幻三昧經》上說，假使以地爲鼓，須彌山爲搥，在須菩提的耳邊打，須菩提沒聽見。爲什麼？他入了空定，須菩提尊者是空性第一。他入了空，入了定，有智慧。你一天所遇的人，或者所遇的事物，你不聞不見，這個是躲避的意思！不關己事，雖然這個事不關自己，讓自己在正念當中。什麼事不出頭，沒煩惱，煩惱只因強出頭。修道者他不是的，他在正念、正定當中。見相，善取其相，不被相所染著，聞聲，善取其聲，不被聲所擾害，一切法都如是。觀空入空定，入空定，這些干擾都沒有了。

知一切聲皆無所有。實不可得。無有作者。亦無本際。與法界等。無有差別。

知一切聲皆無所有，實不可得。前面舉的音聲，音聲本來就沒有。無所有，性體無生。「與法界等」，法界是什麼樣子？法界如虛空。虛空是什麼樣子？無得、無相、空的，無作，無際，人空、法空、性空，一切皆空，都清淨的，這叫法界的理體顯現。「與法界等」，聲音是事，事跟理同了，事即是理。事入理故，沒有差別，理即是事故，平等無二，這叫正念。正念、正定、正慧、正思惟，我們所說的八正道，在《華嚴經》講就深入了，菩薩如這樣做，這樣的修行，菩薩如是成就了，成就什麼呢？

菩薩如是成就寂靜身語意行。至一切智。永不退轉。

這就是菩薩行，這就是修菩薩道，身口意三業寂靜清淨。成就一切智，永不退轉，成佛了還退嗎？再不退了。這樣修的禪定，這樣修的定功夫，不是坐那什麼也不思惟，什麼也不想，什麼事也不做，不是的。要修行，十行菩薩都是這樣修行的。

修定如是，修慧如是，修一切法，修布施、修持戒、修忍辱、修精進、修禪定、修解脫，乃至修方便善巧、修慧、修力，還要發願，十門都如是。為什麼？知道一切三昧，同一體性，一個體，眞如性體。這樣他的智慧就無邊，所以能了知一切法沒有邊際，才能得到一切法眞實的智慧。前面講音聲，這就是得離音聲的甚深三昧，得一三昧即是一切三昧，得阿僧祇諸三昧門。

善入一切諸禪定門。知諸三昧同一體性。了一切法無有邊際。得一切

法真實智慧。得離音聲甚深三昧。得阿僧祇諸三昧門。增長無量廣大悲心。

菩薩得到了，他要發廣大心，稱此心來發廣大利益眾生心，這叫大悲。平常講大慈大悲，那只說一句話，菩薩說法利益眾生，你怎麼讓人得到利益！我經常勸我們諸位法師，學弘法的，得先要行，自己沒行，你光說，作用不大，不論哪位法師，歷代諸佛菩薩全如是。

經常看戲劇，要把戲的，那是假的，到打仗時沒用處了，練著玩的，不是真正要打的。我們修行，爲了利益眾生，要成佛發菩提心，發菩提心是爲了眾生才發菩提心，要這樣體會，你才能入諸禪定門，才知道三昧同一體性。怎麼解釋？靠你的行，行才能入，入才能住，住才能出。道理很簡單，但是很不容易明白。

問你怎麼到這個世界上來的？你說不出來，怎麼入胎的？住胎的時候，生藏之下，熟藏之上，只要是人類，只要是有情動物，都如是的。這樣你才了達一切法，才知道三昧就是一個體，得知一切法沒有邊際，得知一切法的眞實智慧。得到離音聲甚深三昧，好大聲音，干擾不著你，你才知道阿僧祇的三昧門，無量無邊的三昧門，這是一個了。一個也不立，這是無相了，無作了，無願了，無所得了。增長無量廣大悲心，這能發起大悲心，眞正的大悲心。大慈大悲，大喜大捨，這叫四無量。

是時菩薩於一念中。得無數百千三昧。聞如是聲心不惑亂。令其三昧漸更增廣。

聲不惑亂，是心不動，心也不惑亂，這樣使此三昧漸增廣，漸漸地更廣大、更增。三昧不管好多，等同虛空，跟虛空一樣的。虛空是一，攝無量三昧是多。以這個法門通達到了阿耨多羅三藐三菩提，所以稱爲門，門是通達之義。你得到進入，得到成就。

作如是念。我當令一切眾生。安住無上清淨念中。於一切智。得不退轉。究竟成就無餘涅槃。是名菩薩摩訶薩第五離癡亂行。

正念就是清淨念。「於一切智，得不退轉。」再不退了，成就佛果了，才能達到究竟成就無餘涅槃，他成佛了，「是名菩薩摩訶薩第五離癡亂行」。

定不說定，也不說三昧，叫無癡亂。這個跟我們所說的坐禪、明心見性，什麼都具足，這屬於貪著禪味，不起大悲，不起大悲的不叫開悟，還叫迷惑。於大悲心利益眾生的，導入三昧、禪定，才叫無迷亂。他不說禪定，叫離癡亂行。這是《華嚴經》的特點，大家看看十波羅蜜，跟其他的經論講十波羅蜜，完全不一樣的，標題都不一樣。但是是以禪波羅蜜爲無癡亂行的體。隨你在生死當中怎麼樣流轉，不亂，無癡亂，正念不失，這叫菩薩無癡亂行。

以下講善現行。不說波羅蜜，不說智慧，說善現行，你看的時候，先體會一下，爲什麼這樣標？六度萬行跟我們平常所講的、所理解的，爲什麼不同？爲什麼《華嚴經》這樣說？《華嚴經》是大慈大悲，是純粹利他，可說的是自己修行，自己修行不是自己修行，是給眾生修行，利導眾生。

◎六善現行

佛子。何等為菩薩摩訶薩善現行。此菩薩身業清淨。語業清淨。意業清淨。住無所得。示無所得。身語意業。能知三業皆無所有。無虛妄故。無有繫縛。凡所示現。無性無依。

講第六度的般若度，不叫般若，就叫善現，十行菩薩行菩薩道，行到第六度。「現」是指所有的現相，所有的現相有善有不善。「善」是從體而得的，從體而得的就叫善。這是行，行是現相。它的體就是般若，般若就是智慧。不說智慧，也不說般若，說善現，什麼涵義呢？

「佛子，何等爲菩薩摩訶薩善現行？」解釋「善現」，菩薩所現的，身業清淨，語業清淨，意業清淨，三業清淨就叫善。所現的身口意就叫業，業就是業用。菩薩的身口意的業用住在什麼地方？以什麼爲體？住無所得，示現的，示就是現。示無所得的身語意業，叫善現。能知道身口意的三業，皆無所有。

爲什麼皆無所有呢？住無所得。無所得的身語意業沒有虛妄的，也沒有業繫的。凡所示現，所有現的身語意，無性無依。無性之性，就是般若體，無依，不依一切業，不依一切行，這叫無依。所現的三業，無住無得，住無所得。所現的無所得，所現的是用，能現的是體，能示的是體，所現的是業用。不論約體、約用，無所得。因爲這就是實相，也說爲中道。住無所得，現的也無所得。

這就是我們經常講的修空，觀一切法空，這是空的體。住無所得是空的意思，空觀的意思。示現無所得而有身，但是是示現的，示現的不是眞實的，是假的。住無所得的這個得，現也無所得，住也無所得。

空觀、假觀是兩個，二而不二，這就是中道義。寂和用無礙，而現中道義。知道身口意業皆無所有，住在無得義，無所得義。不妄取，不取有，離二邊的束縛，這就叫清淨。凡所示現的諸相諸法，無性無依，無所得，沒有定性的。境，外頭的境，一切事沒有定性。約心說，心無所依，所以無得，三業身口意如是。如果說智慧的話，這叫如實理寂，隨覺智慧。隨事而產生覺悟，隨覺的智慧。這位菩薩能起方便善巧，教化眾生，能作利益眾生的一切事業，就是利益有情。

住如實心。知無量心自性。知一切法自性。無得無相。甚深難入。

住在如實心，如實心是什麼心呢？無住了，無住心。實無所有，知無量心，無量心就是所起的一切用，菩薩教化一切眾生善巧方便智慧一切用。這個用的無量心，它的體性是智慧，就是善。也知道一切諸法的自性，知道一切諸法的體，因此才說「無得無相，甚深難入。」甚深難入的涵義，就說無量的心，就說多心。無量心是因爲無量境，無量境就是妙用，就是示現的意業。這個意業就是所作的事，就叫諦，性就叫諦，眞諦的俗諦。諦就是理，所對的境是無相的境，所有生的心是無所得的心。俗諦眞諦，兩個諦都沒有。但是我們又講到性空緣起，它是因爲眾生的機而有，實體沒有。說這個二而不二，有和無不二。所以叫「甚深難入」。

俗諦的境無相，眞諦的理無諦，達到中道義，這個是不講次第的，這是空假中三觀。所以說甚深難入，唯有圓滿根機，大機，圓機的眾生方能入，徧觀的三諦，產生了常見斷見相待見。總觀三諦一如，說一即是三，三即是一，離四句絕百非，非三非一，雙照三一，這叫在境上三諦圓融。在心上三觀俱運，空假中三觀一體，空假中三觀同時運用。觀是什麼呢？無住，無住而有觀。觀就是知，知無住。

住於正位真如法性。方便出生而無業報。不生不滅住涅槃界。住寂靜性。住於真實無性之性。言語道斷。超諸世間無有所依。入離分別無縛著法。入最勝智真實之法。入非諸世間所能了知出世間法。此是菩薩善巧方便示現生相。

在《金剛經》，須菩提問佛，云何應住？云何降伏其心？須菩提是證得空觀。須菩提一降生就叫善現。善現是根據家庭的境界，他降生的時候，家裡所有的倉庫，全空了什麼都沒有了，不知道哪兒去了。經過很短的時間，又都盈滿了，比以前還豐富，因爲這個盈滿叫善現。

在《金剛經》講般若義，無住相生心。佛跟他說，不住色生心，不住空生心，不住一切相生心。無我相、無人相、無眾生相、無壽者相，一切相空，這叫住於正位。什麼叫正位呢？眞如法性。依著眞如法性所產生出來的業報，這個業報是什麼業報呢？不生不滅無業報的業報。依著體而起的用，就是依著善而現，善就是體，現就是用。不是惑業所生的，不是生滅法。但是現的是生滅法，這個生滅就是無生滅，無生滅而隨著生滅的緣，叫眞如的異名，眞如的另外名字。以這樣住，以知契心，故名爲住，這個住是無住的住，住在眞如的體上，所以才叫善現。以這種智慧，住涅槃，住寂靜性，依眞實無性之性，言語道斷，超諸世間無有所依。言語道斷就顯示沒相了，言語道斷沒有相，顯示無相的意思。言無言，言而亡言，是說的言語道斷，這樣道斷。

這段經文在〈晉譯華嚴〉裡，非有說有，言語道斷。兩個涵義，道理是一樣的，說相隱了，相隱了就沒有言語道斷這個說法，口業即同身業，都是一個如實的眞心，叫自性的清淨心。在〈大乘起信論〉上講，所謂總相，以一法界大法門體，法界一體是總相，這是心的體性。眞如的語言，就是自體體性，是常是實，爲一切諸法之本。一切眾生迷了這個眞如，迷此眞如才有一切諸法，但是一切諸法不失於自性，體性沒失，這叫法性。一切諸法的因相，這就是眞如圓滿圓寂的體性，無相的。

〈大智度論〉上說，有的菩薩發心，觀涅槃的所行道，涅槃是什麼？不生不滅。因爲住著一切諸法的寂靜體性，這個體性的名就叫眞如。眞如的體，沒有妄動的，所以說不生不滅，叫涅槃，這個是性。這體所產生的有也好，無也好，生也好，滅也好，無性。無性的性是什麼呢？是實體。實體就是眞如實相，眞如實相不是斷，也不是常，也不是有，也不是無，所以叫所住深奧。這就叫善。因爲善而能顯現，依體而起的作用，叫善現。菩薩行第六度的時候，不叫般若也不叫智慧，所以叫善現。這僅僅是解釋三業的涵義。

講所住的是眞如，是超出世間相。說寂也好，寂是止，說用也好，用是觀。前面講過了，止觀雙運。此土定爲「善現」這個名字，就從這裡安立的。要是再深入的話，依理，理就是體，以理來會事，把事融攝了，事也變成理，事能顯理，菩薩如是的善現，表示事理無礙。

菩薩依著什麼產生這些？菩薩修這些法的時候，他依據什麼而有的一切法？他依據大悲。緣起大悲，順著實際理而起的大悲心的用，大悲心是用，用於什麼呢？以觀照眾生，攝受眾生，非世間法而示現世間法。本來眾生如夢幻泡影的，菩薩示現大悲，順著這個眞理而起的大悲性，入勝智眞實之法，入非諸世間所能了知的出世間法，是菩薩的善巧方便，示現生相。

要想明白性空，必須得由緣起法上了解，不從緣起法上了解，你不會達到性空道理。性空眞理，不容易入的。從世間才能進入出世間，因爲出世間才能成立到一切世間諸相諸法。

佛子。此菩薩作如是念。一切眾生無性為性。一切諸法無為為性。一切國土無相為相。一切三世唯是言說。一切言說。於諸法中無有依處。一切諸法。於言說中亦無依處。

「佛子」，是功德林菩薩稱讚與會大眾，如是發菩提心，行大悲心的菩薩，他這樣的思念，作如是念，這叫起意。

「無依處」是什麼？緣生。眾生因緣起，緣生無自性所以說無性，這樣講的無性。一切諸法依眞起，依眞而起的都會歸於無爲，無爲生諸法，以大悲心是無爲而不爲。因這個心而生起的相分，見分生起的相分。依一切法，時而安立的假言說，一切都是假名安立，假名在法中。見義就知道它的名，這樣的來認識、來理解。

無性爲性，這個性是有？是沒有？無性之性才是眞實性，無性的爲性才是諸法眞實性，無相之相，才是諸法的眞實相。一切諸法，是以無爲爲性的。一切國土是以無相爲相的，過去現在未來只有言說，沒有實義。因爲在法中沒有個依止處，依什麼？一切法在言說之中，依著什麼？所以說無性。

菩薩如是解一切法皆悉甚深。一切世間皆悉寂靜。一切佛法無所增益。佛法不異世間法。世間法不異佛法。佛法世間法無有雜亂。亦無差別。了知法界體性平等。普入三世。永不捨離大菩提心。恆不退轉化眾生心。轉更增長大慈悲心。與一切眾生作所依處。菩薩爾時復作是念。我不成熟眾生。誰當成熟。我不調伏眾生。誰當調伏。我不教化眾生。誰當教化。我不覺悟眾生。誰當覺悟。我不清淨眾生。誰當清淨。此我所宜。我所應作。

「菩薩如是解一切法皆悉甚深。」菩薩要這樣來認識一切法，體會一切法，了解一切法甚深，這個義理非常的深。爲什麼？一切世間皆悉寂靜，世間相沒有世間相是寂靜相，一切佛法也無所增益，不增就不減，不增不減。佛法在世間不離世間覺，所以說佛法不異於世間法。翻過來說世間法也不異於佛法，通俗一點說，佛法就是世間法，世間法就是佛法，佛法在世間不離世間覺。但是，佛法、世間法，佛法是佛法，世間法是世間法，又沒有雜亂，無雜亂當中又沒有差別。這從什麼理解的呢？了知法界體性平等，普入三世，一切世間相都是空的。

平等寂靜，因爲佛法平等故，沒有增也沒有減。在佛法並沒減少，在世間法並沒增加。在華嚴法界觀，理事無礙觀當中，理徧於一切事。以理無不是事，所以說佛法不異於世間法，佛法跟世間法不兩樣。一切事都是理所成的，事無不理，故世間法也不異於佛法，跟佛法不兩樣。有時候全理皆是事，全事皆是理，這好像混淆了，事是事，理是理，事理又不雜。所以說沒差別，不兩樣。爲什麼？同一法界體故，所以相攝相融，普入三世過去未來現在。在世間相上，各是各。在總體上說，是理，在事上說，各是各，每個各是各又會歸於理。

舉例來說，人，這是理，理隨於事，老人、小孩子、男人、女人、黑種人、白種人、黃種人、藍種人、紅種人，無窮無盡的。事有千差，人都是人，人作爲理都是人，就代表了。不說人，說有情，這個更廣了。有感覺，有知覺，馬牛羊雞犬豕、畜生，把六道都攝入，體性只一個，事有千差，每個事都具足理。事來顯理，理又能來成事，沒有差別的，因爲諸法同一個法界體，所以才能相融，普入三世各是各，個別是個別的。若總說起來，個體沒有了。若是就事上來論，個別是個別的，差別性可大了。

剛才舉的例子，人不是畜生，也不是餓鬼，就是標個人。在事上不圓的話，各是各。體上，性體上是一個。說圓融話，生死即涅槃，生死就是涅槃，生死就是不生滅。我們經常說的色即是空，空即是色。其實色是色，空是空，空不是色，色也不是空。說男人絕不能是女人，女人也絕不是男人，紅種人絕不是白種人，白種人也絕不是紅種人。這是約分別說。

約圓融說，說佛法，法是方法，佛是覺悟，說覺悟的方法。依覺悟來觀一切，一切法皆是佛法，一切佛法無所增益。佛法又不異於世間法，世間法也不異於佛法，世間法是世間法，佛法是佛法，中間又無雜亂。法界體性普入三界，這都是甚深的觀道，在語言文字說的越多，越不得入。默契！默默的契合，就要修觀，觀是思惟修，思惟修是三昧。三昧又叫正定，當你定了才能發揮出來。語言是啓示，是開發，不是眞實的。依著語言，依著文字，這都叫假相。這個你必須得依理契入，佛法世間法融爲一體。

但是佛法是佛法，世間法是世間法，它又沒有雜亂，又沒有差別，這才叫法界體性平等，這叫善現，善現一切諸法，普入未來現在，普入三世。這是順理性而產生的大悲。我跟大家講過，性空能生緣起，這個緣起主要是大悲心。我們講菩提心的三心，出離心、大悲心、般若心。大悲心顯般若的智慧，以般若的智慧善現起於大悲，以大悲化導眾生。越化導眾生，大悲心越增長，體性越圓滿。

前面講眾生無依之處，菩薩就給眾生作依止處。大慈悲心，大慈大悲給眾生作依止處，給一切眾生作所依，眾生爲能依。菩薩不捨大願，大悲才能發出智慧光輝，所以才能給眾生作依止處。必須建立大悲心，攝受眾生，度眾生，把度眾生的責任承當起來。沒有智慧，生不起大悲心！沒有大悲心的利益眾生，化導眾生，成就不了菩提的智慧，滿足不了自己的菩提大願，兩個是互相關聯的。建立一個攝受眾生的大願，成就眾生，自己成就而能又去成就眾生，互相相輔的。

但是，教化眾生的方式可多了，有的是攝化，有的是折伏。折伏的，他要是示現就不同了，像善財童子參無厭足王，他看見是殺害眾生、惱害眾生，到他那個道場，掛的不是人腦殼就是人的腿、胳膊，掛的無窮無盡的，這是折伏眾生！讓眾生看著害怕，折伏眾生讓他不造業，攝受眾生讓他不造業。目的是讓一切眾生都能悟得自己本具的體性，圓滿成就大菩提。前面講清淨，讓他把一切惑業都斷了，清淨無爲得涅槃果，大悲心所要做的。

復作是念。若我自解此甚深法。唯我一人於阿耨多羅三藐三菩提獨得解脫。而諸眾生盲冥無目。入大險道。為諸煩惱之所纏縛。如重病人。恆受苦痛。處貪愛獄不能自出。不離地獄。餓鬼。畜生。閻羅王界。不能滅苦。不捨惡業。常處癡闇。不見真實。輪迴生死無得出離。住

於八難眾垢所著。種種煩惱覆障其心。邪見所迷不行正道。菩薩如是觀諸眾生。作是念言。若此眾生未成熟。未調伏。捨而取證阿耨多羅三藐三菩提。是所不應。我當先化眾生。於不可說不可說劫行菩薩行。未成熟者先令成熟。未調伏者先令調伏。

菩薩不止要負起度眾生的責任，還要做什麼念呢？「若我自解此甚深法，唯我一人於阿耨多羅三藐三菩提獨得解脫，而諸眾生盲冥無目，入大險道。爲諸煩惱之所纏縛，如重病人，恆受苦痛，處貪愛獄不能自出。」人間的貪愛就是地獄，貪愛欲就是地獄，不離地獄餓鬼畜生，脫離不了閻羅王界。地獄、餓鬼、畜生三惡道，不能滅苦，不能捨惡業，爲什麼？常處癡闇，入於無明窠，不見眞實，不能見到自己的法性，不能悟得，在生死輪迴當中，不得出離。

「住於八難眾垢所著，種種煩惱覆障其心，邪見所迷不行正道，菩薩如是觀諸眾生，作是念言。若此眾生未成熟，未調伏，捨而取證阿耨多羅三藐三菩提，是所不應。我當先化眾生，於不可說不可說劫行菩薩行，未成熟者先令成熟，未調伏者先令調伏。」這是菩薩自己的觀照、思惟，這叫菩薩的修行。

十行菩薩的第六行，行善現行的菩薩，他自己這樣思惟的。自己得到這個甚深法，善現的法，般若智慧的法。我得到甚深法，一個人自己得阿耨多羅三藐三菩提，獨得解脫。我得解脫了，眾生沒解脫，眾生沒解脫故，我不能解脫。維摩詰居士說：「眾生病故我病」，眾生有病故我才有病。眾生沒解脫我不能解脫，但是眾生他不能得解脫，不教化他不能得解脫。盲冥無目，眾生不知道法，沒有光明，處黑暗當中，就像沒有眼睛，沒有眼睛走道，他不會選擇了，哪個是善道？哪個是惡道？哪個是大道？哪個是小道？沒有選擇，他不知道。盲冥無目，沒有眼睛的人，入大險道，那個道路非常危險，這是指人說的。在人類當中煩惱障覆，束縛他出離不了，被煩惱所繫了，脫離不了煩惱的繫屬，猶如害重病的人，恆受苦痛。病苦！病苦心不安，心不安，是因為身不痛快心不安，恆受苦痛。處貪愛獄，形容一切眾生在世間就是貪愛，貪愛的東西太多了，貪愛就把你罣住了。

因為貪愛而不能出離，不離地獄餓鬼畜生閻羅王的界，永遠在地獄當中，不能脫離閻羅王的管轄，不離餓鬼畜生。因為他不能滅苦，為什麼不能滅苦呢？相續不斷的造惡，不捨惡業，怎麼能離苦呢？惡業是因，苦是果，所以不能滅苦。為什麼他要造惡業呢？他是愚昧無知。癡暗處於無明，沒有光明，沒有智慧，不知道出離，不見眞實。眞實是說不能見得自己的性體，不能回歸自己的心體，就在生死六道，像車輪子似的轉個不停。什麼時候能出離呢？沒有，他沒有出離的方法，沒聞到出離的方法，知道是苦，找不出來一個脫苦的方法。

同時眾生在苦中，他不知是苦，貪愛不捨，苦！本來我們生到六道輪迴就苦了，人本來很苦的，這裡再附加害病，老了，又老又病，老苦加病苦。腿也走不動了，行動不方便了，再一害病，生活上都麻煩了。

所以見不到眞實，上面講那個都是眞實的，一般眾生不聞不知不見，他怎麼求修證？就在那生了死了，死了生了，出離不了，無得出離，永遠在八難當中。生老病死，愛別離，怨憎會，五蘊熾盛，求不得，眾垢所著，這些都是垢染之法，他又執著不捨，所以才產生種種煩惱，他那個心就被這些把它縛住了。他沒有正知正見，沒有正言正語正定正命，邪見所迷，不行正道。菩薩覺悟了，要行菩薩道，他如是來觀察眾生，菩薩從觀察當中，認識到眾生的苦難。

菩薩作是念，若這些眾生都未成熟、都未調伏，捨眾生而取證阿耨多羅三藐三菩提是所不應，因此菩薩才產生大悲心。應當先化眾生，於不可說不可說劫，來行菩薩行，修菩薩道化度眾生。未信者令他信，未行者就令他行，未成熟者讓他成熟，已成熟者讓他成就。未調伏者先令調伏，先令眾生調伏，先令眾生得度，以後自己證阿耨多羅三藐三菩提。地藏菩薩就代表了，「地獄不空誓不成佛，眾生度盡方證菩提」，以這句話解釋就很合適。

但是，不度眾生，要自度能成佛嗎？更不可能了，一切眾生的輪迴，他是惑業苦。因爲起惑，起惑要造業，造業要感果，在果上又再起惑，又造業又感果，一事未了一事又來了，這樣無窮無斷的。

是菩薩住此行時。諸天。魔。梵。沙門。婆羅門。一切世間乾闥婆。阿脩羅等。若有得見。暫同住止。恭敬尊重。承事供養。及暫耳聞一經心者。如是所作悉不唐捐。必定當成阿耨多羅三藐三菩提。是名菩薩摩訶薩第六善現行。

時菩薩住此行時，這樣修行，化度眾生，住此行時，住善現行。

這位菩薩行菩薩道的時候，得見這位菩薩「暫同住止」，很短暫時間跟這位菩薩一起止住。或者是「恭敬尊重」，尊敬這位行菩薩道的菩薩，「承事供養，及暫耳聞」，時間很短，聽到菩薩說法。「一經心者」，經過心念，「一經心」是極短時間，心所繫念了。經過他的心，不是口也不是身，經過他的心產生清淨的信。「如是所作悉不唐捐。」這個功德不失掉，不會蠲棄的。

「必定當成阿耨多羅三藐三菩提，是名菩薩摩訶薩第六善現行。」這不是菩薩，而是說一切眾生，諸天魔梵，沙門婆羅門，一切世間乾闥婆阿脩羅等。見著善現淨行的菩薩，十行的第六行菩薩，功德有這麼大，眾生得見的就能得度。

《大方廣佛華嚴經》〈十行品〉，這一品分成兩個階段。前面是第二十一之一，現在講第二十一之二。

◎七無著行

佛子。何等為菩薩摩訶薩無著行。

第七無著行，對什麼都不執著，什麼都不執著是什麼呢？隨緣起法。

在《大方廣佛華嚴經》，把六波羅蜜開成十度，這是十度的第七度，方便度。無著行就是方便行，方便是因著根本來的。沒有根本慧，不會產生方便慧，方便善巧，爲了求佛道，爲了利益眾生，一切無著。「著」是執著，執著不捨。因爲所做一切向菩提，不住生死！因爲要拔濟眾生，要救苦救難，度一切眾生，不住涅槃。既不住生死，也不住涅槃，二者皆無住，所以叫無著行。那就講方便了，這個方便得有根本智慧，若沒有根本智慧，方便出下流！你就想行方便，誰都願意方便，方便就舒服自在，我想怎麼做就怎麼做。我現在累了，睡覺去了，回到屋裡就睡大覺去了，這多方便，想吃就吃，想玩就玩，這叫出下流。

這個方便是利益眾生，不執著於生死，也不執著於涅槃。不住生死，生死即涅槃，不住涅槃，涅槃即生死，俱無住，不住二邊。不住二邊顯的是中道，目的是精進不懈的趣向佛果。以善巧方便智，時有時無，時無時有，有即是無，無即是有，那方便就大了。對一切法不捨也不受，叫不捨不受。這是大菩薩所行的。但是他注重是巧慧。什麼叫巧慧？對於有也好，無也好，菩薩以他的智慧，領略有無的涵義。

有即是無，無即是有，生即是死，死即是生。

像彌勒菩薩，在中國示現布袋和尚，他就很方便了，方便自在。不管生的熟的，丟到他口袋裡，吃的穿的都往口袋裡丟，炒的菜、饅頭、大米飯都往口袋裡丟，無雜亂。我們要是穿的衣服跟飲食擱一塊堆，衣服還能穿嗎？髒的要死了。他不，看著一個口袋也沒有層次。這是菩薩善巧智慧，口袋就是法界，他進趣的目的是向佛菩提，他行穢（慧）道的時候，時而有，時而無，有也可無也可。巧慧也無，生死涅槃這兩條道，他融通了。善巧安立，對一切法，不論染汙法、清淨法，不捨不受，依這三種善巧方便，一切不執著。因爲善巧，既不執著有，也不執著無，既不住生死也不住涅槃，以大智慧行大悲，以大悲成就智慧。悲智是兩個，二而不二，悲即是智慧，智慧成就大悲，這是一心無著，一切不執著！

我們形容一個人，這個人很灑脫，不著，那個是世間相。這個是菩薩在利生事業上，他現在的位置，已經到了第七行菩薩，三賢位，已經到了第七行，他進修了，三十位已經超過半數了，到了十七位，十住十行菩薩，一切心解脫自在，心解脫，無罣無礙，達到這種境界。

說有，不是眞實的，而是假的、幻有。說空，幻有不是有，不是眞有的那個有，那就是空。眞空，眞空就是不空的空，不空而空，不有而有，有即是空，空即是有，這叫無著。有是幻有，空不是眞空，幻有即是眞空，眞空即是幻有，二種無礙。空有無礙，一切無著，二者相融，所以叫無著，它起的用叫妙用。空，以空來觀察眾生不能空，所以不捨眾生。他的受跟凡夫一樣，受同凡夫。

大菩薩示現凡夫境界跟凡夫一樣。但是，示現不是眞實的，眾生示現凡夫，凡夫受苦，他不受苦。示現空，觀察他空，證得空，他不住於空。不捨有，空不捨有，有又不礙空。「前明自分無著，後明勝進無著」，無著有兩種意思，「自分（行）無著」、「勝進無著」。「初唯明自行無著」，什麼叫「自行無著」？這一段經文就講無著的心。

佛子。此菩薩以無著心。於念念中能入阿僧祇世界。嚴淨阿僧祇世界。於諸世界心無所著。

一切不執著，到第七行的菩薩，以無執著的心，念念能入阿僧祇世界，這跟初住菩薩入百世界，相差得太遠了，這是進修到十七位，能夠嚴淨阿僧祇世界。他在無窮無盡的世界裡，心無所著，一點執著都沒有。我們經常說無罣無礙，心無怖畏，心無所住。不住色生心，不住色聲香味觸法生心，一切不能生心，一切無住。

往詣阿僧祇諸如來所。恭敬禮拜承事供養。以阿僧祇華。阿僧祇香。阿僧祇鬘。阿僧祇塗香。末香。衣服。珍寶。幢旛妙蓋。諸莊嚴具。

各阿僧祇以用供養。如是供養。為究竟無作法故。為住不思議法故。

往詣阿僧祇世界的佛所恭敬禮拜，承事供養，都是用阿僧祇的華，用阿僧祇的香，用阿僧祇的鬘，用阿僧祇的塗香、末香、衣服、珍寶、幢旛、妙蓋，種種諸莊嚴具，供養三寶，供養諸佛，「以用供養，如是供養，爲究竟無作法故，爲住不思議法故。」做了這些供養，他一件事也沒作，究竟無作法故。怎麼講？作即無作，心不執著。我們一天做種種事，到晚上心裡一件事也沒做，空的。禪堂裡有這麼句話，「此是選佛場，心空及第歸」，一天在禪堂坐著，什麼也沒作，心空！供養諸佛了，「我供養諸佛，功德不可思議！」沒有這個想法，作了跟沒作等。作了就是沒有作，不執著就是沒有作。

看《維摩詰所說經》，殺盜淫就是戒定慧，戒定慧即是殺盜淫。你聽著就糊塗了，這是怎麼回事？殺盜淫即是戒定慧，戒定慧即是殺盜淫，他不是說的相，說的是性，殺盜淫的性跟戒定慧的性是一個，不是兩個。但是殺盜淫要下地獄，戒定慧要成菩薩、成佛。道路不同結果不同，它的體是一個。

行殺盜淫的眾生，他一悔改，變成了戒定慧，照樣成佛。在修戒定慧沒有達到佛果以前，沒有成就大菩薩以前，你也會回到殺盜淫上。體是一個，體上什麼都沒有，這是講無著行，就是執著、不執著。不是人人都能行方便的，得到那個地位，證得眞空，理體的智，用這個智所起的一切妙用，方便善巧。有智慧的方便是解脫，沒有智慧的方便，是束縛。「有慧方便解」，解脫了。「無慧方便縛」，沒有智慧的方便是亂方便。

菩薩到無著行這個位置，可以說方便，任何作法都順眞如妙性，做這些供養諸佛，他心裡沒有說「我供養諸佛」、「我還要消災免難」、「我還要求得幸福」，沒有這個緣念，沒有這個思想，究竟無作法。前面講般若度的時候就講了，爲了住不思議法，方便度更進一步了，這叫不可思議。做這些供養，無作法，作即無作。住什麼地方？住在不可思議。不是言語思惟所能達到的，住即無住，無住而住。

於念念中見無數佛。於諸佛所心無所著。於諸佛剎。亦無所著。於佛相好。亦無所著。見佛光明。聽佛說法。亦無所著。於十方世界。及佛菩薩所有眾會。亦無所著。聽佛法已。心生歡喜。志力廣大。能攝能行諸菩薩行。然於佛法。亦無所著。

行方便善巧慧的菩薩，念念中能見到很多的佛。見跟沒見，一如平等。他在諸佛所見了諸佛，心無所著。現在諸位道友，你若見文殊菩薩給你放光，文殊菩薩給你現身，這一下你高興的不得了！你認爲成就了，生大歡喜心有所著，著於功德，著於見聖相。如果我們拜懺求，那不同了。求得了，心也不執著，一切要靠自己。諸佛的加被，只是增長自己的信念，這叫無著，包括一切聖境。

「於諸佛所心無所著」，對於諸佛心裡沒有執著。「於諸佛剎」，不但正報無著，佛的法身報身佛身，乃至於諸佛的廣大佛剎也無所著，對佛的相好也無所著。見佛的光明，聽佛的說法，一切無著，都是不執著。

「於十方世界」，佛菩薩所，諸佛菩薩的處所、所有道場、所有眾會，無所著，一切不執著了。「聽佛法已」，聽佛說法心生歡喜，「志力廣大」，廣大是什麼呢？「能行諸菩薩行」，一切菩薩所做的我都能做，都要願意去做，依著菩提願去做。但是，對於佛所說的一切諸法無著，不起執著念。

此菩薩於不可說劫。見不可說佛出興於世。一一佛所。承事供養。皆悉盡於不可說劫心無厭足。見佛聞法。及見菩薩眾會莊嚴。皆無所著。見不淨世界亦無憎惡。

那個時間不是言語、思惟所能達到的，無數無量了，在這麼長的時間，「見不可說佛」，一尊佛成佛了，又一尊佛成佛了。「出興於世，一一佛所，承事供養，皆悉盡於不可說劫，心無厭足。」在世間教化眾生，在一一佛所，這位菩薩都要去承事供養。不是一次兩次、一天兩天，而是無量劫去供養，「心無厭足，見聞佛法。」像地藏菩薩，超過七行菩薩萬萬倍不可說數了，他要把眾生度盡才證菩提。他從南方世界來，助釋迦牟尼教化眾生，他已經度了好多眾生成佛，連文殊師利菩薩用一千劫時間都不能算出來。佛也說，「以佛眼觀故，猶不盡數」，這個十行，修第七行，修方便行的菩薩，他已經與地藏菩薩相等，他就如是行，未來無量劫，他度好多眾生？無數。菩薩在不可說劫見不可說佛，一一佛所承事供養，這個供養還要經過不可說劫，心無厭足，不厭煩，不厭足。

「見佛聞法，及見菩薩，眾會莊嚴，皆無所著。見不淨世界，亦無憎惡。」見佛了、聽聞佛法了，見菩薩，見了法會的莊嚴一切無所著，這是清淨的勝法。見了我們娑婆世界、見地獄，見餓鬼，見畜生，現在這個人間，刀兵水火饑饉，好多人沒有糧食吃，好多人快沒水喝。菩薩興起大悲心，得這個世界眾生跟他有緣才行，無緣還是度不了的，所以說未成佛果先結人緣。像我們見佛聞法，修行正道，發菩提心，行菩薩道，利益眾生，還得有緣！沒有緣起，你不執著、行方便道，沒有助緣，掛不上鈎。就像我們電廠不送電，電就不通，你得掛上！電輪送來才能行。無著行的菩薩，方便善巧，他見著菩薩的眾會莊嚴，一切無罣無礙，無所執著。

他見不淨世界，沒有什麼憎惡，見清淨世界，沒有什麼貪戀，聞諸佛法生歡喜心，他也不執不著。他達到清淨佛性，那個境界相，一切都無念無著，這叫清淨正念。

在壞的環境、染的環境他不憎嫌，殊勝的環境、清淨的環境他也不愛著，一切無著，供養諸佛，下化眾生，清淨世界，一切無著。這種境界，不是說說想想就能達到的，還得契證。我們說正念現前，念念無著，念念都是利益眾生，念念都是供養三寶。

我們不說到七行方便行菩薩，每位道友可以想想自己，一天的正念，念佛、念法、念僧、念經、念生、念死都是正念，念地獄眾生的苦難，這都叫正念。我們一天當中，這些念頭生了好多？為自己打算，念過去的過去，念煩惱，念在家時候的事，念飲食，念衣服，念生活資具，這個念頭有好多？現在，菩薩是一切無著，漸漸的學著無著，心裡頭計較思惟，都在有著當中。學了菩薩這法，聽到菩薩所行，我們要想成道業，想求解脫，照這樣做一點！全照菩薩這樣做，我們做不到，功力還不夠，要達到這種功力，得天天糾正自己的念，念念都是正念，不起貪瞋癡慢疑、身邊邪取戒（戒見邪），一切其他念頭都不起，正念現前，這就是無著，方便善巧。

這個方便善巧，我們是在懈怠、在染汙的事業上面，很方便、很善巧，方法很多；在正業上面，方便善巧就沒有了。怎麼能達得到呢？我們從講《華嚴經》以來，〈淨行品〉，一百四十一願，每天你要是把〈淨行品〉每一段經文，每做一件事都要念一遍，夠你忙的，思想空閒不了。你一天進幾次廁所，要棄貪瞋癡。吃兩次飯，行住坐臥，我們往法堂來，要走高路，回去要上坡，下坡你要說什麼，上坡要說什麼，〈淨行品〉都有，一舉一動一言一行都在清淨行。這是文殊菩薩教授的。如果你這樣做，念念都在見文殊菩薩，他說的話你都做了，這是眞正的文殊菩薩弟子。這是我們能做得到的。像無著行，我們還是做不到的，只是發心想這樣做。

何以故。此菩薩如諸佛法而觀察故。諸佛法中無垢無淨。無闇無明。無異無一。無實無妄。無安隱。無險難。無正道。無邪道。

在境界當中，暗和明是相對的，垢和淨是相對的，一和異，妄和實，安隱和險難，正道和邪道，都是相對法。在人之常情，都喜歡清淨的，不喜歡污染的，喜歡善的，不喜歡惡的。依著佛的智慧，觀一切法，相對法，各住各位。觀察一切諸法，以什麼觀察呢？以佛的智慧來觀察。菩薩在行菩薩道的時候，對染境、淨境，以不執著心而來觀察。在觀察一切佛法的時候，不執著於二邊。顯所觀察的佛法是以佛慧來觀察，觀察這些佛法，不執著二邊。

菩薩如是深入法界。教化眾生。而於眾生。不生執著。受持諸法。而於諸法不生執著。發菩提心住於佛住。而於佛住不生執著。雖有言說。而於言說心無所著。入眾生趣。於眾生趣心無所著。了知三昧能入能住。而於三昧心無所著。往詣無量諸佛國土。若入若見若於中住。而

於佛土心無所著。捨去之時亦無顧戀。

爲什麼能夠不執著二邊？因爲這位菩薩已經深入法界。在教化眾生的時候，他不起執著，執著就是染念。無所著，不著一切相，因爲他已經深入法界的空理。教化眾生，在眾生不起執著，不是這個眾生好教化、那個眾生不好教化，這個眾生惡染太深、那個眾生惡染少，他不起分別。他受持一切法的時候，不生執著，他是這樣發菩提心。

住無所住，《金剛經》上說，應無所住而生的心，就是無住。乃至於佛住不起執著，只是言說而已，在一切言說文字，他心裡無著。入眾生趣度眾生，心也無所著。這於諸佛無著，於眾生也無著，因爲他起三昧無著故。在三昧，在法界性，能入能住。同時對於起正定的三昧心也無所著，這樣往詣一切諸佛國土。「若入若見若於中住」。最後的六句話也是這個涵義，「若入若見」，入一切法，見一切法，於中無住。就是他的心，於佛土、眾生土、染淨土一切無著，沒有顧戀，沒有留戀。不論自行或者是利他，一切無所執著。以下是「後明勝進無著」。

菩薩摩訶薩。以能如是無所著故。

徵起（啓）的意思，這個在文字上不要去執著，要離開這些文字，能如是無所著，就是無著。不論做任何事，過去就過去了。將要去做的時候，正做這件事的時候，做完了，這就是入、住、出，對每一件事都如是。過去了，不要去再留戀、再思惟。這個意思是顯什麼呢？觀自己的身，觀身體所作的業，心無留戀，不留戀故才沒有障礙，菩薩能夠如是無所著，不論教化眾生，不論學習佛法，乃至於發菩提心入三昧，一切無所顧戀，就是無著。因爲無著故，在一切佛法中，你的心沒有障礙。這就是無障礙，無障礙就是解脫。

在日常生活當中，我們有戒律部，有戒研部，有後勤部，還有淨土部，管你這個部、那個部，到這就說這的話，到那說那的話，一切不執著。我們是這樣用心嗎？你一定感覺到戒研部的，恐怕要比學戒律部的要高，他已經戒研部了。見我們華嚴部的研究班、中級班，兩個就不同了，研究高了。我們分別大學小學，大學絕不是小學，小學怎麼是大學？這叫「著」，沒有大小。現在我們處處的著，說老了，是老了，那小的太小了，什麼時候才合適？老了出家了，出家有什麼用處？走路還得人扶著。這樣出家做什麼？吃飯都不行了，到不了齋堂。如果在相上去取著，這叫有所著。有所著就有障礙，有高低之分。心無障礙故，心裡沒有障礙了，所以才能知道菩提，菩提就是覺。眞正的達到菩提，唯佛與佛才稱爲大覺。大覺，不是一般的覺悟。

於佛法中。心無障礙。了佛菩提。證法毗尼。住佛正教。修菩薩行。

住菩薩心。思惟菩薩解脫之法。於菩薩住處心無所染。於菩薩所行亦無所著。淨菩薩道。受菩薩記。

菩薩在一切法中，了知佛果，證佛菩提，住佛的正教。言教必具於理，就是教理。懂得教了，懂得理了，你得要去做，做了之後就叫證果。了達教理行果的法，分開來說，了達果法就證得佛菩提。什麼叫理法呢？這個地方解釋不同。「法毗尼」，戒叫「毗尼」，「毗尼」就是「毗奈耶」，「毗奈耶」的涵義就是滅。我們學律藏叫「毗奈耶」，就是戒律，專指律藏說的。什麼涵義呢？調伏。戒律就是調伏，調伏你的身心。這個地方，「毗奈耶」叫法，所詮的義是滅。滅又什麼義呢？滅惑證果，證達理體了。

理體本來是寂滅的、是不生滅的，體本來是寂滅的，不生滅的，圓融的，沒有言說。何必假教呢？這是反覆辯論。菩薩所思惟的解脫法，這樣的去想，戒是清淨義，就是菩薩所行的，他的心沒有染，沒有執著。有著就有染，有執著就叫染汙，就是不清淨的。滅是清淨的，一切法寂靜安祥，這叫諸佛的正教。教所遮故，教就是聖人加被我們一切眾生，有言教，有行教，佛不說話，以身作則，就是身教。語言教導就叫言教，這些都叫法，言教也是說的一切法，身教也是表示一切法。法裡頭一定有相，相就是行，行就是你所修的萬行。怎麼樣做呢？求解脫。「毗尼」是教我們解脫，叫別別解脫。

菩薩這個行是無相的行，既然是無相的行，所有的住、所有的教、所有的果，一切法皆無相。無相而無作，無相無作的涵義就是一切法無著，不執著，這是此位淨菩薩道所修行的，他就這樣的修觀，這樣的行。因爲清淨菩薩道，一切無所著，這就是此位的菩薩。

得受記已。作如是念。凡夫愚癡。無知無見。無信無解。無聰敏行。頑嚚貪著。流轉生死。不求見佛。不隨明導。不信調御。迷誤失錯。入於險道。不敬十力王。不知菩薩恩。戀著住處。聞諸法空。心大驚怖。遠離正法。住於邪法。捨夷坦道。入險難道。棄背佛意。隨逐魔意。於諸有中堅執不捨。菩薩如是觀諸眾生。增長大悲生諸善根。而無所著。

「得受記已」，受了記就這樣想，受菩薩記，菩薩是作什麼的？覺悟有情，「菩提薩埵」此翻「覺有情」，你受了菩薩記，你要去教化度脫一切眾生。以下是凡夫的愚癡表現，可以對照我們自己有哪幾種？恐怕都有。「凡夫愚癡，無知無見，無信無解，無聰敏行。」沒有智慧。

「菩薩如是觀諸眾生，增長大悲生諸善根，而無所著。」菩薩大悲，他悲什麼？

悲的是凡夫愚癡。這些凡夫沒有智慧，什麼也不知道，什麼也看不見，什麼也不信，什麼也不覺，沒有一點的聰明，敏捷聰明都沒有。「頑嚚」，這兩個字是古來的話，冥頑不靈，「嚚」就是不依教，這叫「頑嚚」。再說，「頑」以癡愛爲本，愚癡的癡，愛染的愛，我們經常說愛情，愛和情，生死根本。愛生情，情又生愛，沒完沒了。不忠、不信，就叫「嚚」，冥頑不靈就叫癡，這就叫「頑嚚」，「頑嚚」就貪著癡愛。因此在這生死，死了又生了，生了又死了，在這流轉生死了。不求見佛，不知道是佛，不隨明導。換句話說不求覺悟，不接受人家教誨，也不調御自己身心，不信，總說是對三寶不信。「迷誤失錯，入於險道」，險道是指生死道，「不敬十力王，不知菩薩恩」。「十力王」就是佛，佛的十力，王是自在。「迷誤失錯」，到了生死輪迴當中就入於險道。聽到說諸法無相無作無願的大空，法空，一切法空，聞著法的空性，心大恐怖，害怕了。不願聽到空，常生在三有苦海中，永遠沒出離過，聽到空了，恐怖不信。「遠離正法，住於邪法」，坦途寬廣的大道他不走，他要走山間的羊腸小道，非常的危險，「入險難道」。「棄」是棄掉，「背」是背離，「隨逐魔意」，「於諸有中，堅執不捨」，這是說凡夫愚癡堅持不捨。

菩薩作是念，就是念到這些眾生太苦了，這樣觀一切眾生的情，觀一切眾生的境界相，眾生的情境就是這個樣子，因此就增長你的大慈大悲心。佛給他授記以後，發起利益眾生，發起大悲心，教導眾生，他先把眾生觀察一下吧，他一觀察眾生，無知無見，在這一切有中，生死苦海當中，他堅持不捨。這是菩薩的大慈大悲所對的境，什麼境呢？眾生所有這些錯誤境。這樣的增長菩薩，利益眾生的心。增長他大悲，菩薩的善根就增長。菩薩是一切無所著，他不執著。他對眾生這些境界，乃至教化增長大悲，使眾生能生諸善根，他這個上面不執著。生老病死，這些眾生在愛別離、怨憎會、五蘊熾盛、求不得，這是眾生的心念。

眾生在這裡不得解脫，菩薩對這些一切不執著。除了作這個念，觀眾生常時處於苦海流浪當中，沒有殊勝的因緣能遇著三寶，能遇著佛法，菩薩就給他們作緣起，加持他們，想讓他們得利益。怎麼樣才能讓他們得利益呢？菩薩要如是觀察，如是思惟。

菩薩爾時復作是念。我當為一眾生。於十方世界一一國土。經不可說不可說劫教化成熟。如為一眾生為一切眾生。皆亦如是。終不以此而生疲厭。捨而餘去。

作什麼念頭呢？對待這些眾生，我應該怎麼做？菩薩想了，「我當爲一眾生」，不管這個眾生在什麼地方，不管流浪生死多長時間，不管在十方世界他生了什麼國土，都要度他。

「於十方世界一一國土」，是處所。「經不可說不可說劫」，這是時分，有億萬萬年，時間很長。劫是時分，這個時分不可說不可說，一定要把這個眾生教化成熟，教他脫離以上那些苦難。這是菩薩所發的大悲，一定要把他教化成熟，就是扭轉生死，扭轉他那個思想，菩薩爲了一眾生，永遠不捨。菩薩還度其他眾生不？

有人問我，菩薩爲一個眾生不捨，那就不度其他眾生？不是這樣，這樣解釋就錯了。大家讀過《地藏經》，在一一土，菩薩化無量億身，一一身要救度、教化無量億眾生，菩薩化身無窮無盡的，隨著這一個眾生，菩薩另一個化身隨著那一個眾生，是這樣的解釋。不是其他的教化都不行了，專化這一個眾生，那樣理解就錯了。菩薩爲一個眾生經過好長好長時間，在無量的處所當中，對一個眾生教化，這一個眾生如是，爲一切眾生皆亦如是。

菩薩教化眾生沒有疲厭，爲什麼？他了解眾生無生，沒有我相、人相、眾生相、壽者相，菩薩沒有，眾生有。對一個眾生這樣教誨，對一切眾生都是這樣教誨。像諸位法師，幫助一個眾生，眾生不聽話，他都生厭煩心了。菩薩對眾生可不是這樣，眾生再頑嚚再不聽話，菩薩也不會退心。他早把你了解清楚了，慢慢的加持你，慢慢的隨順你而轉。菩薩教化眾生不是違逆眾生，他是隨順眾生。對一切眾生隨順他，讓他慢慢的轉化。對一切眾生也是這樣，他不生厭煩心，生了厭煩心，怎麼叫大悲？怎麼叫大慈？

我們爲什麼不行？我們煩惱很重的，也沒有證得這個境界。你要發菩提心學著菩薩，像每位道友都受了菩薩戒，你就是菩薩，不過菩薩的責任，我們沒有盡到。我們對眾生不是慈愛，不是救拔，而是討厭。我們沒有大慈大悲心，也沒有力量。障礙因緣很多，我們行大慈大悲只是學樣而已，做的很少，每位道友都發過大慈大悲心，檢查一下我們怎麼對待眾生？

所以我們成不了佛，也成不了大菩薩，連小菩薩也成不到。爲什麼？我們走的道不對，要走菩提道。利益眾生的時候，莫生疲厭，疲勞了，厭煩了，就捨棄了。捨棄了之後，不管別人事，「自掃門前雪，莫管他人瓦上霜」，這叫退失菩提心。「捨而餘去」，離開了，捨棄眾生了。

又以毛端徧量法界。於一毛端處。盡不可說不可說劫教化調伏一切眾生。如一毛端處。一一毛端處皆亦如是。

以一毛端攝受法界，法界入於一毛端，一毛端現寶王剎，就現佛的淨國土，這是處所。還經過不可說不可說那個劫，有好長的時分！在一切處一切時，教化調伏一切眾生。在一個毛端，現淨佛國土調化眾生。一一毛端，每一個毛端都如是，無窮無盡的。這叫大菩薩，他的心沒有疲厭。怎麼能達到沒有疲厭呢？無著。大菩薩不見眾生過，眾生都在罪業當中，菩薩不討厭，不見你的過，就找你的好處，你有一念的信心，有一點回心轉意向佛菩薩，向三寶，他不捨棄，都度你，不因為難化而不化，也不因為難度而不度。

他的心裡廣大到什麼處呢？從一個毛端的量能夠觀想到法界，從一個眾生能觀想無量的眾生，無量眾生攝為一眾生，法界如是。我們最初學〈大乘起信論〉、《華嚴經》，心佛與眾生是三無差別，你的現前心跟十方一切諸佛，跟無量無邊的眾生就是一個心，就是一體，這個心才是廣大。把一一毛端都變成了廣大，化眾生不見眾生相，所以沒有疲厭。因為我們沒證得空性，沒悟得空理，我們度眾生，見眾生相。不但見眾生相，還挑眾生的毛病，他若沒毛病、沒業，怎麼叫眾生！度眾生不見眾生過，大悲心才能生得起來。你必須得有行，行是以自己的觀力去修行。一切以法界性，徧滿攝受。無我相無人相無眾生相無壽者相，一切相不立，所以不會生疲厭，不會厭煩眾生。為什麼？無執著，什麼都不著。

乃至不於一彈指頃執著於我。起我。我所想。於一一毛端處。盡未來劫修菩薩行。不著身。不著法。不著念。不著願。不著三昧。不著觀察。不著寂定。不著境界。不著教化。調伏眾生。亦復不著入於法界。

有個「我」就有「他」，有了「我」就有「我的」思想狀況行為一切，執著於

「我」，「我」裡頭包含著很多，什麼都是「我的」。有「我」了，就有「我的」想，「我的」想還有「我所」想。菩薩沒有「我」，沒有我想、沒有人想、沒有眾生想、沒有壽者想。菩薩這個心是什麼心呢？不住色生心，不住色聲香味觸法生心，無所住生心，所以才能夠於一毛端變成寶王剎。盡未來劫那個時間，未來還有未來，未來還有未來，沒有時間的時間，修菩薩行。

「起我，我所想，於一一毛端處，盡未來劫修菩薩行。」修菩薩行，怎麼修呢？修的方式、方法，不執著身。「不著身，不著法，不著念，不著願。」念空、願空、三昧空、法空，身都是空的。「不著三昧，不著觀察，不著寂定，不著境界。」一切無著。「不著教化，調伏眾生」，若一執著就見眾生過了，你就行不了菩薩道。不著入於法界，若著就入不了法界，入法界也沒有個執著，入法界出法界，這是菩薩所觀察的，因為他自己這樣來修觀。

何以故。菩薩作是念。我應觀一切法界如幻。諸佛如影。菩薩行如夢。佛說法如響。一切世間如化。業報所持故。差別身如幻。行力所起故。一切眾生如心。種種雜染故。一切法如實際。不可變異故。

觀察想，「我應觀一切法界如幻」，幻化的，不實的。「諸佛如影」，就像身體現一個影子似的。所作的菩薩行呢？如夢。「菩薩行如夢，佛說法如響。」佛說的法音聲如響，不是音聲，音聲所反映的是響。「一切世間如化」，變化，世間如化。「諸佛如影」，如夢幻泡影。《金剛經》講，如夢如幻如影，他自己所行的菩薩道如夢。

「業報所持故，差別身如幻。」「一切世間如化」，是因為業報所持，感業受報，造業受報。所有種種身，無量差別身，就像變化的戲法一樣，如空中的雲彩，一會雲彩這個相，一會雲彩那個相，風一起又一個相。這些都是菩薩修行的時候，他力所現故。

「行力所起故，一切眾生如心，種種雜染故。」說我們的心，一會一個念頭，是雜亂的，不是清淨的。「一切法如實際」，一切法就像法界心，法界相，「不可變異故」。這是菩薩自己觀察，自己修法，菩薩作是念，他怎麼觀察呢？觀察一切法界如幻，一切諸佛如影，觀察一切菩薩，我所行的菩薩道如夢。觀佛說法如響，觀一切世間如化，業報所持的。一切世間就像變化似的，就像要戲法一樣的，業報所持的，造的業。眾生的種種差別身，只是幻化而已，不是實在的，是他所行的運動力所起的。一切眾生，正像他的心似的，雜染故。一切法如實際，一切法就有法性的本體，不變異故。菩薩這樣觀察，菩薩作是念，這個念是行菩薩道所修的念，念就是觀。他觀察一切法，諸佛的淨法，一切眾生的染法，種種雜染法。

又作是念。我當盡虛空徧法界。於十方國土中行菩薩行。念念明達一切佛法。正念現前無所取著。

觀察完了，我應該這樣作，盡虛空徧法界十方的國土，我要去行菩薩道。這個觀一切諸法皆空，相都沒有，它有不空的一面。眾生不空故，所以菩薩不空，眾生空、菩薩也空，菩薩因爲要度眾生，菩薩自己發願，「念念明達一切佛法」。

明法度眾生，對佛法，對於念念明達一切佛法，不執著，無所取著。上求佛法，下化眾生，求即無求，化亦無化，這就是入眞實際。一切法皆是法性本體，看著是作一切事，這個事即是理，這是寂靜的本體。世間一切人、一切法，都是眞實不變的，這是就法性的實體來說。一會說一切諸法如實際，法性的本體。事事皆寂，事事皆是法界的本體，一切諸法如實際。實際就是法界心，實際是不變的。諸法是無常的，諸法是變的。自己如是知，把自己所知道的，告訴不知道的人，這就叫理實圓融無礙。世間相即是常住，「是法住法位，世間相常住」。各法住各自的本位，世間相就是這樣。

在此處，清涼國師假設一些疑問。第一種疑，世間幻火，不成燒用。幻化的火沒作用，幻化的火不是火。不是眞實的火，不起燒，不能燃燒，只能幻化的。說佛現在所說的法利益一切眾生，怎麼是幻的呢？懷疑了，給他解釋，那個是影子！影者是影響的義，眞實的相，照下的影子。影子不是眞實的，不是實的。世間相，是法住法位。事即是理，是約理上來說；約事上來說，事是事，不是理了，沒有實在的，就是無實義。不論約法約比喻，有三義，「緣成義」、「無實義」、「有用義」，緣成的不是實在的。因緣所生法，我說即是空，不是眞實的，沒有眞實的。有用義，你想取個眞實，沒有，沒有你就不用執著了。雖然不眞實，但是它緣成的，還有點用處，但是這個用處不實在的，把這個當成實的不可以。

第二種疑，若佛如影，菩薩何以起行往求？菩薩怎麼能起行呢？怎麼去行菩薩道呢？過去的因不是假的，過去的因是因。但是，過去的因所感的果，因和果都不是實有的，不是實的。因非實故，果亦非實，故可壞性。我們過去的業因，受的我們現生的肉體，現生的人的果。那個因並不是眞實不變的，你這個果也不是實在的。果是酬因，因酬完了，果也是虛的。不是虛的，他就不變，不變他不死了，永遠存在了，哪有不死的，所以因也不眞實、果也不眞實，這用不著疑惑的。像我們作夢，作夢沒有實體。沒有實體，沒有現實，他爲什麼要作夢呢？如夢幻泡影。夢不是眞實的，但是他在夢中的時候是眞實的。他自己感覺眞實的，想這個夢，等醒了，夢全沒有了。所有夢中的境界相，沒有了。

第三種疑，若菩薩行如夢者，何以說此是菩薩行？菩薩修菩薩行、利益眾生，等到證得法界身、究竟大覺，一切都空冥。菩薩起行，發心利益眾生，證得這個理了，理稱實故，究竟還是稱實。實是什麼實呢？空義，空義才是眞實的。我們這個現實肉體是眞的？是假的？每個人現在認爲他是眞實的，但是它不眞實的。除了生老病，它若死，死沒有了，沒有了它怎麼是眞實的？眞實的是不可壞。但是在現實生活之中，你說我們能把它當成不眞實的嗎？現在還不能達到這個目的，還沒證得。等你證得空理之後，你才知道這個事，假相無明的，不眞實的。好像是實，實際不是眞實的。有人作夢過河，你醒了，還沒過河，還在床上睡大覺，哪裡過河了。

第四種疑，果行可然，世間未悟，此應是實。善於觀察就叫修。觀察如夢幻泡影，如果你在有的時候，如夢幻泡影是沒有，是有是沒有？從這個就悟得空性，一切諸法沒有實體的，是空的。

菩薩發大悲心、大願心，他要從眞實建利生事業。從眞實性體而起的緣起妙用，這樣發菩提心的。假使說菩薩行，行菩薩道的時候，都是夢，爲什麼經上都說是菩薩行，菩薩修行，菩薩利益眾生。這是依著眞實的因而生起的響。因爲緣，緣起成一切法，一切法即是依著眞性而起的，依著眞性而起的緣起。依著聲音而有響，聖教亦如是，佛所教導的也是這樣。佛法一切法，本是寂靜的，像我們禪宗特別表現突出，佛上堂說法，一句話也沒說，佛就拈朵花，迦葉尊者在那就微笑了，佛把花給了迦葉，就下座了，法說完了。

我們東說西說，南說北說，小說大說，體啊！相啊！佛上堂的時候文殊菩薩當維那，敲了引磬，「法筵龍象眾」，說來到這法會的人都是龍象，這是形容詞。「當觀第一義」，要觀第一義。怎麼觀？「諦觀法王法」，如實觀佛的法，「法王法如是」，這就是法王的法。佛就下座了，一句話也沒說。

這四句話的涵義，說在會的大眾，你來這幹什麼來了，聽法來了，那就好好聽吧。「諦觀法王法」，就是如實的觀，如理的觀。觀就是修，修什麼？修法王法。什麼是法王法？「法王法如是」，法王就是這個，一句話也沒說。「法王法如是」，這就是隨眾生的機。有這些機感，但有言說都無實義，不假言說的實義如何顯哪？怎麼樣顯實義？

所以說如響，沒有音聲怎麼能有響？這個響是緣成的。佛所行，乃至於二乘所行所證的，世間沒有悟，眾生沒明白，就是眾生沒悟。怎麼辦？實中如化，未悟的時候，悟了是實，沒有悟，就是化，化即幻化。說我們心所做的事，我們精神所能思惟的、所持得的，是沒有實的，但它產生妙用。

第五種疑，若皆如化，何有差別之身？第六種疑，身若如幻，何有報類不同？說如化的差別身，佛把它說如幻，這個差別的身，千差萬別。現在現實社會，六十四五億人口，不管差別，都是如幻，沒有一個不死的。幻就是不實在，都要死亡！只是在幻化當中，他的業感，他的報不同，業感的報不同。貪生怕死，求得安逸求得貪愛，想的都是這些事。

人人想沒病，人人想身體健康，人人想不死，辦不到。人人都有病，沒有一個人不死，沒有一個人沒病，無病不死人。懂得這個道理了，就能悟得法性盡虛空徧法界。我們所修的叫加行。心裡本來是如是，必須假加行才能念念明達，才能夠理解。

菩薩如是觀身無我。見佛無礙。為化眾生。演說諸法。令於佛法。發生無量歡喜淨信。救護一切心無疲厭。無疲厭故。於一切世界。若有眾生未成就未調伏處。悉詣於彼。方便化度。其中眾生。種種音聲。種種諸業。種種取著。種種施設。種種和合。種種流轉。種種所作。種種境界。種種生。種種歿。以大誓願。安住其中而教化之。不令其心有動有退。亦不一念生染著想。何以故。得無所著。無所依故。自利。利他。清淨滿足。是名菩薩摩訶薩第七無著行。

以下是菩薩自修的時候，怎麼行？行之後怎麼能成就？怎麼去化導眾生？一到菩薩成就，得先利益眾生才能達到成佛，沒有不度眾生的佛。一定得經過這個過程。菩薩修行的過程，他行的時候，觀身無我。

說最近的就是你的身體，觀無我。這有兩種，一種是體空觀，當體即是，一種是析空觀，學教的人大概都是分析而得的空。修禪的人開悟，他能觀到頓成無我。

我們經過分析無我，觀無我，諸法無我。一個從死亡，一個從不斷的變異，都是我所，沒有我。不論他是哪國人，不論語言怎麼表達，都告訴你，「無我」！都是「我的」。「我的」耳朵、「我的」鼻子、「我的」腦殼、「我的」身體，「我的」不是「我」。離開了「我的」，哪裡去找「我」？「我的」身體不是「我」，離開了身體，哪還有個「我」！說喊我們一個名字認為是我，這個名字是假的。說喊我「夢參」，我一直就叫「夢參」，喊我認為是我。但有三十多年不許叫「夢參」，給我編個號，「三四八」，喊「夢參」不許答應，喊「三四八」就答有。

我們每個名字都不同的，在家叫什麼名字，現在都叫法名。那個名字是假的，可以換的。名字也是「我的」，名字不是「我」。「我的」是可變的，都是假的，「我」在哪裡？眼耳鼻舌身意，身心和合的。在《金剛經》上說和合的，就是不可說不可說和合體！這樣來觀你身，身不是我，身體沒有我。

見佛無礙，達到無我，那就沒有障礙，天天跟文殊菩薩在一塊。文殊菩薩「無我」，你有「我」，「無我」跟有「我」相對的，見不到。等你達到觀身無我，見佛沒有障礙了，因為你有個「我」就是障礙。因為要化眾生才演說種種法，為了化眾生，才給他說種種法，化導他，令他放棄。不要把那假的，不是我的，當成「我」，就是這個意思。「演說諸法」，演說你那個是迷法，演說覺悟的方法，讓你生起了歡喜心，生起清淨的信心，就能得救了。

菩薩因為觀身無我，菩薩已證得空義，證得空了無礙了。見諸佛無礙，化度眾生也無礙，這樣來演化教化眾生。「演說諸法」，看眾生應以什麼因緣得度者就給他說什麼法，或者給他說苦，說無常，說無我，說菩薩六度，得他喜歡的給他說，令他在佛法、令他在覺悟的方法上，發起歡喜心，相信覺悟，相信明白。如果他相信覺悟了，他就不受苦難，菩薩也就把他救護了。因為菩薩觀身無我，觀心無常，不是這個假心，所以才沒有疲厭。

菩薩利眾生永遠不疲厭，什麼原因呢？觀身無我，心無疲厭去利益眾生。所以在一切世界中，眾生沒有成就佛道的時候，沒有覺悟的時候，菩薩就調伏他，令他明白、令他覺悟。給他解釋，給他作樣板，方便化度。

方便就是善巧化度眾生，這叫無著行，無著行就是方便，一切都不執著。但是以無我為主，一切都不執著，因為無我。無我就無我所，這樣方便教化眾生，隨眾生種種類，眾生有種種的音聲，菩薩一定得語言三昧，說英語的，你給他說英語，說阿拉伯語的，你給他說阿拉伯語。這是指人類。對豬對鳥對魚，各類有各類的語言，這都是有情的，你示現牠們，用牠們那類語言，用牠們那音聲，牠做什麼，你做什麼！牠怎麼取怎麼捨，你也怎麼取怎麼捨。

「以大誓願」，我們經常說「誓」跟「願」，「誓」和「願」是兩回事，「願」是發心想希求什麼。「誓」是堅固，促成堅固。我必定把它做到底，就是誓願，使願更堅固加一個誓。在眾生種種的流轉當中，在眾生做種種事業當中，眾生有他的境界，各行各業。

「悉詣於彼，方便化度。其中眾生，種種音聲，種種諸業，種種取著，種種施設，種種和合，種種流轉，種種所作，種種境界，種種生，種種歿。」種種生，種種死，死此生彼，死彼生此，展轉流轉。菩薩示現跟他同類，有時菩薩示現同性別。

「以大誓願，安住其中而教化之。」安住在眾生當中，眾生種種類菩薩就示現種種類，已經示現人，已經示現牛，已經示現豬，文殊菩薩就有示現豬的故事。菩薩要示現種種的教化，這叫同類攝，示現同類才能攝受他。菩薩不論示現什麼，一念染著心都沒有，他示現人類，教化人，他對人類的一點染著心都沒有。染著心就是人所作的一切，貪愛、瞋恚、歡喜、煩惱、憂愁，這就是眾生類，染著了。菩薩沒有一念生這個心，示現跟人一樣的，顯無著行的意思。什麼緣故能做到這樣呢？

「不令其心有動有退。亦不一念生染著想。何以故？得無所著。」不生染著想，因為他得到了，於一切無著，「無所依故」，不依一切法，也不背一切法。他在一切法上，利用法來幫助眾生，他在法上不起任何執著。法上起執著的意思，例如說話得知道時間、得知道處所。你跟人家說，或者他煩惱家庭失和，你招待朋友的時候千萬不要提家庭失和的事，提了就煩惱了。要知時，要知處，說法的處所合不合適，這個時候說這個法合不合適，菩薩是無著無依，眾生是有著有依。

因爲你說法是教化眾生的，眾生的心，有動有靜，有進有退。你要想度他，跟他說快樂的方法，你盡說倒楣的方法，盡說不如意的話，他跟你吵架了。他生染著想，菩薩一定安住其中，示現同類來教化他。安住他那一類，安住他的生活環境，才能幫助他，這叫四攝法中的同事攝、愛語攝。不令他的心有煩惱，有動有退，讓他的心安住。

菩薩教化眾生的時候不讓眾生生染著想，乃至一念都不生，這樣才能達到無所著，無所依，自他兩利，清淨滿足。這種菩薩道非常的難行，這不是布施持戒、精進忍辱、禪定智慧，這是方便。《華嚴經》開十度，這叫方便度，方便就一切不著，一切善巧方便隨眾生的緣，隨眾生的業，隨眾生的心，示現無著，叫方便善巧，無著行。

菩薩自己先得什麼都不執著。你很執著的，你跟他說的一定是執著，那不是方便了。我小時候參學也是這樣，善知識，你得聽他的！菩薩讓一切眾生聽他的，我看一個眾生也度不了，不好度啊！一聽說度眾生，有這個本事？恐怕度眾生反被眾生度了，翻過來了，不是度眾生。在佛法教育當中，不是說大話，不是瞎吹牛，自己得有實行，像到了無著菩薩，得要經過好長阿僧祇的修行。到了無著行，沒有智慧沒有根本智，怎麼能生起方便善巧智！方便善巧在《華嚴經》不叫方便善巧，叫無著行，比善巧方便還深入，一切不執著。但是有一點，利益眾生，不捨一切眾生。知道眾生有種種業，知道眾生有種種難，但是菩薩不捨棄，一眾生都不捨，叫第七無著行。

「自利利他，清淨滿足，是名菩薩摩訶薩第七無著行。」大家如果看看〈疏鈔〉，清涼國師對這個解釋很多了；依著經文，心裡大致能明白。《華嚴經》講的方便善巧可不是這樣意思，你沒有到這個位置，就不能作這個事。佛菩薩的方便善巧，得依照佛教導的方便善巧，不是超出佛教導之外而隨著眾生貪瞋癡愛的方便善巧，你說：「我無著，貪瞋癡愛也無執著！」那不行啊，你就下地獄去了。你到地獄，「無著啊，地獄比六欲天還好。」有這個本事，那也可以了，方便善巧不要錯誤領會。

我小時候，同學學《華嚴經》，大菩薩行菩薩行，一切無拘無礙，給他兩耳光他冒火了，無拘無礙，不可行的。知道無著行，我們依著經教，依著教理這樣講，我們還沒有到那個地位。

無著行，就是方便行，一切不起執著。這段經文是觀無我，有人無我，有法無我。觀這個身體不是我，分析身體是五蘊所成的，五蘊是和合體。我們現在無我觀沒成就，見佛有礙，有礙就見不到佛。等你達到身無我，那就無礙，身無礙。身無礙還不行，還得達到法也無我。演說諸法的時候，沒有執著，這個道理怎麼講呢？比如說我們幫助別人、勸化別人的時候，第一個不要執著我是能化者，眾生是被我所化的，那就錯了，那就不能作到觀身無我。

如果能觀身無我，我們平日所說的看得破，放得下，要給人家說法不要求希望，我給你說法，將來你可要護我的法，這樣就有我。或者為名聞利養，自己身見還沒破，化度眾生不可以的。因爲要來化度眾生，第一個沒有我執我見，化度眾生不是隨我想怎麼的，而是隨眾生所要求什麼，這叫隨眾生緣。我們經常說，一切沒有執著，無我相、無人相、無眾生相、無壽者相，「性空緣起」。「無我」的意思就是「性空」，幫助一切眾生，化度一切眾生，這就叫「緣起」。

但是，我們有些錯誤的解釋，把「性空」的「性」不要了，光說「空」，好多道友光說「空」，不說「性」。「性空」才能「緣起」！沒有講《華嚴經》之前，先講〈大乘起信論〉，我跟大家說相信你的心，信心，相信這個心就是「性」。要「性空」，依著「性空」是理性，理才能成就你的事。要聽《華嚴經》你先得「性空」，「性空」就是相信自己，我們自己自住那個本性，清淨原始的本性與佛無二無別。就修這麼一個信心，要一萬劫。我們講〈十行品〉，信了心，這樣你才能夠住，住就是住到自己所有的信，信的那個心就是成佛的心，這叫「性空」。現在我們的道友講「空」的時候，他把「性」丟了，光講「空」，你怎麼達到？達不到了。講「緣起」先得「性空」，「性空」你先得要明心見性。見到了嗎？距離很遠很遠，之後才能說「緣起」。

觀自己的身，它的本體，心！這個心，不是我們現在這個肉團心，也不是我們的實心，是我們本具的，與如來無二無別的妙明眞心，那個心就是自性的法身。你的法身上沒有我，也沒有人，這才叫不執著。

「無我無人觀自在，非空非色見如來」，你這樣觀身。這就叫「性空」，與佛無二無別，說見佛無礙。但是為了化度眾生，這叫緣起，要演說諸法，令一切眾生發無量歡喜的淨信。我們對三寶都是有信心的，但是不是淨信，沒有從體上去信，不叫淨信。淨信呢？信自己的本心是空的，這個才產生淨信。為了化度眾生，隨著性體而演說諸法，讓一切眾生都能認識自己的本性，曉得我們所有的色聲、一切的行為，現實生活當中的事都是緣起的，既然是緣起的，不是真實的。

真實的是什麼呢？「性空」。因為現在我們聽到十行菩薩，所作所為，我們感覺相當的難，相當的深，這才是十行菩薩，還是賢位的菩薩。等你聽到〈十地品〉，地上的菩薩，那才叫真正的證得法身。十行菩薩是相似的，沒有真正證得的，他產生的功力、效果就有這麼大，就有這麼大不可思議。等明心見性的時候，才知道真正的不可思議。

像我們凡夫，把佛所說的教授給別人解說，這個是有礙的不是無礙的。演說諸法也不能令人家聞法而開悟，也不能令人家生起無量歡喜的淨信。特別注重這個「淨」字，淨信是能夠見性了，那時候生起信心，相信自己的心，清淨無染，沒有六塵境界相，這樣能使一切眾生得救。

如果沒有入賢位的菩薩，他化度眾生的時候，他的心有厭煩、有疲厭。十行菩薩無著了，一切都不執著，所以化度眾生的時候，他沒有疲厭。

現在我們幫助別人，或者學了佛法，把你所知道的佛法向別人演說，選擇的心、簡擇的心，分別心特別多。哪個眾生好度，哪個眾生不好度，這是分別心。因此，不能夠讓人生起歡喜的淨信。菩薩行菩薩道，必須按《華嚴經》上這些教導，眞正做到心無疲厭。使一切世界上眾生，沒有成就的，調伏讓他成就，沒了生死的、煩惱很重的，調伏他讓他不煩惱。而且，十行位的菩薩能到一切眾生之間，「悉詣於彼」，到一切眾生中間，給他說法，方便善巧引度他。

眾生有種種的音聲，種種的諸業，種種的取著，種種的設施，種種的和合，種種的所作，種種流轉，種種差別之相的境界。種種生，種種歿，以大誓願安住其中而教化之，這是說菩薩。對於眾生類，語言的不同，作業的不同，他心裡想的，執著的不同，菩薩發大誓願，在眾生中間，這叫隨緣。依著眾生的緣而來化度他，令他的心能夠放棄他所貪著的，放棄他所執著的，能夠去他的淫怒癡、去他的煩惱。

這叫無著行。這一段經文，教化眾生不要生厭煩，眾生不是那麼容易度的，不是像我們所想像的。我們現在得人家來求才給他說，不能夠示現同類攝。這裡頭含著是同類攝，他說哪一種語言，菩薩一定得懂得他的語言，他作的業，這位菩薩必須懂得他那個業，這叫示現同事攝。給他說的很好聽話，使他歡喜，那叫愛語攝。你要想度他，他做什麼事你也做什麼事，跟他同類同行，說英語，或說少數民族語、說藏語，這叫示現同類。

這不是一般菩薩所能做得到的，華嚴菩薩在利益眾生的時候，從來沒生過一念的染著想。染著對世間沒有貪戀的，不執著，無著行，這叫方便善巧，巧化眾生，示現種種類，這叫第七菩薩無著行。

第一個教化眾生沒疲厭，翻過來說，自己求學自己了生死，有沒有疲厭？還不說化度眾生，先把自己這個眾生化一化，自身精進勇猛，沒有疲厭心。菩薩是純粹利他行，沒有說到自己。方便善巧，《華嚴經》依著智波羅蜜開出來慧、方、願、力、智，這叫菩薩無執著行，方便善巧。我們看見文殊菩薩，觀世音菩薩示現種種的方便，示現種種的類，他也知道眾生的根，隨根而說法。

說法要知時，時候不對，你不能說。要知機，知道眾生的程度，現在你讓他能夠知道世間上是苦，知苦斷集，這就很好了。別再造惡業，現在這世間相，複雜的不得了，業非常的複雜，種種的業，能把這個斷了，這叫知機。

現在我們說《華嚴經》，這也不對機，因爲這些經典，大家看著內容，大家念了好多遍，自己能照著這個修行嗎？心量能攝受得到嗎？現在是在三賢位，到十地以上，到十通十忍，到〈離世間品〉，還不說入法界，入了法界，〈普賢行願品〉是地上菩薩的。

我們學經要懂得學以致用，學的目的是什麼？要用，學了就要行。這種無著行，我們做不到。我們還是按著戒律，按著我們這一天所能做得到的，拜佛、懺悔、念佛、消業，這是我們還能做得到的。這叫種善根，種大乘菩薩、種華嚴境界，種個善根而已。種了之後，使種子成熟，培育它，培育有一個方法，讀誦培育，使我們這個善根成長，之後發生一切行爲，那就是行相。這有個基礎，什麼基礎呢？我們在十信位講，第一個相信自己的心，清淨心，相信成熟了，住到這個心上，不是住到我們現在這個妄想心上，之後以這個心，從初住開始吧，信心成滿了，才能行第八難得行的菩薩道。

◎八難得行

佛子。何等為菩薩摩訶薩難得行。此菩薩成就難得善根。難伏善根。最勝善根。不可壞善根。無能過善根。不思議善根。無盡善根。自在力善根。大威德善根。與一切佛。同一性善根。

現在開始講第八難得行。難得行還做不做呢？應難而上，難得行，我們種個善根也要行。怎麼行？功德林菩薩告訴我們，難得行是怎麼行？難得行本身沒有提到願，就是行，把大願變成行爲，變成行菩薩道，難行而行。

功德林菩薩講到十行菩薩的第八行，「佛子，何等爲菩薩摩訶薩難得行？」這是第八難行善根，什麼是難行善根的體？大願。題目就叫難得行，就是願。經文沒有說怎麼發願，不是像我們一天發大願、四弘誓願。自己把善根修成熟了，修成了善根，表現於善根的行。自己難得行而行，以此利益而成就的眾生，這是證得了。我們講性空的理，明心見性行菩薩道，教化一切眾生，增長一切眾生成熟的善根，這是顯善根的行相。什麼是善根的行？什麼是善根的相？什麼是不思議的善根？什麼是自在力的善根？「大威德善根」是成就的。前面是標題，以下解說什麼是善根的行相。

此菩薩修諸行時。於佛法中。得最勝解。於佛菩提。得廣大解。於菩薩願。未曾休息。盡一切劫。心無疲倦。於一切苦。不生厭離。一切眾魔所不能動。一切諸佛之所護念。具行一切菩薩苦行。修菩薩行精勤匪懈。於大乘願恆不退轉。

菩薩修行的時候，「於佛法中，得最勝解。」「勝解」不是一般的解釋，而是殊勝的解。怎樣才算殊勝解呢？「於佛菩提，得廣大解。於菩薩願，未曾休息。」他從來照著發菩提心，修佛的菩提。「菩提」，就是利益眾生，發菩提心，自己成佛，願一切眾生都成佛，這樣解釋是廣大解。菩薩的願是什麼願呢？願一切眾生都成佛。

有這個願心，大菩薩盡一切力量從不休息，一切時一切處從來不疲倦。幹什麼？度眾生。我們是知苦斷集，厭離苦，菩薩不如是！他於一切苦，不生厭離不生疲倦，爲什麼？要度眾生。這種大願，一切魔所不能動，所以得到一切諸佛的護念。行一切菩薩的苦行，「苦行」有幾種解釋，我們所認爲的苦行就是吃苦，不是這個涵義，利益眾生的時候從來不疲厭。利益眾生的時候，眾生並不是接受的，有的眾生是求佛法，有的眾生是菩薩去化度他，他起而反抗，並不接受，度生難度。但是他不生厭離，再難度他都不生厭離。

菩薩行菩薩道的時候，就是利益眾生，示現種種同類，示現種種苦行，這樣來修行。精勤不懈，一定要滿足自己的願力，一定要達到諸佛的要求，永不退轉。前面說，難得善根，難得調伏，這種菩薩叫難得行，難行而去行。由難而去做，菩薩爲什麼能做得到呢？他的心裡度眾生不見眾生相，在這些難的時候，他不像我們，遇到什麼事困難了，辦不到！這些菩薩沒有辦不到的事，難得行，辦不到也要辦得到，就是做不到也要去做，非做到不可，做不到成不了佛。

我們說的難得行，你發願做的時候，很難，從理上講沒有難也沒有易。這是隨眾生的知見。菩薩利益眾生的時候從來沒有休息，他不像我們的肉身，疲勞了，累了，有時還老了，菩薩沒有這些相，一切諸魔所不能動。我們被魔所動，生老病死都是魔，我們過去說病魔，我們克服不了，但是菩薩克服得了。

我記得眞歇了禪師在臨死的時候，說「老僧自有安心法，八苦交煎總不妨」，八苦同時來，病時沒有感覺苦，爲什麼？他觀他的身體，這是幻化的，這個他早就成熟了。他發菩提心住在菩提心上，這些他已經解決了，所以他能做得到。地上的菩薩，他看見一切眾生同一屬性，沒有什麼難度！十行位的菩薩還有，但是這也不能動他的心，動他的那個心，就是他那個道心。

他那個道心是空的，空無相無作，他是永不退轉。到這個地位的菩薩，不會再退墮了。因爲度眾生，這是從眾生方面分析，有這麼多的相，在菩薩，他度眾生不見眾生相，知道眾生性空的，相是幻化的，度眾生不見眾生相。教育沒發菩提心的眾生，要這樣發菩提心，向這些菩薩學。大家可以這樣想，自己關上門，或者靜坐，念八個小時的佛，發個大心能做到。說讓你勸十個人、八個人都像你來坐到屋裡念八個鐘頭，你做不到，度自容易、度他就難了。假使能度到八個人，你能度八十個人、八百個人？辦不到。

爲什麼？力量還不夠。佛的力量夠吧！那得看眾生有沒有緣，所以叫緣起。我們經常說佛也有做不到的事，眾生度不盡的，眾生界無盡，度不盡的。佛不能把這個世界上所有的人都度盡，如果都度盡，現在不用再學了，我們都被度了，都成佛了。

《華嚴經》是講性體的，從體上講、從理上講怎麼樣呢？根本度眾生不見眾生相，這是一種和合的相。大家都讀過《金剛經》，這叫性空的觀點，自己觀自己的行，達到性空。緣起，緣起就是隨緣義，緣生起，一切諸法就有，緣還滅，一切諸法沒有，還歸於性空，性空是緣起的，你得用這個念。

是菩薩安住此難得行已。於念念中能轉阿僧祇劫生死。而不捨菩薩大願。若有眾生承事供養。乃至見聞。皆於阿耨多羅三藐三菩提得不退轉。

八行菩薩安住在難得行上，「於念念中能轉阿僧祇劫生死。」念念中轉動那麼多的生死，轉變而不生死，就成涅槃了。「而不捨菩薩大願」，這叫難得行。「若有眾生承事供養，乃至見聞，皆於阿耨多羅三藐三菩提得不退轉。」若是有的眾生見到八行菩薩，有這個因緣，不說行，就是見、聽到，對佛果能夠不退，無上菩提不退轉。

這是《華嚴經》的特殊之處，你聞到了這段經文，說明將來一定能成佛。不退轉的意思是不退墮凡夫，從凡夫地直到成佛。若就菩薩位來說，菩薩安住難得行，念念中能轉阿僧祇的生死。約自說自己能轉，約利他說不捨大願，永遠這樣利益眾生。若是有的眾生聞到第八行的難得行菩薩，或者承事，給他做事情，或者供養他，乃至也沒有承事，沒有供養，只是聽到、見到、聞到，能得到什麼呢？於無上菩提不退轉，這叫種善根。

若學《華嚴經》種善根的，他的力量大，根深葉茂，說你善根種的深，你長出來枝葉就繁盛。種的小、根不深，冬天容易凍死了。這是意願讀誦大乘，深入般若智慧，這是般若的願。願、力、智，加一個方便，就成了十波羅蜜，以十波羅蜜能夠得到不可思議的利益。

什麼利益呢？念念中能轉阿僧祇的生死，假使你進入了，過去的輪轉生死太多了，有無央數的那麼多生死，在念念中有那麼多，都能把它轉。轉生死成智慧，轉生死就變了涅槃，不生不死。轉者義，爲什麼說轉？本來沒有生死，本來沒有煩惱，轉煩惱成菩提，因爲煩惱本來就是菩提，說一個「轉」字，沒有說「斷」。我們經常說斷煩惱，本來沒有煩惱，也沒有一個能斷所斷。

中國祖師判教，在這個教授當中就得這樣說，在那個教授當中就得那樣說。大乘當中，圓滿教義是這樣說的，小乘教義是那樣說的，說法不同，不是法有差別，而是眾生的根機不同。大的他聽到腦殼都大了，他不相信，他聽小的時候，我現在很苦的，讓我得到快樂就好了，至於成佛成大菩薩，度別人，先把自己的問題解決了。懂得這個道理了，你學什麼法，隨著那個法的教授，生起你的智慧去理解，去進入。這位菩薩到了難得行位，他已經知道，沒有眾生。

此菩薩雖了眾生非有。而不捨一切眾生界。

他了眾生非有，沒有眞實的，難得行菩薩不住生死，他根本沒住在生死界，而不捨一切眾生，他發的大願，那是大願大悲。他又不住涅槃，他住涅槃就變成小乘。既不住生死也不住涅槃，大悲般若。這個大悲，悲即是願，願即是悲。這是修什麼道呢？《金剛經》上說，無住道。須菩提問佛，云何應住？云何降伏其心？佛告訴他無住。無住道，了知眾生不是實有非有，而不捨眾生界。爲什麼？眾生自己不了解，這是幻化的，不是眞實。

如果諸位道友生病的時候，遇到不如意的災害，或者最痛苦的時候，你放下！把這個觀提起來。你觀什麼呢？觀身體本來是假的，因爲你的心放不下，假的你假不了，身體是假的，痛苦可是眞的。等你眞正的能達到了，假的，痛苦沒有了。我們現在還做不到，眞正有病的時候是假的，辦不到，常時這樣修，痛苦可以減輕了很多，也不幫那痛苦的忙。你試試看，經常這樣觀。

譬如船師。不住此岸。不住彼岸。不住中流。而能運度此岸眾生至於彼岸。以往返無休息故。

「譬如船師」，擺渡是從這岸到那岸，從那岸到這岸，把人擺過來擺過去。他不住在此岸也不住在彼岸，那住在什麼地方？也不住在中流，他就是在這船上來回擺而已。「不住此岸，不住彼岸，不住中流」，但是他能把一切從此岸送到彼岸，從彼岸送到此岸，往返沒有休息。

這是形容菩薩度眾生，從生死的苦海度到涅槃彼岸。菩薩不住涅槃他又回來了，又到此岸來回運，他也不住中間。用修觀的話，這叫空假中三觀，從空出假，他又不住假，不空不假，非空非假，一切無著。菩薩度眾生的功德，既不住此也不住彼也不住中流，以大悲心的願力度眾生。

菩薩摩訶薩亦復如是。不住生死不住涅槃。亦復不住生死中流。而能運度此岸眾生置於彼岸。安隱無畏無憂惱處。亦不於眾生數而有所著。不捨一眾生著多眾生。不捨多眾生著一眾生。不增眾生界。不減眾生界。不生眾生界。不滅眾生界。不盡眾生界。不長眾生界。不分別眾生界。不二眾生界。

此岸是苦海，能把此岸的眾生，置於彼岸的安隱。「而能運度此岸眾生置於彼岸，安隱無畏無憂惱處，亦不於眾生數而有所著。」他心裡沒有：「我度了好多眾生了，度了五百了，度了一千了，度一萬了！」沒有！有一個眾生需要度，就度他，也不著多，也不著少。就像我們說法，有人請你說法，一個人也是照樣的說，一千個人也照樣的說，不因為只有一個人就不說了，沒有這個簡擇。對於多眾生，或者一個眾生，多眾生也沒有感覺眾生多，少眾生、一個眾生，也沒有感覺眾生界減少。

「不捨一眾生著多眾生，不捨多眾生著一眾生，不增眾生界，不減眾生界，不生眾生界，不滅眾生界，不盡眾生界，不長眾生界，不分別眾生界，不二眾生界。」

這是解釋眾生界。你在生死當中，從聞了佛法，發菩提心之後，在未成佛道之前，一定經過三賢十地，因為大菩薩示現利生，他示現的生住異滅。他有分段生死、有變異生死，每位菩薩都如是，不住生也不住死。中流就是生死的中流，既非生死，也非涅槃。不是生死，不是此邊，非涅槃，不是彼邊，也不住中流。什麼是中流？有人這樣想過，說三賢十地菩薩可能為中流，這是要受生死的；中流就是中道義，既不住生死也不住涅槃，中流是這樣來解釋的。但在《華嚴經》，沒有中流，一切無住。

菩薩住涅槃就是安忍，不住涅槃就是不求安忍。為什麼？他本身就是安忍無畏，還有什麼安忍、有什麼不安忍。因為證得究竟的時候，常、樂、我、淨四德。常是安隱了，永遠如是。樂，一切無所畏懼。什麼憂都沒有，無我了，無我就沒有憂，清淨的沒有煩惱，這就是菩薩所住的。這個是願，後面四度，願也是智慧，力也是智慧，方便也是智慧，之後達到根本智，根本的智慧。用這個智慧導引大悲，這是發菩提心的三要道。以智導悲，以悲利生，悲智雙運。第一個先勸眾生生厭離，對染世界生厭離，厭離之後以大悲心度眾生。大悲心沒有智慧，落於愛見大悲，癡愛大悲。以智導悲，悲裡頭就含著願。沒有願怎麼能度眾生呢？得先發願度眾生。

因為這樣不捨一切眾生，也不執著多眾生，「不捨多眾生著一眾生」。度了很多眾生，眾生界並沒有減少，沒度眾生，眾生界也沒增多。眾生界本來就不生不滅，所以眾生界怎麼盡？對眾生界不增眾生界，不分別眾生界，不二眾生界。眾生是有？

是無？是非有，是非無，是已有？已無？都不可說不可說。性空緣起！菩薩從明了心，十信滿心就是發菩提心，這是講初住菩薩發了菩提心，一直到十行菩薩都是這樣做的。

他一發菩提心之後就覺悟了，相似覺，到了初地究竟證得。相似已經能得到這麼大的不可思議利益，我們研究「性空緣起」，特別要注意，「性空」不是「空」，我們有些人把「性空」當成「空」講，修觀的時候，觀虛空，觀外頭空，那是空間的空，不是「性空」的那個「空」。說緣起的時候，是說「性空緣起」，不是說「空緣起」。說「性空」，性的本體無障礙的，凡夫與佛同此一性。明這個心就是明的佛心，明的佛性，那就是眞正的性的本體，那就是《大方廣佛華嚴經》的「大」，「大」字貫穿（串）整部《大方廣佛華嚴經》，就是《大方廣佛華嚴經》的體，就是佛心。以這個心所起的大智、大悲、大願、大行，這叫「緣起」。

「緣起」不離開「性空」，因爲以體故，成就悲願事業，這個悲願事業，根本就沒有，爲什麼？是「性空」的，是性體所發生的。我們講「性空」，「性空」不是沒有，「緣起」也不是有。我們很多道友在觀空的時候把「性」給掉了，那個空可不是這個空，我們對空的理解不同。《大般若經》爲什麼講二十空？空，講了二十種涵義。佛成道對於一切的體性並沒有增，墮落到眾生，那個性也沒有減少，在佛不增，在生不減，這是一個迷和一個悟。我們所有的就是惑業障住這個性空了，諸佛把惑消了，沒有惑沒有業，顯本有的性。

何以故。菩薩深入眾生界如法界。眾生界法界無有二。無二法中無增無減。無生無滅。無有無無。無取無依。無著無二。

「眾生界法界無有二」，不是眾生界是一個、法界是一個，而是法界即眾生界，眾生界就是法界。在無二法中，「無二法中無增無減，無生無滅，無有無無。」也沒有有，也沒有無，也沒有能取所取，也沒有能依所依。「無取無依，無著無二。」一切不執著，不是我們化度眾生，好像眾生得度了，佛菩薩界就增加了，眾生沒得度，佛菩薩界就減少了，眾生就增加了。不增不減，那叫不著。菩薩觀一切眾生界就是法界，眾生界即是法界，無增故，法界不增。明到理了，不執著。

我們經常說講道理，這個「理」不好講的，沒有道理可講。我們看見社會上很多的，你有你的理，我有我的理，講什麼理呢？講人情，這叫情理，講法律叫法理，講國家的制度政策的叫政理，佛教不講這些理。我們看見兩人吵架，或者鬧嘴的時候，說這個人不講理，不曉得什麼叫理！這個理他沒懂得沒明白。佛教講的理，我們叫眞理，什麼是眞理？法界的眞心本體。

我們講理，是理法界的理，講道，是菩提道的道。「眾生界法界無有二」，相即的意思。「無增無減」，一切諸法是相即的。佛界跟眾生界，又成了一尊佛，佛界就增了，眾生界就減少了，沒有這個觀念。菩薩修甚深觀，觀法界的時候，法界一體，無增無減。後面這幾句都是解釋無二法，無增無減，無生無滅，無有無無，這都是二法，有和無是二法。在這個涵義當中，有即是無，無即是有，這是假言說的，也沒有有也沒有無，這叫無二，不二法門。

何以故。菩薩了一切法。法界無二故。

爲什麼這樣說？因爲到難得行的八行菩薩，他了知一切法，法界無二，眾生界即是法界，一切諸法皆通法界，這叫菩薩利益眾生。利益眾生、行菩薩道的時候，是動。自行的時候靜止，觀法界是自己的眞心，這叫靜。動靜一如，從體起行，行即是體。

比如我們勞動，這個行爲是行，勞動！誰在動？身體在動。你坐這時候不動了，靜下來了，誰靜下來了？還是身體。動跟靜都是一個，是身體。身體的動，身體的靜，說你這個心，有念的時候是動，無念的時候是靜。但是這個念即無念，無念即念，這樣融合起來，念就是無念，無念而念，無念而念就是無念。

菩薩行菩薩道的時候，他的眞義，他的法性之體沒有動。諸佛度眾生說「如來」，「如」是他的本體，「來」是教化眾生，「來」可沒離開「如」，「來」依著「如」而來的。依著「如」而起的「來」，來即不來。這要你作觀想，時時想去吧！思惟達到最究竟處，不思惟了。思惟，爲什麼起的？善巧方便要利益眾生，因爲善巧方便智入深法界的理智，入眞如實智，依著眞如實智而起的善巧方便利益眾生，這叫深入法界。他的行動是有相的，有相是住在無相，是以清淨相莊嚴其身。了一切法無性，一切法沒有自性，但是要分別一切法相。

菩薩如是以善方便入深法界。住於無相。以清淨相莊嚴其身。了法無性。而能分別一切法相。不取眾生。而能了知眾生之數。不著世界而現身佛剎。不分別法而善入佛法。深達義理而廣演言教。了一切法離欲真際。而不斷菩薩道。不退菩薩行。常勤修習無盡之行。自在入於清淨法界。譬如鑽木以出於火。火事無量而火不滅。菩薩如是。化眾生事無有窮盡。而在世間。常住不滅。

「菩薩如是」，什麼叫「如是」？菩薩了一切法，法界無二。何以故？前面說那些話什麼原因？徵起前面的話，因爲菩薩了一切法，只有一法界，什麼都沒有二，無二。一切法界，隨拈一法，無非法界，這是《華嚴經》主要的觀念，隨舉一法無非法界，那就是法界的本體。所以拈一微塵，這一微塵就是法界。其他的法，都是屬於依從這一微塵之內，舉哪一法哪一法爲主，其他法就是客塵。動靜無二，心行無二，一切法是法界無二。

前面說善方便，以善方便行難行之行，菩薩如是。以善巧方便入深法界，住於無相行在有相，這個有相是什麼相呢？清淨相。莊嚴其身，相即無相，了法無性。莊嚴這個身，這一法無性，而能分別一切法相，終日度眾生不取眾生相，而能了知眾生數，不著世界而現佛刹，對世界根本不著！要現佛的淨佛刹，不分別法，善入佛法。不分別一切法，但是法無性，地獄佛刹平等平等，根本沒有地獄，這叫了法無性。

地獄沒有體，沒有實在形狀，眾生有業了，它是幻化的。不執著世界，他要現身一個佛刹，清淨刹。不分別法，他要善入佛法。佛法是覺法，覺法跟不覺法，一法，法界無二。「深達義理」，沒有言說了，這才叫深達義理。「廣演言教」，不說眾生不能得入，這叫善巧方便。什麼叫善巧方便呢？善化一切眾生。了知一切法，沒有貪欲，也沒有清淨。「離欲眞際」，一切法本來沒有，沒有欲，這就入了眞際。而菩薩行菩薩道，又不斷，行菩薩行，又不退。「常勤修習無盡之行」，因爲這樣他才能不退，達不到這種境界他會退的。達到這種境界行無所行，有什麼可退的，行無所無，在清淨法界當中。舉個例子，就像鑽木取火，「火事無量而火不滅」，菩薩也如是。

眾生界沒有窮盡的，但是世間相常住，永遠是世間相常住不滅，這個道理很深。性跟相無礙，緣起諸法歸於這個性，是因性而起的緣起。假因緣生起一切諸法，這些諸法還歸於自性，因性而起還歸於自性，諸法無自體，還歸於自性。這個道理是反反覆覆的顯示，生死即涅槃，苦集滅道就是常樂我淨四德，這都要思惟修的，不是語言能表達出來的。但有言說都無實義，言說的不是實義，但是他可以引入你到實義。

若執著空，斷滅。執著有，對嗎？執著有也不對，但是它有功德相。功德相即是法性的功德相，它順眞故。我們修行、現三寶相，這都是假的，但這個假的順眞故，能達到眞。你現貪瞋癡相，貪瞋癡、戒定慧是一個，不是兩個，貪瞋癡就是戒定慧，戒定慧就是貪瞋癡，很多大乘經典如是說。但是你要是作貪瞋癡下地獄，你說地獄也是假的，你達到性空無礙了，下地獄也是假的，那沒有關係了，眞正要到那個境界確實沒有，沒到那個境界還是不行。

凡夫行道，不能執著。這個空是不空，怎麼叫不空？這就是四教五教所講的如來藏性，如來藏性含藏著如來無漏性功德，不說斷滅相。《金剛經》上，佛怕須菩提、或者以後學習的眾生，墮到空見，佛就說學佛法的人，修道的人，不落斷滅。學緣起要理解性空，最重要的時候，方便深入，性相不二，性相無礙，這要靠思惟，多習行修，這就是難行能行。

非究竟非不究竟。非取非不取。非依非無依。非世法非佛法。非凡夫非得果。

這一段經文看起來能懂，但是很不好懂。究竟跟不究竟是相對，取跟不取是相對的，依無依是相對的，非世法非佛法，非凡夫非得果，這些相對法都把它掃除。但是能轉生死而不轉，有時講權，有時講實。權是權巧方便的智慧，實是實智。這個說的實智也好，權巧方便也好，大悲大智二行也好，非大悲非大智，一切皆遣，一切法、相對法都遣除。在行方便度眾生的時候，把它遣除，告訴你這不是眞實的，這是緣起的。

緣起，大家能懂！究竟，做一件事也好，達到圓滿了，叫究竟。非究竟應該是不究竟了，又非不究竟。非取就該不取了，不！非取非不取。我們幹這件事，這件事不是眞實的，就是非眞實。下句又翻回來了，非不眞實是眞實的。究竟是非究竟，究竟成佛道了，非不究竟，究竟成佛道非究竟，非究竟的相反面就是非不究竟，這叫什麼？雙奪兩亡。

有非有，非非有，這叫雙遣，入到不可思議的境界。說玄說妙，那就達到玄妙。一共是五對，形容十法。隨便一件事，究竟是非是？非是又非不是，讓你一切無著，不執著一切法。所說的一切法總說起來，就是權和實，究竟就是實，不究竟就是權。權巧方便不是實在的，究竟就是實在，不究竟就是權法。

現在說究竟即實不對，說不究竟即權也不對，權法跟實法一切都不存在。前面講非不非，非不就是不非，這件事情是究竟？還是不究竟？不給它下定義。非不究竟就是實，但是把這個實遣除，非不究竟，非究竟跟非不究竟兩個是相反的。其他四句、四對，都是相同的意思。一個解釋清楚了，其他都清楚了。

意思就是雙非，說是，不可以，說不是，也不可以。這樣說要顯什麼問題？菩薩利益一切眾生的時候，一切眾生能接受的，不過是權法實法兩種方法而已。

菩薩修道的時候也是如是，直照本心就是實，相信我們心的自性之本體就叫實。爲顯這個實，設種種權巧的方便方法，那叫不實。現在不但實遣除，不實也遣除，不實是不究竟，究竟是實，不究竟是權。權也不對、實也不對，這叫雙非。每一法都如是，這一共五對。

例如說實體，實體就是本體，本體是寂靜的，體是寂靜的，權是不寂靜的。現在說不寂靜不對，寂靜也不對，這叫遣二邊。究竟什麼是對？什麼是不對？讓你意會，這叫玄妙的妙，顯理，遣雙非。本來就沒有雙非可立，還有什麼遣呢？不立之中而遣，遣的涵義是什麼？菩薩在你行菩薩道、利益眾生的時候不要執著。雙非是遮止，雙立是照，遮的時候就含的照義，照的時候就含的遮義。這是大菩薩在行菩薩道的時候，教眾生一切無著。

心所作的能所，能度眾生的心，所度眾生的事，能所雙寂，所化的境、所化的處都沒有眞實的。了知自己心所作的不可取，這又非不可取。對你所化的境一切眾生，有眾生沒有？有是不對的，說沒有，更不對了，就是讓你不執著。

眾生依止處所，或所化的處所，這個處所就是世界。這個世界是有？是無有？

是能依？是所依？把它都遣除，能依不對，所依也不對，深達義理。所以說非世法，非非世法，說語言非語言，非非語言。

菩薩成就如是難得心。修菩薩行時。不說二乘法。不說佛法。不說世間。不說世間法。不說眾生。不說無眾生。不說垢。不說淨。

這是第八行菩薩所作的，這叫難得。這樣才能夠成就菩薩如是的難得心。「菩薩成就如是難得心」，在修菩薩行的時候如是觀。怎麼樣觀呢？離相無說。佛所說的一切法，你怎麼樣認識它？要離相，不要執著，這就是難得的心。

難得的心行難得的行，就叫離相無說，明白佛在說法，說即無說叫難得。佛說的究竟是什麼法？不說二乘法，二乘是聲聞緣覺法。不說佛法，不說世間法，也不說世間，也不說眾生。不說眾生就沒有眾生了，還不說無眾生，不說垢不說淨，染淨一如。這就遣雙非。涵義是說菩薩已經成就了，修菩薩道的時候，成就如是勝解知見，這叫離相無說。不執著一切相，明明在說，說的時候不執著，說即無說，離一切諸相非相，這叫雙非。

何以故。菩薩知一切法無染。無取。不轉。不退故。菩薩於如是寂滅微妙甚深最勝法中修行時。亦不生念。我現修此行。已修此行。當修此行。不著蘊。界。處。內世間。外世間。內外世間。所起大願。諸波羅蜜及一切法皆無所著。

「何以故」，什麼原因？菩薩知道一切法，觀一切法的本體，不是現相，觀諸法的本體。無染，沒什麼叫染法，也無取，不轉不退故，爲什麼？一切法的寂滅相無染無淨，無取無捨，所以不轉不退。「菩薩於如是寂滅微妙甚深最勝法中修行時」，怎麼修行？不生念，叫離念眞如。

離念就是無念，在微妙的甚深法當中，思惟所能觀照就是智照，不生念，舉念即乖，一舉念就錯了，無念！達到無念，「我現修此行，已修此行，當修此行，不著蘊、界、處」，蘊是五蘊，界是十八界，處是十二處，內世界就是約你的內心、內體。外世界，外的世間，內外世間一切皆如，不存在。所起的大願諸波羅蜜，一切法無著。

何以故。法界中無有法名向聲聞乘。向獨覺乘。無有法名向菩薩乘。向阿耨多羅三藐三菩提。無有法名向凡夫界。無有法名向染。向淨。向生死。向涅槃。何以故。諸法無二。無不二故。譬如虛空。於十方中。若去。來。今。求不可得。然非無虛空。菩薩如是觀一切法皆不可得。

然非無一切法。如實無異。不失所作。普示修行菩薩諸行。不捨大願。調伏眾生。轉正法輪。不壞因果。亦不違於平等妙法。普與三世諸如來等。不斷佛種。不壞實相。深入於法。辯才無盡。聞法不著。至法淵底。善能開演。心無所畏。不捨佛住。不違世法。普現世間而不著世間。

什麼原因這樣說呢？「何以故」，「法界中」就是《華嚴經》的一眞法界，就是《楞嚴經》上的妙明眞心，法界裡一切不立。我們講性空緣起，這就是性空的眞義，專講性空，不講緣起。在性空裡面沒有聲聞乘、獨覺乘、菩薩乘乃至於佛乘、阿耨多羅三藐三菩提。也沒有什麼法叫凡夫界、聖人界，叫染和淨，叫生死和涅槃，這都叫緣起，隨緣而說的。眞實是什麼樣子呢？一切法沒有，這叫般若義。我們講《金剛經》、講《心經》，般若義都是如是講。

第八行菩薩，他所處的境界，自證分，自己證得的。什麼原因這樣說呢？「何以故」，「諸法無二」，「無二」就沒有能說法的人，也沒有所說的法，也沒有眾生是我所度的，也沒有度眾生的菩薩，不二故。

這種境界相像什麼？徧如虛空。在虛空中不能定方向，過去現在未來，虛空永遠如是。沒有去來今相，過去、現在、未來，沒有！求不可得。在虛空中要求這些法，一樣也沒有。但是虛是有的，「然非無虛空」，虛空如是，菩薩是這樣來觀一切法，這僅僅是指第八行的菩薩，他如是觀。觀照一切法不可得，「然非無一切法」，一切法宛然存在，並不是沒有，實實在在的，只是菩薩的觀心，觀究竟的本體，這是虛妄的，不是眞實的。眞實是什麼樣子呢？眞實是一切法無有，眞如，諸法回歸自性。

這是說菩薩利益眾生，他只是不執著而已，作業度眾生還是照樣的，不失所作，所作利益眾生不失掉的。這是普示一切修行菩薩諸行，先在體上如是觀照，但是不能捨掉大願，不捨大願調伏眾生。轉正法輪不壞因果，前面說的好像是不轉法輪，也壞因果，這叫圓。圓了，這樣說過來、這樣說過去，這叫平等妙法。我們用淺顯來看，我們的心就是我們現前的心，我們這個現前的心，自己掌握不住你的心，每位道友可以這樣回觀自己，你能掌握你的心嗎？掌握不住，你要想離念清淨，離念是無念，離念清淨無爲，你掌握不住，做不到。觀照自己的心，一會這樣想，一會那樣想，難得調伏。

但是到了第八行的菩薩，他能調伏。前面所說一切法，他是自行，但是利益眾生不捨大願，調伏眾生，轉正法輪，不壞因果，這叫平等妙法。「普與三世諸如來等」，這位菩薩所行的事業跟過去、現在、未來三世諸佛，平等平等，沒有差別。我們再深入一點說，現在我們的心跟三世諸佛平等平等，跟已修的八行菩薩，平等平等。怎麼樣平等呢？這叫《華嚴經》的理法界，我們現前這一念心，佛性，當我們入初住的時候，這是八行菩薩，難得行，這是很難修行，難行能行。八行的菩薩是從初住的時候發菩提心，十信滿心，心滿了，這個念頭不會失掉的，跟諸佛所有法體平等平等，相信自己是佛。

講〈大乘起信論〉，乃至於講《華嚴經》，都講這個問題，相信自己的心就是佛，心佛與眾生是三無差別。如果這個觀念、這個因，在初住的菩薩已定形了，他不會失掉這個念頭，以後他所行的，感覺所作所爲跟佛都是平等。七行菩薩如是，初住的菩薩如是。乃至初住到十住，初行到八行，乃至十迴向、登了初地，才眞正證得了。

這是相似，相似還不是眞實的，他的功德、德行就這麼大。這是《華嚴經》特殊的。在調伏眾生的時候，無生可度，沒有眾生，這就是性空。但是眾生不能得悟！所以叫緣起。隨眾生的因緣來轉法輪，講因果，這都含攝在平等妙法裡面，才能與三世諸佛平等平等。這就是不斷佛種、不壞事相，深入於法，這個法是指心，一眞法界。在演說當中，在解釋當中，他的辯才無盡，遇到什麼因緣說什麼法。但是他自己是不執著的。聞法不執著，一定徹法的淵底，一定達到諸法最根本的地方。依著最根本而善能開演，心無所畏，一切無怖。

《心經》上講，心無罣礙，就是達到那個眞心。「無罣礙故，無有恐怖。」但是既不捨佛住又隨順世間，不違世間法，善現世間而不著世間。他也在世間度眾生，也在世間，他不著，對世間一點毫不執著。這叫無所著的菩薩。因爲不執著故才能普徧地自利利他。自己修行，利益他也修行。在這種境界相不能起一點執著念，執著體性，不會起妙用，這是不對的。執著用、執著世間，脫離出世間，這也是不對的，性相雙非雙運。能夠隨相隨世間相教育眾生，行一切法。離開世間相，就性體來說，性體一法不立，無有言說，但有言說都無實義，都不是眞心法。諸法無二故。因在這個境界相，說無說。沒說二乘法，也沒說佛法，也沒說世間法。這就是菩薩的難得行，成就了難得行。

菩薩如是成就難得智慧心。修習諸行。於三惡趣拔出眾生教化調伏。安置三世諸佛道中令不動搖。復作是念。世間眾生不知恩報。更相讎對。邪見執著。迷惑顛倒。愚癡無智。無有信心。隨逐惡友。起諸惡慧。貪愛無明種種煩惱。皆悉充滿。是我所修菩薩行處。設有知恩聰明慧解。及善知識充滿世間。我不於中修菩薩行。何以故。我於眾生無所適莫。無所冀望。乃至不求一縷一毫及以一字讚美之言。盡未來劫修菩薩行。未曾一念自為於己。但欲度脫一切眾生。令其清淨永得出離。何以故。於眾生中為明導者。法應如是。不取不求。但為眾生修菩薩道。令其得至安隱彼岸。成阿耨多羅三藐三菩提。是名菩薩摩訶薩第八難得行。

難得是什麼呢？普現世間而不著於世間。菩薩如是成就難得的智慧心，這叫智慧。我們講智慧是這樣的智慧，不是世間我們平常講的那個智慧，那跟這個智慧完全是兩樣的。那個智慧是依這個智慧而起的，之後還歸於這個智慧。菩薩成就這個智慧心，之後修習一切諸法，「修習諸行」，這就是一切法界智慧為身、為主導，智慧是什麼樣子？無相無行無有言說，你用語言表達智慧，表達不出來的。怎麼能得到智慧？要觀，這叫深般若。

大家讀《心經》的時候，「觀自在菩薩行深般若波羅蜜多時」，就是這種境相，這叫深般若。難得的得到了，智慧心，依著這個心來修一切法。

以下是菩薩觀照的時候，用智慧來化導眾生，「於三惡趣拔出眾生教化調伏，安置三世諸佛道中令不動搖。」「三惡趣」就是餓鬼、地獄、畜生。地獄、餓鬼、畜生是三惡道，使一切眾生都不墮三惡道。「教化調伏」，把他教化調伏，使他離開三惡道，讓他住於三世諸佛的道中，住於佛道。

我們跟諸佛平等平等，這是在理上。我們這個心，從初住菩薩發菩提心，這個菩提心，在諸佛、在一切凡夫、在有情，乃至於三惡道，平等平等，在理上這個心平等平等。但是三惡道的眾生，他迷了這個心，理上是平等，事上是不平等。

現在我們三百多人在理上是一個，心是一個，一眞法界心；在事上各有各的因果，表現各各不同，那就千差萬別。必須從事上引導，入了理，入了理了大家又平等了。看見眾生的惡，菩薩大悲就是爲了度三惡道眾生，惡是顯悲的。你這個大悲沒有智慧作主導，大悲不是眞大悲，而是愛見大悲。愛見大悲是情感，不是智慧。眞實的大悲是智慧，不是情感。這叫大悲。

智慧能幹什麼呢？拔出眾生的苦難，令一切眾生離苦得樂的大悲心，說拔出眾生教化調伏，這是菩薩大悲心。把一切眾生都安置到過去現在未來諸佛中，而令一切眾生心不動搖。安住了，安住就不要動搖了。我們現在處什麼位置？我們現在就是在動搖當中，向不動搖當中發展，我們沒有達到不動搖，還在生死六道生死輪迴，還在輪轉。學習是讓我們達到不動搖，菩薩只能給啓發，修行還得靠我們個人！佛菩薩領我們進了門，修行在個人，他只能給你啓發，不能包辦代替。諸佛菩薩教導我們，教我們怎麼樣懺悔過去業，怎麼樣斷惡、怎麼樣修善，只是告訴方法而已。我們道友對這個不堅定，不相信自己是佛。不堅定就是說你那個心，不能達到初住的菩薩，住在心上。住在心上，就是住在佛這個位置上，心即是佛。

「佛」是梵語，叫「佛陀耶」，就是覺悟的覺。我們養成習慣了就叫「佛」，不說「覺」，你覺悟了你就是佛，你沒覺悟當然不是了，就是眾生。眾生就是在迷、悟，一個覺一個不覺之間，但是自己具足的覺性，是我們本有的，人人都具足的。現在失掉了，不是丟了，而是迷掉，把它遮蓋住了，並沒有說是丟失了，是被你的貪、瞋、癡、慢、疑、身、邊、邪、取、戒給遮蓋住了。遮蓋住了，就叫眾生，沒有覺悟性了。達到覺悟性，你就成了佛。

不失掉就是相信，相信我們的覺悟性永遠不會失掉的。把這個迷悟灰塵打掃乾淨了，照樣的顯現。是這個意思讓你這樣的來念，念什麼呢？世間眾生不知恩報，更相仇對，佛菩薩把一切眾生看成是他的父母，沒有仇對的現相。仇對是怎麼產生？貪愛煩惱。人跟人之間，社會跟社會，國家跟國家，現在都在仇對，沒有恩報。這叫邪見執著，迷惑顚倒，愚癡沒有智慧。讓他相信自己的覺性，沒有這個信心，隨逐惡友生起惡慧，什麼叫惡慧？你說他沒有智慧，他能夠創造發明原子彈，發明各種武器，這是殺人的。沒智慧他能發明出來嗎？有智慧。

這個智慧叫什麼慧？惡慧，起種種惡慧，不能消除爭執、煩惱、障礙、仇殺，這叫沒有智慧。貪愛無明，無明是不明白。貪愛，喜歡的就貪，總想歸爲自己，產生種種煩惱，這叫眾生。菩薩要行菩薩道，這是他所對的境，菩薩行菩薩道，就是對邪見執著迷惑與顚倒，愚癡沒有智慧，沒有信心的，所度的就是他們。但是菩薩度眾生不是一句話，眾生難度！他信嗎？最起碼能使他生信，再轉變他的習氣，隨順覺悟的教導。佛法就是覺悟的方法，讓他覺悟，讓他明白。

菩薩在行菩薩道的時候，很難，不是一般的難，但是菩薩必須得這麼做。菩薩要行菩薩道，不到顚倒愚癡沒智慧的眾生去行菩薩道，要到哪去行菩薩道？這就是菩薩發心所要做的。一切迷惑眾生，使他明白不要再貪戀，對一切事物不起執著念。

「設有知恩聰明慧解，及善知識充滿世間，我不於中修菩薩行。」要修菩薩行，得在不知恩報、互相仇對、邪見執著、顛倒迷惑、愚癡無智、沒有信心、隨逐惡友、起諸惡慧、貪愛無明、種種煩惱充滿世間，這是菩薩修行度眾生處。

這裡有個問題，像我們求生極樂世界念阿彌陀佛，這不是去度眾生，到極樂世界度眾生？阿彌陀佛觀世音菩薩在那兒度了，觀世音菩薩不在極樂世界，而是到娑婆世界，到這個世界來度眾生。我們生極樂世界了生死，學了本事有了智慧，再回到娑婆世界來度眾生。大家讀《彌陀經》的時候就知道。假使又知道恩，又有聰明又有慧解，又是善知識充滿世間，又是極樂世界，「我不於中修菩薩行」，這是第八行的難得行菩薩行的時候。

過去，我在西藏的同學，還有一九三二年在鼓山的那班同學，很少發願求生極樂世界！發什麼願呢？發願到五濁惡世，要到最惡劣的地方去行菩薩道。那就是難行菩薩去行，這叫難得行位。爲什麼這樣說呢？何以故？「我於眾生無所適莫」，就是不決定的意思。隨順眾生不決定，菩薩利益眾生的心不下決定，也沒有什麼希望，對眾生，菩薩是無所求。就算是一根毫毛那麼少的東西，也不求讚美的語言。盡未來劫行菩薩行，這才是行菩薩行的處所。

過去有句俗話，「明知山有虎，偏向虎山行」，明知眾生難度，他發菩薩心一定要度眾生，不但度一個兩個，要度盡眾生。地藏菩薩就發這個願，地獄不空誓不成佛，眾生度盡方證菩提。這位難得行的菩薩，未曾有一念是爲自己，念念的是度脫一切眾生。

我們經常說兩句話，「不爲自己求安樂，但願眾生得幸福」，絕對不爲自己求一點點好處，只是讓眾生得好處得解脫就對了。「令其清淨永得出離」，讓一切得度的眾生，永遠出離苦海，都能夠得到清淨，沒有污染。「何以故」，因爲菩薩要給眾生作指導者。「明」，破除黑暗，指導眾生都能得到智慧，破除黑暗，破除顛倒，破除煩惱，脫離塵世的苦海。要想菩薩行菩薩道，就得這樣作。「法應如是」，一切法都應當這樣作，只要行菩薩道就應當這樣作。「不取不求」，無所取無求，只願一切眾生脫離苦海，行菩薩道。這樣的來行菩薩道，此文專指難得行菩薩作的，難行得行。

這是第八行菩薩，難行得行。什麼是菩薩難行得行的體呢？大願，願波羅蜜爲他的體，能夠使一切眾生，都能出離。菩薩給一切眾生，作爲智慧的指導者，就是領導。「法應如是」，無所取無所求，但爲眾生得成道。「但爲眾生修菩薩道，令其得至安隱地彼岸」，令一切眾生都能達到彼岸，般若波羅蜜彼岸。此岸是苦海，彼岸是安樂，都能達到成佛。成就阿耨多羅三藐三菩提，成就無上正等正覺，是爲菩薩第八難得行。第八難得行的菩薩難行得行，眾生難度，難度一定要度，難度能度。

◎九善法行

佛子。何等為菩薩摩訶薩善法行。此菩薩為一切世間天。人。魔。梵。沙門。婆羅門。乾闥婆等。作清涼法池。攝持正法。不斷佛種。

以下講第九行，第九行是善法行。善法行講什麼？講菩薩的力，度眾生得有力量，《華嚴經》跟其他的經論不同的，就在於此。善法行就是力，力量的力。善法行，靠什麼力量？一個思擇力，一個修習力。菩薩內觀產生力量，這種的力量，一般說就是神通，有的人是報得的，有的是修定、從定中發生的。有時候是菩薩變化，現種種神力，度諸眾生。

大家看〈濟公傳〉，道濟禪師只是阿羅漢轉化爲菩薩，他能現種種行，那就叫神通力。神通就是心，所說的力就是心的力量。神，就是自然的心，神名天心，就是自然的心。通，有智慧、慧性，通名慧性。就是你的心，智慧的力量，就叫神通。菩薩摩訶薩修善法行的時候，就叫力。在善法當中，是身口意三業的力量，說法是你給眾生作表率，眾生不知道怎麼修行，你給他做樣子，要他怎麼修行，就是身口意三業的善法。

所謂現神通，我在美國的時候，有位老和尚從美國回到上海，他的道友住在五臺山廣濟茅蓬，看他回上海了，他可沒離開五臺山，這叫神通力。老和尚到了五臺山，他的道友給他說：「你某天某天到上海，下飛機的時候，哪幾個人去接你。」這叫神通力。你聽見好像他該了生死了吧？還沒有，這是修定的時候，有這種通力。還有化眾生的力量，教化眾生的力量。說法，我們說法是依照佛所說的，解釋照佛所說的法，覺悟的方法，我們把這個覺悟方法，傳播給沒聞到覺悟方法的人，這就叫善法力。

善法是對著惡的，佛所的法是善法，善法可以產生力量。口業，你說法人家聽、人家信，這就叫有力，他不聽不信就沒有力。身所作的，譬如說，我們拜懺，現在沒有產生力量。什麼樣才產生力量？你這個頭磕下去，佛現身，力量有了，之後能消你的業障，力量有了。轉變現實環境，力量有了，就叫神通。

其實，神通很平常，就是在你身口意所發現的。〈攝大乘論〉講，這種力量叫思擇力，說你的思想，思惟選擇，他產生一種力量，這種力量能令你所修的一切善行為，能夠得到堅固，能夠得到決定，能夠得到不退。語言所說一切善行，身體所做的善行，思惟所想的，思擇力所想的，這叫三業善。現在雖然是善法行，也跟九地菩薩相似。到第九地菩薩，登了法師位，九地菩薩是說法位，又叫善法位。

這位菩薩所修的是善法行，更詳細的、更微妙的是九地菩薩，但是他已經能相信，法師位能善說法要。到了九地菩薩說法，能令很多人開悟，能令很多人入道。抉擇、善於思惟，諸法的功德，諸法的過失，哪些法是過失，那些法是功德，這就是思擇力，產生有力度。這叫菩薩摩訶薩的善法行。到了善法行的菩薩，能夠給一切世間，天、人、魔、梵、沙門、婆羅門、乾闥婆等，作清涼法池。說熱惱，洗個澡吧！到什麼地方洗？去清涼法池洗。這是攝持正法，不斷佛種，說法目的，使佛種不斷，令法不斷。九地菩薩所得到的，是自身證得的。

得清淨光明陀羅尼故。說法授記辯才無盡。得具足義陀羅尼故。義辯無盡。得覺悟實法陀羅尼故。法辯無盡。得訓釋言詞陀羅尼故。詞辯無盡。得無邊文句無盡義無礙門陀羅尼故。無礙辯無盡。得佛灌頂陀羅尼灌其頂故。歡喜辯無盡。得不由他悟陀羅尼門故。光明辯無盡。得同辯陀羅尼門故。同辯無盡。得種種義身句身文身中訓釋陀羅尼門故。訓釋辯無盡。得無邊旋陀羅尼故。無邊辯無盡。

這是十種陀羅尼，陀羅尼是體，辯是用。「陀羅尼」華言「總持」，總一切法持無量義。這裡講辯，辯論不是簡單的，跟人家辯論一個問題，要達到明、達到慧。辯論的目的是要把業障給消除，把惑業洗乾淨，把烏雲給撥開，光明顯現太陽月亮。辯就是把無明煩惱習氣給撥開，讓自性顯現，這是辯的意思。再加個「陀羅尼」，每一法都有它本身的含量，「陀羅尼」就是總持。

「得清淨光明陀羅尼」，就是陀羅尼裡含著清淨光明。「說法授記辯才無盡」，這個陀羅尼裡辯才無盡的義理，言詞義理，這才叫辯才無礙。這種的光明義，就是清淨光明的陀羅尼，辯就是把染汙、障礙清淨光明的全部掃除！那就達到清淨光明，得清淨光明陀羅尼故。「此菩薩」是指善法行的菩薩，善法就是能夠說法。但是在他說法的時候，「名句文身」，一句話裡頭所含的道理。我們這一段文體是什麼呢？是力！什麼力？菩薩說法的力，度眾生的力量的力。

十度，我們把它編成兩句話，「施戒忍進禪，慧方願力智。」這是十度的第九度，力度。我們講善法行要有思擇力，還要有修習力，還有現通，不說法、現神通。佛在很多經，還沒說話，先放光，這叫力，光中就說法。

有些菩薩從如來放的光，明白佛所要說法的道理。光中含義，這就是現相，現相裡含著它的質量本體。我們前面講思擇力、修習力、報通力、定通力、變化通力，這就是力度，這些力度才產生了這些陀羅尼。每個力度裡含著無量義，總一切法持無量義就叫陀羅尼。「此菩薩」不是一個，說此位的菩薩，第九行的菩薩，說法位了。說法授記的辯才，說法授記的辯才無盡藏，含藏著說法授記辯才。

「得具足義陀羅尼故，義辯無盡。」「得覺悟實法陀羅尼故，法辯無盡。」覺悟實法是什麼眞實法性？覺悟了明白自己自心，這叫眞正覺悟，實性，一切諸法的體，這個陀羅尼就是總持覺悟實法。

「得訓釋言詞陀羅尼故，詞辯無盡。」「訓釋」，訓就是教育，教育當中一定假言詞，假解說。陀羅尼就是訓釋的言詞，「詞辯無盡」，那就含著文句無盡義。你要作一篇文章的話，一個字一個字的達成一句，一句成了個文章，文章裡所含的道理，叫無盡義。總持這個道理就叫陀羅尼。這叫辯才無礙，礙是障礙的意思，跟人家說話談論一件事情你說不清，道理講不通了，那就有障礙了。那不叫陀羅尼。

「得無邊文句無盡義無礙門陀羅尼故，無礙辯無盡。」得無礙辯無盡，橫說、豎說、立說、比喻顯示假種種方便善巧達到目的，有這種辯才。

還有「得佛灌頂陀羅尼灌其頂故，歡喜辯無盡。」灌頂的涵義就是加持義，加持的時候，如果本身不夠資格，加持不到的，你必須本身具足力量，才能加持到別人。別人得到你的加持，才能消災免難開智慧，成道。

我們經常求加持，作生意的或者在政府工作的，他要求加持，加持什麼呢？加持他的工作能夠順利，作生意的使他的公司能夠發展。這個裡頭含著很多道理，我們這個道理是灌頂，就好像是加給他，實際上不是這樣。如果本身沒有這個力量，加持不到的。佛只能告訴你覺悟的方法。佛者，覺也。他怎麼覺悟的？把他所覺悟的方法告訴給你，你照著去修，照著去做，等你達到覺悟了，你也就究竟成就了。

灌頂的涵義，方便歡喜說法，使人能夠接受，使人產生歡喜心。這包括語言、聲音。這是修行力量所得到的功德，你所得到的道力，用語言形容，能夠在學法的法會當中加持，使他們得到明白，明白什麼呢？明白什麼叫苦？什麼叫樂？什麼叫是？什麼叫非？我們好多人，明辨是非，實際上根本就沒辦法明辨是非。佛教所講的，佛是覺悟的，他是覺悟教導的，他讓你明什麼是惡、什麼是善、什麼是生死法、什麼是涅槃法，當你得度的時候，生大歡喜。得到覺悟了是自己，不是由他人，這種陀羅尼就是含著總持這個道理。

「得不由他悟陀羅尼門故，光明辯無盡。」「光明辯」，辨別什麼是黑暗？什麼是光明？光明是智慧，在佛教的術語講光明就是智慧，智慧才能有光明。黑暗，就是沒有智慧，你所做的事是三塗的事業，三惡道的事業，沒有光明的。要用辯論說法的方式顯示出來光明。

「得同辯陀羅尼門故，同辯無盡。」什麼叫同？什麼叫異？什麼叫總？什麼叫別？就是《華嚴經》六相十玄的意思。「得種種義身句身文身中訓釋陀羅尼門故，訓釋辯無盡。」在辯論當中，你得到種種義，文句文身所詮的道理，一句話表明不了，寫篇文章說幾句話，那就成文了。這裡頭含著種種道理，那叫義。「訓釋」就是教育的意思，讓你懂得這種道理，這樣的辯才無盡。

「得無邊旋陀羅尼故，無邊辯無盡。」得到這個陀羅尼，辯才無礙。有的是外力加被，外邊力量加被你。有的是你的智慧，說在善慧地，在第九地菩薩，善慧地的說法，它叫三千大千世界之內，說法無盡，九行菩薩也能如是。但是你必須自己有智慧，內有自證力，沒有自證力，語言是假的。語言是從智慧發生，你的智慧發之於語言，你的語言能明辨是非。什麼是菩薩行？什麼是魔行？菩提道的道理契合你的內心，你的心與道合，這就產生光明，內裡的光明與外面的光明相結合了，叫光明交徹，這是辯才無礙。辯才不是無緣無故就來的，辯才就是辯論，才必須得有才華，必須得有智慧。

給人講道理的時候，讓人家服從，你必須講出道理來，能使人家折伏，使人產生信仰；還有語言音聲，音聲得美妙，語言得簡潔。「訓釋」是說一切法的時候，必須窮盡法的源理，在語言當中設法把彎彎曲曲的道理，達到它的源頭。顯示那個義理，對那個境界相是什麼界相，就是那個道理的境界相。同時把這個法的最深處、最廣處都能演說無盡。

像前面一段文、跟這一段文，講空，這個空不是我們平常說的虛空的空，而是眞空。眞空不空，產生說的一切法，這一切法不是實有的叫妙有，這一切法不是實有，叫妙有。眞空不空，而演成的妙有。妙有不是眞有，妙有非有，就是眞空。

這種空，廣義來說就是我們講的眞空，眞空是不空的，顯示妙有，妙有非有，顯示眞空。看一切諸法，如幻、如夢、如泡、如影，這是《金剛般若波羅蜜經》說的。我們講般若智，就講空的道理，而演說一切世界出世界法，這都叫妙有，言語無盡故。爲什麼？法界無盡，稱法界而說的。我們的身口意三業，到了第九行的菩薩，說法利益眾生的時候，他的身口業都能使眾生得度。看著他，聽他說，觀他所行，你要效仿他，向他學，得入道。這是第九善法行菩薩，他行菩薩道所說的一切法。

此菩薩大悲堅固普攝眾生。於三千大千世界。變身金色施作佛事。隨諸眾生根性欲樂。以廣長舌。於一音中現無量音。應時說法皆令歡喜。假使有不可說種種業報。無數眾生共會一處。其會廣大。充滿不可說世界。菩薩於彼眾會中坐。是中眾生。一一皆有不可說阿僧祇口。一一口能出百千億那由他音。同時發聲。各別言詞。各別所問。菩薩於一念中悉能領受。皆為酬對。令除疑惑。如一眾會中。於不可說眾會中悉亦如是。復次假使一毛端處。念念出不可說不可說道場眾會。一切毛端處皆亦如是。盡未來劫。彼劫可盡。眾會無盡。是諸眾會。於念念中以各別言詞。各別所問。菩薩於一念中悉能領受。無怖無怯。無疑無謬。而作是念。設一切眾生以如是語業俱來問我。我為說法無斷無盡。皆令歡喜住於善道。復令善解一切言詞。能為眾生說種種法。而於言語無所分別。假使不可說不可說種種言詞而來問難。一念悉領。一音咸答。普使開悟。無有遺餘。

這段經文的前一段是大悲堅固。清涼國師用河來比喻，叫大悲河。大悲怎麼能堅固呢？菩薩在修行的時候明了了、進入了法性，依性而起的大悲，觀眾生平等，所以才堅固不動搖。因爲在初住的菩薩，他能夠住於此性，住心。發大菩提心，就住在菩提心上。依著這個菩提心再加修行，就得大悲堅固。沒有大悲心不能度眾生，必須得有大悲心。大悲不堅固的，遇著挫折，眾生不接受，退轉，他感覺度生非常困難。此位菩薩大悲堅固，他能在三千大千世界，把身體變成金色，施作佛事，作的都是佛事。初住菩薩能示現百界作佛，到了行位的菩薩，他已經能夠在三千大千世界度眾生。

眾生喜歡什麼？眾生有種種的根，種種的相，種種的愛欲都不同的。菩薩用廣長舌，這個舌若伸出來就徧三千大千世界，舌徧三千大千世界，這是說廣長舌。在一個舌上所發出的音，能現無量音，一音現無量音。會中有一千人一萬人，乃至一億人十億人，佛在一音演說法，他聽見佛就是給他說的。無論是阿拉伯語、英語、法語，無論哪國語言，他就知道佛說的是他那種語言。十行菩薩已經相似，能夠如是作廣長舌，一個音聲能夠普現無量音聲。我們經常說，「如來一音演說法，眾生隨類各得解」，一音變成無量音，應時說法都令眾生歡喜。

每個法會眾生的業報不同，種種的業報。很多眾生聚在一處，共處一處，這個法會就很廣大了，來的眾生把世界都徧滿了，把不可說世界充滿了，言其眾生之多。

世界就是依處、依報，眾生就是業報，就是正報。說法得有處所，他想聽法，得有個處所。菩薩就坐在他們中間！世界這些眾生，每一個眾生，從他的口發出無量的音聲。無量眾生就有無量的口，說話得從口說，口裡發出音聲，口裡發出千百億那由他音聲，同時發聲，同時說的。「各別言詞」，他是哪種民族，說哪種言語，所詮的義就不同。「各有所問」，他所問的是道理，菩薩於一一會中，他都能夠領受。無論百千億眾生，他說出來，菩薩領受了。這是大菩薩道，行位菩薩有這個功能。假使說現在我們這個會，你們三百多人同時發聲，但是我什麼也聽不見了，因爲我沒有這個本事，沒有這個道行。

十行位菩薩，到了法師位，他都能給你酬對，而且你很滿意，你問什麼他都能答覆你什麼。問的語言不同。「菩薩於一念中」，阿僧祇口、阿僧祇音，那些眾生所說的法，菩薩一念就能領受了。你問什麼、他問什麼，菩薩口裡發出音聲，你感覺是菩薩對你說的，他感覺是菩薩對他說的，各各不同，這叫酬對。酬是酬答他的問話，他有什麼疑惑，菩薩都給他除掉了。在一個眾會中如是，有不可說那麼多會，每會都有很多人，都有很多眾生，悉亦如是。

像我們是同類的，都是人類。菩薩在忉利天說法的時候，說《地藏經》的時候，說地獄的，無量的鬼神各有各的語言，各有各的類別，佛都是一音演說的。這些會都有處所，都有道場，念念說出不可說不可說那些眾會道場，於一切毛端處，每個道場的毛端就太多了，沒法形容，我們用我們的語言形容不了，就是說「於一毛端」，一個毛端就是一切處，一個道場眾會，無量的毛端、無量的道場眾會都如是，菩薩都如是答。

答的時間是好久呢？不是我們上課一個多鐘頭，而是盡未來劫。盡未來劫，劫已經盡了，眾會沒有散，眾會無盡。在這個會裡，所有一切眾生，「於念念中以各別言詞，各別所問。」我們可以這樣理解，比如說在我們一個小會當中，中國大民族有五十幾個，如果小民族都算上，那好幾百個。各各民族有各各民族的語言，全中國也僅僅是華嚴法會的一毛端。再擴大到這個娑婆世界，也還是一毛端。使你那個心哪，想像著重重無盡。問的這些問號，菩薩在一念中都能領受得到。問的語言，行動絕沒有錯謬，絕不使你再疑惑，也不使你恐怖，也沒有怯弱。同時這位菩薩，他還這樣想，「設一切眾生以如是語業俱來問我」，我給他們說法，無斷無盡。說法不間斷，即令他歡喜，住於善道。說法都是讓他們勸善歸過，讓他們住於善道，不行惡。

「復令善解一切言詞」，詞是詞句，言語是發的音聲，音聲就是詞句。我們前面講叫「名句文身」，一個字一句話，之後具足一個名，具足一個文章。文章所說的道理，就是無斷無盡的事，讓他歡喜，聞法生歡喜心住於善道。同時讓他解，能善解到菩薩所說的話。「善解一切言詞」，菩薩能善解一切眾生的言詞，但是眾生也得理解菩薩的言詞！這叫應機說法，一切眾生都滿意，這樣菩薩能為眾生說種種法，這是法師位。但是，語言無所分別，儘管說種種話種種法，無分別是說同一種性，從理上來說是沒有差別的。假使不可說不可說種種言詞而來問難，問難就是問的問題非常難答，菩薩都能答，而是言詞有種種，菩薩不假作意，一念間以一音答覆。

說法的法師菩薩，跟第九地菩薩相似，跟善慧地的菩薩相似。「一音咸答」，所有問號，一千一萬十萬無窮無盡的，一言都答覆了，「咸」是全都答覆。答覆之後使他們開悟了，開悟就是明白，「無有遺餘」，再沒有問題，所有問題都給他答覆了。在這個法會當中，菩薩能斷除一切眾生的疑惑。這是頓斷頓悟。

前面這一段是形容大悲河，現在講的是般若河。河是水，水形容智慧。在這個大會斷疑當中，使他們都到彼岸，達到般若。前段經文，此菩薩大悲堅固，應時說法，皆令歡喜，這是指大悲河。這一段說法甚深，大會斷疑，這叫般若波羅蜜。這種說法是以什麼說？菩薩是以三昧力，又叫三昧力河，拿河形容。菩薩如是入了三昧，而能普應一切眾生，三昧力故，三昧力就是總持，又叫陀羅尼。總持一切法，一切法含著無量義，就是總一切法，持無量義，使眾生都能夠滿足到彼岸。波羅蜜也可以說成就智慧了，也可以說能明白修行了，能夠達到彼岸。

以得一切智灌頂故。以得無礙藏故。以得一切法圓滿光明故。具足一切智智故。

這一段經文形容參加這些法會的眾生，聞到菩薩所說法的，菩薩以他的修行給他們智慧灌頂，廣利益一切眾生。以此四因，哪四因呢？就是前文所含著的道理，一共有四河義。大悲、波羅蜜、三昧、願智，這是四河的力量，形容大悲堅固，令這些來聞法的，使他們能達到彼岸，這是菩薩總持三昧的力量。

大悲河、波羅蜜河、三昧河、願智河，用四河形容悲智雙運。大悲堅固了，度眾生沒有休息的時候，沒有一念停止不度眾生的時候。以大悲心度眾生，讓一切眾生都能夠到彼岸。這是菩薩的三昧力，這是菩薩的願和智慧。因爲自己得到一切智灌頂，得到一切諸佛的智慧加持，所以得到無礙藏，藏者含藏之義，含藏對一切法、一切智無礙，圓滿光明。

這叫什麼呢？「一切智智」，「一切智」，後面再加個「智」，「一切智智」。說大悲、波羅蜜，說願智，這些種種加到一起，就是三昧成就。記住四河的比喻，一個大悲，一個波羅蜜，一個三昧，一個願智。大悲救度眾生，永遠沒有休息，這位菩薩所作的念，念念如是。爲什麼他能得到這種力量呢？

一切諸佛的智慧灌頂，他獲得無礙藏，說法無礙，得到一切法圓滿的光明，就是一切智智，得到其他世界無量諸佛的加持，他自己達到說法無礙，所度的生、所說的法是圓滿沒有缺陷的。因他證得體了，依體而起的大悲，體大悲加持故，此菩薩見心性故，見他本心，所以十度圓滿。這得從根本上說。爲什麼十行菩薩還沒登地，就有這麼多功力呢？這是從體上說的。大家不要把經文截斷了，這是有連貫性的。什麼連貫性呢？十信滿心，相信自己跟佛無二無別。

之後發大菩提心，初住菩薩發大菩提心，他住在菩提心上。從初住到十住，從初行到九行，基本上跟十地的菩薩相似了。中間還隔十迴向、十無盡藏。它所含藏的，從最初開始，信三寶，從十信到十住，這一段的功德，修行的圓滿了，到十信了。因此才得到十方諸佛的灌頂，就是佛的加持力，使自己離了一切障礙，說法無障礙。智照一切法，圓滿無缺。具足智照，才有這個力量，謂是具足一切智智，不是究竟成就，離佛的位置還很遠，他在中間就能產生這麼大的力用。

佛子。此菩薩摩訶薩安住善法行已。能自清淨。亦能以無所著方便而普饒益一切眾生。不見有眾生得出離者。如於此三千大千世界。如是乃至於不可說三千大千世界。變身金色。妙音具足。於一切法無所障礙。而作佛事。

功德林菩薩對入法會的大菩薩說，此菩薩摩訶薩，安住善法行，所依善法化導眾生，而他自己能自清淨。怎麼清淨的呢？能自證清淨。一切無所著，一切都不執著了。方便饒益一切眾生，無障礙，這叫得無所得。不見有眾生得出離者，這是無障礙義。一個大悲，一個波羅蜜，一個三昧，以三昧力量才能達到大悲堅固。大悲堅固是以願智波羅蜜，達到彼岸。能自清淨，是這樣清淨的。

又把自己無所著方便成就的智力，饒益一切眾生。度眾生不執著眾生相，這叫無著行，饒益一切眾生。這像我們說的「四河」，形容成大悲、波羅蜜、三昧。之後再到究竟，入到無障礙，達到無障礙的境界。因此才能夠在三千大千世界，乃至是不可說不可說那麼多三千大千世界，變身金色，把他自己身變爲金色，作諸佛事。以下就是這些諸佛事。

佛子。此菩薩摩訶薩成就十種身。所謂入無邊法界非趣身。滅一切世間故。入無邊法界諸趣身。生一切世間故。不生身。住無生平等法故。不滅身。一切滅言說不可得故。不實身。得如實故。不妄身。隨應現故。不遷身。離死此生彼故。不壞身。法界性無壞故。一相身。三世語言道斷故。無相身。善能觀察法相故。

不是一身，而是十種身。「所謂入無邊法界非趣身，滅一切世間故。」他所知所得的身，不隨六趣流轉的身，「非趣身」，就是願、力，願力的身，滅一切世間。「入無邊法界諸趣身」，不是世間的趣身，爲什麼？滅了一切世間故。入了無邊法界諸趣身，生一切世間故，這是從理入事。這個事就是菩薩所證得的眞實性。眞實性就是法界身，法界身能現量眾生。入無邊法界的諸趣身，以法界身示現無邊的諸趣身。他又生在一切世間。生在世間，不是世間，入胎、住胎，他是不生身。這個身是什麼身呢？平等法身。所以，住無生平等法身。「不滅身」，非是生滅的，一切滅的言說不可得。「不實身」，得如實故。說這個身不實，因爲他證得法界理，證得體性。這些身都是緣起，依著十身而起的。非實身，不是虛妄的。「不妄身」，不是虛妄的，是隨機應現，隨著眾生而現。「不遷身」，身體不遷化，不是分段的，分了又化了，離此生彼，這裡死了又生到那裡去了，不遷，不是離此生彼的那個身。「一相身」，是十相爲體。一相是什麼相？一相者無相也，無相者十相也，十相身。三世語言道斷，過去現在未來，語言所不能形容，離開言說相。這究竟是什麼身呢？「無相身」，無相身而不是沒有身，所以叫法身，能觀察一切法相。

前面講那些身，就是法性身，隨緣起而顯現。這位法師就隨順眾生身語意業，總說起來就是他的智慧，這些身就是他的智慧。智爲先導，他身語所發的業，總說起來就是一個智慧。約他法身的體，約他法身的作用，叫智體相用。什麼相呢？法身相，法身相是無相的。這就是我們講的大、方、廣，就是體、相、用。體是大，用是廣，相是什麼相呢？方。

這個方是無相之相，用凡夫情執去找，沒有的。所產生的力，就是體用的力量，自體的力量。因爲他的力依體起，依信而起，依體而起。九行位菩薩只能夠在體用相似而德不夠，因爲他還沒有登地。但是他的體用，能跟佛相似。初住菩薩，發大菩提心，叫住如來家。一發大悲住如來家，所以有一位一位的妙用。妙用就是他的智慧。說體說用，好像是兩個，不是，就是一個。就是理，理體，跟智慧圓融了。依理體而起的智慧，這個智慧就是力，就是用。總合起來，只是一個法身，無障礙的法界身。法界身所起的妙用，還是法界的體，這叫一乘法，圓融無礙。地前的菩薩都能有這些作用，十地菩薩的妙用，更不可思議了。

到《華嚴經》第三十八品，〈離世間品〉，專講這個問題。〈離世間品〉是離世間，根本就沒有世間，沒有一個能離，也沒有一所離。這叫成就法身的隨順身，這個身，東變西變，這是法身隨順身，就是眾生身。

菩薩成就如是十種身。為一切眾生舍。長養一切善根故。為一切眾生救。令其得大安隱故。為一切眾生歸。與其作大依處故。為一切眾生導。令得無上出離故。為一切眾生師。令入真實法中故。為一切眾生燈。令其明見業報故。為一切眾生光。令照甚深妙法故。為一切三世炬。令其曉悟實法故。為一切世間照。令入光明地中故。為一切諸趣明。示現如來自在故。

成就這十身。這裡頭說光、照、明，燈、炬，就是智慧。語言文詞說的種種，實際上就是一個智慧。他不直接說一個智慧，而是分出種種類。在語言微妙處，說到這位菩薩，他修菩薩行的時候，是入如來海，一切沒有疲倦的時候，顯他跟眾生爲救爲歸，這就是所歸依處。經常念三寶，歸依三寶，這叫歸。

我們在修道的時候，有些人會說大話，說好像開悟，成佛，了不起了，特別在禪宗語錄。拿這些菩薩來比一比。《華嚴經》說的最詳細，其他的經論也是這樣說，但很籠統，沒有這麼一層一層一層一層。這只是十行位的菩薩。我們道友互相辯論的時候，說法，成了法師，這才是眞正的法師。但，這個法師跟九地善慧地的菩薩還差很遠。

諸佛諸大菩薩滿世間，一個微塵裡都有。誰給作障？我們自己！惑和業，這兩個障還沒有除掉。這種境界相，我們不知道，這叫所知障。這個惑你沒除掉，不知道。我們了生死是初步的生死，不過了我們的分段生死，還是很困難的。我們一天的思想，胡思亂想的煩惱，我們的一念間是什麼？是煩惱，菩薩一念間利益眾生。我們可曾知道，我們往這思惟想，想就是思惟，思惟就是三昧，三昧就是想。佛所說的甚深名詞，簡單說就是我們的想。說你一天在想什麼？有想全是妄，妄盡了，沒妄了，還源了。「妄盡還源觀」，是《華嚴經》觀的名詞，說把妄觀盡了，還源了。我們講這位菩薩有這麼大的威德，妄盡了沒有呢？他還有無明。等到登地的時候，才斷一分無明。現在他有無明，還沒有斷無明，還沒有破無明。

修道的路、成佛，是長遠的，不是一萬年兩年萬，拿無量阿僧祇來作比喻。菩薩成就了十種身，「爲一切眾生舍」，長養一切善根，救度一切眾生，使一切眾生都得安隱。爲一切眾生作歸依處，爲一切眾生作大依止處，給一切眾生作導師，令一切眾生都能出離。給一切眾生作師，讓一切眾生都能入眞實法，作燈、作明、作光。九行的菩薩，我們還距離的很遠，最要努力的是從我們的信心作起，我們的信不堅定，不能夠入住、不能住在心上。

須菩提在《金剛經》上問：「云何應住？云何降伏其心？」須菩提是成就阿羅漢果的，修空觀第一的，他請問佛怎麼樣住心？等你入了初住位的菩薩，心就住在菩提心上，發大菩提心，住在菩提心上，那就叫住。從那個住而起的行，這個很長遠的成佛道路，一入住了，他就相似了，能示現百界成佛，相似成佛。

我們距離這個位置，還很遠很遠，我們先檢驗我們這個心，自己能夠知道，自己相信自己到什麼程度。眞正的確切不疑，相信自己跟佛無二無別，相信我這個心，成就了也就是這個心。現在把心上的塵垢、障礙除掉、減輕，別再給它增加了。不曉得諸位道友如何，我不但不能除掉，還在增加。自己驗自己心，距離現在所說的道理很遠，自己對照。我們說要學習，學習自己到了什麼程度，不要自高自大，應當把自己看成什麼？

我們連信心的十信位，還沒有達到。比如說捨命難，遇到身命有損害了，不相信自己是佛，你捨不得，所以叫「眾生舍」。你能放得下看得破嗎？能達到這個菩薩位置嗎？這個說的深遠，這是要我們去對照。所以先從自己的心，深入的下手。信心，相信自己是佛，能達到這個，很難！相信自己是佛，佛作什麼事，我怎麼樣作，所以初住菩薩發大菩提心，發大菩提心，跟佛一樣要作佛事。十行位的第九位菩薩，說法的法師位，能達到這樣，才叫善法行。

佛子。是名菩薩摩訶薩第九善法行。菩薩安住此行。為一切眾生作清涼法池。能盡一切佛法源故。

讓一切眾生在清涼法裡，沐浴一下。能盡佛源，達到最底，入海入到底，達到佛源，達到究竟成佛。善法行，就是菩薩的力。《華嚴經》開慧、方、願、力、智，最後是智慧，智慧就是眞實行，不叫智慧度，叫眞實行。

◎十真實行

佛子。何等為菩薩摩訶薩真實行。

什麼是眞實行？這很簡單，大菩薩作的都是眞實的。明白他的法身，依著法身而起的力用。法身是體，是實相。力用是什麼？智慧。凡是一說到力和度，都是智慧。因爲智慧才能達到體。有了智慧，說的話全是眞實的，所以叫眞實行。他的修行，那叫稱法性修行，那就眞實修行。我們測驗自己，讀誦《華嚴經》，念《華嚴經》，聽到人家講《華嚴經》，你生沒生歡喜心？不是一般的歡喜，而是生大歡喜，那不同了。那說明你信，歡喜、能入，知道我的言語、我的行爲，不是假的、是眞實的，言行不虛，這叫眞實行。我所作的，一樣假的都沒有，眞實行，到了這個菩薩位所作的，都是依著法身本體而起的力用。這個智慧，智波羅蜜，波羅蜜度到彼岸。這裡頭過程很多。智度，以智慧度生死至涅槃。如果你聞法沒有生出大歡喜心，乃至好樂心、欣樂心，一定要求，說明你距離《華嚴經》還很遠。

怎麼能住善根？漸漸接近，要依著你這個智慧，得到度了，你生大歡喜心，依著這會而去作，不但成熟別人，先要成熟自己。自己如自己所作的去說，自己怎麼作就怎麼說；自己怎麼說的，之後就怎麼作。我們還作不到，作得到就叫眞實的。

我怎麼作的，我怎麼說！我怎麼說的，我怎麼作。講《華嚴經》，說華嚴的道理，我怎麼說的，我也照那樣修觀，我說的我要去實行，要作到。怎麼樣能得到這個受用？第一個你能夠見到諸法無相，觀一切諸法無相。這不是說眼睛壞了，眼睛壞了什麼也看不見，那個無相還看見了。

你問瞎子看見什麼？他看見黑暗，黑暗是相？相只有兩種，明，暗。這個無相不是那個意思。看見諸法就在相上，認識無相，相即無相，這叫無相智。看三千大千世界宛然，三千大千世界是空的，不是把它消滅掉，而是用智慧去認識、感受，這樣你得到什麼呢？法樂，法喜充滿。我們經常說，聞法了，法喜充滿。有嗎？有了，就說你已經進入了，無相智就是能夠得到法喜充滿，第一種智慧，無相智。

第二種一切種智，是成佛了，到了最究竟，叫一切智智，達到一切種智。

第三種變化智，善法位的菩薩，他說法度眾生，使一切眾生能感到生大歡喜，他能有變化智。變化智，隨順眾生，成熟眾生，變化就是隨緣。緣起諸法上，他有一定的智慧。變化智是從根本智上而來的，這個你必須得入到一切三昧的眞實相，得入定啊！定裡頭得到三昧的眞實相。那時候你聞法，依法而受，叫法樂智。聞法生大歡喜，一切三昧眞實相，而後能證得法樂智，進入法樂智。

這個時候菩薩的智慧，他能知道眾生在想什麼，能入到眾生的種種想。你不知道眾生怎麼想的，怎麼成熟眾生？知道眾生種種想，知道一切種種心，之後成熟眾生。在諸佛就叫十力的智慧，十力智慧是一切種智。對一切世間相全部解脫的，度眾生不見眾生相，這就解脫了，見眾生相就不解脫了。這才叫無相智。度眾生見眾生相，怎麼能叫無相智？還能善於變化，知道眾生的愛好。現在每個人都愛好神通，這些大菩薩能給一切眾生現種種的變化，如來自在的神通妙用，這個神通妙用就叫變化智，就叫智慧。

大家可能看過唐僧取經、孫悟空的那些本事，叫變化智。孫悟空是形容心，猴子好動，心一時不停歇。誰的心？唐三藏的心。他去印度取經，心裡在想什麼？跟猴子一樣的，一會這樣，一會那樣，磨難就是他心裡想的！豬八戒形容什麼呢？沒有智慧，表明黑暗愚癡。兩者相反的，一個是智慧的，一個是黑暗愚癡的，他倆總相鬥，智慧的總要鬥愚癡的，愚癡的堅固不放。

這個就叫善變化，爲什麼要這樣變化？沒有善變化，怎麼成熟眾生？眾生心有無量想。菩薩教化眾生，他是要現神通的，神就是自然的心，就是我們本具的那個妙明眞心，就是神了、玄了、妙了，都是形容那個心。

通是慧，通達無障礙。這個心本來是一點障礙都沒有，一點罣礙都沒有，是通的，是我們自己把它不通了。你自己不通，怎麼能讓別人通？自己沒度，把眾生都度了，不可能，沒有這個事。你有變化智，才能成就一切有情，脫離苦海，直至成佛。你必須入一切三昧的眞實相，得到了法樂智，知道眾生種種想，這個時候你才能成熟眾生，這就是佛的十力智，也叫一切種智。

一切世間的所有相、所有解釋，都不成就的，眾生是無記的，眾生是無相的，這叫無相智。度眾生的時候必須得有變化，無窮的變化，隨眾生心！你不隨順他，你跟眾生作對，跟他相對，那要怎麼度他？

眾生要隨順諸佛，禮敬三寶，其實是三寶隨順眾生。說好話給你聽，說你困難了，我給你作依止處，就像我們有病或者有什麼災害，快求佛菩薩加持，給菩薩磕幾個頭，可能會轉化，但是這個不行的。怎麼樣才行呢？你給佛菩薩磕頭的時候，是自己給自己磕頭，求人不如求自己，懂得吧？求人、求佛，其實就是求自己！求什麼呢？把業障消了，我明了心，見了性了，我也有這變化智慧，我什麼災難都消難都消了，必須得有變化智。這個變化智是稱體起行。

說度眾生，不見眾生相。眾生哭你也隨著哭，眾生要死了，你也跟著陪葬去了，你也死了，那你還度眾生！那是眾生把你度了。看著悲哀的跟著悲哀，看著歡喜的跟著歡喜，那你被他轉了，不是你轉他。大悲心是認得眾生的體，認得眾生的性，讓眾生達到自己的本體，讓眾生達到自己的本性，這才叫眞實行。

此菩薩成就第一誠諦之語。如說能行。如行能說。

言和行要相符！我經常跟道友講，自己說的，雖然沒有完全達到，也得照著去做。有人問我：「老法師，你跟慈舟老法師、跟弘一老法師都學戒，爲什麼不講戒？」因爲做不到，我不說。「說《華嚴經》，你能作到嗎？」雖作不到，我能想啊，我可以照這樣觀。雖然作不到，我向這個方向走！「戒的這個方向，你不能走嗎？」沒辦法，自己不正，怎麼能去正人？說了就得做。這不是笑話，這是眞實的。大家都學過《百眾學》，很簡單，《百眾學》我有好多做不到。佛制戒，那是等於法律一樣，不能反對，佛制戒當然有一定道理的。

我不反對又作不到，那就作到好多說好多。菩薩一定要修說誠實語。就這麼一個要求，說誠實語。現在我們三四百人，哪一個說誠實語？所以行誠實行，誠誠懇懇老老實實去作，言語、身體，心裡也更難。誠實的審諦自己，誠誠懇懇的觀照自己心，審察一下子。

諦觀！不是現相、看本質，好好觀察一下子吧！觀察自己，先不要觀察別人。觀察自己，你哪一樣是眞實的，自己很清楚，我們作不到，但是不能不學。我們不但學戒，還有一個戒研部，還要研究研究，光學不行。換一句話說深入，深入就得找原因，制戒的原因，緣起是什麼？怎麼樣制這條戒？爲什麼制這條戒？

我舉一件事，燒紙煙。弘一法師在泉州傳戒，那裡的和尚在戒壇裡都是燒紙煙。老法師看見很難過。別人問老和尚：「老法師啊，我們可不可以增加一條戒，戒吃煙？」老和尚說：「不可以，戒只有佛制，別人不能增加制戒。」這是威儀，佛沒有說，因爲印度那時候，眾生沒犯，佛不能說，他沒犯，我就來制這一條戒。例如在我們這個國土說，不論進法堂、進大殿！不穿鞋不穿襪子去聽經，我看沒有。在我們國土就是穿襪子穿鞋，乃至我們鞋脫了，還要穿個襪子。印度哪個和尚穿過襪子？哪一個出家人穿過褲子？說冷啊，西藏比我們冷，永遠是零下幾度，西藏人的喇嘛就是沒有穿褲子。

我以前學戒，那個時候年紀小，不懂事。跟人家提意見，特別是跟禪堂的人，後來人家跟我提很多意見，我就琢磨了，「此土無彼土有」，印度有中國沒有，中國有印度沒有！我看無著行，不要太執著了。佛說很多的比喻，我們這個國土沒有，那個比喻翻出來不知道怎麼回事，他是印度的習俗。還有讀《地藏經》，大阿羅漢一個都沒有，就說這部經是假的，但是信奉《地藏經》的，學《地藏經》的，消災免難，得法益的特多。我學，我認爲不是假的，而是沒在人間說。

《華嚴經》，我們現在學了一年多了，佛只是說了二十一天，我們看這個量，是二十一天說的嗎？佛無時無地隨時隨處，都在說《華嚴經》，現在還在說！可能文殊師利菩薩在這個道場裡，天天都在說《華嚴經》。我們能說它是假的嗎？說「我沒見到，我不知道！」你沒見到的東西事太多了，能說是假的嗎？

學法的時候，一定要有諦觀，要誠實。換句話說，要老老實實學。諦觀，如理的觀。如理是什麼呢？眞實，這個就是眞實行。十行位的菩薩，等於十地。十行菩薩跟十地菩薩所作的所行的略微差一點，但不是十地菩薩，所行的相似。

「誠諦之語，言行相符」，這個自己可以檢察自己，自己所說的跟自己所做的，相符不相符。不相符就有問題，度人？先把自己度了再說吧！言行相符就有誠諦。如實審理、諦觀，這叫眞實義。

此菩薩學三世諸佛真實語。入三世諸佛種性。與三世諸佛善根同等。得三世諸佛無二語。隨如來學。智慧成就。

學諸佛的眞實語。十行菩薩十行位滿了，佛說的法都是眞實的。什麼叫眞實語？稱法性而說的。依一眞法界、眞如實相、妙明眞心，這樣的說法，就叫眞實語。演說的諸法就是深住實相，實相就是我們大方廣的本體。所說的每一言句，句、文、身，跟佛無二無別。此說法的菩薩與過去未來諸佛，三世諸佛同一佛種性，與三世諸佛同一善根，得三世諸佛的無二語，這就是眞實語，隨如來學成就智慧。學什麼？學佛的十力。

此菩薩成就知眾生是處非處智。去來現在業報智。諸根利鈍智。種種界智。種種解智。一切至處道智。諸禪解脫三昧垢淨起時非時智。一切世界宿住隨念智。天眼智。漏盡智。而不捨一切菩薩行。何以故。欲教化一切眾生。悉令清淨故。

這就是慧、方、願、力、智的佛的十力。以佛的力量，「此菩薩成就知眾生是處非處智」，眾生所生的處所，「是處非處」。有這種智慧知道眾生這個受生有錯謬，就是「非處」，無錯謬就是「是處」，知道過去、現在、未來三世的業報。爲什麼？過去善事的業報，得今生能聞到《大方廣佛華嚴經》，得今生能夠成就。也知道一切眾生有利根的、有鈍根的。利根的，他一聞到就開悟了。心生悟解能夠深入，鈍根的，不得入。

根有利鈍，一班的學生，或是五十個人一班，總有考第一的，有考第二的，前十名就是利根，後十名呢？那是鈍根。拿這個作例子，作比喻。同時聞法，有的悟解了，有的不但悟解了，法所說教授，他如是行，也能如是說。能夠解一切法的種種智慧，了解、解脫乃至究竟成佛，「一切至處道智」，達到究竟了。諸禪、解脫、三昧、垢淨，起的時候，非的時候，有這種智慧，了解諸禪解脫三昧垢淨。

「一切世界宿住隨念智」，「宿」就是過去，「念」就是思念。因爲過去已經得到這種智慧，所以他現在思念的，能夠慧解，能夠悟入。「天眼智、漏盡智」，能夠悟入。天眼智，我們讀《金剛經》時，有五眼，佛是五眼圓明的，我們現在是肉眼，天人是天眼。肉眼是障礙的，「肉眼礙非通」，不通，隔著牆就看不出去了，沒有光明也看不見了。天眼，天眼是通的，「天眼通非礙」。這兩種的眼都是有障礙的，不是智慧。天眼智指的是佛的、菩薩的慧眼。慧眼能看一切法，看一切法的俗諦—就是世間。了別世間一切相，一切種種法。法眼就是證得眞如實相。「法眼唯觀俗，慧眼了眞空」。眞空就是一眞法界。佛是五眼圓明的。而這個天眼不同，這個是指佛的智力，十種佛的智力。「而不捨一切菩薩行」。菩薩沒有停息不度眾生的時候，這叫菩薩行。

「菩薩」就是「菩提薩埵」，「菩提薩埵」是利有情，給一切有情眾生作利益的。他所作的一點一滴、一舉一動、一言一行，都對眾生有利益的。使眾生得到什麼好處呢？教化一切眾生都讓他們清淨。這個清淨是指心，不是世間相。世間相洗個澡就清淨了？當你洗澡的時候，洗的時候清淨了，穿上衣服身上一出汗，又不清淨了。這個清淨不同，這個清淨是永遠清淨，證得法身，法身無相。但是你令他清淨，不是這麼一句話就清淨了，他得修行。菩薩教化一切眾生，讓眾生自己清淨自己，這叫因，修因才能契果。菩薩令一切眾生清淨，得先修因。你得修行，不修行怎麼清得了呢？三世諸佛唯一清淨的本體，依這個清淨的本體的法身而現的報身、化身說一切諸法。此菩薩入了十行菩薩，說眞實法的時候，只說他是增上心，他並不是佛，還沒有成就！

此菩薩復生如是增上心。若我不令一切眾生住無上解脫道。而我先成阿耨多羅三藐三菩提者。則違我本願。是所不應。是故要當先令一切眾生得無上菩提。無餘涅槃。然後成佛。何以故。非眾生請我發心。我自為眾生作不請之友。欲先令一切眾生滿足善根成一切智。是故我為最勝。不著一切世間故。我為最上。住無上調御地故。我為離翳。解眾生無際故。我為已辦。本願成就故。我為善變化。菩薩功德莊嚴故。我為善依怙。三世諸佛攝受故。

這位菩薩在說法利益眾生的時候，令眾生增上，增上就是達到成佛爲止！讓眾生生了增上心，眾生希求達到成佛。菩薩這樣的思念，「若我不令一切眾生住無上解脫道」，菩薩自己這樣觀照自己，假使我不度眾生都成佛，或是自己先成了無上正等正覺，那違背最初發願，「違我本願」。我的本願是什麼呢？度盡眾生，一切眾生都成了佛果而後我才成佛。如果自己先成佛不度眾生，違背本願，先度眾生成佛而後自己成佛。

這叫一成一切成。如果眾生還沒成佛，我先成佛了，「違我本願，是所不應。」不應該這樣作。應該怎樣作呢？以這個因緣故，「是故要當先令一切眾生得無上菩提，無餘涅槃。」讓一切眾生都能成就無上阿耨多羅三藐三菩提，然後我再成佛。換句話說，我把一切眾生都度了，再證菩提。

「何以故」，是什麼原因要這樣作？不是眾生請我發心的。我願意爲眾生，作不請之友。菩薩是這樣說。但是，作法師位的法師，沒人請你，你去說，這得善觀於機！佛法，佛教導是不請，眾生沒請你，你不能去說，緣還沒有。這個是不請而去作。菩薩在行菩薩道的時候，要觀機，要用智慧觀察。觀察什麼呢？是不是緣成熟了，是不是這些眾生跟你有緣，不請而說。好多經都是人家請，《金剛經》是須菩提請的，都有人請。沒人請的，只有《阿彌陀經》。阿彌陀無問而說，不請自說。那得看因緣，這叫緣起。按性空的道理，不請自說是對的，按緣起法，應當眾生請，他不請你，你去說他不聽。那就得菩薩善於觀機。

同時菩薩在說法的時候，他不執著一切世間相。不是爲了眾生，滿足世間的緣故。現在，我們作出家的僧寶，人家請你消災、請你免難、他要發財，做官的求你升官，害病的請你加持他，使他病好，這些是世間相。菩薩利益眾生的時候，不僅僅滿足世間相，先滿足他的願，使他得到幸福，之後叫他深入證無上道；滿足一切眾生，讓他成一切智。你給他迴向的時候，一定要他得佛果。不是光給他迴向世間相。讓他自己明白生老病死、求不得，你想求升官發財辦不到。你沒有這個福報，沒有這個因緣。菩薩給他增加福報，給他增加因緣，讓他讀誦大乘、禮佛、拜懺求三寶的加被，這樣滿足他的善根。究竟的目的是讓他成就一切智，這叫方便善巧。這是菩薩行菩薩道，最爲殊勝。

爲什麼？不著世間相。「佛法在世間，不離世間覺」，最重要的是「覺」。佛法是在世間，在世間覺悟世間。覺悟世間是無常的、是苦的、是空的、是無我的，不要貪戀世間。在世間而不著於一切世間，這叫最上。因爲菩薩住在阿耨多羅三藐三菩提，發阿耨多羅三藐三菩提，發成佛的道心，他就住在這個道心上，從一開始信佛，信達到圓滿了，「信成就」，這叫滿了。信成就了，之後住到初住，發阿耨多羅三藐三菩提心，眞正發菩提心。現在大家也在發菩提心，學發菩提心，但不是眞正發菩提心。眞正發菩提心是隨著自己的性體，發心成就本具的佛性。這個得經過一萬劫的時間，才能把我們這個信心修成了，信成滿了才能不退。

現在我們也知道，我們從學習上、聞法上知道，但是我們所作的達不到。不是一時、一世，我們這一生只能進修。給一切眾生說法、住法位眞實行的菩薩，他能夠使一切眾生調伏，使一切眾生順著這個教誨而能住心，之後再行菩薩道。這十行都是眞正行菩薩道的。眞實行菩薩所說的法，「我爲最上」。我說的法是最上的。爲什麼？「住無上調御地故」，就住在眞心上。住在眞心上行的是眞道，所作的行是眞實行。這就叫眞實行菩薩，所以能調伏眾生。

「我爲離翳，解眾生無際故」，令一切眾生離翳，「翳」是說他沒有智慧眼，被翳障住了。要是把這翳去掉，眼睛光明了，那個光明是智慧。我能夠解脫一切眾生，無邊無際的苦難。若是眾生得不到解脫，他就要受經過無邊無際的苦難，時間很長了。我現在能作到，我已辦。辦就是給一切眾生說法，讓一切眾生能夠成就，我自己的本願也成就了。

同時度眾生，我不偏於一界、一世、一地，而是盡虛空徧法界去說法。善變化，有時示菩薩相，有時示眾生相，有時示生畜生相，看度哪一類眾生。眾生無所依靠，得不到護養，我給他們作依怙，這是假佛的神力故，「三世諸佛攝受故」，這是三世諸佛攝持我。

此菩薩摩訶薩不捨本願故。得入無上智慧莊嚴。利益眾生悉令滿足。隨本誓願皆得究竟。

功德林菩薩說菩薩行，得無量無邊十方世界的功德林佛加持。功德林菩薩說這個法代表眞實行菩薩說的，表現眞實行菩薩，如是說法。怎麼樣說呢？眞實行，先人後己。先讓一切人都成佛，最後自己再成佛。法界沒先後，成佛也沒有先後，你成了還是你本來的，也不是另外加給你的。說你還沒成，沒成你也不是另外負擔好多，只是障礙。什麼障礙呢？所知煩惱障住了，你把它去掉就是了。所知煩惱，所知障、煩惱障不是眞實的，是你的執著還沒解脫，解脫就沒有了。

「此菩薩摩訶薩不捨本願」，「本願」是什麼？度眾生成佛。這叫不捨本願。因爲這樣，他入得了無上智慧莊嚴。這個莊嚴不是世間的形相莊嚴，全是智慧莊嚴。以這個智慧莊嚴，讓一切眾生都得到「利益眾生，悉令滿足」。自己的誓願，就是度眾生，讓一切眾生都達到究竟成佛。現在我們發心在這學法—初發意，我們都算初發意的菩薩。初發意菩薩初發心時，便成正覺，這是初住的菩薩。初住的菩薩一發心就成佛了，發菩提心成就菩提道。但是我們把最難的一步走了，最難的一步是什麼？初發心到成佛，如是二心初心難。因為你不發心不入門，入了門了，你漸漸就登堂入室。

於一切法中智慧自在。令一切眾生普得清淨。念念偏遊十方世界。念念普詣不可說不可說諸佛國土。念念悉見不可說不可說諸佛。及佛莊嚴清淨國土。示現如來自在神力。普偏法界虛空界。

在菩薩自己本心發願的時候，他的本誓願是願一切眾生都能究竟成佛，讓一切眾生都能自在，讓一切眾生得到智慧，一切眾生才能自在。沒有智慧自在不了的，沒有智慧你不能解脫，不解脫怎麼能自在呢？讓一切眾生在一切法中，深解法義。聞一切法，都知道法這個涵義是什麼！明白道理了，我要去做，做了才能成就。明白了是回事，做到了又是一回事，這是兩回事情。能做到慧自在了，眾生都能夠得到清淨了，「普得清淨」。「念念悉見」，念念偏遊十方世界，這個偏遊十方世界，跟我們現在旅遊不一樣的，遊不到十方世界，就我們這個國土，你沒有到過的地方還多。但是，遊十方世界，可不是看風景，十方世界，每一個世界都有佛住世。見佛聞法，十方世界，「念念普詣不可說不可說諸佛國土，念念悉見不可說不可說諸佛。及佛莊嚴清淨國土，示現如來自在神力，普偏法界虛空界」。

這個菩薩能變化，能示現跟如來相等的自在神力，能夠到普徧法界虛空界，「虛空界」是形容詞，形容法界的。念念徧遊十方世界，因爲他得了智慧，他是智慧身，這個身是無障礙的。我們這個身是業報身，不是遊十方世界，你把你出生的國土走完都不容易了。爲什麼？處處是障礙。智慧身，處處是解脫，處處是方便，那具足無量的神力，不可思議。有這個力量，我們現在沒得到，求生極樂世界，很困難。達到這種境界，不只極樂世界，所有一切淨佛國土，念念徧遊。

此菩薩現無量身普入世間而無所依。於其身中現一切剎。一切眾生。一切諸法。一切諸佛。此菩薩知眾生種種想。種種欲。種種解。種種業報。種種善根。隨其所應為現其身而調伏之。觀諸菩薩如幻。一切法如化。佛出世如影。一切世間如夢。得義身文身無盡藏。正念自在。決定了知一切諸法。智慧最勝。入一切三昧真實相。住一性無二地。

此菩薩現無量身，這個身就是化身，現無量身。他成就了，入佛種性，他的意業與佛相同。所以，菩薩現無量身，無量身又入無邊世界，入於世間。現在我們的正報，這個肉體是障礙，我們所依的依報，這個國土有障礙的。所以，我們處處是障礙。菩薩現無量身，普入世間，他沒有障礙。在自己的身中，就能現一切剎，現一切國土，來給眾生作依，眾生不是無依嗎？依靠這個菩薩，他現一切剎，而且示現度一切眾生，示現給一切眾生說法，示現一切佛相。菩薩的神力，眞實行菩薩，知道一切眾生有種種的想法，有種種想，有種種欲望，這種種欲望就太多了。各人各人的不一樣，眾生無量，欲望也就無窮。

眾生看問題，他對一切問題的看法、解釋，「種種解」，他把煩惱解除了，就解脫了。無量生以來，每一個眾生有種種業報。我們幾百個人，各有各的業報，總的說，大致相同，哪一樣呢？聞法。現在這個時間，僅說這個時間，大家共同來學《華嚴經》，那另一個時間不知道了。捨身報身，那又起變化了，種種的業報，和他每個人種的善根不同，種種的善根。業報不同，現的身不同，而思想變化不同，欲望不同，理解力不同。這位眞實行菩薩說法的時候，隨其所應，他想求個什麼，就給他現個什麼，爲現身而調伏，現他歡喜的，他能進入的，就示現調伏他。

觀一切菩薩，如幻。觀一切法，如化。觀佛出世間，如影。一切世間如夢，如夢幻泡影，這是《金剛經》所說的。就法身理體來說，一切的現相，乃至說眞實法，眞實行菩薩知道，這一切都是幻化的，是影，是作夢。

所有經文的義身、文身、句身，所有語言，乃至心裡思念，智慧最勝，是這樣了知一切法的。因爲他演眞實說法的時候，眞實行，是因爲他入了一切三昧眞實的實相，依著眞實的三昧實相而起的眞實行。不論好多，只是一性，無量諸法就是一體、一性。一性故無二性，一地故無二地。什麼地呢？眞實地。

這一段經文是菩薩入了大悲種性，依智而起的大悲。因爲大悲種性，知道眾生的根，以善法教化。大悲心是從法身智慧生的，叫智大悲，有智的大悲，智悲無二。知道眾生每個的根機，他就能夠善於教化，一教化就成熟了。說法的法師必須得自修，如果自修的功力不夠，沒有化人的力量。

菩薩摩訶薩。以諸眾生皆著於二。安住大悲。修行如是寂滅之法。得佛十力。入因陀羅網法界。成就如來無礙解脫。人中雄猛大師子吼。得無所畏。能轉無礙清淨法輪。得智慧解脫。了知一切世間境界。絕生死迴流。入智慧大海。為一切眾生護持三世諸佛正法。到一切佛法海實相源底。

這是第十行的菩薩，感你到十地的菩薩，那就不同了。說法的法師到善慧地，九地菩薩，與佛是無二無別。有時候說照、有時候說智，要照的時候，絕對是屬於定。觀自在菩薩照見五蘊皆空，定慧均等，定必具足慧，慧一定得有定力，沒有定力的慧不叫慧。定是什麼？定是寂靜無爲，眞如實性。慧是什麼？慧是眞如實性所產生的一切妙用。無量性功德，看著是二，實際上是一。法師說法的時候，看他是沒有修行，其實是眞實慧的修行，就是利益眾生，沒有說自己怎麼修。度眾生的時候，這就是他的修。他度眾生的時候，定、慧具足了。

說法的時候，從他的定產生、慧力產生的，利益眾生，還歸於此寂，都是三昧，三昧就叫總持。這個總持定慧均等，悲智雙運。定跟慧同等，大悲大智雙運，這叫不二法門。大家如果學過《維摩詰經》，文殊師利菩薩跟維摩詰居士就辨別不二。什麼叫不二法門？這個意思就說的不二。菩薩利益眾生、說法的時候，有能說的，有能聽的，有所說的法，有能入的，好像很多，法也很多，眾生聞聽也很多，其實不二。說者、聽者不二，一切不二。一切眾生，執著於二。「菩薩摩訶薩，以諸眾生皆著於二」，就是能所、我他。安住大悲的種性，無自無他。

修行是動，但是這個修行就是寂滅法，動即不動，這叫佛的十力。但是，能說無邊無盡的法要，「入因陀羅網法界」，這叫因陀羅網法界，無量無邊，又叫如來無障礙的解脫，一切無礙，一切無著，這就是佛，在人中示現雄猛的大師子吼，得無所畏。「能轉無礙清淨法輪」，我們經常說法輪常轉，那個輪永遠不停歇，永遠在說法，這必須得智慧解脫。智慧沒有解脫的時候，法輪不清淨的，轉不動了。若能夠得到智慧解脫了，才能了知一切世間的境界相，是如夢幻泡影，沒有生死輪迴。但是眾生不了解，事實上眾生就在生死輪迴流轉，這叫世間相。出世間相，就要把生死流斷了，流到智慧大海。要爲一切眾生護持三世諸佛的正法，到一切佛法海實相的源底，究竟了，悲智雙遊。

菩薩從寂修到度眾生，自修跟度眾生，度眾生就是菩薩在修行，菩薩修行的目的就是度眾生，這不是兩個，而是一個。這個時候是眞實行菩薩，他得到佛的十力，在果上起因，因就是妙用，從果又起用教化眾生，把眾生都教化成佛，之後自己再成佛，眾生成佛就是自己成佛。法師說法也是這樣，「我不幫助他，我不利益他了。」其實你何嘗是利益他！你行菩薩道，是利益自己，沒有眾生怎麼有諸佛！

大家讀〈普賢行願品〉，一切眾生就是菩提樹，用智慧水來灌溉菩提根，才能生長。眾生是根，才能結出來諸佛的華果。如果你經常這樣想，就入了菩薩，你就是菩薩。在一念想的跟我們所講的契合，這一念，你是，你成了。下一念，你不是了，想別處去了。念念都在想，念念都如是。我們是間斷，有時候念佛想著佛，念到眾生就想到眾生，念到家庭，或者再想到社會上，那就走遠了。諸佛、眾生，不執著，眾生即是佛，佛也可以說是眾生。

我們在西藏辯論，釋迦牟尼佛是不是人？說，是啊，釋迦牟尼佛降生在印度，他示現的就是人。他是不是已經成佛了？說，是啊，我們不可否認的。十法界，佛是佛法界，眾生是眾生法界，怎麼會一個佔兩個？又是佛又是眾生？讓你解答，就答不二。十法界就是一，一也不立，十法界沒有，看著是兩個，二而不二。說佛是人，說佛是佛，乃至說佛是畜生，說佛是地獄，都可以說，全都沒有。這是就體上說，在事上完全不行了，若沒有這個體，佛就是佛，佛不是眾生。

這個道理，你自己經常觀，說女人跟男人是同不同？都是人，沒有分男女、老少。作用不同，但是體同，在這自己就多思惟想。我們說螞蟻，螞蟻有好多種，看著很小的螞蟻，螞蟻有幾百種！說我們不知道螞蟻，人你該知道吧！人有多少種啊，看見都是人，我們所看見的現在國界開了。但是，總合起來，就是叫人。說你不分別，一相，一相是無相的，分別，因爲它無相故，才隨各相而現，說這個相也可以，那個相也可以，隨什麼相都可以現。道理懂了，入佛道，還要入一切諸法的實相源底。

知道一切實相的根源，依著這個實相而說一切法。所以說眞實，這是眞實力菩薩。眞實力而說的一切話，叫眞實。菩薩領導我們、教授我們的都叫眞實行。說眞實行，爲什麼？性相體力一個，一實境界。一實境界的相沒有相。剛才我們講幻、泡、影、夢，窮諸法實相的時候，就是性相體力。不只《華嚴經》是這樣，《法華經》也是這樣，這兩部經是很究竟的。

但是說這個實相，我們說名詞好像是懂，實際上不懂。眞正懂的，唯佛與佛乃能究盡，就是實相眞實的體。十行的菩薩並沒有進入，但他懂得。他也得到享受，還沒有實證。《法華經》也如是說。《法華經》怎麼說的諸法實相？說一切諸法實相是什麼樣子？「諸法如是相，如是性，如是體，如是力，如是作，如是因，如是緣，如是果，如是報，如是本末究竟等。」一共有十句。這十句就是天臺宗的十法界。

大家如果沒有學過四教儀、沒有學過五教儀，不能互相利用的。

等學完了知道什麼呢？華嚴即是法華，法華即是華嚴。若依判教來說，是不同的。《華嚴經》加一個小始終頓圓是五教。四教呢？藏通別圓四教。《華嚴經》判的圓教不同，在《法華經》四教講同圓，別圓。《法華經》是同圓，《華嚴經》是別圓。別別皆圓，隨便哪一法都是圓。一一界中，一個界具足十界，十界互相攝就是一百界，一百界就是一千界都如是，都是一個味道。《華嚴經》是最玄，《法華經》是最妙，把一切事物都說成是法華。

菩薩住此真實行已。一切世間天。人。魔。梵。沙門。婆羅門。乾闥婆。阿脩羅等。有親近者。皆令開悟歡喜清淨。是名菩薩摩訶薩第十真實行。

到了這個位的菩薩住在眞實行，那就觀一切。有情界一切世間，天、人、魔、梵、沙門、婆羅門、乾闥婆、阿脩羅，都令普徧開悟，歡喜清淨，這叫菩薩摩訶薩的第十眞實行。這就是十行，菩薩假著眞實法界性而修行，利益教化眾生。

爾時佛神力故。十方各有佛剎微塵數世界六種震動。所謂動。徧動。等徧動。起。徧起。等徧起。踊。徧踊。等徧踊。震。徧震。等徧震。吼。徧吼。等徧吼。擊。徧擊。等徧擊。雨天妙華。天香。天末香。

天鬘。天衣。天寶。天莊嚴具。奏天樂音。放天光明。演暢諸天微妙音聲。如此世界。夜摩天宮說十行法。所現神變。十方世界悉亦如是。復以佛神力故。十方各過十萬佛剎微塵數世界外。有十萬佛剎微塵數菩薩俱。來詣此土。充滿十方。語功德林菩薩言。佛子。善哉善哉。善能演說諸菩薩行。我等一切同名功德林。所住世界皆名功德幢。彼土如來同名普功德。我等佛所亦說此法。眾會眷屬言詞義理。悉亦如是無有增減。佛子。我等皆承佛神力。來入此會為汝作證。十方世界悉亦如是。

「爾時佛神力故。」佛在會場沒有發言，十方一切佛剎，微塵數世界產生變化了，六種震動，大地都震動。六種震動六種行相，是動、偏動、等偏動。這是三個不是一動，偏動，全部都在動。「起、偏起、等偏起，踊、偏踊、等偏踊，震、偏震、等偏震，吼、偏吼、等偏吼，擊、偏擊、等偏擊。」這叫六種震動。大地起初發出一種聲音來，就是地震，地震會傷人的，但這些震不傷人，得有因緣才能知道。十方法界諸佛說法，都感得六種震動。我們沒有知道的因緣，也沒有感覺的因緣。

同時雨天妙華，天香天末香，天鬘天衣，天寶天莊嚴具，乃至天的鼓樂，各天都放光明，演暢諸天的微妙音聲入此世界。佛說這個法的時候，說十行法的時候，是在夜摩天宮說的。夜摩天宮說十行法所現的十神變，他方無量世界，我們這是娑婆世界，包括極樂世界，都如是言。這是以毗盧遮那佛的神力，十方各過十萬佛剎微塵數世界外，在十萬佛剎微塵數世界外，又有十萬佛剎微塵數菩薩俱。來詣此土，就是得到六種震動，知道這個世界說十行法的，都來參加這個法會，充滿虛空。他們就發語言讚歎法會的會主功德林菩薩，「佛子，善哉善哉！」讚他說得太好了。

「善能演說諸菩薩行」，把菩薩行演說得很好，這叫菩薩行。「我等一切同名功德林」，我們的名字跟你一樣都叫功德林。我們來到這個國土，我們所處的世界也在說這個法。我們那世界叫功德幢，幢跟功德林就差不多，「彼土如來同名普功德」。

「我等佛所」，我們那個佛國土也在說此法，也說眞實行，所說的言詞義理一樣的，沒有增減，跟你所說的一樣。「佛子！」這個佛子是他方無量菩薩稱讚功德林。「佛子，我等皆承佛神力，來入此會爲汝作證。」你說這個法最究竟了，證明說得好的，給他作證。「十方世界悉亦如是」，十方世界都這樣。

爾時功德林菩薩承佛神力。普觀十方一切眾會。曁於法界。欲令佛種性不斷故。欲令菩薩種性清淨故。欲令願種性不退轉故。欲令行種性常相續故。欲令三世種性悉平等故。欲攝三世一切佛種性故。欲開演所種諸善根故。欲觀察一切諸根故。欲解煩惱習氣心行所作故。欲照了一切佛菩提故。而說頌曰。

「爾時功德林菩薩承佛神力」，「承佛神力」是指毗盧遮那。「普觀十方一切眾會」，現在又來了這麼多的菩薩。「暨於法界，欲令佛種性不斷故。」說法的目的，是使佛的種性永遠不斷，說法就是令佛種性不斷。學法的目的，是要幫助別人得聞佛法。聞到佛法了，有人相續不斷的聞法，法種不斷故。讓這個法永遠傳下去，若沒人說，法種就斷了。

《大藏經》裡有很多經，沒有演說那一法，那一法就斷了。同時願令一切的種性不退轉，欲令行種性常相續，欲令三世種性悉平等，欲攝三世一切佛種性，目的就是攝三世一功佛種性。開演所種的眾善根，觀察一切諸根，理解煩惱習氣心行所住故。煩惱斷了，還得斷習氣，煩惱習氣都斷盡，這是眞實行。心要這樣做，念念的不斷。「欲照了一切佛菩提故」，剛才跟大家說照，是在定中照。這個定，大家不要理解爲靜坐的時候才叫定，而是說你的心定下來觀照。這是起念，觀照是慧。察，慧是覺義。觀察，從寂靜起的智慧、起的照。照什麼了？照一切佛菩提，智慧照佛菩提而演說出來的諸法。

一心敬禮十力尊　離垢清淨無礙見
境界深遠無倫匹　住如虛空道中者

這叫偈，「總申歸敬」，歸於佛、敬於佛，歸敬的涵義。說這個法甚深、甚廣，智慧非常廣徧，一切的垢染都變清淨了。

「一心敬禮十力尊，離垢清淨無礙見，境界深遠無倫匹，住如虛空道中者。」因爲我們過去的煩惱習氣，心裡所作的使它都蠲除，讓他照著佛的菩提而行。意思就是令你的因性清淨，使你的願不退，這是十行位菩薩。有時在修行當中繼續的發大願，依這個願來導你的行，使你的眞性起修，全修還在性，同時顯上面的果性。果性是指佛說的。聞到佛的果性，開演你修行的性，就是十行所習的果性法。又觀所化眾生的機，眾生一切性，跟果性是相同的。以這個智照，智慧照了所修行的，達到果性。同時認識到一切眾生跟佛無二無別的，同具此果性。

「一心敬禮十力尊」，是歸依佛，無所歸無所依，就是依佛歸向佛，依止佛，就是十力尊。「離垢清淨無礙見」，歸依佛、讚歎佛的清淨無礙的智慧。同時這個境界是沒有境界的，沒有境界的境界才深遠，無有倫匹。我們見著一切境界，執著一切境界，不知道境界是沒有的。我們見著法堂，這些人、這些供具，有嗎？沒有。沒有是現實，這現實是淺的不是深的。你達到境界深遠相就是什麼呢？一切萬法皆空，是性體所顯現的境界。這樣才能「住如虛空道中者」，這是指十方一切諸佛。

「離垢清淨無礙見，境界深遠無倫匹，住如虛空道中者。」這是以清淨心說偈讚佛，讚歎佛的清淨業，在佛就是業。成就勝業，這是顯佛的德，顯佛的智德，顯佛的斷德，顯佛的恩德，這叫三德，這偈子是讚歎佛的三德，跟一般的讚歎不相同。

過去人中諸最勝　功德無量無所著
勇猛第一無等倫　彼離塵者行斯道
現在十方諸國土　善能開演第一義
離諸過惡最清淨　彼無依者行斯道
未來所有人師子　周徧遊行於法界
已發諸佛大悲心　彼饒益者行斯道
三世所有無比尊　自然除滅愚癡闇
於一切法皆平等　彼大力人行此道

以下如是頌有八十五偈，前面的十住也在頌裡頭，因爲十行位是從十住發了大菩提心、行菩提願，才有這個次第。約位始終說，位是行布的，一行一行一行，這是行布的。義理上，理上又把它圓融，就是行布圓融。圓融當中有行布，普徧諸法有別法。普徧諸法就是一切世間相，這是總說，但是裡頭有別，這裡頭有聖人，聖人觀覺不是這樣的。

有同、有別，業有別，一切事物有別。現在過去一切的佛國土，能夠開演第一義，讚歎這個！誰能這樣做呢？十信滿心的菩薩，行住，住在菩提心發大菩提願，能夠這樣去做。從這開始，乃至到佛是終了，這個中間有行布，一位一位，但是行布即是圓融。

我們可以舉普壽寺爲例子。普壽寺是總說，各個院各個院，來這裡有四五年的，有七八年的，有來十幾年的，這都叫行布。總說，就是普壽寺的修行者，這就是圓融的，沒有分別的，但是是有次第，有來的先後。一位一位的，一一的來說，這都叫行布。總說，不分他來在這裡有幾年，反正是普壽寺的學者行者，這叫圓融。圓融就是無礙的意思。圓融的時候是同說，說普壽寺的師父們很修行、很持戒，這是同說。各個不同，每個班次都不同，那就別說。圓融有同教有別教，解釋圓融涵義的時候有同有別。

離了一切過患最清淨者，於一切法無所依而行斯道，「未來所有人師子」，將來能成佛，現在不是。「人師子」是指佛說的。這些佛子，周行在法界當中，但是他們都發了大菩提心，跟諸佛相等，發諸佛的大悲心，饒益一切眾生。過去現在未來一切諸佛，一切聖者，一切修行者，在法上平等平等。約別行、約同行，在偈頌裡這樣讚歎。

普見無量無邊界　一切諸有及諸趣
見已其心不分別　彼無動者行斯道

法界所有皆明了　於第一義最清淨
永破瞋慢及愚癡　彼功德者行斯道

行者有功德了，道行有了，都能破三毒，破貪瞋癡的煩惱。

於諸眾生善分別　悉入法界真實性
自然覺悟不由他　彼等空者行斯道

「善分別」是對於眾生教化的時候說法不同，應以何法得度者，給他說什麼法，目的是引他入法界眞實性，入法界證眞如實道。

「自然覺悟不由他，彼等空者行斯道。」觀諸法皆空，覺悟的時候，是自己的覺悟！那不是因爲佛的教導才覺悟的嗎？佛只能給你說個方法，等你覺悟的時候不是由他教，自然覺悟，回歸你覺悟的妙明眞心，回歸你的法性。如果這樣的觀眞空絕相，「彼等空者行斯道」是這樣去做的，這樣去修行的。

盡空所有諸國土　悉往說法廣開喻
所說清淨無能壞　彼勝牟尼行此道

盡虛空，在虛空之內、虛空之外還有什麼？虛空沒有個邊際的。盡虛空所有的國土，國土有邊際，虛空沒有邊際。國土一定有眾生，一定有有情，這是依報。對正報眾生，給他說法，說的是什麼法呢？現在我們講《華嚴經》，就說的華嚴大法，直接的發心，行菩薩道成佛，說的就是這個法。

「所說清淨無能壞」，誰能把虛空壞了？這是眞空，眞空是無障礙，是解脫的，是圓滿的。所說法清淨的，任何魔壞不了的，任何反對者反對不了的，清淨不能壞的。「彼勝牟尼行此道」，這些十行菩薩都能做得到的。

具足堅固不退轉　成就尊重最勝法
願力無盡到彼岸　彼善修者所行道
無量無邊一切地　廣大甚深妙境界
悉能知見靡有遺　彼論師子所行道
一切句義皆明了　所有異論悉摧伏
於法決定無所疑　彼大牟尼行此道

這幾個頌是讚歎十行菩薩的體，頌他的體。一共有七頌，一頌是四句。依著眞體所起的妙用，妙用是什麼呢？就是他們的作爲。體必具用，用才能顯體。這些大菩薩修行利益眾生，讚歎頌就讚歎這個。同是總顯不可思議的，心無分別，心無所動，心與法界等。與法界等，是與事法界等，那就是菩薩行一切道要做一切事，與理法界等，跟諸佛同一體性，觀入理。但是，事即是理，事是顯理的，理又能成事，沒理成不了事，這個成就了理事無礙法界。顯示什麼呢？事有惑染，理沒有，成就理了把事的惑染都破除了，事都變成德。同時在頌中有兩偈說等虛空界。虛空沒有分別的，誰能分別虛空嗎？只能顯現一切諸法的緣起，顯現外相。

菩薩入了眞實性，明白住在菩提心上，信心圓滿了，成就了，住這個心地上，這叫入眞實境界。明心見性，開悟明了，這個是無分別的，是這個空義。但是這個無分別，無礙於眾生分別，所以說等空，入了法性理等空，發菩提心等空，成就菩薩道，還是等空。空是廣大無邊的，空是清淨的，空是不可壞的。這是顯示虛空的道理。下面三偈是頌菩薩行的，叫殊勝行。

用你的智慧、用你的觀照！不要聽我說，要自己去觀照。觀照是什麼呢？觀照你所作，要了知眾生界也了知自己，觀照之後才能入眾生界而無障礙。無障礙就是你所修行的沒有障礙了。在諸國土，行的時候沒有障礙，於你自身，不論生老病死苦怎麼樣流轉，沒有障礙，清淨的。說法清淨的，自行沒有障礙的，一切邪門外道議論不能破壞的。外障所不能障，內障沒有了，這才以無量方便發大願、行大行，這叫善於修行。能有這個境界，是因爲智慧增長了，一切智行增長了，智慧增長了，在一切處一切時都無障礙。同佛所行行故，十行菩薩所作的，是諸佛所作的，同於諸佛，這時候覺悟一切法，知道一切眾生根，能調伏眾生，漸令入佛道。

遠離世間諸過患　普與眾生安隱樂
能為無等大導師　彼勝德者行斯道
恆以無畏施眾生　普令一切皆欣慶
其心清淨離染濁　彼無等者行斯道
意業清淨極調善　離諸戲論無口過

意業清淨了，所說的法都是善法，能調善，能夠隨機。所有的言說沒有戲論，沒有恐怖，沒有口過。戲論說法，就是沒有利益人家。

威光圓滿眾所欽　彼最勝者行斯道
入真實義到彼岸　住功德處心永寂
諸佛護念恆不忘　彼滅有者行斯道

入眞實義，到了彼岸。住的所住處，是功德處。心永遠是寂靜，「楞伽常在定」，永遠在定中，常時寂靜的。這時候得到諸佛的護念，證得上面所說的空理。「滅有者」，滅有就是空，「行斯道」，滅有證空行斯道。

遠離於我無惱害　恆以大音宣正法

十方國土靡不周　彼絕譬者行斯道
檀波羅蜜已成滿　百福相好所莊嚴
眾生見者皆欣悅　彼最勝慧行斯道

這是第一行，歡喜行，「檀波羅蜜已成滿，百福相好所莊嚴。眾生見者皆欣悅，彼最勝慧行斯道。」一切眾生見著都歡喜，叫歡喜行。他以法布施，以財布施給一切眾生安隱，對財沒有吝嗇，對法更沒有吝嗇，這就是讚歎歡喜行。歡喜行前面是無畏施，得果之後讓一切眾生都無畏。歡喜布施有三種，財布施、法施、無畏施，一切眾生都生歡喜。

智地甚深難可入　能以妙慧善安住
其心究竟不動搖　彼堅固行行斯道
法界所有悉能入　隨所入處咸究竟
神通自在靡不該　彼法光明行此道
諸無等等大牟尼　勤修三昧無二相
心常在定樂寂靜　彼普見者行斯道
微細廣大諸國土　更相涉入各差別

如其境界悉了知　彼智山王行此道
意常明潔離諸垢　於三界中無所著
護持眾戒到彼岸　此淨心者行斯道

這幾個偈頌，饒益一切眾生，堅持律行，所以能夠清淨離諸垢。欲界色界無色界無所執著。讚歎戒律的，「護持眾戒到彼岸」，無所執著，這個心永遠是清淨的。「行斯道」，什麼道呢？饒益行，歡喜行底下是饒益行，饒益一切有情眾生。

智慧無邊不可說　普徧法界虛空界
善能修學住其中　彼金剛慧行斯道
三世一切佛境界　智慧善入悉周徧
未嘗暫起疲厭心　彼最勝者行斯道
善能分別十力法　了知一切至處道
身業無礙得自在　彼功德身行此道
十方無量無邊界　所有一切諸眾生
我皆救護而不捨　彼無畏者行斯道

這一共有四頌，頌無違逆行。無違逆就是忍，持戒忍辱，前面頌持戒，現在頌忍辱，無違逆行。我們經常講安受苦，諦觀察法忍，安受苦忍，這得靠定力，苦來了能夠安然忍受，沒有能忍之心，也沒有所忍之相，忍無所忍，觀察一切法，皆能領受。這得靠耐力、靠忍力，這是無生法忍。忍一切諸法無生，因爲忍一切諸法無生才能明白一切諸法，無生故才能無滅，了滅生死。

安受苦忍。我們如果有病，別人惱害，不但不生起煩惱而是生起歡喜心，這叫功夫，這叫修行。生病是常有的，如果你觀察爲什麼生病？四大不調。四大不調是因爲我有身，爲什麼要生這麼個身？這是業報，你得追根。業報是自己作的業，自己來受報。你怎麼辦？要懺悔。佛教導我們病苦是良藥。在痛苦當中不胡思亂想了，也不想去貪財也不想貪色。

我們有時候把色侷限住，認爲是男女關係，不是的。色是一切相一切事物，在有情界裡頭一切事物，凡是境界都叫色。

我想買一盆花供養佛，供養法供養僧，這樣用心去買一盆花，跟自己看著花非常喜歡，擺自己座前，擺屋子裡頭，這個就不同了。善於用心，這叫無違逆行。

要忍受病苦，病是逆行，不違背逆行，不但不違，把它順過來，在病苦之中能夠生起歡喜心。「我這業障消了！消了我就又少了一樣麻煩，將來成道的時候少了一個障礙！」如是想，你那病的苦能減輕很多。如果一想苦，沒辦法，打針吃藥都不靈，都是你的心。這位菩薩已經住在性空道理，生了大菩提心，相信自己跟佛無二無別，他住在空性當中。在我們現實生活當中，大家觀想的時候不是這個層次。深的，用淺的來解釋，我們自己得到受用。都要害病，都有不如意的事，要忍！忍，不但不跟他相反的，而是站在同一條線順著他去作，這叫無違逆。你會得到受用的，得到什麼受用呢？起碼苦能減輕一點，你漸漸入理了，把事法界引入理法界。

或者怨家來害我，我忍受了。怎麼忍受的？作還債想。遇著傷害無惱恨，無懊惱沒煩惱。增長救護心，觀察一個人，觀察一個事，你若知道這個人是菩薩化身，就從這些能夠耐怨害，遇害無惱，增加救護別人的心。觀察一個人，觀察一個事，你要知道這個人，菩薩化身的。你就從這些能夠耐怨害，遇害無惱，增長救護別人的心，知道這是菩薩示現的，起碼過去的善根很大。

安然忍受，對待一切怨害不煩惱。不但不煩惱還增長你的救護心，遇著什麼傷害不惱。不但不惱，而且增長救護眾生的心，怨害都是苦的，怨害忍，遇了害不生煩惱，要生定力，這才叫修行。

大多數都是菩薩過去修的，不然沒有這個功力，哪有這種功力，這叫耐怨害忍，遇害無惱。安受苦忍，那苦來了，不管八苦交煎，安安靜靜忍受了，受了就是還報了。你若欠人家錢，給了多舒服，在這種時候你還報了，同時要發願。我們讀〈普賢行願品〉，迴向的時候代眾生受苦。你在受的時候，想到了，沒有想到自己想到眾生。凡是有這種苦難的眾生，我都替你們受了，現在我就受了，我受了你們別受了。

像我們害點病、遇點煩惱，腦子胡思亂想，能還想到佛所教授的法嗎？學法行法，所謂修行者，不是一天坐那念阿彌陀佛，或者打坐參禪，要歷事！在你經歷的事情當中，把佛法用上，佛怎麼教導我們的，我應該怎麼樣作，把所學的經典拿來用。把你那個心導向於遇害無惱，增加你救度眾生的心。這是忍，以下的偈頌是讚歎精進。

於諸佛法勤修習　心常精進不懈倦
淨治一切諸世間　彼大龍王行此道
了知眾生根不同　欲解無量各差別
種種諸界皆明達　此普入者行斯道
十方世界無量剎　悉往受生無有數
未曾一念生疲厭　彼歡喜者行斯道
普放無量光明網　照耀一切諸世間
其光所照入法性　此善慧者行斯道
震動十方諸國土　無量億數那由他
不令眾生有驚怖　此利世者所行道

這是無屈撓。什麼叫無屈撓？不被撓害，善於修精進度。忍之後就是精進，學習佛法精勤不退墮，心常精進不懈怠。這叫修精進的加行法，要修行先修加行，這叫修精進的加行法。在經文上說披（被）甲精進，無懈怠的精進，各種精進，每一頌就是讚歎這個，不要懈怠，這樣得靠智慧。

爲眾生受苦無懈怠，對於勤修佛法無懈怠，對於世間種種的無量差別，往那受生時不懈怠，要精進不懈，無量生生如是。這樣的行菩薩道，常時以光明破除眾生黑暗，所以叫善慧行斯道。善巧方便慧而不退墮，加行你精進不懈，代眾生受苦。

善解一切語言法　問難酬對悉究竟
聰哲辯慧靡不知　此無畏者所行道
善解覆仰諸國土　分別思惟得究竟
悉使住於無盡地　此勝慧者所行道

這個偈子是讚離癡亂行。一切言說、對一切世間境界相，「是法住法位，世間相常住」，智慧明達沒有錯亂的。這是禪定的功夫，深入了才能沒有癡亂，定中離癡亂。達到一切諸法眞實的智慧，得到究竟，以此饒益眾生。這幾個頌是讚歎定力的。

功德無量那由他　為求佛道皆修習
於其一切到彼岸　此無盡行所行道

超出世間大論師　辯才第一師子吼
普使羣生到彼岸　此淨心者所行道

這叫善現行，依著智慧而起的大悲心，悲心善現。利益一切眾生的行爲，達到這種境界。功德無量的求佛道，要修習功德。功德怎麼來的？利益眾生、度眾生到彼岸，這叫善現。善現是方便善巧說法。要我們做一件事，照本宣科很容易，讓你自作主張，想方設法把這個事情圓滿完成，無缺無陷，這個難了。作容易，要把事情辦成很圓滿，那就難了。用世間相說，兩位將軍守兩座城市，一位在戰場上，戰死了。另一位想種種方便把城守住，他守住了，那個戰死了。論功行賞的時候，大家都同情死者，死者把生命犧牲了，但是他沒完成任務，陣地沒守到。另一個想方法，他把陣地守到了。古來形容這個有兩句話，「慷慨赴死易，從容守土難。」讓你修成道了生死，沒有達到目的，這個修行沒有成功。另一個不管怎麼樣，他達到目的，他修道成就了。修行也如是。

在世間上行道，得有方便善巧，度眾生達到眾生的目的。你修行再好那是空話，一個眾生你都沒度，這是自度。論功行賞的時候，獎勵度他的，絕不會獎勵自利的。在修道的時候也是這樣。離癡亂行的目的，現生你所住的世界、生活的世界，隨順世界，隨順現法，「是法住法位，世間相常住。」以你的意志來轉移世間，千萬莫要被世間相轉，這是轉移世間而不被世間轉。在現行法的當中，住於世間要生歡樂，不論色法心法都如是，這叫離癡亂。有智慧證得眞實智慧，達到究竟，這樣才饒益一切眾生有情。

在戒律當中，三聚淨戒最難的是饒益有情戒。饒益有情戒，這個不論菩薩自己是否破戒，要看他爲什麼。爲了利益眾生，他不持戒，行嗎？你二百五十戒都沒犯，一個眾生也不利，專門利益自己，菩薩不取。攝善法戒、攝律儀戒、饒益有情戒，這三個戒，你看看哪個最重。菩薩的品位就是這樣，這叫戒波羅蜜。饒益有情，令一切眾生都證得究竟無餘涅槃。還是你自己一條一條把戒律持清淨，證得阿羅漢果？這是究竟無餘涅槃，不是有餘涅槃。

諸佛灌頂第一法　已得此法灌其頂
心恆安住正法門　彼廣大心行此道
一切眾生無量別　了達其心悉周徧
決定護持佛法藏　彼如須彌行此道
能於一一語言中　普為示現無量音
令彼眾生隨類解　此無礙見行斯道
一切文字語言法　智皆善入不分別

住於真實境界中　此見性者所行道

這個是無著行，怎麼樣叫無著？不執著！怎麼樣叫不執著？善巧方便叫不執著。在一切語言中，能示現無量的音聲，在語言之中表達無量的音聲，目的是讓眾生隨類各得解。讓眾生能夠了解你的語言，能夠得聞了你的法，聽你說的話，他能夠理解，理解了之後而能依著去做。

在一切文字語言法當中，你有智慧，能善入。這個善入就很難了，在不分別當中，而能起分別，眾生各種各類，「如來一音演說法，眾生隨類各得解」，這就是智慧善入不分別。他是一音，而眾生種種類類都能明白他說的法，這是因爲他住眞實境界中，見了眞實境界，就見了眞理，見了眞性。他無執著，救濟一切眾生的善巧方便。

安住甚深大法海　善能印定一切法
了法無相真實門　此見實者所行道
一一佛土皆往詣　盡於無量無邊劫
觀察思惟靡暫停　此匪懈者所行道
無量無數諸如來　種種名號各不同
於一毛端悉明見　此淨福者所行道

一毛端處見諸佛　其數無量不可說
一切法界悉亦然　彼諸佛子行斯道
無量無邊無數劫　於一念中悉明見
知其脩促無定相　此解脫行所行道
能令見者無空過　皆於佛法種因緣
而於所作心無著　彼諸最勝所行道
那由他劫常遇佛　終不一念生疲厭
其心歡喜轉更增　此不空見所行道
盡於無量無邊劫　觀察一切眾生界
未曾見有一眾生　此堅固士所行道

「脩促」，「促」是約短字講的，「脩」是長，長短沒有一定相。盡於無量無邊劫，觀察一切眾生界，還沒看見一個眾生，「此堅固士所行道」。

這有八個偈頌，第一願是自己所行的。「安住甚深大法海，善能印定一切法，了法無相眞實門，此見實者所行道。」這是自行。之後的四個偈是神通妙用，菩薩所示現的神通妙用。之後又有二個偈，第六偈是教化眾生。第七偈是自己去求菩提，無量劫常見佛，終不一念有疲厭，求菩提心一點不退墮的。第八偈是成熟眾生，無量劫觀察一切眾生界，未曾見有一眾生，此堅固士所行道。終日度眾生不見眾生相，難得行，難行能行。

修習無邊福智藏　普作清涼功德池
利益一切諸羣生　彼第一人行此道
法界所有諸品類　普徧虛空無數量
了彼皆依言說住　此師子吼所行道
能於一一三昧中　普入無數諸三昧
悉至法門幽奧處　此論月者行斯道
忍力勤修到彼岸　能忍最勝寂滅法
其心平等不動搖　此無邊智所行道
於一世界一坐處　其身不動恆寂然
而於一切普現身　彼無邊身行此道
無量無邊諸國土　悉令共入一塵中
普得包容無障礙　彼無邊思行此道

這叫善法行，第一偈頌就說修習力，第二偈頌說修思擇力，第三個是修定得通，得神通了。但是通，有定得通、報得通，最後是變化通。無量無邊的國土，在一微塵中悉能示現包容無障礙。一念一塵中包容著無邊的國土沒有障礙，這是變化。「彼無邊思行此道」，善法行。用這個力，這個力是菩薩所證得的，跟佛的十力相同，但不是全分，不是滿分的。他所修學的力量，思擇力量，修定的力量，修通的力量，但是有定得通、有報得通，最後是變化通。前一半的偈頌是攝持正法，後面的不斷佛種。不斷佛種，屬於大悲心利益眾生，弘法在世間，使法不斷，這叫大悲河，像河水一樣的，這是形容佛的十力智。最後是願和智，大願大智。

了達是處及非處　於諸力處普能入
成就如來最上力　彼第一力所行道
過去未來現在世　無量無邊諸業報
恆以智慧悉了知　此達解者所行道
了達世間時非時　如應調伏諸眾生
悉順其宜而不失　此善了者所行道

這個是眞實行。眞實，入了實際，言語道斷心行處滅。入了眞實智，了達這個世間，「時非時」，是不是調伏眾生的時候？不是，「非時」，那就一切都停止。是時間要調伏眾生，了達時、非時。是時調伏眾生，眾生就得度！非時不應當，「非時」就不是調伏眾生的時間。說法要知機知處知時，時地事物人，一切環境，菩薩得有這智慧了達，這裡舉一個時就包括說法地點。比如我們國家規定，在寺廟當中、在道場當中准許的，你可以說法。這個地方沒有准許，或者到上海，或者到深圳，或者到廣州，有居士請你，在家裡給他說法，警察要來干涉你，把你抓去，你就認倒楣。這叫時非時。

處非處，這個處所不對，這個時候不對，菩薩能夠清清楚楚了達，「悉順其宜」，就是應當不應當，不要失掉。應當的時候不要失掉，不應當的時候不要去。大菩薩有大智慧，得度不得度，是不是機。

「此善了者所行道」，法有正像末。在末法的時候不是時候，正法的時候是時候，像法還可以。到末法也在說也在行，成道的少了，乃至於說道的也沒有了，連經書也不存在了，法將滅矣！法已經快滅了，這叫非時。說眞實性（行），屬於佛的十力。

善守身語及意業　恆令依法而修行
離諸取著降眾魔　此智心者所行道
於諸法中得善巧　能入真如平等處
辯才宣說無有窮　此佛行者所行道
陀羅尼門已圓滿　善能安住無礙藏

於諸法界悉通達　此深入者所行道

這有三個偈頌，頌三世諸佛。三世諸佛說一樣的話，沒有二語，沒有不同的。這是依法修行，諸佛都如是說！依法修行，你把身口意守好，依著佛所教授的，依著覺悟的方法去做，千萬不要有取有著。

有取有著就是魔事，要降魔無取無著，智慧心所行的平等道，在一切法中能夠善巧安立，能夠得到萬法眞如平等性。有辯才宣說無有窮盡，讓所聞法的得度。知機知法，以什麼法對什麼機說，那叫相應。得到善巧，才入到眞如平等處。

這樣宣說沒有窮盡的，這是佛行者所行道。陀羅尼門已圓滿，總持法門一切都圓滿了。「善能安住無礙藏」，藏者是含藏義，這含藏著一切無礙，自在無礙，說法無礙，度生無礙，安住的是無礙藏。「於諸法界悉通達」，「法界悉通達」就是眞理，就是眞性，在這個地方講「法界」，「界」是生起，是指心，心生諸法，就叫「法界」。一切法歸於界，一切法歸於心，通達了這個根本，深入者所行的道。

三世所有一切佛　悉與等心同智慧
一性一相無有殊　此無礙種所行道
已抉一切愚癡膜　深入廣大智慧海
普施眾生清淨眼　此有目者所行道

已具一切諸導師　平等神通無二行
獲於如來自在力　此善修者所行道
徧遊一切諸世間　普雨無邊妙法雨
悉令於義得決了　此法雲者所行道

給眾生清淨眼，給眾生法眼，法眼就是擇法之眼。給眾生清淨眼，是眾生眼不清淨，沒有智慧，清淨眼就是佛的智慧。得了清淨眼，得了智慧的，「此有目者所行道」。有目者就看見了，看見光明看見正道，沒得清淨眼，看不見正道。

「已具一切諸導師，平等神通無二行」。只有一性，一性無行，平等神通，稱法界理體而顯現的，觀一切眾生平等平等，這個能觀一切平等，能把一切法看成平等，得有大力量，所以加個「神通無二」。這是因爲獲得了如來的自在力，才能產生這種神力，神通無二必須獲得如來的自在力，「此善修者所行道」，善於修行人能這樣的行道。

這本來是十地—菩薩法雲地的菩薩，現在用十行菩薩、眞實行菩薩與法雲地菩薩相似，也等於證十地了，這都是十地菩薩境界。

究竟成就的所行跟佛的一樣，無二無別。我們歸依佛、歸依法、歸依僧，三歸就是我們所行道。十方諸佛也如是，歸依佛、歸依法、歸依僧。懂得這個道理了，眾生心跟佛心是一個，這些都讚歎圓滿了。法雲地的菩薩是圓滿了，眞實行的菩薩還在修行當中，相似於法雲地，十住十行十迴向，相似位的賢，而不是聖，賢跟聖相似了，這是根本的道義。

能於佛智及解脫　深生淨信永不退
以信而生智慧根　此善學者所行道
能於一念悉了知　一切眾生無有餘
了彼眾生心自性　達無性者所行道

這兩頌，頌跟佛的善根相等。「能於佛智及解脫，深生淨信永不退，以信而生智慧根，此善學者所行道。」我們最初開始要信自己的心，能夠信了，跟佛的智慧，佛的解脫，你要相信，深生淨信永遠不退。

這個信不容易，以信生起智慧根，善行學者所行道。這是同佛的善根，等佛善根，跟佛的善根相等。就像我們眼睛現在有點毛病，看不清楚，找醫生看一看，把翳除掉了就清淨了。我們現在就多了一點點，跟佛智跟佛的解脫就不相應。把這個翳除掉就是淨信，永遠不退，一不退就成就了。

「能於一念悉了知，一切眾生無有餘」，了彼眾生的心，了彼眾生的性，無性，性即無性，跟佛的性是一個不是兩個。心佛與眾生是三無差別，眾生根同佛的善根平等平等，經過修，把那眼的翳除掉了，光明顯現了。但是除翳很難，難到什麼程度呢？無量億劫修。

法界一切諸國土　悉能化往無有數
其身最妙絕等倫　此無比行所行道
佛剎無邊無有數　無量諸佛在其中
菩薩於彼悉現前　親近供養生尊重
菩薩能以獨一身　入於三昧而寂定
令見其身無有數　一一皆從三昧起
菩薩所住最深妙　所行所作超戲論
其心清淨常悅樂　能令眾生悉歡喜
諸根方便各差別　能以智慧悉明見
而了諸根無所依　調難調者所行道
能以方便巧分別　於一切法得自在
十方世界各不同　悉在其中作佛事
諸根微妙行亦然　能為眾生廣說法

誰其聞者不欣慶　此等虛空所行道
智眼清淨無與等　於一切法悉明見
如是智慧巧分別　此無等者所行道
所有無盡廣大福　一切修行使究竟
令諸眾生悉清淨　此無比者所行道
普勸修成助道法　悉令得住方便地
度脫眾生無有數　未曾暫起眾生想
一切機緣悉觀察　先護彼意令無諍
普示眾生安隱處　此方便者所行道

這一共有十一個偈頌，只有一個意思，入佛種性。我們能夠在佛智中，以佛的智慧你能得到解脫。解脫的境是什麼境呢？深信。深生清淨信心，永遠不退。信什麼？信佛智，信佛的解脫，以這個信能生長你的智慧。要是會學習的人，就這樣學習，就是你學習應當修行的。一念能了知，是了知眾生，一念間了解一切眾生。了達什麼？了達眾生的心性，讓眾生的心性不違背佛智，不違背自己的本性，這樣學道。十行當中所舉的例子，調御你的身心，把你的妄，把你不正確的念，調順到佛智，相信佛的智慧。

這十一頌，頌的是入佛種性。不但身入，要意入。意入就是我們念入，思想入。佛種性是什麼種性？我們經常說一切智種性，這是根本。怎麼能達到一切智？入大悲心。以智導悲，以悲度眾生，度眾生就是佛種性。這十一頌所頌的，都是悲智雙運入佛種性。

十方國土不出於法界性，在《華嚴經》裡講「法界」的時候，大家掌握這麼個原則。「界」是生起義，就是心，心生一切諸法。在一切諸法所包含的，說境界相的就是一切國土，佛都能去教化。所教化的眾生不可以數量計，十行菩薩也能如是作。所示現的身在眾生莊嚴、微妙，也有示現同類攝的。他這個身是幻化身變化的，說其身最妙，不能跟佛身相等的。這些菩薩，十行菩薩隨順而行，也能如是示現。

「無比行」、「悉能化」，這都是指佛說的。佛刹是無邊、無數的，一切諸佛，有佛刹一定有佛，佛就住在其中。十行菩薩能夠在這個當中現一切眾生前，隨佛，像佛那樣的教化一切眾生，這叫同佛的善根。同時菩薩能以他一身現多身，一一身說一切法，一切身都如是說，這叫三昧，叫寂定。

菩薩所自住的境界是甚深微妙，那就是住在性體，發菩提心、住在菩提性，乃至行菩提道。他能夠化一切眾生故，他的身能變化無數身。這不是戲論，而是眞實，所行所作的，超越戲論了。他的心，常時清淨的，常時是悅樂的，菩薩沒有煩惱的。眾生難度，菩薩起煩惱了，他知道眾生性，眾生沒有的。作幻化佛事，度幻化眾生。

其心清淨常是悅樂的，一切眾生若看見他，都生歡喜心。

同時，這些十行的菩薩，能使每一根都生出很多善巧方便智慧。不同的，這一身在這個世界化度這批人。他另外化個身，在另外另一個世界，要度另一批眾生。千百億化身，化到好多呢？就像地藏菩薩化身教化成佛的，其他的菩薩都如是。

在《地藏經》，佛令文殊師利菩薩測量到忉利天法會來的諸佛菩薩，這些都是地藏菩薩所化度的。文殊師利菩薩測一千劫不得其數，就說明化身無數。佛說了這麼一句話，「吾以佛眼觀故猶不盡數！」不但一千劫測度不到，現在以佛眼觀還達不到完全的數字。佛是爲了教化眾生，推崇地藏菩薩，讓眾生對地藏菩薩生特殊的信仰。十行菩薩的心清淨的，教化眾生也說清淨法，一切眾生聞到生歡喜心。「諸根」是指菩薩所有的身口意，或者他沒有說法，光他身之所行。

我們所受的攝律儀戒，身上所行所作的都在律儀當中，攝受眾生，看著你的行爲就生起歡喜心，就等於聞法，得到勝利，這叫方便。方便裡含著無量的智慧，方便是從智慧生起的方便。每一根所示現的方便，不論眼根耳根鼻根，各個都有差別的。爲什麼要示現這麼多方便呢？十行菩薩要調伏那些難調難伏的眾生，他自己必有善巧方便，在一切法上他得到自在了，沒有障礙的。

十行菩薩跟我們現在不同的原因，是我們沒有善巧方便，在一切法上得不到自在，很固執的，很執著的，這是不同點。同時菩薩教化眾生的處所，十方世界，每個世界都不一樣的。說我們這個現實的國土，這個縣跟那個縣都不一樣，語言不同，生活習慣也不同。再開闊來說全國、這個地球，我們就不可知數。十方世界，十行菩薩就能在這些世界來作佛事。隨順眾生，隨順他所愛好的，隨順他的語言，你得隨順他的文化，風俗習慣不同。

菩薩的善巧方便，在十方世界度眾生的時候都是作佛事，作佛事必須得隨順俗事，說你這個佛事不隨順世間法，那佛事作不成。佛法在世間不離世間法，假使我們的道友，穿上袍子搭上衣到聚落，或者到村子、到縣城，你說：「我要給你們說法！」他們聽你才怪！要示現跟他們同類攝，示現跟他們相同。世界各個不相同，菩薩必須得有這個本事，沒有這個本事不能化導眾生。我們關在廟門裡自己修行，這個不是化度眾生，而是化度自己。等自己的本事學好了，能夠產生微妙不可思議利益眾生的本事，你才能化度眾生，才能爲眾生廣說法。

大家想想看，如果我們給眾生說法，拿著《大方廣佛華嚴經》，你給他念一段經文，他聽得懂才怪了。不可能，你隨順他的語言，把語言改變，道理也得變，隨順眾生善巧方便。加拿大跟美國本來是不分的，但是生活習慣，各個地區不同的。你若把美國的生活習慣搬到加拿大，或者到溫哥華，或者多倫多，不靈了。爲什麼？各有各的生活習慣，你得說他愛聽的話，他不愛聽的話，你拿你的國土這種方式，給他說去他不愛聽，緣法也沒有了。沒有說法聞法的因緣，他不聽你的。

印光老法師，道德是了不得的，用什麼方式教化眾生呢？寫信、問答，度的人很多，這叫契理。契理不契機不行，《華嚴經》既要契理也要契經。契經的意思就跟諸佛合，與諸佛同一慈力，跟諸佛同一個慈悲觀，與諸眾生同一悲仰。「悲」是悲哀自己的業障，或者懺悔，或者苦難。「仰」是仰望諸佛的加持。這叫上契諸佛，下化於眾生，這叫上求下化。求諸佛的佛法，下化，化導眾生，這就叫菩薩。

每位道友經常得這樣想，我學法是幹什麼的？你要去給人家說。我們有錢不捨叫吝財，吝財的因果報應不太大，要是吝法，那個罪業就深了。這個偈頌，前面都說過了，隨著偈文說一說，按他所能懂的，你自己所能表達的，能說什麼就說什麼，讓他離苦得樂該懂，讓他做點好事，別做壞事，別打壞主意，不要坑人害人，這個會說吧。我想我們每位道友都會說，苦是怎麼來的？自己作業來的，招感來的，這樣的學菩薩行。

「誰其聞者不欣慶，此等虛空所行道。」聞法的人，生大歡喜心，但是菩薩行道的時候等於虛空。爲什麼等於虛空呢？不在聞法的眾生身上生起一點點執著，終日度眾生無生可度。這就是有智慧眼，清淨了。智慧眼就是說你有光明照的意思，清淨的意思，沒有其他的一點心思，純粹一心上求下化，把眾生看成即是佛。這樣觀一切法都能明了，「悉明見」。見者之意思，心裡能領會，這個見不是眼睛的見。明見是智慧的照，《心經》的照見五蘊皆空那個見，照見。明就是照，不假作意的，這叫智慧巧分別，這是十行菩薩的所行道。

「所有無盡廣大福，一切修行使究竟。」說他修行達到究竟圓滿了，成就佛了。菩薩所行的道就是諸佛所成的道，菩薩見到這個道，把這個道又說給眾生，眾生也能照著去做，一切眾生都能成佛，這樣說法的福德，無盡廣大。這個福德，利益眾生的時候說福說德，在菩薩的自分，在佛的自分，眾生是空的，福德也是空的，一切皆是眞如法性的本體。一個是體，一個是用，這樣才能使眾生都能達到清淨。「此無比者所行道」是指著佛說的，菩薩也如是作，學佛所作，也能成佛。

「度脫眾生無有數，未曾暫起眾生想。」度了那麼多眾生沒有起眾生念，連想都沒有。我們不一樣，做一點好事就想到我有功德了。我也有這個想法，講經的時候，消災免難了，要講經的時候，那病也就不生了，不講經了，那病就生了。這些想法都是錯誤的，不稱性。但是制止不了，還是會如是想。爲什麼？有惑染故。不是清淨心，他那個心有惑有染，那你得認識到，如果你不認識到，就叫以非爲是。

往往有些道友生病了，「老和尙，您給加持，給迴向吧！」等病好了，把功德推給你。他說：「老和尙，您給迴向，我們的病好了！」我說：「那跟我一點毫不相干的。」他的病好了，跟我有什麼相干？那是他自分的事。他心裡向著三寶，就他這一念，得到加持。

行菩薩道，千萬不要認爲：「我可了不起了！」跟你毫無關係。你念的是諸佛菩薩的加持，人家求了，你當個介紹人，或者介紹地藏菩薩，或者介紹觀世音菩薩，你得念地藏菩薩，或者念觀世音菩薩。他好了是菩薩加持，跟你沒有關係。

誦經也好，拜懺也好，我所聽見的，也就是我的徒弟，吹噓得不得了，好像他的道德很高了。我怎麼說他也不聽。他念大悲咒得到加持，給人家一說就靈，人家向他求大悲水，還經常說他向我求法，我就給他法。我說：「你有什麼法？」沒法。腦殼都剃了，還有髮（法）呢！一根頭髮都沒有，還有法呢！

諸佛菩薩的法，諸佛的法，每位菩薩沒有說這是我的法，連文殊、普賢、觀音、彌勒菩薩沒有說：「這法是我的！」而是三寶的、諸佛的。有些道友不懂這個道理，瞎吹，那是標榜自己、讚歎自己，這個要不得！大家記住，希望我們的道友不要這樣做，這樣做是違背佛意，違背佛的教導。所以度這麼多眾生，沒有眾生想，自己也是眾生一分。

「一切機緣悉觀察，先護彼意令無諍。」先令眾生不要諍。「普示眾生安隱處，此方便者所行道。」我經常說方便，沒有方便善巧不能度眾生。為什麼在《華嚴經》把方便智慧非常注重，方便就是無執著，一切都不執著了。

成就最上第一智　具足無量無邊智
於諸四眾無所畏　此方便智所行道

一切世界及諸法　悉能徧入得自在
亦入一切眾會中　度脫羣生無有數
十方一切國土中　擊大法鼓悟羣生
為法施主最無上　此不滅者所行道
一身結跏而正坐　充滿十方無量剎
而令其身不迫隘　此法身者所行道

悟得法身了，還有什麼迫隘？悟得法身了成就第一智，一切障礙都沒有了。

能於一義一文中　演說無量無邊法
而於邊際不可得　此無邊智所行道
於佛解脫善修學　得佛智慧無障礙
成就無畏為世雄　此方便者所行道
了知十方世界海　亦知一切佛剎海
智海法海悉了知　眾生見者咸欣慶
或現入胎及初生　或現道場成正覺
如是皆令世間見　此無邊者所行道

無量億數國土中　示現其身入涅槃

我們說死了，死了還在無邊世界現現相。現什麼？示現涅槃，把生滅法示現爲不生滅，涅槃就是不生不滅。在無邊無量的國土中，給一切眾生示現入涅槃，入涅槃就是不生死，入於寂靜。

實不捨願歸寂滅　此雄論者所行道
堅固微密一妙身　與佛平等無差別
隨諸眾生各異見　一實身者所行道
法界平等無差別　具足無量無邊義
樂觀一相心不移　三世智者所行道
於諸眾生及佛法　建立加持悉究竟

眾生是世間法，佛法跟世間法是兩個，但是又不是兩個，一個覺一個迷。世間法是沒有悟，佛法是悟得的。覺、迷，就是一心，你前面觀一一相的心，不一，悟得心了，知道沒有眾生也沒有佛。

「建立加持悉究竟」，建立行方便的加持修道，能夠如是認知，佛法即是眾生，眾生即是佛法，依著覺法達到覺悟了。迷了，失掉覺悟了，就叫眾生，其實是一個性、一個體。

所有持力同於佛　最上持者行斯道
神足無礙猶如佛　天眼無礙最清淨
耳根無礙善聽聞　此無礙意所行道
所有神通皆具足　隨其智慧悉成就
善知一切靡所儔　此賢智者所行道
其心正定不搖動　其智廣大無邊際
所有境界皆明達　一切見者所行道
已到一切功德岸　能隨次第度眾生

自己證得的是究竟，但是你度眾生不行，教化眾生要有次第的。大家知道《華嚴經》講圓滿，圓滿怎麼來的？很多不圓滿，把它修成圓滿，達到一性平等是從不平等而達到平等的。圓融自在，是從次第而來的，不是沒次第的。在文中說次第，就說很多方便善巧。「隨次第」就是隨順眾生的根機，有的根深的，你得給他說深法。有的你給他說了他不懂，沒辦法達到，那就說淺法。先讓他知道苦，別造業了，斷集，這個他都懂。次第而達到究竟的時候，所有境界都能明達，都能知道了。

其心畢竟無厭足　此常勤者所行道
三世所有諸佛法　於此一切咸知見
從於如來種性生　彼諸佛子行斯道
隨順言詞已成就　乖違談論善摧伏
常能趣向佛菩提　無邊慧者所行道

這些都是過去現在未來三世諸佛，教化眾生的眞實語言，也就是我們前面講的佛的十力。我們講菩薩行眞實行，眞實行就如是。這一共有十八個偈頌，都是讚歎佛前面所說的眞實語，佛十力的眞實性。這些偈頌是表示佛的加持力，讚歎佛說法度眾生、轉法輪，示現八相成道，那是明生死，認得現生。

一光照觸無涯限　十方國土悉充徧
普使世間得大明　此破闇者所行道
隨其應見應供養　為現如來清淨身
教化眾生百千億　莊嚴佛剎亦如是

破滅無明了，成就佛道了，他就是這樣修的。度眾生都是空的，他說沒有眾生可度，空了，還有個不空，這叫莊嚴佛國土。教化百千億眾生就是莊嚴佛國土，莊嚴佛世界。

為令眾生出世間　一切妙行皆修習
此行廣大無邊際　云何而有能知者
假使分身不可說　而與法界虛空等
悉共稱揚彼功德　百千萬劫無能盡
菩薩功德無有邊　一切修行皆具足
假使無量無邊佛　於無量劫說不盡
何況世間天及人　一切聲聞及緣覺
能於無量無邊劫　讚歎稱揚得究竟

佛都說不完菩薩利益眾生的功德，世間的人能說得完嗎？諸天的天人能說得完嗎？一切聲聞緣覺能說得完菩薩的功德嗎？所以菩薩度眾生的功德，經無量劫稱揚讚歎，說不盡，最後皆成一切究竟。這是〈十行品〉，說行菩薩道，發了菩提心，住菩提心，行菩薩道，下文講的是十無盡藏。

十行品　竟

十無盡藏品

○來意 釋名 宗趣

什麼叫十無盡藏？大家到經文裡就知道了。

現在，明初住的時候，就入了正位。因為相似見眞理，依著正位而起的菩薩行，就是〈十行品〉。因為依著住位的菩薩，發菩提心、行菩薩道。菩薩道怎麼行？十住是發菩提心的，發了這個心，依位來起行。但是，十住跟十行中間還有〈梵行品〉，必須經過梵行清淨行，所起的行是依著〈梵行品〉而起的清淨行。梵是清淨，什麼清淨？身、身業、口、口業、意、意業、佛、法、僧、戒都清淨了，無染無淨的。依著這個位置而起的行，就是梵行，在清淨當中起的梵行，發了菩提心，認得佛的眞性跟自己的本性是一個。認得佛的身口意跟我們的身口意一樣的，佛法僧戒，平等平等。在這個上起的十行菩薩，是通的。現在是一品一品一品，這叫別行。

修行勝進了，還沒到地的位置，叫勝進修行。一個蘊攝義，這是〈十行品〉修行之後，攝受五蘊的涵義。一個出生義，出生，還要生到十地。這叫地前住後，十住之後十地之前，十行沒有自體，依於住，依於後面的地。

「藏」，十無盡藏的藏，藏是含藏的意思。藏經樓裡含藏什麼？藏經。庫藏、寶藏含藏什麼？穀倉含藏著是穀子，這個藏著是什麼呢？十無盡！內體含法界，法界無盡。十行位菩薩所修的功德，功德無盡。每一行利益眾生都是無盡的，我們是按著圓教義講，十十無盡，一共有十藏。

無盡藏一共有十藏，既攝受前面的住行，又啓後的迴向地，迴向到十地。達到什麼目的？「攝前生後，得果爲趣」，達到得果成就如來。這十種藏，後面會一藏一藏的講，這十藏也是依著法來立的名字，菩薩十行就是十無盡，每一行都無盡。菩薩所行的法，使令無盡，然後進入十迴向之法。「使令進向，令使行門不滯」，勝進趣向十迴向，爾後就入地。

○釋文

爾時功德林菩薩。復告諸菩薩言。佛子。菩薩摩訶薩有十種藏。過去未來現在諸佛。已說當說今說。

會主還是功德林菩薩，沒變。「復告諸菩薩言」，又對著法會的大眾說。「佛子」，菩薩行了十行，「菩薩摩訶薩有十種藏，過去未來現在諸佛，已說當說今說。」過去諸佛已經說過十無盡藏，當來諸佛也是這樣說十無盡藏。「今說」，這是功德林菩薩語，現在我就要說十無盡藏。

何等為十。所謂信藏。戒藏。慚藏。愧藏。聞藏。施藏。慧藏。念藏。持藏。辯藏。是為十。

十無盡藏是什麼涵義？先標它的名字，以下就是十無盡藏。因爲平常都念「藏」（cáng ㄘㄤˊ），藏起來的藏。這有兩個音，現在我們念「藏」（zàng ㄗㄤˋ），藏者也就是含藏義。先從「信藏」說，「心淨名信」，信是你的作業，講誠懇講信用，裡頭所含藏的全是信。信是業，持著這個業，心地清淨。心清淨了，這叫淨信，清淨信心，心淨了就叫信。心不淨呢？不信。「戒藏」，戒是什麼呢？「制止名戒」，禁止不許你作，這個事是禁止了。就像我們戒律，只說止持，沒說作持。止，佛制了戒了，你不能去做。

什麼叫慚呢？「慚藏」，「崇重賢善」，對著有道德的人，我們自己感覺慚愧。對著人家有本事的人，我們沒有本事，有慚愧。人家會的我們不會，生起慚愧心，這叫慚愧。「愧藏」，愧有個改悔，慚愧慚愧，愧是「輕拒暴惡」，對待自己的行為，尤其發暴躁脾氣，發完了自己後悔，愧是愧悔的意思。

「聞藏」，你要多聞，多聞必須到處聽法，聽的越多，「餐教廣博」，這就是聞的涵義。「施藏」，這個地方講這個施的藏，「輟己惠人」，布施就是把自己的東西惠施給別人。這是指財物說的，把自己的明了，惠施給別人，實際還是捨義了，布施！什麼叫「慧藏」呢？「決擇諸法」，慧就是對一切事物，能夠下決定心，你自會簡擇。一切法，你能決擇，有智慧。

「念藏」，「令心明記」，讓你自己的心明了，任持。說記得住沒有？記住了，這是有智慧。這是明了，慧心所，慧是了別為義，很清楚很明白。「持藏」，持是「任持所記」。就像我們手裡拿個什麼東西，不要把它丟失，這是持的意思。「辯藏」呢？「巧宣所持」，善巧方便，把義理顯示出來，不是偽辯，而是善辯。

這十種藏，各有各的業用，信戒慚愧聞施慧念持辯十種。它們的用途就是十種的業用，信跟不信，兩者是相對的。不信是渾濁的、不是清淨的，把渾濁除掉，這就是「信藏」。

「戒藏」呢？用遮止的辦法，不要破戒，制止的事，不讓你作的事，你不要去作，遮止為義。「慚藏」呢？心裡想作壞事、想作惡事，生起慚心所，不能作。把這個行為止息下來就叫慚。「愧藏」呢？本來慚愧兩者是挨著的，愧是對著沒有羞恥心，沒有愧悔心。有了愧了，惡的行為能夠止住、不去作。

「聞藏」呢？你若不聽法，怎麼能對治無知！你聽《華嚴經》知道華嚴義理，《法華經》有法華的義理，《楞嚴經》有《楞嚴經》的義理，多聞，聞完了要知道聞所含的義理，依著這個義理而思惟成就。「施藏」呢？它的作用是止你的慳貪。「慧藏」呢？破愚癡，愚癡的人是沒有智慧。

「念藏」，我們念經常提到「念」，因為我們的妄念太多了，所以用正念來止妄念，這是它的作用。「持藏」呢？等於說記憶力，你持著不要忘失了，是持的涵義。「辯藏」呢？這個人不會說話，說話也不在理，「辯」就達到這麼個目的，辯顯理，顯這個理。

這裡還要分別一下。念慧戒慚愧，這五者本身就是性（信）。其餘的五個是隨相。那叫融通義，順著法界之行。性（信）本來就是清淨的，離過絕非。說人無信而不立，信爲根本。你作什麼事，人家不相信你，什麼事也做不成，所以「信爲行本」。《華嚴經》以十信爲本，相信才能入佛道，不信怎麼入？所以說信爲本，「依信離過」。

「慚愧莊嚴」，慚愧含著莊嚴的意思，有慚有愧的人，總是莊嚴的，不會做壞事。戒呢？「戒行光潔」，戒是清淨的意思，在善法上以戒爲主。想要修行、想要入佛法，必須得有戒行才能離過，離了過了才增加善業。但是想增加善業，你得多聽聽道理，必藉多聞，這兩者是連著的。「如聞而行」，增加你的福德智慧。

「念使增明」，我們經常說念念不失，念念不忘，增加你的光明，增加你的大智大慧，增加智。「辯以利他」，同時以這個來利他。慧呢？「慧爲正導」，有慧的方便都是解脫的，導入正知正見。先大概把名詞跟大家說一說。以下講經文。

◎一信藏

佛子。何等為菩薩摩訶薩信藏。

什麼是菩薩摩訶薩的信藏？十無盡藏，每藏都無盡，含著義理多了。我們唱華嚴字母，每個字包含的道理非常之多。第一個，功德林菩薩稱讚與會的大眾，什麼叫菩薩摩訶薩的信藏？

此菩薩信一切法空。信一切法無相。信一切法無願。信一切法無作。信一切法無分別。信一切法無所依。信一切法不可量。信一切法無有上。信一切法難超越。信一切法無生。

每一藏都是十個，十十無盡。空無相無願，叫三空。拿我們身體說，要相信這個身體無相。怎麼解釋？相，即無相。有這個相，這個相不是眞實有的，是假的。要信相即無相，爲什麼？在情執當中，世界是有的，但是理沒有了，事有理空，事法界是有的，理法界是空的。

空是什麼樣子？無相。空是對著有說的，有沒有了就對了。空是什麼樣子？空沒有樣子，無相。既然無相，還有什麼所求嗎？還有什麼願求嗎？以空無相故，亦無願求，也無所求，這就是一切法空，一切法無相，一切法無願。但是，你得信，信完了，你才能行，行完了，而後才能證得了，眞正達到空無相無願。

爲什麼說一切法無生？因爲依他故無生。一切法無生，因爲依他起的，不是自生的，依他而生的，所以無生。

無作呢？一切法是緣起生的，依緣而起，沒有造作。爲什麼？緣起的無作，沒有實體的，無實，可壞性。不實的東西，沒有能所分別，無能無所。緣起性空，因爲性空故才能緣起。一切法無作，無相無分別，一切法無所依，它沒體，沒體依著什麼呢？無體故才說無所依。虛空不可量，廣大無邊，心徧一切處，心性無量故，圓成實（無）性，相信圓成實（無）性的性，圓成實（無）性的性是廣大無邊際。特殊勝，沒有再超過它的，所以勝故無上，超越不了，就深故，甚深廣大無可超過。

這一共有三性。第一個依他起性，性空，沒有所執著相，一切都是假法。假的就是緣起故，緣起故不是眞實的。第二個是徧計執性，說它無相是沒有自己的體性，說它無生無滅，依他起的，無自生。無生即生無自性，沒有自性的性體，生無自性性。第三個是圓成實性，圓成實的諸法是無性的，無性是約勝義來解釋。依他起性、徧計執性、圓成實性，三性一切都是無生的。三性無生，這十法都無所生的，因爲它通三性，這叫無生觀。但是，你得信！信一切諸法依他起的，沒有自性。一切人也好，法也好，自然也好，都是徧計執。因爲無性故，才依性而成，圓成實，這是性成的。要如是觀察，這告訴我們觀察法的方法。

若菩薩能如是隨順一切法生淨信已。聞諸佛法不可思議。心不怯弱。聞眾生界不可思議。心不怯弱。聞法界不可思議。心不怯弱。聞虛空界不可思議。心不怯弱。聞涅槃界不可思議。心不怯弱。聞過去世不可思議。心不怯弱。聞未來世不可思議。心不怯弱。聞現在世不可思議。心不怯弱。聞入一切劫不可思議。

心不怯弱。

若菩薩能如是隨順一切法，生起清淨信，這是信藏。聞到了佛法，不可思議，心不怯弱，不怯弱就是不退墮。所以我們學《華嚴經》，要先講〈大乘起信論〉，專門講起信，沒信沒辦法入。同時你想求功德得先信，沒信不行，信是一切修道的根源。「信為道源功德母」，一切修道的根源。聽到所說深奧的諸佛法，那個不可思議的法，簡直摸不到門，怎麼入？又怎麼進得去？心就怯弱了。一定要追求心不怯弱。《華嚴經》盡是講不可思議，聽到佛所說的不可思議，心不怯弱，我一定能達到不可思議的境界，以不可思議入不可思議，達到不可思議，這個心不怯弱。

眾生界無窮無盡，不是專指著人類說的。眾生界，這是指有情眾生，眾生界是不可思議的，心也不怯弱。聞到法界甚深的緣起，心也不怯弱。「聞法界不可思議，心不怯弱，聞虛空界不可思議，心不怯弱。」佛說一切法，經常用虛空界來顯示來比喻，心也不怯弱。「聞涅槃界不可思議，心不怯弱。」涅槃不生不滅，以我們凡夫的思惟，肉眼所看見的，死就死了，滅就是滅了，滅了就沒有了。但，涅槃是不生不滅。

「聞過去世不可思議，心不怯弱。聞未來世不可思議，心不怯弱。聞現在世不可思議，心不怯弱。聞入一切劫不可思議，心不怯弱。」這是三世，三世還有三世。

現在我們是現在，馬上就進入未來了，我們這個現在又變成過去了。未來還有未來，未來變成現在，未來無窮無盡的，這樣不可思議。「心不怯弱」！第一、第二兩個偈頌，這個心不怯弱告訴我們，它是殊勝的法。

勝義諦，隨順一切生淨信者，聞諸佛法不可思議，心不怯弱。「廣多法不怯」，說三藏十二部，乃至於說是經律論三藏的藏經，你都會背，心不怯弱。你有力承當，一生背不會，兩生背不會，無量生一定把它背會。聞到多大的法，我一定能成就，這是一種。

還有什麼呢？觀心。一切諸法心所成的，觀心，心明了，法自然明了了。再深的法，心不怯弱，爲什麼？越是學習最深的法，你入不進去，就從最淺處下手，不要鑽牛角尖。看你現在的念，這你能看得到，你觀察它，心裡無所畏懼。聞什麼心都不產生怯弱的感，沒有這個感想。乃至於廣多的法，所化眾生，化法化處，化之所歸，對一切法，心不生退怯的感想。

怯弱者就是不堅強，一聽到廣大法，就不想去學，不想去求，這叫怯弱。用通俗的話，知道困難一定向前進，克服困難。不是知難而退，那永遠也達不到。說成佛可難了，要經過無量億劫，斷煩惱說的那麼多，不想成佛了。度眾生，眾生無窮無盡，眾生的性，眾生的感情，眾生各個樣子。有的時候度眾生，受苦受難，你要經過好多挫折，但是心不怯弱。一聽說法界無邊，心生怯弱了。

法界無邊，了法歸心。虛空，虛空依著什麼？虛空無依。但是，「空生大覺中」，虛空生在大覺，覺悟了。涅槃告訴我們什麼？生滅法。不生滅法是沒有分別的。生滅即是不生滅，不生滅而產生的生滅。所以過去一切因果諸法，乃至於空相諸法，總而言之，十正法，心都不生怯弱。不生怯弱，就是要勝進。因爲十無盡藏就是勝進法門，殊勝的勝進，在什麼勝進？十行菩薩講完的時候，還要勝進，還得達到十無盡藏，十無盡藏還得達到十迴向，十迴向還得達到十地。十地後面還要修普賢行，十通、十定、十忍，於一切法，勇猛精進，心不怯弱。

這樣的十行菩薩，在行完十行菩薩行之後要勝進，你到此並沒有究竟。就像我們到風景區，你說把五臺山朝完了，文殊菩薩聖境，你還沒看到呢！那不是眼睛看得到的，要你心看，心看你得行，五臺山有很多智慧燈，這叫聖境。總說，菩薩隨順一切法生了清淨信之後，生大智慧。能行十行法，更向前進，直至成佛，達到佛果，就叫勝進。

聞法不怯弱，《金剛經》上說，如果聞到佛說一切諸法皆空、一切諸法無我的涵義，無我相、無人相、無眾生相、無壽者相，有些眾生生起怯弱感，須菩提就問佛說，這個法，後來的眾生能信嗎？佛告訴須菩提，莫作是說，過後五百世，過去修佛有善根的眾生能深信不已，但是他不是一佛二佛三四五佛種的善根。對《大方廣佛華嚴經》，所有的每一句、每一個涵義，我們現在的信不是淨信。怎麼樣叫淨信呢？先把你的心住在阿耨多羅三藐三菩提，發菩提心上。以那個心所生起的信，信圓滿了。信什麼？信自己佛性，自己性體跟佛無二無別，這是究竟的清淨信。因爲在這個信之後，信不退了，就住在這個信上。

這叫什麼？住在菩提心上。須菩提在《金剛經》上問，云何應住？云何降伏其心？《華嚴經》講的跟《金剛經》的意思大致相同了，但是深入了，經過十個位置的信，我們初講十信位，怎麼信？不但信而且不退了，無住的不退。把心住在什麼上？就是三要道的三心，出離心、大悲心、般若心，這樣才能不退弱，信殊勝，你才能進入十無盡藏。

何以故。此菩薩於諸佛所一向堅信。知佛智慧無邊無盡。

我們講十無盡藏，爲什麼十藏法門先說信藏？何以故？「此菩薩於諸佛所」，這一類的菩薩，在一一佛所，這是專指信藏菩薩說的，這一類菩薩，一向堅信。「堅」呢？從來不懷疑，從來沒有猶豫，任何異說、邪說，不壞他的信心。這是具足佛的智慧，佛的智慧是什麼樣子？佛智慧，沒有樣子，無邊無盡，一切皆知，一切皆曉。爲什麼？因爲諸佛證得圓滿究竟的法性理體，一眞法界。

十方無量諸世界中。一一各有無量諸佛於阿耨多羅三藐三菩提已得。

今得。當得。已出世。今出世。當出世。已入涅槃。今入涅槃。當入涅槃。彼諸佛智慧不增不減。不生不滅。不進不退。不近不遠。無知無捨。

十方的依報國土是無窮盡的，所有諸佛也是無窮盡。約依報、約正報都是無窮盡的，解釋無盡義。過去諸佛已證得阿耨多羅三藐三菩提了，正在說法的諸佛，現在得阿耨多羅三藐三菩提。得到佛果位的，已經得的，圓滿究竟，度生事業已竟，入了涅槃。今得的，現在住世諸佛，我們念的八十八佛，三十五佛是現在住世諸佛，五十三佛是過去諸佛。當得的，當得阿耨多羅三藐三菩提，如彌勒菩薩等，乃至樓至菩薩，將來得阿耨多羅三藐三菩提。已經在世間出世的，已出世者，已經在世間度眾生的諸佛。今出世、現在出世、當來出世，過去諸佛、現在諸佛、未來諸佛，用一句話，「三世諸佛」就說完了。

這一段文說「三世諸佛」四個字就完了，現在把它分開。十方無量世界中，所有的無量諸佛，已經證得阿耨多羅三藐三菩提，證得了，度眾生了，事業已完，化生已盡，入了涅槃。現在才得阿耨多羅三藐三菩提，正在住世說法。當來證得阿耨多羅三藐三菩提，包括現在大家，都是未來諸佛。

所有諸佛的智慧，不論過去現在未來三世諸佛，只要證得佛果位，不增不減，不生不滅，不進不退，不近不遠，無知無捨。總說，一切諸佛都是具足無邊智慧平等平等的。我們用一句話就說了，《華嚴經》要一個一個解說，說已經得了佛的，成了佛位的，並沒有增加。看他修三大阿僧祇劫，好像增加很多智慧，增加很多度生事業，沒有增加。說已滅了，我們一切眾生還沒有成佛！也沒有減少，跟諸佛無二無別。

現在我們聽這個甚深的法，沒有怯弱的感。長遠修，長遠也就是一念。這樣理解，現在得的也好，過去得的也好，未來得的也好，什麼時候得都可以，得到跟未得到的，得到沒有增，未得到的也沒有減。過去出世的，成佛的也不算早。未來還沒有成佛的，將來成佛的也不算晚。

現在我們在釋迦牟尼佛末法當中種的根，再經過無量劫，我們成佛了，跟釋迦牟尼佛比，釋迦牟尼佛也不早，我們也不晚，爲什麼？性體無二故。諸佛所成的阿耨多羅三藐三菩提，無上正覺，跟我們本具的一樣，這個沒有什麼早，也沒有什麼晚，也沒有什麼多，也沒有什麼少。釋迦牟尼佛住世八十年，阿彌陀佛現在住世都十年了，還要經過無量劫也不算長，釋迦牟尼佛也不算短。

你學華嚴義得懂這個。你窮盡法，文殊菩薩智慧無盡，我們沒有得智慧，但在我們本體上沒有減少，在文殊菩薩沒有增多。在性體上，我們跟一切諸佛平等平等，不增不減，無二無別。你得有這種的觀念，因爲一切眾生的體，一切諸佛體，同是如是。說這開悟了，頓悟的，頓悟也沒有快。慢慢地修行經過三大阿僧祇劫，一步一步才開了悟，也不算遲。

這種觀念，三世一念，菩提涅槃。沒有過去現在未來，這是就世間現相說的，以世俗的文字來記載形容，說是有三世，菩提涅槃有什麼去來今？有什麼三世？我們信的資格不夠。十信位菩薩、信藏的菩薩，沒有二念，他相信的！他不但相信，而且信得非常誠懇。這就是前面講的十信位菩薩，那叫「信藏」。

此菩薩入佛智慧。成就無邊無盡信。得此信已。心不退轉。心不雜亂。不可破壞。無所染著。常有根本。隨順聖人。住如來家。護持一切諸佛種性。增長一切菩薩信解。隨順一切如來善根。出生一切諸佛方便。是名菩薩摩訶薩信藏。菩薩住此信藏。則能聞持一切佛法。為眾生說。皆令開悟。

信位的菩薩，從他一發心信，信什麼呢？信佛的智慧，相信自己的自性本體。雖然我們跟諸佛比，跟大菩薩比，相距的太遠了，但是我們總有達到的時候，現在我們這個本體跟佛所證得的、所成就的阿耨多羅三藐三菩提，無二無別。若沒有這個信心，你修不成。若有這個信心，心不退轉，絕對能成就。

這才叫成就，無盡無邊的信，這個我們前面講過，又加成十無盡藏。信無盡，這個信心，任何力量破壞不了的，性是本具的，相信自己本有的。什麼染濁都染濁不上的，儘管怎麼樣污濁，你一定能成佛。這叫信根本，相信根本智慧，心不雜亂，根本就沒有染濁。常時如是念，這叫根本，隨順聖人就隨順佛菩薩教導，只要信心誠懇了，那就入了住了，心再不變了，那就隨順聖人住如來家。信就能入，唯信能入。「信為道源功德本，長養一切諸善根。」都是從信來的。有這個信了，信達根本能護持一切諸佛的種性，能夠增長一切菩薩的信解，能夠隨順如來的善根。這個信是出生一切諸佛的方便善巧。

為什麼到了十行菩薩又回過來說信？十行菩薩之所以能這樣做，因為以前信的關係，不信他做不到的，他信了之後能住在這個心上面，發這個菩提心，那就有如是了，歸根結底還是信來的。所以重新說「信藏」。

每位道友將來成佛的時候，你才知道，這是我最初發起的那一念信心。成就了信成就，達到這個果德，就是這個信！能夠長養菩薩的信解，隨順如來的善根，成就成佛的一切方便；回過來說，沒有智慧的信，他生長的是無明。有了這個信，他生長的是智慧。這個道理懂得了，我們要保持我們這個信，讓它天天增加，我們經常說，念念不退，念念增長，都是念成就的。

念，再深入一點，就是思惟修，說你現前這一念心，跟諸佛成就的究竟圓滿心，無二無別。大家共同學習的時候，那個信心是增長的，如果離了課堂，那就不是的。念佛，你念的時候，那信的不眞。怎樣不眞？沒有相信自己是阿彌陀佛。

我們每位道友盡是念佛的，你念佛，「阿彌陀佛！阿彌陀佛！」你念念相信「我是阿彌陀佛，阿彌陀佛是我。」有這個信心嗎？你那念的是阿彌陀佛，我是能念的，阿彌陀佛是我所念的，我跟佛是兩回事，他住在極樂世界，我住在娑婆世界。他是清淨無染，我是染汙成身的。你這個身是染汙成的，佛是清淨的法身，無論你學哪一法都如是。現在我們在這學習，應信，這時候生起了，但是靠不住的，前一念信，後一念就不信了。所以要念念相續。

說你沒入信藏！信不入位，是虛假的。所以要講信入位，才不退。要想成佛，要想達到十無盡藏，爲什麼〈十行品〉圓滿了，說十無盡藏呢？告訴我們，你從頭回顧一下，行才能入向，向而後才能入地。全是從信來的。沒有那個信，你到不了，沒有那個信，你行菩薩行，這十行你做不到的。你能行十行是因爲信來的，這是菩薩的信藏，所含藏的全是信。如果發菩提心住在信藏，因爲信才肯學，才肯去行！你才聞此一切佛法。自己聞到了，又給一切眾生說，令眾生開悟，十無盡藏，這叫「信藏」。感到你成佛了，究竟了，成就一個最初的信。十無盡藏，信爲首。這是「信藏」。

◎二戒藏

佛子。何等為菩薩摩訶薩戒藏。此菩薩成就普饒益戒。不受戒。不住戒。無悔恨戒。無違諍戒。不損惱戒。無雜穢戒。無貪求戒。無過失戒。無毀犯戒。

「佛子，何等爲菩薩摩菩薩戒藏？」信了之後，遵守佛的教導，持菩薩戒。這個戒注重什麼呢？饒益有情戒，此菩薩成就饒益戒。大家不要在文字上執著。若在文字上執著，《華嚴經》好像是反對戒，不是這樣。若執著就錯誤了！爲什麼？普饒益一切戒，就是饒益一切眾生。不受戒，不住戒。不受戒，還持戒幹什麼？不受戒，住在什麼地方？不住戒，住在戒藏裡，是饒益有情。無悔恨戒，這個你在戒文上找不到的！十戒藏，不是在戒文去找的。無違諍戒，不損惱戒，無雜穢戒，無貪求戒，無過失戒，無毀犯戒，這叫戒藏。

云何為普饒益戒。此菩薩受持淨戒。本為利益一切眾生。

前面說個名字，文中一個一個解釋。什麼叫饒益戒？「云何爲普饒益戒？」爲什麼加個「普」字？沒有簡擇，普徧的，平等的。這個戒，專門幫助別人度化眾生，受持普饒益，沒有分別沒有簡擇，目的是利益一切眾生，就叫饒益有情戒。

云何為不受戒。此菩薩不受行外道諸所有戒。但性自精進。奉持三世諸佛如來平等淨戒。

什麼叫不受戒？不受戒是指不信奉外道。大家受三歸就說了，歸依佛，就不要歸依天魔外道。不受戒，此菩薩不受行外道諸所有戒。「但性自精進」，奉持三世諸佛的平等淨戒。不受戒是指不受邪戒，什麼雞戒、狗戒、牛戒，不受這個戒。受三聚淨戒，饒益有情戒，攝善法戒，攝律儀戒。因爲那個時候在印度，有受雞戒的，有受狗戒的，有受牛戒的，各個戒不同。

菩薩受的戒，是饒益一切眾生，菩薩持戒也是爲饒益一切眾生。我們受比丘戒，是給一切眾生作榜樣的，讓他向一切比丘看齊，向比丘學習。有關外道的戒，講講故事。

〈大毗婆沙論〉一百一十四卷，有兩位外道，第一個叫布剌拏憍雉迦，他受持牛戒。第二個叫頞剃剌羅栖你迦，他受持狗戒，他們兩個在受戒以後了，經過一段長時間，到佛的處所，請問佛，先說一些讚歎話，讚歎佛。

後來布剌拏憍雉迦就先問佛，他說，跟我同來栖你迦，他受持狗戒，受這個戒，當生何所？佛告訴他：「這個問題，你不要問，止！」「止」就是不要問。布剌拏憍雉迦說不問他解決不到問題，又再請，佛還是告訴他不要問。三請，「你非要問不可，我就告訴你吧！諦聽，你如實的來聽！說是受持狗戒的，沒有缺犯。清淨受持了，當來生什麼呢？當生狗中。」受持狗戒，還不生到變狗嗎？說要是持戒沒持好，當有毀犯，當墮地獄。就是持了清淨戒，當生狗，變狗，沒有持戒好，犯了戒了，當墮地獄。

聽到這個話，他們二人就哭了，悲哀的不得了，世尊告訴他們說，「我先告訴你，叫你不要問，你非要問不可。問完了我跟你說了，現在你不高興了吧！」布刺拏憍雉迦說：「世尊！若是這個人持狗戒，生在狗趣，我很悲哀的。」頞剃刺羅栖你迦不持這個戒，也不會生到狗趣。布刺拏憍雉迦又說：「我是持牛戒的，我也來想問問世尊，大慈為我說。像這樣子，我持戒不犯，我當來生到何處？」佛告訴布刺拏憍雉迦：「你當來墮牛，若戒犯了，當來下地獄。」也如是，跟狗戒一樣的。我們受佛戒，受佛戒，當來成什麼呢？這個你不要問了，當來一定成佛。「不受戒」，是指不受外道戒。

云何為不住戒。此菩薩受持戒時。心不住欲界。不住色界。不住無色界。何以故。不求生彼而持戒故。

「云何為不住戒？」菩薩受持戒的時候，心不要住在欲界，不要住在色界，不要住無色界。我們受戒的時候，三歸納體，以後是你的本心，每個戒條告訴你，這個戒是不住三界的。爲什麼？不求生欲界、色界、無色界。求的是什麼？受戒的時候，是了脫生死，猶如大乘戒是入涅槃。你受比丘戒是以大乘心受的，完全是菩薩戒。受戒是依心，像我們受戒是依著戒相，菩薩受戒的時候，依心而制戒。依著戒而護心，護持你的清淨心。

因爲唯求菩提而受戒，佛的弟弟難陀尊者，佛要度他的時候，他捨不得他的妻子。他的太太叫孫陀羅。佛用善巧方便引他，把他帶到天上。他一看到天女，比孫陀羅太強了，看見那個天上每個宮裡頭，有天男、有天女，唯獨有一處宮殿，完全是天女，美麗的不得了，孫陀羅比那天女差遠了。但是宮殿裡頭沒有男的，沒有天男。

阿難陀問佛：「這間宮殿爲什麼沒有男的？」佛說：「你問問天女。」難陀就問天女：「妳們這個殿爲什麼沒有夫主？」她說：「我們有夫主！現在沒來。」「妳的夫主是誰？」「佛弟，難陀。」釋迦牟尼佛的弟弟，難陀。難陀說：「我就是佛的弟弟難陀！」天女說：「你不是，難陀是僧人，是披著袈裟的。所以你不是。」難陀是這樣才出家的。以前他不肯出家，他一聽天女說，他就剃髮出家，持戒，他爲什麼持戒？爲了佔有那幫天女，準備生天去。阿難經常找他開玩笑，就譏諷他說：「心雖然受戒，持戒了，欲念所牽，不是持清淨戒的，也不是受清淨戒！受戒的時候，就爲了要生到那個天。你是這樣繫念。」這是一個故事。

說你受戒的時候，心不要住在欲界，也不要住色界，也不住無色界，無住！這樣無住來受戒的，無住生心，無住制戒。這叫菩薩行的第一行，無著行！方便善巧無著，你這樣就有執著了。受戒不要有執著，這樣叫無著。

云何為無悔恨戒。此菩薩恆得安住無悔恨心。何以故。不作重罪。不行諂詐。不破淨戒故。

「云何爲無悔恨戒？此菩薩恆得安住無悔恨心，何以故？不作重罪，不行諂詐，不破淨戒故。」何爲是持戒？爲不悔故。何爲是不悔？歡喜故，乃至於證得大涅槃。此菩薩安住無悔行，不作重罪，沒有諂詐，不破清淨戒。受持淨戒的時候，爲心不悔。什麼叫不悔呢？爲受樂故。何故受樂呢？爲遠離世間故，遠離世間，遠離諸苦，這叫遠離。

爲什麼要遠離？爲安隱。爲什麼要安隱？因爲見到生死的輪迴，太痛苦了。因爲要得到安隱，得到安隱就是入了禪定。爲什麼要入禪定？因爲入了禪定，能開智慧，開了智慧能明理，明理了才能更深入。明什麼理呢？生死過患。生死病這種過患很多！見著這個生死的苦難，心裡頭不去貪著它，要離開它。心怎麼能不貪著？必須得解脫，才能達到究竟解脫，證得無上阿耨多羅三藐三菩提，證得涅槃。所以自心不貪著，爲什麼？爲得解脫故。

爲什麼要得解脫？要證得無上大般涅槃。爲什麼要得大般涅槃？常樂我淨，把四苦變成四樂。爲什麼要得個常樂我淨？爲得到不生不滅。什麼叫作不生不滅呢？見佛性。

一問一解，一問一答，這是解釋。解釋什麼？證得不生不滅，就叫涅槃。菩薩持清淨戒的目的，是達到不生不滅。不生不滅就究竟了，就成了佛，這叫無悔恨戒。當你受戒，有沒有悔恨心？當你受了戒，出了家，後悔不悔？簡單說，不欺詐，不諂曲，不破淨戒，這叫無悔恨戒。

云何為無違諍戒。此菩薩不非先制。不更造立。心常隨順向涅槃戒。具足受持。無所毀犯。不以持戒惱他眾生令其生苦。但願一切心常歡喜而持於戒。

「云何爲無違諍戒？此菩薩不非先制，不更造立，心常隨順」，說不違背戒。這個戒都是按佛所制的，這個戒是向涅槃。具足了受戒，具足了受持，具足清淨，無所毀犯。不因爲持戒故，而惱他眾生，令人家生苦，但願一切心常歡喜，而以持戒，這叫無違諍戒。不違背律儀，不違佛的教導，佛所教導的話都是戒。不過，沒有立條文，這叫不違諍。

云何為不惱害戒。此菩薩不因於戒。學諸咒術。造作方藥。惱害眾生。

但為救護一切眾生而持於戒。云何為不雜戒。此菩薩不著邊見。不持雜戒。但觀緣起。持出離戒。

什麼叫不惱害戒？此菩薩不因於戒而學諸咒術、造諸方藥，惱害眾生！但爲護眾生而持戒，不是想惱害眾生持戒，這句話怎麼講？我們持戒還會惱害眾生？你持戒，有時候傷害到眾生，持戒對非持戒者，一定爲有，一定爲無。說無，就是斷；說有，就是常。斷常的知見，就叫雜。

正見是什麼意思呢？不斷不常，非斷非常。正見不是邪見，離開斷常，諸法緣起生，觀一切諸法，離開性體，緣起無自性。緣起要離開性，緣起不存在了。緣起法是有？是無？緣起的是有，緣不常！緣滅了，就是無。若持著非有非無，這叫持，這叫正見。執有執無，就叫邪見。這是雜亂，容易讓人生煩惱。眞出離故，眞正持出離戒不著邊見，就是不著二邊，也不執有也不執無。觀一切諸法，觀性體隨緣起，當觀緣起。這樣持出離戒，出離二邊。當觀緣起，觀緣起就是觀性空，緣起而性空，性空而產生緣起。

爲什麼說這個戒條呢？大家想想看，我們學戒的都執著有。你犯了，叫你不要作，都執著有。學禪宗的持戒，他又執著空。執著有的就叫常見，執著空的就是邪見、斷見。這兩個混雜於正戒當中，就是雜戒。

這種事實我是經過的。像我們在鼓山學堂，那不叫佛學院，叫學堂，跟禪宗的禪院是緊挨著的。禪堂就批評我們！我們那時候講戒、講戒條，我們學堂跟著慈舟老法師，大家都過午不食。

禪堂呢？晚上吃得最好，特別是打禪七，學堂也參加禪七。那時候參加禪七，晚上有特別的獎勵，現在可能都沒有了。坐完禪的時候，晚上一定給個大包子，那裡頭包的餡非常多，有各種香料包的，非常好。我們學堂的，晚上不能吃，學堂好多同學一人給一個，送到我們學堂，留著隔天早晨，下稀飯吃。禪堂人就謗毀學堂，晚上吃的，你們不吃，等到隔天早晨才吃。這個算不算是持戒？這是一種。

禪堂的雖然他不執著，但是執著空義。禪堂說什麼都不要學，入定就行了。選佛場，入定一開悟，明心見性。我們學堂的說他執空，禪堂的人，火氣特別大，一天就是那樣坐著，火氣非常的大，一氣就冒火。學堂的人，什麼事都隨緣，所以就爭執出離戒，一個是常見，一個是斷見。斷常二見，就是邊見。菩薩他持戒，不著斷見，不持雜戒。這是解釋雜戒。但是我們持戒持的是有。學禪學淨土的，不按著戒條走，就執於斷。這兩者都不對，這叫雜。

持戒的人不產生邪見，不執著有不執著無，不執著斷也不執著常。那就看緣起吧！緣起諸法，你既然緣起，在這麼個因緣下，菩薩如何處理？以你的智慧心來處理。講戒條，在大陸上開緣講的很少，佛制戒的方便。看《廣律》，看《十誦律》，還有〈大毗婆沙論〉，在論藏裡頭律藏，論本裡頭也是有戒。緣起是大乘法，「緣起性空，性空緣起」。

學戒的時候，沒有學大乘緣起，「性空緣起，緣起性空」。大乘了義教，只是說不夾雜煩惱。持戒是清淨的，不要因持戒而又生出很多煩惱。這叫持出離戒，出離三界的意思。

我有一位學生，日前打電話跟我說，他現在在南普陀佛學院，每個學期都講〈常住規約〉，常住規約是共住的規則，不叫戒，叫清規。百丈大師立的清規！一日不作，一日不食。到中國來，每個寺廟都有土地，而且土地很多！是弟子供養的土地，和尚就自種自食。北京檀柘寺，先有檀柘寺，後有京城。為什麼檀柘寺被人家消滅得最早？滿清的時候就把它消滅了。京西八縣的土地，大多是都是檀柘寺的。農民吃什麼？農民只能給廟上當長工，老百姓對你就恨了，不是歸依三寶，而是恨三寶，三寶佔有那麼多土地。

清規戒律呢？百丈始立清規戒律的時候，比丘一日不作，一日不食。後來我們的叢林大多數都是禪宗叢林，出坡種田。這個戒律，若依著大乘而講，很圓滿。依著小乘講戒律，戒律跟禪宗就是鬥諍。所以我們法師在鼓山湧泉寺，我們講戒律，常住就反對。出坡，我們學堂不去，凡是常住的事，我們學堂不去。我們學堂要持律儀，持律儀戒。常住是共住的，常住有什麼事，學堂不去。因此，在常住裡辦學校非常困難。沒有一個常住裡辦佛學院，想要辦得很好的不可能，兩者是矛盾的。何況我們講戒律，常住分配的原則，按常住清規的。但這個算不算持出離戒？出離戒，算不算不離戒？禪吧！產生邊見。佛在世的時候正法，證道者多，佛滅後五百年，修道者多，證道者少。

佛滅度後一千年，叫末法。末法是什麼堅固呢？前五百年持戒堅固，中間五百年還能夠持戒，沒有什麼鬥諍，還能住持常住。感到一千年之後，我們這個時候是鬥諍堅固，一天就鬥。我們普壽寺還沒有鬥，淨土部不跟戒研部鬥，戒研部也不跟華嚴部鬥。各個廟、各個堂口鬥，爭多爭少！沒有戒律，但是必須得有常住規約。百丈清規，馬祖建叢林，和尚是散的，像印度一樣，山林中自己修個小茅蓬住！現在這個現相還是有，一到山裡，這個現相就有。我們這是普壽寺，那是大華嚴寺，每個寺算不算一個一個小營盤？這本身就不是戒。結夏安居，我們結夏安居，廣濟茅蓬也結夏安居，那也結夏安居，到處都是結夏安居。是在一處？還是在多處呢？

現在已經快近兩三千年了，離開更遠了，比鬥爭堅固還堅固，這是末法現相。說是不雜戒，現在能持雜戒都好了。不說不雜了，連雜戒也不要了。我們現在是依理上講，《華嚴經》的戒，注重理。定有定無都不對，定斷定常都不對。非有非無，非斷非常，說什麼呢？緣起諸法，這個就算持，非空非有。這樣沒有煩惱的雜亂，凡說雜、凡說亂，這就煩惱。

持戒的目的，離煩惱得解脫。戒是別別解脫，讓你解脫！現在學習不求解脫，求束縛。因此鬥爭堅固，都是各說各的好。禪宗說禪宗道場好，寶華山是律宗道場，說律宗道場好，各說各吧！都有道理，爲什麼有道理呢？佛說的！禪定錯了嗎？沒錯！戒律錯了嗎？沒錯！佛在世的時候不同，它是圓融的，依戒生定，戒才能生定，戒是根本。沒有戒定不了的，沒有定慧不成的，戒定慧三學不能分的。

爲什麼戒定慧對著貪瞋癡？戒定慧專門對治貪瞋癡，現在我們講《華嚴經》，貪瞋癡、戒定慧，貪瞋癡的性是什麼？戒定慧的性是什麼？一個！也沒有貪瞋癡，也沒有戒定慧，這叫緣起，隨著什麼因緣生起什麼法。特別講到戒，現在大家學戒的時候，知道一個不雜，不要去執著，學解脫。

依著現在的常住清規，百丈清規，有的寺廟講，有的寺廟連清規也不講了。大家一進山門，大殿旁邊擺的兩個牌子，清規，沒擺戒律，一個是清，一個是規。清淨軌範，祖師來立清規的時候，也不是一般的，他爲了糾正錯誤，立清規。有的清規跟戒律相合的，有的清規跟戒律不相合。我們舉最根本的，佛在的時候，托缽乞食。在印度，佛不許我們自己立個竈，再立個大寮，燒鍋作飯，在印度絕對沒有，要托缽乞食。在我們這個國土，托缽乞食，你辦不到，一天只有挨餓，那能餓得一天，還可以勉強。兩天行嗎？三天行嗎？那不餓死嗎？這叫緣起，大家在這個問題上一定要深入，「緣起性空」，這就隨緣吧！入方隨俗，到什麼國土，隨什麼國土的現相。

云何為無貪求戒。此菩薩不現異相。彰己有德。但為滿足出離法故而持於戒。

「云何爲無貪求戒？」無貪求戒，此菩薩不現異相，彰己有德，但爲滿足出離法故而持於戒，這個叫無貪求戒。這一條包括我們比丘，比丘尼戒裡好多條。這裡頭有多種現相，現矯異相，現自親相，現激動相，現抑揚相，因利求利，這叫現異相。這個時候無貪，無現異相，現異相犯戒了。彰己有德，現異相的目的是什麼？「我是有道德的，供養我！」因此不現異相。戒是無貪求，無貪求而持於戒。

現異相的問題就很多，比如說在過去，我們穿袍、搭衣、持鉢。這個袍是中國定的，這是明朝跟漢朝的服裝，佛經上沒有。我們怎麼改良的呢？佛不是穿裙子嗎？我們那個袍子下是兩層！那是裙子，上面兩個大袖就是代表五衣。穿著袍子就具足衣和裙子，這是代表不了的。這是中國的改良。一種是現矯異相，或者是自親相，跟人家本來沒什麼熟，裝是認爲親戚。有些出家人和喇嘛，對於信徒們，認乾媽！認乾爸！一位出家比丘，自己的爸爸、媽媽都捨棄了，還去認乾媽、乾爸？這就是自親，拉親戚關係。人家有錢，貪求供養！激動相，抑揚相，爲了貪求利養，把自己化妝成爲頭陀。

第一種現矯異相，大家看過《頭陀經》沒有？有十二條行頭陀，現矯異相。想貪利養得不到，沒有緣法，怎麼辦？把自己裝扮成頭陀。他自己這樣想了，若這樣一幹，緣法就有了，就有供養了。這樣行頭陀相，就叫矯異。現怪相，就看他怎麼用心，有人是另一種用心，他現矯異相不是爲了求化緣。

在香港我有位同學，大光法師，〈影塵回憶錄〉是他整理的。他出家以前當過記者，那時候我們國家初期，沒有僧相了。他從香港來，來的時候在上海住，特意穿上黃袍紅祖衣，拄個錫杖。那錫杖是機械式的，不是拿著很長的，但是拿來在皮箱裡就擱了，一個筒一個筒的套，一到一拉開，變成大的錫杖，像地藏菩薩拿的九個環。穿著黃袍，搭上祖衣，拿九鈴環的錫杖，托個鉢。到哪去走呢？上海大馬路。一穿那個黃袍子，搭紅祖衣，拿個錫杖，這手托個鉢，搖搖擺擺。他跟我形容，我笑得不得了。他不是像正常人走路！他拿著那個鉢就這麼托著，惹的那些人都圍著看！交通斷絕，警察就把他帶到派出所。因爲他是香港來的，那時香港屬於別的國家，沒辦法，當天就把他遣回去了。

我說：「你爲什麼要那麼做呢？」讓人們認識佛法，現這個相，這就是佛法。我說：「你現怪異，人家能把你當成佛法嗎？」他不是求名求利的，若是求名求利的，現個頭陀相就會在那裡化緣。行十二頭陀行，他認爲修苦行僧，人家願意供養。因此他現頭陀相，這是一種。

第二種現自親相，爲貪求利養，到檀越家說，你們就像我父母兄弟一樣的，年紀大的就是兄弟兄妹，老的就是跟我父母一樣的。跟人家說這些話，拉親戚關係，有的認乾媽、有的認乾爹，爲什麼？爲了名利，經常到護法家裡走動，這就是求利養。本來不親，裝起來跟人家認親，跟在家認俗親，這是第二種自親者。

第三種現激動相，激動是什麼意思？想得到財物，就是貪相！跟施主說，什麼樣好的鉢，什麼樣好的衣，這是很難得的！說你要供養我這個，你的功德無量！如果這家吃的飲食，再給人講別的家的飲食怎麼好、怎麼好，讓這家做好的飲食給他吃，這叫激動。說些話刺激別人，讓別人動了心，給他的好菜飯供養，或者給他的財物。自說功德，貪求利養。

第四種現抑揚相。跟檀越言，「你太慳吝了，不布施要下地獄的，你發不了財的。」檀越就害怕了，師父說的！這等於是咒信佛的人。趕緊供養他，這樣子來抑揚，令施主來供養他，就是抑揚。

第五種因利求利。怎麼叫因利求利呢？以衣、鉢、僧伽梨、尼師壇等資生之物，或者對施主說，或者對那些達官貴人說，若供養這些東西能得大的好處。你應當供養我，另外的拿些小恩小惠。在西藏，「我這個是哪個大德作的，我給你了，你得到加持！」他要是施捨供養沒什麼，但他是我給你這個，必須得回扣，就像作生意收個回扣，因利來求利。他給人一文錢，人給他一萬塊錢，這個利潤就大了，這是因利求利，這不叫持戒，這是說「戒藏」裡的壞處。

云何為無過失戒。此菩薩不自貢高言我持戒。見破戒人。亦不輕毀。令他愧恥。但一其心而持於戒。

「云何爲無過失戒」，菩薩不自滿也不要自高，絕不能說我是持戒者，自己持清淨戒，按戒行來作。不要看別人破戒，輕毀他人，標榜自己，自己一心持戒好了。不然這就有過失，說見破戒的人，或者特別見還俗的比丘，應當作什麼樣的觀想？自己不自高，你別看他破戒，他將來成佛也許在我前面，作這樣想。不見那個犯戒的過失，不看人家的過失的意思。人家見了破戒的人，或者三寶弟子信了三寶之後，而後作的又不是三寶事，你就挖苦他，或者輕慢他，或者輕毀他，使他生起難過心，這不是菩薩應該作的。

在他犯了戒，常住裡頭是不共住的，把他擯除，常住裡頭作羯磨法的時候，這是對的。在外頭，你對著他不要輕慢他，你若輕慢他，使他跟三寶更加敵對，使他更加不容易悔改。如果是看到破戒的人，或者是犯了錯誤的，你還要愛語、軟語攝持他，讓他悔改，讓他再重新淨修。

擯除是對的，那是常住的羯磨法，不是個人。但是另一種觀念是什麼呢？你想折伏他，替他消災。但是你要考慮、要觀察，他能不能接受？不能接受的，那你說了，反倒增上他的惡緣。見破戒人不要輕毀，自己把自己的戒律持好，就好了。菩薩見一切眾生都要度的，不能夠見了眾生的過惡，菩薩若見眾生的過惡，那菩薩不叫菩薩，你怎麼度眾生？眾生是有過惡的，他沒過惡還墮到三塗，墮到什麼六道嗎？行菩薩行的人要大慈大悲，不見眾生過。有破戒者，他有過失，菩薩不要自高自大的，我是持戒的，你是破戒的，這就不是菩薩。

「戒藏」裡頭事很多，我們講「信藏」，沒有「戒藏」的多，這是講「戒藏」。這一藏裡頭含著惡惡，是是非非，不然怎麼叫藏！含藏義。說十住、十信，十信滿心了，十住，十行的菩薩到了行菩薩道的時候，一定要具足十無盡藏。這裡含著很多的是是非非，在行菩薩道時候有很多的過錯，你都要修改，不是盡說好的，應當注意。這叫無過失。

云何為無毀犯戒。此菩薩永斷殺。盜。邪淫。妄語。兩舌。惡口。及無義語。貪。瞋。邪見。具足受持十種善業。菩薩持此無犯戒時。作是念言。一切眾生毀犯淨戒。皆由顛倒。唯佛世尊能知眾生以何因緣而生顛倒。毀犯淨戒。我當成就無上菩提。廣為眾生說真實法。令離顛倒。是名菩薩摩訶薩第二戒藏。

「云何爲無毀犯戒」，無毀犯，說行菩薩道的菩薩應當永遠斷殺、盜、邪淫、妄語、兩舌、惡口、無義語。無義語就是綺語，沒有意義的話不要說。還有貪、瞋、邪見，邪見就是愚癡。癡，有時候說邪見，有時候說癡。這叫十惡，菩薩是具足十善業，持十善業不犯，就是攝善法戒，十善就包括一切善。攝律儀戒，前面講這個是攝律儀，這時候是攝善法戒，三聚淨戒。

第一個講的是饒益有情戒，又講攝律儀戒，這個十善，攝善法戒。菩薩持這個戒的時候，無有毀犯。不是自己菩薩觀念的想，一切眾生！為什麼他要犯戒？顛倒。他所造的業，自己控制不了。他有犯的時候，菩薩就這樣念，一切眾生毀犯清淨戒，都是他的顛倒。我們說煩惱也可以，唯佛世尊才能知道眾生什麼因緣使他顛倒，不是無緣無故的就顛倒。凡是犯戒必須得有緣，通願法師作了一部〈尼眾戒相表〉，專講緣。你看〈戒相表〉後面，說這個戒十緣成犯，五緣成犯，八緣成犯，必須達到八緣具足犯了。八緣之中少一緣不犯，不犯究竟，犯是犯了，這條戒不能成就，說它犯了，那叫開緣。

我們講戒的時候，要把緣講好。例如說殺戒！殺因，殺緣，殺法，殺業，在他的業裡頭，還包括三種，他殺沒殺死，沒犯究竟。後來因傷而死，不是殺死的。現在法律，我跟人打架，拿槍把人打了，當時沒死，抬到醫院去治療，他死了，不犯究竟殺戒，不能判死刑。殺戒，我們定的殺戒是當場殺死，命根斷故，命根就是再不能相續了。因傷到醫院治療，當時沒死，抬到醫院去，一治療，因傷致死，不犯究竟。

偷盜，菩薩把這個物品舉離本處，好比我想偷盜，値五錢以上，這個「五錢」，我始終沒研究出來。「五錢」，究竟値我們中國錢好多？印度佛家，佛在世時候的「五錢」，是五個銅板？是五個銀圓？還是五錢？必須得達到這個，舉離本處。這個東西我想拿，一舉本處，哎！不能拿，拿了犯盜戒，又擱回去了。菩薩戒犯了。比丘戒，還沒犯。

研究戒，多看幾部。爲什麼定那麼多部？佛當時制戒的時候，同是殺戒，跟張三說的戒，跟李四說的殺戒，兩個說的不同。不是戒不同，殺戒是同，緣不同，什麼因緣？爲什麼他要殺？從你起殺心。殺的心，之後想種種方法，這叫殺法。什麼因緣要想殺？這叫殺緣。感你要作起來，殺具，拿刀子殺的嗎？拿根子打的嗎？拿石頭打的嗎？這叫殺具。每一戒條，因、緣、法，都有緣起的。一切眾生犯淨戒了，顚倒。顚倒是糊塗！糊塗是沒有智慧！他爲什麼顚倒？一般人就不能知道了，唯佛世尊能知道，他是什麼因緣生起顚倒。這裡包括宿業，過去跟他多生的因緣。

喝酒不是重戒是輕戒，但是，喝了酒犯了殺、盜、淫、妄。因爲喝酒一戒，犯了前四戒，都犯了，這就不同了。菩薩可就不同了，菩薩賣酒，說我開酒店賣酒，這個戒個可就重了，殺、盜、淫、妄都在內。賣酒的人犯這些戒，酒等於迷魂湯，讓人家去犯殺、盜、淫。所以，沽酒戒很重。戒裡頭毀犯戒的時候，都有顚倒，因爲顚倒了他才犯戒。我讓他不犯戒，讓他不顚倒。我當成就無上菩提，廣爲眾生說眞實法，不明心！沒有智慧，不見性，不是眞實法。說眞實法，離開顚倒，眞實法就是說我們的戒！戒是眞實法，讓他明了。我們說把一個戒眞研究透徹，隨那個國土的形式，隨當時犯戒的因緣都得弄清楚，之後作懺悔的時候使他不顚倒，令他離開顚倒。第一個講「信藏」，第二個講「戒藏」。

◎三慚藏

佛子。何等為菩薩摩訶薩慚藏。此菩薩憶念過去所作諸惡。而生於慚。

「慚藏」，一般說就是慚愧。慚愧含著兩種，一個是過去，一個是未來。有時候說，慚是內心裡的，愧是對別人。因爲思念過去所作一些錯誤的事，所作的惡，有時候是你現生的，你可以能知道，過去生的你就不知道了，在你的行爲能表現出來。過去，在佛說的過去宿習，過去搞習慣了。有時候你看那小孩，他沒通過學習，剛會說話或者不會說話，他就表現過去生的貪心。我們說抓週，有的小孩週歲了，擺了很好的五顏六色玩具東西，看這小孩拿什麼，不會說話的，就爬著，他一定拿過去宿業所喜歡的。

我見小孩很小，剛會爬著抓東西，不到八個月他就會說話了，他看見什麼東西都說：「這是我的！」什麼都抓都是「我的」。貪的習氣，他是帶來的，這就是過去生的宿習。有時候把慚，慚者羞天，愧者羞人。慚者對天，我對老天爺對不起，就是這樣意思。愧，就是愧對人，就是愧悔，感覺不該作的事作了。又者，慚呢？自己作的很多惡事。愧呢？愧於人，教人家作壞事，完了後悔。

爲什麼稱「藏」？無量生含藏著很多很多，我們經常拜懺，慚愧慚愧，大凡有點知識的愛說這些話，很慚愧，既對不起天也對不起人，這是慚愧的涵義。在《華嚴經》有時候稱爲「藏」，就是羞恥，約自己跟諸佛菩薩比，常時慚愧，這種把它分開講藏。

菩薩行菩薩道的時候，十行菩薩，教化一切眾生的時候，依哪部大乘經典，或者小乘經典裡都有懺悔。我們拜懺、拜懺就是懺悔。過去作錯的事，我們把它改正了，對人家愧悔的事你把它改正，這是懺悔，這兩個分開來解釋，涵義不一樣。

謂彼菩薩心自念言。我無始世來。與諸眾生。皆悉互作父母兄弟。姊妹男女。具貪瞋癡。憍慢諂誑。及餘一切諸煩惱故。更相惱害。遞相陵奪。姦淫傷殺。無惡不造。一切眾生悉亦如是。

這是「慙藏」。行菩薩行的菩薩，他自己自行觀察，「我無始世來，與諸眾生皆悉互作父母兄弟姊妹男女。」我們跟一切眾生，互相作六親，父母、兄弟、姊妹、夫妻，「男女」就是夫妻，都是因爲「具貪瞋癡，憍慢諂誑，及餘一切諸煩惱故，更相惱害，遞相陵奪。」還有很多其他的煩惱，互相的惱害。一般的都先從自己家庭說起，之後就是六親。都做些什麼事呢？都是煩惱，貪瞋癡、憍慢諂誑，還有一切諸煩惱故，互相惱害，遞相陵奪。「陵」就是欺負人、害人，仗著勢力陵人。「姦淫傷殺，無惡不造。」含藏著這些，一切眾生都如是。「一切眾生悉亦如是。」一切諸佛沒成佛之前也如是，煩惱斷了，證了菩提，究竟成就了。因爲有煩惱才造一切惡業，互相都有煩惱。

以諸煩惱備造眾惡。是故各各不相恭敬。不相尊重。不相承順。不相謙下。不相啓導。不相護惜。更相殺害。互為怨讎。

一般是從自己眷屬開始的。眷屬變了仇敵，再轉世了就是仇敵，不是眷屬。菩薩是這樣思惟的，一切眾生從無始來，都是因爲貪瞋癡憍慢諂誑，這是煩惱所引起的。互相殺害，是因爲有利害關係、有情感關係。愛極了成仇，這都是一切世間相。菩薩思惟、看一切眾生大多都是這樣，這就具體表現無慚，沒有慚心，沒有慚的念頭，自己如是，一切眾生都是這樣。

自惟我身及諸眾生。去來現在行無慚法。三世諸佛無不知見。今若不斷此無慚行。三世諸佛亦當見我。

自己跟一切他人都是無慚的，過去未來現在所行的都是無慚法，不知道慚愧。但是一切諸佛，觀一切眾生看得清清楚楚的。假使一切眾生不斷無慚的行爲，這種造作的行爲不斷掉，永遠改不了。「去來現在行無慚法，三世諸佛無不知見。今若不斷此無慚行，三世諸佛亦當見我。」三世諸佛亦當見我所做這些事，我們作爲佛子，對於諸佛應當生慚心，不能再做了，隨順化教。

我當云何猶行不止。甚為不可。是故我應專心斷除。證阿耨多羅三藐三菩提。廣為眾生說真實法。是名菩薩摩訶薩第三慚藏。

信、戒、慚，第一個是「信藏」，第二個是「戒藏」，第三個是「慚藏」。我們學了佛，讀了佛經，看見諸佛所作所爲，對於一切菩薩跟著佛的教導，前面講「戒藏」，因學戒而生起慚，對戒對信的時候生起羞愧，慚恥。看看自己的相狀，看看心裡所想的，身體所行的，這叫羞恥心。什麼叫無恥？達到無恥了，就沒辦法了。這就是讓人生起慚愧，羞恥。每個人各各思想不同的。我所見到的有些人，我們給他起個外號，「三天不害人，走路沒精神」。他如果三天沒害別人，連吃飯走路都沒有精神了。

這個慚得自己發心去斷，你要想斷得先認識它，你連認識都不認識，怎麼去斷！所以要通過學。學就是自己多觀想，現生的身，我的身及諸眾生，現在所有的行爲都是在無慚法當中。沒有慚愧心，諸佛看見眾生都是這樣，所以諸佛教誨眾生，如果不把這個慚斷了，不能成為佛子，也不能跟佛來學。應當專心斷除，依著佛的教授去作，生懺悔心，這是慚。慚是內心，內心自己觀察生起的。愧是愧對他人，這個分開講，專講慚。經常要生起這樣的心，憍慢心就不生了。自己感覺著不如諸菩薩、不如諸佛，不要跟人比，要跟佛菩薩比。我們跟諸佛學習，有個向上心，這樣才能斷除。慚的藏，把「慚藏」變成功德藏，那就變化了。

◎四愧藏

佛子。何等為菩薩摩訶薩愧藏。此菩薩自愧昔來於五欲中。種種貪求無有厭足。因此增長貪恚癡等。一切煩惱。我今不應復行是事。又作是念。眾生無智。起諸煩惱具行惡法。不相恭敬。不相尊重。乃至展轉互為怨讎。如是等惡無不備造。造已。歡喜追求稱歎。盲無慧眼無所知見。於母人腹中。入胎受生成垢穢身。畢竟至於髮白面皺。有智慧者觀此。但是從淫慾生不淨之法。三世諸佛皆悉知見。若我於今猶行是事。則為欺誑三世諸佛。是故我當修行於愧。速成阿耨多羅三藐三菩提。廣為眾生說真實法。是名菩薩摩訶薩第四愧藏。

「不應復行」，不能再作了。「愧」，不要有這種行為。煩惱又生煩惱，煩惱又造煩惱，又造出很重的業。所有行的，具體來說的都是惡法，互相不尊敬。你不尊重別人，別人也不會尊重你，這是必然的。你要害人，別人還要害你，這是互相的，展轉成為仇敵了，成為怨家了，這樣無惡不作。不過惡有大小，菩薩是制你的心。菩薩一切的戒律都是起念不可以了，起念就犯。我們比丘、比丘尼、沙彌、沙彌尼，都有戒條的，必須造成事實，有這個思想，變成有行為，行為造成了傷害他人的事，這才算犯。現在我們學的《華嚴經》是菩薩行，菩薩行一有這樣的念頭已經就犯了。愧呢？要常時有愧悔的心，因為知道眾生沒有智慧，沒有智慧才起煩惱，因為起了煩惱才去作惡，具行都是惡法。互相標榜作惡，整個世界都是這樣的。

例如說發明彈藥武器飛機，像丟原子彈，一下來幾十萬人就沒有命了。現在如果放原子彈比那厲害好幾十倍，這個是惡心是善心？每一個事物都有兩方面，一個利一個害，但是這兩個還是相連的，有利必有害。你看著那有利可圖，一圖，害就到你的身上來了。比如說現在整個世界上，哪個國家都靠著股票，到交易所買股票，發財非常快，但是受牽累受危險也最快。沒有智慧所作的事都是貪瞋癡，都是煩惱，對人家一點愧悔心沒有。

為什麼？因為眾生無智，起諸煩惱，因為起煩惱才叫惡法。互相不恭敬，當面說好話，背後下毒手，整個社會就是這樣。這邊跟你在外交上辦交涉，那邊就打起來了。國際間是這樣，人跟人也是這樣。你若不防範，不曉得他跟你說好話的時候，背地怎麼害你。你把他當成朋友，什麼都跟他說，這下你倒楣了。

若看〈法制報〉，裡頭說的那些事，你是想像不到的！我們沒有那種邪智邪慧，這都叫惡法。這都是因爲煩惱才起的，無量劫都在一塊堆，六親眷屬，你害過來，我今生要報復。他最初還不想往死整你，或者你不服，越鬥越深，怨仇宜解不宜結，越結越深，這叫煩惱。煩惱就染成惡法，現在殺人不見血，科學發明的惡法就包括太多了。沒有互相對人家尊敬，都是互相爲怨仇，這樣的實際造惡，無不被造，造一切惡。造已了，歡喜追求稱歎，稱歎那個造惡的，鼓勵那個造惡的。爲什麼？沒有智慧眼，一幫瞎子，沒有知無有見，不知道你做一點點的壞事，要加十倍奉還，他不懂這個道理，你跟他說他不會信的。他說：「只看活人受罪，誰看見死人扛枷。」地獄，他不相信的。人間地獄你犯了法了，把你抓住了住監獄，那不是地獄嗎？一樣的。

你到這個世間來，從一開始，怎麼到這個世間來的？於母腹中，人都是這樣受生的，乃至畜生也是這樣，入胎受生，成就了污濁的垢穢之身。乃至於到生了之後，從胎兒變成了髮白面皺，誰都是這麼來的。這個時候在母腹剛出起，經上說的有，叫「名色」，只有名有色沒識，等識加入了，才有識，身體是這樣成的。這一生哪有一塊是乾淨的？讓你修愧，經常這樣觀照。觀恥，觀你這個入胎、出胎，從不淨法所生長的，從淫欲所生長的，三世諸佛皆悉知見，三世諸佛看的非常清淨。

我們無知，所以我們學佛！學佛了，在經上佛教導我們的，我們就知道了，知道了就改，愧就是改。生起愧悔之心，悔改。觀我們肉體，觀一切眾生，都是這樣生來的。對於諸佛、諸菩薩，一切聖人，他們怎麼改悔，他們怎麼成就，我們也應該這樣做。我們現在不能再這樣不改了。愧是愧改的意思，應當怎麼樣呢？不要再欺騙過去現在未來，不欺騙三世諸佛。諸佛，你怎麼欺騙得到！他都了知的，都有智慧。對於佛菩薩，對於聖者，應當生起愧悔，求成道業，不要貪著五欲，別再作惡事了。

這讓菩薩修行「愧藏」，修愧行，修行慚行。修愧行，自己得利益，讓一切眾生也得利益，我當修行於愧。愧就是悔改的意思，愧悔再不做了，這樣才能很快成就無上正等正覺。這叫給眾生說眞實法。

眞實有兩種義，一種是現實的生活就是這樣，你怎麼來的，這是眞實的。另外說眞實的，說一眞法界法，觀你的心，跟佛無二無別。心裡清淨的，沒有這些煩惱，這些都是業。自己修愧行，令一切眾生，讓他知道這個愧的境界相是什麼！必須得有智慧，沒有智慧的不會有這種觀念。要生起愧心，愧就是悔，悔就是改。改了就變了清淨的，現在我們這個五蘊身是不清淨的，種子不淨。

住處不淨，我們這個體性，說肉體的體性，那個自性不淨，你這個相，隨便穿多好，怎麼美容、怎麼化裝，九孔常流還是不淨的。你剛洗完澡出一身汗，那汗是臭的，那就不淨。佛在《涅槃經》第十二卷〈聖行品〉，告訴我們三十六種物。你觀察吧！三十六物哪個是清淨的？哪三十六物呢？髮是第一，頭髮。毛，毛是第二。爪是第三，爪就是指我們指甲蓋，腳趾蓋。齒是第四，就是牙齒。以下三十二物分別為不淨、垢穢、皮、肉、筋、骨、脾、腎、心、肺、肝、膽、腸、胃、生藏、熟藏、大便、小便、涕、唾、目淚、脂、膏、腦、膜、骨、髓、膿、血、膀、胱、諸脈。總共三十六物。這個大家都可以觀照了。「愧藏」就含著這麼多東西，讓你觀察分別，讓你斷一切的惑。

自己慚是慚於己的，對人是愧悔的，對人不起就是這樣，經常這樣觀照，觀照。你的貪愛心不起了。讓你去跟一切眾生說這些因緣法，讓一切眾生行菩薩行。「慚藏」、「愧藏」，這是菩薩在行菩薩道的時候，對自己這樣認識、成就了，對一切眾生如是觀。

◎五聞藏

佛子。何等為菩薩摩訶薩聞藏。

第五是「聞藏」，聞聽的「聞」。什麼是菩薩的「聞藏」？聞就是聽來的，你所知道的一切法一切事物，都是聽來的、學來的，多聞的涵義，就是叫你多學。

此菩薩知是事有故是事有。是事無故是事無。是事起故是事起。是事滅故是事滅。是世間法。是出世間法。是有為法。是無為法。是有記法。是無記法。

以下經文共有七段，第一是緣生。一切諸法都是緣生的，一切事是怎麼有的？緣生故有，就是「事有」。一切諸法，怎麼沒有的？緣滅故一切諸法滅。因爲你是現生的、你的身體是五漏的，這叫「有漏五蘊」，色受想行識五蘊法。「是事有」，五蘊法是有的，知道這些是事有的，這是知。知道這個事是無的，知道這個事怎麼起的，知道是事起的因緣，又知道這個事怎麼滅的，生滅因緣。

何等為是事有故是事有。謂無明有故行有。何等為是事無故是事無。謂識無故名色無。何等為是事起故是事起。謂愛起故苦起。何等為是事滅故是事滅。謂有滅故生滅。

「何等爲是事有故是事有」，下一句就解釋了。「謂無明有故行有。」有無明就有行有，無明有行有。「何等爲是事無故是事無，謂識無故名色無。」名色因識而起的，名色沒有了，這個事也就沒有了。是事無故是事無，識沒有了，名色也沒有了。

「何等爲是事起故是事起，謂愛起故苦起。」何等爲是事起故？是事起謂愛起故苦有。你對任何事物起愛，苦就跟來了。愛就是苦，愛起故苦起了。「何等爲是事滅故？是事滅，謂有滅故生滅。」什麼叫事沒有了？滅掉了？有滅故生滅，有滅才有生滅，沒有滅故，哪還有滅。這是用疊句說，是講因果法的，因果相望，講十二因緣法。因和果是相望的，有因必有果，有能生一定有所生。有此必有彼，有我必有他。有生才有滅，有生才有死。沒有生還有死嗎？此起故彼起，此無故彼無，是相對法，滅一半邊，那半邊就沒有了。

佛所教授我們的，一切法都是相對的，要滅相對法。意思是說能引起你生，生什麼呢？就是無明，無明緣識，這是十二因緣。《華嚴經》沒有按那個解釋。無明有了行爲就有了，無明有就有行。無明緣行，行緣名色，名色緣六入。這是十二因緣法。這個事有，是因爲無明有的，無明若沒有了，這個行爲就沒有了，無明的行爲就沒有了。

什麼叫是事無？是事無故是事無，因爲這個事沒有，緣於這個事沒有，這個事當然沒有了。什麼事呢？識無故名色無，沒有識了，名色不存在。例如我們人受胎，受胎最初只是名色，如果沒識不成就的，名色加上識，以識爲主。這叫什麼識？八識—阿賴耶識。「去後來先作主翁」，死的時候你的身體完全死了，八識還沒走。我們出家的佛弟子，死的時候不要動他，動他會生瞋恨心，會生起大煩惱，那時候他不知道你是誰，你若動他，他生瞋恨心。不要動，擱三天，最長的時間擱七天，有的識不走，他戀這個肉體，但是把他擱七天就走了，七天絕對清淨了離開了，有的快的三天就離開了。當時死，誰挪動他，他不知道是誰，他起仇恨心，你挪動他非常痛苦。沒有識，沒有識了名色沒有作用，一個名字一個假名，名色。名色跟識，和合而成爲我們這個胎，爲什麼我們說是「去後來先作主翁」，來的時候識先來，走的時候識走的最後，身體全壞了。

「聞藏」，你不聞怎麼知道這些法，這叫因緣法，因緣果。怎麼起的業？〈大乘起信論〉講，一念不覺生三細，一念不覺就是無明。以這個一念不覺生三細相，就是業相、轉相、現相。八地菩薩斷現相，九地菩薩斷轉相，十地菩薩斷業相。《華嚴經》加個十一地，斷無明，斷一念不覺那一念。一般的教義上說等覺妙覺，那就是等覺。還滅的時候是這樣，生起也是這樣。

問他爲什麼我們起那一念？佛是不答的。必須到成佛時你才知道，沒法跟你說。到智相、相續相，這要造業了，以前沒造業，這才起業，就是造業了。造業了，業就把你拴住了，跑不脫了，叫業繫苦。起業，業就繫縛，把你繫住了，業繫苦相。業繫苦，就把你束縛住了，你造什麼業就把你束縛在什麼上。爲什麼要造業呢？執著。執著什麼？執著好的要去取，不好的要去捨。一執著就有取捨，這就有了，有了生死了，輪迴吧！永遠脫不了。什麼叫世間法？

何等為世間法。所謂色受想行識。

第二是有漏五蘊。「色受想行識」就是五蘊，五蘊本身是五個合到一起，雜匯聚到一起的。受想行識屬於心理的作用。色是一切有形有相的，是物質，物質跟心。色就是形形色色的，就叫境界相。受想行識，這是屬於心法。五蘊就是色心二法，一個心一個相。

什麼叫世間法？什麼叫色受想行識？先解釋「世間」，「世」就是過去現在未來三世，它是遷流不息的變化。過去還有過去，過去當中有過去未來現在，現在有過去現在未來，未來還有現在過去未來，就是三世九世。世間跟世間有間隔的，今年不是去年，去年過去了，今年是今年。未來呢？未來還沒來呢！但是這三世都是有漏落的，三世遷流不息，三世就是無量世。三世五蘊，蘊就是含藏義，積聚義，蘊藏很多很多，說了五樣，每一樣具足很多。我們剛才念三十六物，裡頭有因有果，蘊藏著有因和有果。

「世間」的「間」是間隔，三世都是互相間隔的，遷流不息的三世，就說我們現在這個時候三點鐘，一會就是四點鐘、五點鐘，遷流不息的。沒有一件是堅實的，都是虛僞的。這叫三世間隔一切的法，什麼法呢？色受想行識五蘊。「間」就表示虛僞，不是眞實的。

說色不是心，色不是心，受也不是想，五種蘊法各各不同。一說到色就是質礙的東西，它就變成一切有相的東西，色必需有相。桌子的色法，香爐的色法，這都是叫色。

這個是木頭的，這個作用跟那個作用不同，看你把它用在什麼上，以取相爲義。你要知道它這相，還要知道這個相不是永久的，是生生滅滅，生生滅滅是依著不生不滅建立的。我們念經有那麼兩句話，「心（法）本無生因境有」，法本沒有生的，因爲那個境界相才現的。分別一切諸蘊，一切諸相的性是什麼？就是空寂。空，空還有什麼滅嗎？也沒什麼生嗎？空本身不生不滅。佛所說的空，那是眞空，這是世間相上的虛空。虛空不是眞空，眞空才不空，虛空就是空的。我們說到佛教所說眞空，眞空不空。一切功德就成爲妙有了。

空是無生，空能生什麼？「空生大覺中」，就生到智慧當中，智慧給它定的空。把一切法蘊藏的，回歸佛所教授的法界無礙，我們經常說法界無礙，一切有相皆有生滅。在滅的時候，滅了沒有障礙了，沒滅就有障礙。怎麼能達到滅？觀諸法，心生才有一切諸法之相。心滅，諸法也沒有了。心是屬於無相，境是屬於有相。心能轉境成佛了，心能轉境，說你的心被境轉了，有無、慚愧，這些全是境，你被它轉了。眞心隨緣變成一切諸法，淨法隨緣又變成染法，隨緣義。但是它的本性又是性空義，性空絕對是清淨的，空故不可滅，永遠不滅的。這個是無生義，諸法無生無不生，這就是含藏著由性而起相。諸法生即無生，那是諸法眞性義、本性義。知道這些法，五蘊十二處十八界，在體上說是無礙的。這是相。

我們說虛空，虛空是什麼樣子？沒有誰能把虛空形容出來，究竟虛空，誰都看到，誰能說出虛空是什麼樣子，只能說是空。空沒有樣子，沒有形相給你看的，有什麼形相現什麼形相，它是無生的。知道一切法，色受想行識五蘊怎麼起的？它是緣起的，它的體是性空的，這叫眞實多聞。這是說五蘊之性不變的，不隨五蘊轉的，五蘊是生滅的，隨時可現的，隨時可以沒有的。

何等為出世間法。所謂戒定慧。解脫。解脫知見。

第三是無漏五蘊。前面講五蘊現相是世間法，以下名詞變了，解釋什麼是出世間法。五蘊法是假的，出世間法是眞的。對著世間法而說的出世間法，沒有世間法，也沒有什麼叫出世間法。前面講那是假五蘊，是生滅五蘊，現在講出世間法，「戒定慧，解脫，解脫知見。」戒定慧，就是解脫了，沒有名言，沒有形相，這叫解脫。有名言有形相，就不解脫了。

三無漏學戒定慧，這又叫作五分法身。五分法身是有德，不屬於有漏，說顯那個眞實道理，是對著世間法而定的五蘊法。「解脫」是什麼意思？一切繫縛我們的東西都沒有了，就叫解脫。什麼是解脫？有一個人向祖師請示如何是解脫？那祖師問他：「誰把你束縛了？」他說：「沒有啊。」「那還問什麼解脫。」他請求解脫，解脫是對著束縛的，祖師就問他是誰束縛你了。他找一找，沒人束縛，那本身就是解脫，你還問束縛問解脫作什麼呢？意思是要你了到境上，在一切事物當中，你能夠自在。怎麼樣自在呢？覺悟了，你覺悟了束縛不到你。

色沒有，假定的，「心（法）本無生因境有」。你那個心哪是不生的，遇到什麼環境生什麼心，遇到什麼環境生什麼心。你見了佛像，生起恭敬心，生起歡喜心，生起求解脫的心，這是你的心跟他相應。他不信的，他見著，乃至於他過去是魔王，或者他是造業的。例如阿富汗有批山，整個山是一座大佛像，石佛雕的，好幾千年了。玄奘法師到印度取經時，曾經走過這些山，〈大唐西域記〉上有記載。阿富汗塔利班政權破壞這尊大佛，用大炮炸，炸了好幾次。日本要給他好多億，他不賣，非要把他炸掉不可。爲什麼？眾生的業，這就叫業繫，不是解脫。

爲什麼產生這個？「心（法）本無生因境有」。修行這麼個境，有這個境。你必須得了解境的自在，若想在境自在，你就要修觀。觀就是思惟修，你要想一想，怎麼想，想明白了，觀生起慧，慧就是明白了。生起智就是照了，根本智照了。

現在兩種，一個是世間法，一個是出世間法。一個是有爲法，一個是無爲法。《仁王護國經》觀空性，觀色受想行識，得到忍法，什麼忍呢？戒忍、知見忍、定忍、慧忍、解脫忍，這叫五分法身。戒能生忍，忍就表智慧。這叫五分法身，五分法身對色受想行識，有兩種觀，一個屬於勝義，不墮虛僞，這叫出世的。一個是色受想，屬於虛僞，這叫世間法。三界顚倒，沒有正法，以戒定慧爲正法，對治戲論。

以下依著這個涵義來分析什麼叫有爲法？什麼叫無爲法？什麼等於出世間？什麼等於爲世間？聞法，因爲這是「聞藏」，標出世間法是色受想行識，出世間法是戒定慧、解脫、解脫知見。

何等為有為法。所謂欲界。色界。無色界。眾生界。

第四是有爲。什麼叫有爲？〈瑜伽師地論〉云：「有生滅，繫屬因緣，是名有爲。」有生滅有所作爲，屬於因緣的，因緣所生的一切法都叫有爲。一者有所得有所作，這就叫有爲，成就了欲界、色界、無色界、眾生界這四種事。欲界、色界、無色界三界，是所依處。所依處，誰依著它？一切眾生是能依的，三界就是處所。你的心不同，所依的處不同，心不同所造的業不同，所依的處不同。或者依著天界，依著地獄界，或者依著人間，處不同。有些有苦難，有些沒有苦難。爲什麼？「然所依處，隨心成異。」隨心的差別而有差別。你貪求虛妄的處所，生長貪瞋希望，這叫欲界。你所屬的色界跟無色界，意義跟這是一樣的，欲界色界無色界都叫欲界，這叫屬於有爲法。這是造作義，有爲的是造作義。什麼叫無爲法？有爲是對著無爲說的。

何等為無為法。所謂虛空。涅槃。數緣滅。非數緣滅。緣起。法性住。

第五是無爲。爲者，有所作，作者是生滅的涵義，有作就有生滅，「虛空」沒有作，「涅槃」也沒有作。「數緣滅」，就是無作無爲，因爲緣起而起的「數緣滅、非數緣滅」，沒有緣起諸法，也沒有數緣滅，也沒有非數緣滅。所以說無爲就是無作，虛空不是作的，涅槃不是作的。因爲很多緣起諸法，緣滅故，一切緣滅，寂滅沖虛沒有作。無爲，無所得就無爲。《淨名經》說是「不墮數故」，不是數緣，不是一緣兩緣，不墮數故，爲什麼不墮數？一切障礙物，所不能在，叫數緣滅。

「非數緣滅」，不是這個所顯現的，假設性的說是好幾個緣使它滅的，但是事實上不是這樣。就法性上來解釋，不是數緣滅，所以非數緣滅。不是一個緣起把它滅的、經過好幾個因緣而滅的，它不屬於這個，叫不墮數。這是不墮數，不是數緣也不是非數緣。

「涅槃」的解釋很多，「涅槃」這個名字，通說不生不滅。但是有「性淨涅槃」，有「非性淨涅槃」。「數緣滅」，數謂慧數，以智慧爲緣，以智慧來顯滅的道理。玄奘法師譯爲「擇滅」，擇它的力量所得的滅，就叫擇滅。擇滅有二義，一個是理性寂滅，一個是因滅顯惑。這是解釋滅的涵義。

爲什麼？因爲性體本身是寂滅的，是清淨的，這個叫涅槃。既然清淨的性也沒有生滅，也沒有沒生滅。數緣非數緣，「數」字解釋成慧，由慧而給這個滅作爲緣。慧能滅這個惑，慧把惑滅了，這樣就是非數滅。理本能是顯，也沒有個數字可言，不是一個慧兩個慧三個慧四個慧五個慧。這個數字是假慧爲緣。因爲以慧滅這個惑，滅那個惑，滅生死惑，滅什麼惑？這是一個慧，不是有很多的慧。慧能顯理，那個不生不滅的理，諸法因緣生，我說即是空，緣起諸法本身就是空的，爲什麼？無自性故，依緣起故，這就叫「法性住」，把「住」字提到前面，就住在法性上。

緣起諸法，我們平常學的是十二因緣法，這叫緣起。十二因緣是緣起的，裡頭還有個不緣起的，不緣起的就是無爲，緣起的就是有爲。有爲的是生滅法，無爲的是不生滅法，過去現在未來，這是三世流轉，就是有爲的，本來沒有三世，那就是無爲的，三世法不立。一切法性常如是，常定的，就是無爲。緣起諸法無自性，還有什麼有爲無爲？《大品般若經》講十二因緣，「菩薩觀十二因緣，如虛空不可盡。」虛空不是有數字的，所以如虛空不可盡。

《涅槃經》講十二因緣，「十二因緣即是佛性」，十二因緣是依著佛性而起的十二因緣，五蘊十二入，十八界一切諸法，是依著眞如而起的，眞如常住不變的，依眞而起。父生的兒子還和他父親是同一個族的，這是隨緣義。但是約不變義，眞永遠不變的。妄依眞起，依妄顯眞，那也沒有妄，妄即是眞。深若入了，那是圓教的大乘義，不是用數字有增有減有異的。一切諸法唯心所變，依著法性，假設是一切法，這就叫有，隨義眞如一法不立，這就叫眞。眞俗二諦，俗不離眞，俗能顯眞，俗即是眞。俗即是眞時，俗法就沒有了。

一切諸法是無相的，但是唯證方知，不是證得的，不能了解。無相義得靠證得義，證義才能無相。像一切眾生有惑，有貪瞋癡慢，有惑才有一切相，說惑沒有了惑盡了，惑盡了就是法性，就是無相義，心不變故。性本身就是清淨的。但是說它隨緣，隨緣而不變，隨緣不變，顯法性就是眞如，法性的眞如，就連這個法性眞如，眞如法性也是假設的。因爲若對著，說有說無，執有執無，說空說有，說實，說眞如說一切諸法，爲了利益眾生故，所說這些名詞法相。但有言說都無實義，凡是說出來的，說眞如不是眞如，唯證方知。你契合了，能入理了，也能知道了。

下面是有記法，有記法就是「能招愛非愛果」，愛是因，而產生的果。能招愛果或招非愛果是什麼？

何等為有記法。謂四聖諦。四沙門果。四辯。四無所畏。四念處。四正勤。四神足。五根。五力。七覺分。八聖道分。

第六是有記法。一切法相都是爲了顯眞性的實體，顯佛的一切智。這些法相，它的目的其實只是顯性。假設這麼多法，說佛是一切智者，佛是一切都能了住。了知住於一切法上，所以叫一切智。

何等為有記法？有記法是總說。四聖諦、四沙門果、四辯、四無所畏、四念處、四正勤、四神足、五根、五力、七覺分、八聖道分，這是舉善法，這些法順理。拿這些法來顯眞如，但這些法都不是眞如。我們在前面〈梵行品〉略說四沙門果，四種沙門果，四辯如第九地，三十七品如第四地，前面的〈梵行品〉講清淨，就是清淨這些法。

什麼叫有記？能招來愛非愛的果，我們平常說辨這個記，有記法就是善和惡，具兩種就可以了。在《華嚴經》，行菩薩道的十行菩薩，度眾生要說這些法，遇著什麼機說什麼法，不是一來就說華嚴。

這都叫有記法，有記是對著無記說的，能招感愛非愛的果，所以叫有記。有記，記什麼呢？記善記惡。現在我們剛才念這個都說善，沒有說惡，光記善不記惡。為什麼？善順理法界，順理的善法就把它錄取，作為教義。這個只是引證，表現佛的一切智，無所畏。主要是說佛一切智，無所畏。這些善法順著理性的，將來能可以進入到理體。進入理體，幫助你回歸自性。四聖諦法、三十七道品，這些善法是隨著理性，能夠證得成佛果，惡法不順性體。

有記法就是事相，就是世間相，世間相的善惡是相對的。講大乘教義了，前面講空無記，一切諸法法空，是順理講的。有記法是順理又順事。

有記法，佛在世的時候，講一切智的由來，講愛和非愛。總的說來，有記法就是愛非愛，所以叫記。非愛就是出世間，愛就是世間法。有些順理，有些不順理。像四聖諦、四沙門果、四辯、四無畏、四念處、四正勤，全是順理的。不過有一個有漏無漏，有記法之中，有漏的就漏落三界，無漏的不漏落三界。

有人問佛，說佛你很不平等！都是比丘問佛，為什麼說他不平等呢？你對你的兒子羅睺羅盡說好聽的話，以愛語攝受他，你對你的堂弟提婆達多，訶責他罵他，責備他。提婆達多不順佛教，他盡幹壞事，佛訶責他這是一種原因。羅睺羅是隨順善法的。這裡曾經有個故事，羅睺羅在大眾中，羅睺羅愛修禪定的，大眾說他不隨眾，共住的時候就把他擯除了。羅睺羅並沒有在佛的僧團裡，羅睺羅是在另外一個僧團。佛知道這件事了，佛就說：「云何野干，驅師子子？」野狐狸攆師子兒，不正的攆正的，這是形容詞。

佛一切語言，佛是無漏的，永盡世間相。佛說都是眞實的，佛知道因緣，知道他們過去的果報。知道提婆達多的果報，也知道羅睺羅的果報，這叫有記法。這些有記法，讓你離開，說這些法相的名詞，就是讓你離開「煩惱障」，離開「所知障」。在你修道的時候，想要利生弘法，你想出離，修出離道的時候，有障，「出離道障」。要把障礙都除了，「煩惱障」、「所知障」、「出離道障」都除了，那就容易成道，這叫有記法。什麼叫無記法？

何等為無記法。

第七是無記法。無記就是不記善也不記惡，非善非惡，他不能招感愛非愛果，名叫無記，都是虛妄的。「虛妄推度，非理問難，不可記錄，故名無記。」所有責難是不合理的，所以不把它記錄，就是不記，這叫無記法。前面有記法是因爲它合理性，可以入道的，可以記到。無記法，說的那些辯論也好、學習也好，沒有什麼道理的話，這叫無記。所問答的，有些不應該問的、沒有道理的，佛一律不答，這叫無記法。因爲他不是善也不是惡。例如人家問，牛有角，稻穀怎麼沒角啊？稻穀不是有情，它會長角嗎？稻穀長角幹什麼？這叫無記，像這類法就不應當記。

譬如有位比丘問佛，他說爲什麼要有生老病死？佛就不答，這話也沒什麼道理，也不是爲他自己，就叫無義語，沒有意義的話，這類話在各個經論說的都有了，叫十四難。有一個比丘，他心裡不高興了，他拿著他的衣鉢跟佛說：「這個東西不照這樣行事不行嗎？我一定要拿著這個，非得要你這個衣鉢才行嗎？」這有什麼道理呢？誰叫你出家呢？這叫無義語，佛都不答。這叫無記法。在戒裡，在廣律裡，這些事很多。佛問那些比丘，你在這安心不安心，出了家了之後，你感覺如意不如意，問這弟子說。像這類的問答都不記的。

有人中了毒箭，他的親屬給他找個醫生，這是佛在世時候的事。找個醫生，中箭的人跟醫生說，「你現在好大歲數，我要知道你的名字，知道你的父母名字，知道你的家鄉住處？」又問這個醫生：「我中這個箭的木頭是哪個山上的木頭？拿什麼作箭的羽翎？那個箭的箭尖上是什麼鐵打造的？」他中的是毒箭，若給他說清楚，他早死了，還問什麼問。

說明人生的慧命很短，時間很短，你趕快求出離道。不要在不相干的事上勞神費力。壽命是有限的，東學西學，東逛西逛，完了你找不到一個出離法。就像中箭的人，邪見的人，他要了解醫生的情況，了解他這個箭是哪個山的箭杆，鐵怎麼打的？箭怎麼作的？等跟他說清楚他早死了。人的一生壽命很短，不要記這些不相干的事，這叫無記。不要把不相干的事都記在心裡。不相干的事我們也不要說的太多了，等你弄清楚了也沒什麼用。有記法無記法，知道這麼個詞就行了。

謂世間有邊。世間無邊。世間亦有邊亦無邊。世間非有邊非無邊。世間有常。世間無常。世間亦有常亦無常。世間非有常非無常。如來滅後有。如來滅後無。如來滅後亦有亦無。如來滅後非有非無。我及眾生有。我及眾生無。我及眾生亦有亦無。我及眾生非有非無。

無記法分五，首先是就我明無記。「句雖十六，其過不出斷常。」這些話說的都是斷常，這是三世間。《華嚴經》講眾生世間、器世間，有的地方說正覺世間、眾生世間、器世間，這是顯一個眾生世間。五蘊世間，色受想行識五蘊，不只人類，一切畜生都具足的。外道具足這些見，什麼是我，什麼是無，一共有十六句。見是說他看問題的看法，說世間是有邊、是沒邊，有沒有世間的邊際。說世間是無邊的，說世間也有邊也無邊。

就像國跟國之間都有個界限，經常為這個打仗！這就是有邊無邊的意思。過去世、現在世、未來世三世間，三世間是斷的、是常的。過去世有沒有，現在世有沒有，未來世有沒有。這是形容各種知見，乃至於一種邪知邪見。我在過去世是有是無？過去世沒有，現在今生怎麼轉來的？他說我今生來是不是過去轉來的，因此說世間一切事是常的，沒有變異的。這個事做不到、不可能。不論過去世是有是無，不論現在世是住是非住，不論有沒有未來世。依著〈中論〉，依著《般若經》，依著很多經論，提出這些問題。就像我們念的這段經文說，世間是有邊？世間是無邊？這個有邊際沒邊際？

我們這個法堂，法堂是有邊際，只有這麼大，這叫有邊。不過把法堂聯繫到普壽寺，都是法堂，也可以說它無邊。或者亦有邊亦無邊，世間法都如是的。世間是常，是無常。說世間是常的無常的，不是說你的身體。這個世間總有的，永遠如是的，這就成常，這世間是變化的，一下有了一下又沒有了，它又是無常的，看在哪個定義上來說，它有相續性。

這是離四句絕百非，常無常，亦常亦無常，非常非無常，都是四句。說未來世間，未來世間是有？沒有？說有，它還沒來，不知道怎麼回事，說沒有，必定得有未來。我們今天不知道明天的事，現在我們也把明天計劃在內了，當然有個明天。

但是在氣候當中，在日常生活當中，「天」是大自然，今天、明天，這是人爲的，不是大自然的。有沒有明天？肯定有明天，這個意思是說過去世、現在世、未來世，三世間。這段經文講的是斷見常見，說無就是斷了，無了。說有常時有，那就常了。說常說斷都不對的。這講很多外道的見解，來跟佛教辨別，有些是破壞因果的。好比我們認爲我們人生，過去世的我，有沒有我，我不知道。我只是說就今生現世的我，把這個現世我，記爲是常，或者記爲無常，都是不對的，這叫破壞因果。過去所種的因，到現在是我過去的因結的果。但是過去還有過去，過去還有過去，什麼時候是開始我的第一生？沒有這個。什麼時候是終了？

這兩種的見解，過去世的我，現在世的我，未來還是有我，就是我。就拿我來說吧，我是個造作義。本來沒有我，是造作出來個我。有的人這樣認爲，我就是我父母生的，我父母造作的我。這個道理聽著好像是很正常，其實是不對的，那墮於沒有因。認爲我的身是常的，不對的。認爲我的身是無常的，也不對的。有了身才有我，若離開身，哪處找我去。說我永遠不變的，不變義。那就是不是無常，永遠不變就是常了，說身有變異，少年中年老年，若有變異的就是無常了。

這是要你離開四句、絕百非，讓你修觀。觀就是在這上面認識。什麼叫一切事物有邊無邊、有常無常？特別是對佛，佛滅後，叫涅槃。「涅槃」翻「不生不死」，外道不這樣認爲，死了就沒有了，還涅槃不涅槃呢！這是斷見。我們說佛常住世，明明釋迦牟尼佛不在了，你還說他住世，這就是常見。我們佛教上經常講有緣他就現，沒緣他就不現，那就是「性空緣起」。

說法身，我們的法身同太空，拿太空形容法身，法身是不變的，你見的是生滅相，沒見著如來的不生滅相。凡是落於二邊，乃至落於權小，小乘人權教人所見的都不是圓教所見的。在〈瑜伽師地論〉，「依二道理，如實隨觀」，說了兩種道理，如實隨觀，觀這個如實的眞理，法性理。但是這個眞理不是現在有記無記的，有記法無記法，不屬於有記無記的。說如來滅後了是有？是無？你隨順世俗而說，這是運轉義。如來是假立的，沒有如來的，假立的，隨眾生緣的。若是涅槃，涅槃是寂靜的，寂靜是不生滅法的。如來滅後了是有是無？依著世俗上說，世俗法是諸行無常，不可得。就涅槃義說，涅槃義說是寂靜的，不生不滅。

外道眾生，都想要一個是有是無？佛教絕不說有、無，絕不給你下定義。說無也是隨緣，說有也是隨緣，這是隨緣義。只有菩薩行，跟利益眾生的大願力，只有行願。如果離開這個，就叫戲論，照內證說，絕戲論，是無爲的。隨緣度眾生是有爲的，就是這個道理。那說沒有就是非有了，不可得。不行，不能這樣說的，不是有不是無，也非有也非無。涅槃是沒有，是寂靜義。隨緣設一個妙有，隨緣的。我們講法身、講法界，都講性空妙有。妙有非有就是性空義，性空不空就是妙有義。不是有決定有，沒有決定無，沒有一個決定有的事物，也沒有一個決定無的事物。這是就理上而言的。就數量來說不量，無量。沒有個定量，因爲它本身是無量的，沒有個定量而可得，這是佛教講，不把它定有，不把它定常，也不把它定無，也不把它定斷。離二邊，絕百非，離四句絕百非，就是這個用意。

過去有幾如來般涅槃。幾聲聞辟支佛般涅槃。未來有幾如來。幾聲聞辟支佛。幾眾生。現在有幾佛住。幾聲聞辟支佛住。幾眾生住。

第二是明三乘凡聖數之多少。想拿個數量來說明問題，沒有數量。眾生是無央數，沒有說幾眾生。凡聖是無邊的，無數的，不可計的。

何等如來最先出。何等聲聞辟支佛最先出。何等眾生最先出。何等如來最後出。何等聲聞辟支佛最後出。何等眾生最後出。何法最在初。何法最在後。

第三是約凡聖豎論初後。哪個佛最先出世的？什麼時候？什麼處所？這些問號怎麼答，佛不答的。燕國公張問：「法在前？佛在前？」水南善知識答：「法應該在前，諸佛以法爲師。」「那法是誰說的？法是佛說的。最初成佛的那個佛，前面沒有佛，也沒說法，他怎麼悟的法？」

面對這個問號，答說：「自然而悟的。」這個自然怎麼產生的？說法在前是諸佛所師。所謂法者，法者是法爾如是的自然義，把法說成自然義。法是佛所師，佛是一切法。法是佛說的，這個問題，自己從中去悟。月亮到了十五圓的時候，有一類畜生來祭月亮。誰教牠的？牠怎麼知道去拜月？還有在康藏地區，俗名叫土豬子。每天早晨清晨，太陽剛要出來的時候，牠從洞裡鑽出來拜太陽，誰教牠的？哪個教牠去拜太陽？明白這個意思了，究竟法在前？佛在前？最初是哪尊佛成佛的，每部經沒說最初哪尊佛。說最後是哪尊佛成的？這個更不知道了，更不能答了。這是無盡的，哪有個最後，這個有前後嗎？

「有幾如來般涅槃？」這個問號誰能答覆得出來？過去無量無量，過去不存在、未來不存在、現在也不存在，三世無記。一切都不存在，諸法從緣起。緣有了就成，緣沒有了就沒有了。緣生諸法，就是法從緣起。誰能計算有多少個聲聞、辟支佛入涅槃？這是過去，未來又有好多佛、好多聲聞、好多辟支佛、好多眾生，現在住世，好多過去過去了。這都叫無邊，這叫無記。這種問號，不但答不出來。我經常問大家說，你在想什麼？連自己都不知道，一會想這，一會想那，自己記不到自己想些什麼，你能知道他都想什麼？我們這三百多人，每個人想什麼？這種問號不切實際的，是戲論。

何法在最初？何法在最後？初佛，最初佛怎麼開悟的？聞法開悟。最初那尊佛還沒有說法呢！說法那尊佛究竟是誰？沒有記載。佛沒有說，沒有記載的。哪個如來最先出？哪個如來最後出？經上都沒有這樣說。何法在前？何法在後？是約釋迦牟尼佛說的嗎？像功德林菩薩爲會主，功德林菩薩說法的時候，十萬億佛土之外的十方諸佛，都叫功德林。在南方的也是功德林佛，在北方的也是功德林佛，十方無量佛剎同一名號，這叫無記。

世間從何處來。去至何所。有幾世界成。有幾世界壞。世界從何處來。去至何所。

第四是徵三世間所從。從何處來？到何處去？哪個世界成就了，哪個世界壞了，世界究竟從何處來的，那世界壞了，又何處去了。這叫一切妙法的妙色身常恆。聚的時候叫聚，散的時候叫微塵。微塵聚了，就叫世界，世界壞了就散爲微塵，每個世界都如是。壞，到什麼地方去了？現在這個世界上缺水，水到哪裡去了？水從哪地方來的？天上下雨，雨從什麼地方來的？水蒸氣，氣是雨。大地都沒水了，蒸什麼氣？如何解釋？說大自然壞了，整個這個球壞了。這個球壞了，別的球又成長了。這個球到了空中變了微塵，那微塵又聚合聚合，經過億萬劫又變了地球。一切諸法，佛就講妙色，妙色不是實有的。妙色非色，但是這個妙色是常恆不變的。依聚成形就叫器，不聚就非器，沒有就稱微塵。面對外道的邪知邪見，都不答。

何者為生死最初際。何者為生死最後際。是名無記法。

第五是約生死際畔，以辨無記。生死之初中後三際，初際無始，這是佛所教導的無始。生死沒有頭，但是可有終，生死無始有終。這個對嗎？對不對？約一個人說，可以說終，約一切人說，這個終沒有。不是一個人死了，全人類就都死了，不是這樣。就像問無始，佛所教導的生死有終，無始這個道理對不對。約一人說，何以云終？若是約一切人說無有終極，說人死斷種了，永遠也不會的。這個世界沒有，那個世界又來了。一定要執著，這就叫邪見。不要執著這些事，亦不應答，這類問題都不要答。無始終無內外，若有始的話就有終，一切法不是這樣。

若一般正常的話，法是無始的。約法性說，那是不可說。要知道法的本際不可得，生死沒有始的，既然無始也無有終。若是沒有始終，中間又由何存在呢？無始終無內外也沒個中間。若唯有終始，那中間還有嗎？先後，都不可以執著，它的本地不可得。不要把它定個始終，一切諸法無始無終。既然沒有始終，還有一個能見始終的見嗎？眞法及說者，聽者難得故。是故則生死，非有邊無邊。要想找生死邊際沒有，實在你要找，那就是邪見執著，是外道。以你的善巧方便破除邪知邪見。很多問題怎麼答覆，就看當時的智慧、看問者，你把他降伏，使他認輸了就對了。

凡是邪知邪見者，邪知邪見所有問答，這就是所謂的外道。眾生世間如是，一切器世間也如是。有的人這樣問，何法說我？何法說眾生？怎麼答？都是假的。佛說是我，是隨機而說的，是假的，佛說一切法都如是，說眾生也是假的。因緣所生的一切法不存在的，我說即是空，這是佛說的。亦名中道義，亦名爲假名，這是假個名詞，也可以說它是你要悟得，這是中道義。這就是無記法。

菩薩摩訶薩作如是念。一切眾生於生死中無有多聞。不能了知此一切法。我當發意持多聞藏。證阿耨多羅三藐三菩提。為諸眾生說真實法。是名菩薩摩訶薩第五多聞藏。

「作如是念」是怎麼樣想？怎麼樣觀照？一切眾生在生死當中，如果沒有多聞，就不能了知一切法，你不學怎麼能了知。這裡是「聞藏」，十藏裡的「聞藏」無盡藏，都是無盡的。沒有多聞，你不能了知一切法，所以應當發心，持多聞藏。持是任持，不要失掉，這樣證阿耨多羅三藐三菩提。

這裡辨的是讓你達到個目的，有爲也好、有記也好，無爲也好、無記也好，讓你多聞開智慧。有些人這樣問過我，祖師說，學經學教的，「入海算沙徒自困」，自己困擾自己！我們反問他，墮到畜生類，「墮到蚌殼類，一睡幾千年」，連佛的名字都聞不到，還能聞法嗎？不論從哪個教義裡頭，有時候執著名相，假借名言。像阿難尊者被批評，「阿難縱強記，不免落邪思。」多聞強記不是過錯，是他沒達到究竟，必須你所學的、所證得的跟法結合。像你所知道一切諸佛，一切諸佛若不說法，眾生怎麼能得度呢？

特別是我們東土的祖師，爲了弘揚禪宗，排斥一些教義，有些多聞，有些強記，那是權宜之計，不是常法。最初你能夠觀，專修三昧，不立文字，這是上機，但不都是這個機。這是過去多生累劫修來積累的，否則怎麼能頓然開悟呢？可能嗎？佛說法是圓的，如果你把它鑽破了，要想鑽出獨出一點，對某類的機，當時是可以，不是常法。一切相不立，一切法不立，一切形式都不要了，這法就滅了。法滅還能得度嗎？眾生就不能得度。

「菩薩摩訶薩作如是念」，就這麼觀察，顯示多聞的道理。一切眾生在生死中，如果不多聞，沒有多聞怎麼能了知一切法，不能了知一切法。當發意持多聞藏，這是多聞藏，含藏著多聞，證阿耨多羅三藐三菩提。因爲依著多聞而能證得阿耨多羅三藐三菩提。但是多聞的法，給眾生說的是眞實法，這叫菩薩摩訶薩第五多聞藏。

悲愍眾生，利生濟物大悲心，悲憫眾生長此淪流苦海。菩薩必須自己是多聞諸法，自證利他。這是十無盡藏的第五藏。

◎六施藏

佛子。何等為菩薩摩訶薩施藏。此菩薩行十種施。所謂分減施。竭盡施。內施。外施。內外施。一切施。過去施。未來施。現在施。究竟施。

第六藏是「施藏」，「施藏」就是布施，一共有十種施。施是布施。捨，捨什麼呢？有內施、外施，內是身體性命，外是財，布施生命給眾生、布施財物給眾生，都是事。還有一個不取著，怎麼樣不取著？《金剛經》上說，過去心不可得，現在心不可得，未來心不可得，三心全捨。最後還有一個捨，內施外施心施俱捨，這叫究竟施。以下分別講十種布施。第一個講什麼叫分減施？

佛子。云何為菩薩分減施。此菩薩稟性仁慈。好行惠施。若得美味。不專自受。要與眾生。然後方食。凡所受物。悉亦如是。若自食時。作是念言。我身中有八萬戶蟲依於我住。我身充樂。彼亦充樂。我身饑苦。彼亦饑苦。我今受此所有飲食。願令眾生普得充飽。為施彼故

而自食之。不貪其味。復作是念。我於長夜愛著其身。欲令充飽而受飲食。今以此食惠施眾生。願我於身永斷貪著。是名分減施。

這是根據佛的教授，說人身上住有八萬戶蟲，牠們的生存靠飲食水份供養給牠們，牠依著我而住。我若吃的營養很充足，牠們也得到快樂。這是令八萬戶蟲得到快樂。

「我身充樂，彼亦充樂，我身饑苦，彼亦饑苦。」牠們也沒得吃。所以我今天受這個飲食，願令眾生普得充飽。這是佛說的，以佛眼看是這樣的。我所以吃飲食，是為供養八萬戶蟲，我溫飽了，牠們也溫飽了。這是我布施給牠們，所以才自食，我不貪著味塵。

「我今受此所有飲食。願令眾生普得充飽。為施彼故而自食之，不貪其味。復作是念，我於長夜愛著其身。」自從有身以來，就愛惜我這個身體，為了身體的住世所以才吃飲食，現在以此食惠施給眾生，願於我身永斷貪著。是名分減施。

「欲令充飽而受飲食。今以此食惠施眾生。願我於身永斷貪著。是名分減施。」「分減」的涵義，雖然沒把飲食施給其他的人，我的身體有八萬戶蟲，施給牠們了。有時候把飲食施給外邊眾生，然後方食，這叫惠施。第一個菩薩的施—分減施，本來在我是自己吃的，其實是分給眾生，這叫分減。減自己的份分給眾生，就叫分減施。一個是分減的相，一個是布施的善巧。主要是鍛鍊你這個心，讓心裡對布施不作障礙，心理俱施。這叫分減施，減自己的份，給別人。

財物也是這樣。這是屬於我的，把它施給別人，這叫減我的份施。前面有一個要鍛鍊你這個心，捨的是物，能捨的是心。物是由心作主，布施要有善巧，對境來說善巧。對外把飲食捨給別人，這叫外施。沒有這個緣，對外沒有布施，就回歸我自身的八萬戶蟲，就施給牠們，讓這個施不起障礙，永遠這麼施。有時候我們講內施，說身體施給眾生肉，施給眼目六根，這叫內施。內身有八萬戶蟲，爲了照顧牠們，我若挨餓了，八萬戶蟲也跟著挨餓了，牠們沒的吃了。這叫分減施。

云何為菩薩竭盡施。佛子。此菩薩得種種上味飲食。香華衣服資生之具。若自以受用。則安樂延年。若輟己施人。則窮苦夭命。時或有人。來作是言。汝今所有悉當與我。菩薩自念。我無始已來。以饑餓故。喪身無數。未曾得有如毫末許。饒益眾生而獲善利。今我亦當同於往昔而捨其命。是故應為饒益眾生。隨其所有一切皆捨。乃至盡命亦無所恪。是名竭盡施。

第二種竭盡施，傾其所有竭盡施。竭盡施者，不顧惜自己的生命。若是自己受用，安樂延年，平安快樂延年益壽。不光爲自己，還捨給別人。好！這一捨你把自己的東西捨給人家，你就沒有了，沒了窮苦了，自己沒有吃的，沒吃的短命，「夭命」就是短命。這個時候你捨不捨，捨了自己沒得用的，不捨，不捨這個施度就沒有了。竭盡施，都給人家了，沒有給自己留。你捨完了，當然沒有了，你都給人家了。這叫竭盡施，「竭」就是盡的意思，傾其所有，全部施。

「若自以受用，則安樂延年。若輟己施人，則窮苦夭命。時或有人，來作是言：汝今所有悉當與我。」你現在有的都應當布施給我，或者供養給我，這不是小偷，也不是盜賊，盜賊不問他，他用搶，他用偷。這個是問他，跟他說：「你現在所有的東西都要給我，你不是菩薩嗎？你是佛子，佛子要行布施，把你的給我好了。」你給不給？現在也沒有這樣的人，他也知道辦不到，哪有這樣人呢！假使要眞有這樣的來向你要，菩薩怎麼想？

「菩薩自念」，行竭盡施的菩薩，他自己就想了，從無始來，「我無始已來，以饑餓故，喪身無數。」從多少生多少生了，我捨的身命很多，爲什麼？饑餓刀兵水火。無量劫來我經過好多饑餓，沒有資生的東西，喪命無數，現在「未曾得有如毫末許，饒益眾生而獲善利。」經過那麼多生捨身無數，沒有過像毫毛那麼一點，饒益眾生而得到善利。現在人家來要了，「今我亦當同於往昔，而捨其命，是故應爲饒益眾生。」這就成了饒益有情戒。竭盡施一點不留都給他，自己餓死了。「而捨其命」，我往昔是自然沒有的，現在我是行布施而死的，亦無所吝。

「隨其所有一切皆捨，乃至盡命亦無所悋。」毫無吝嗇之色，這叫竭盡施。這就達到施度，用施來度生死，這叫布施度。怎麼叫六波羅蜜？用布施到彼岸，乃至於他要我的身命也不吝嗇，把身命捨給他了。釋迦牟尼佛，給我們說的很多例子都是捨身命。但是有一種情況，那個人求的貪得無厭，我心欲行害之大害，他是惡心想害你，不是來求布施，你就要善巧方便，不要成就那個人的惡。你作布施是好事，讓人得好處，不是讓那個人變成大惡人。

現在所言的竭盡施，是菩薩的施心成滿了。所施的境是好的，不是惡意的，而是善意的，這個沒有吝惜，這叫內施外施，一切都可以施。菩薩能夠有神力，假他神力，施捨七寶。就像天下雨那樣的，能雨七珍，滿一切眾生之願。但是這種施捨，菩薩要有智慧，看這些眾生應該得不應該得。如果眾生得了你的財物，反因施捨的財物被害了，這叫不應該得。

《賢愚因緣經》上說，因爲佛受了波旬請，在三個月之後，佛就要涅槃了。魔王波旬請佛說你住世太久了，你把我的魔子魔孫都奪去了，他說：「你該走了，求佛別再住世了。」佛就答應他了，滿他的願，入般涅槃。舍利弗在佛跟前聽到，他說：「我心裡忍不住，我不能見佛涅槃，又不能夠阻止佛不捨。我向佛請求，那我就走了。」舍利弗辭了佛之後，他就涅槃了。佛跟阿難說，舍利弗不是一生兩生，已經無量生，他總是死在我之前。往昔如是，今亦如是。阿難就請佛說這段事，這個說竭盡施，這叫捨身命。

以前看這個故事，我有個想法，我當然沒有佛的智慧，佛是大智慧了。釋迦牟尼佛有那麼多眷屬、那麼多佛弟子，佛當然知道他的因緣。應度者已度，應度者都度完了。緣盡還分手，剩下無緣的，跟這弟子有緣的，留著他們去度吧。這又是另一種想法，一切事物都是這樣。

講竭盡施，不是財物。內施外施內外俱施，財施法施無畏施，無畏是施給他，不讓他恐怖。那個得你有神通，沒神通辦不到，你怎麼能保證他不恐怖。

這有很多故事，佛告訴阿難說，過去久遠久遠無量無數不可思議阿僧祇劫，閻浮提國土有位國王，叫栴陀婆羅脾。「栴陀婆羅脾」就是月光國王。他統率閻浮提八萬四千國。他的第一夫人須摩檀，叫華施。大臣有一萬人，爲首者叫摩訶旃陀，就叫大月。他有五百個太子，五百個兒子。大者叫尸羅跋陀，翻華言叫戒賢。他所住的城，叫跋陀耆婆，廣說莊嚴。王思善因，廣行大施他要布施，叫三輪皆施。他這一出廣告，說要布施了，他大捨，一切都捨。在邊遠的一個小國叫毗摩斯那，生起忌妒懷恨。廣詔很多外人遊客，說叫他們去要他的腦殼。誰也不肯，那他就出廣詔，我要想得到月光王的頭，誰要能這樣，我就跟他共同治國，把我的女兒給他作妻子。

這個時候有位婆羅門叫勞度叉，應詔乞頭。這時大月大臣得到首陀天託夢，在月光王睡覺的時候，詔令勞度叉來見他。大月大臣給他五百七寶，叫他不要向月光王求頭，但是這位來求頭的人不答應，給什麼他都不要，就要月光王的頭。月光王這位大臣，心煩破裂，死在王前。王就答應求施者說：「七日後，我把頭給你，我現在得將國家安頓好，那時候再給你。我死的時候，捨身無數。」這個時候，樹神以手搏住勞度叉婆羅門。月光王知道了，跟樹神說：「沒關係，你不要阻擋！等把我頭割下來之後，我再跟你說。」樹神就答應了，國王就跟樹神說：「我已經捨了九百九十九個頭，我的願就滿了，這個頭一捨，我滿足一千人。」他說：「不是捨頭，是我成道。」

我把這段話念一念，是讓大家思惟一下，腦殼都沒有了，還修道還成道！什麼意思？這叫菩薩的內施。這位國王把頭施給婆羅門，婆羅門抱著這個頭，那頭是個肉體的東西，抱著走在半路上，這頭又腥又臭，拿著有什麼用？他就聞也聞不得，見也見不得，把他丟在地下了，他就跑了。沿途沒人給他吃的，不賣給他也不給他吃的，說他是極惡的惡人。在這個時候叫他去斬月光王頭的國王也死了，他什麼也沒得到。他這一著急，一憤怒吐血而亡，心裂激奮，墮到阿鼻地獄。

月光王為了自己成道把頭布施給婆羅門，這一布施不要緊，求布施的人也死了，雇婆羅門這個國王也死了，這頭捨的是利益他們？是害他們？每個道理，每個願都個人有個人的想法。毗摩羨王是波旬化度的，勞度叉就是調達，月光王就是釋迦牟尼佛，樹神是目連，大月大臣是舍利弗。這個布施是有智慧者，沒有智慧的，看不破放不下，怎麼會施捨。求還求不來的呢？不過這些問題，頭腦要想一想，怎麼認識這個問題。現在有人，或者是你的仇家，說：「我求你，把命給我吧！」現在人不到警察局報他的案才怪。

聽這個故事，只是加持我們布施的信心，但是，現在我們還沒有到位，釋迦牟尼佛作國王的時候，他修行到什麼程度！像我們聽到壽寧寺北齊國太子把身燒了，焚身供佛，你也去供吧！我們好多道友看見燃指，你也去燃吧！燃香還可以，效仿菩薩可以，但是得估量估量自己。

我說這個要你思考，要有智慧，經上所說的是地上菩薩的大事，我們凡夫要去做，下地獄。爲什麼？自殺是犯罪的。你把身上八萬戶蟲全殺了，破了殺戒。這個必須得多方面的學，不是言語所能傳得到的，得自心智慧的領悟。《賢愚經》的故事，不是我們做的事，你聽見很激動，這一下馬上就能成佛了！貪瞋癡煩惱沒斷之前，還是一步一個腳印，斷煩惱、證菩提，一步一步走。

云何為菩薩內施。佛子。此菩薩年方少盛。端正美好。香華衣服以嚴其身。始受灌頂轉輪王位。七寶具足。王四天下。時或有人來白王言。

大王當知。我今衰老。身嬰重疾。煢獨羸頓。死將不久。若得王身手足血肉頭目骨髓。我之身命必冀存活。唯願大王莫更籌量有所顧惜。但見慈念以施於我。爾時菩薩作是念言。今我此身。後必當死。無一利益。宜時疾捨以濟眾生。念已施之。心無所悔。是名內施。

第三種內施。這段經文施捨什麼呢？施捨王位，施捨身體，這位求布施的，不像一般人，求飲食，求點財，求點衣服，他要求王位。這是在古來的時候情況，現在有這個事嗎？不要說國王，他底下的大臣就把你殺了。不說你是間諜，也說你是特務。時代不同，社會的演變不同，但是他是菩薩的示現，行菩薩道。

若問現在這個社會是沒有的，行不通的，也沒有這樣的國王，也沒有這個事實。講布施的時候，你沒有悋惜，什麼都不悋惜，是約菩薩說。約眾生說，除非他是菩薩化身，或者天人下生來促成他的道業，一般人誰向他這樣求，沒有的。經文上說，什麼叫施捨？惠施給眾生的時候，有的是沒有求，自己主動的捨。像我們在各地都有慈善基金會，救濟災難的，這種捨是捨點財物而已。這個不是的，菩薩能夠發願，能夠施捨。「佛子」，這是功德林菩薩說的口語，說什麼叫菩薩內施？「佛子」，是稱在法會當中的大眾。

這位菩薩年紀很輕，正在盛年，相貌端正的美好，衣服很華麗來莊嚴他的身。

他剛接受灌頂轉輪王位，過去轉輪王位得受他父親、國王的灌頂。像密宗行的灌頂法，大約都是從世俗來的。剛接王位，七寶具足，王四天下的輪王，他是金輪王，不是銅輪王，不是鐵輪王。四天下呢？南贍部洲、北俱盧洲、西牛賀洲、東勝神洲，這是四大部洲，我們現在所處的環境只是南贍部洲，那三洲，我們還沒有到。

這個時候有一個來乞求者，向國王說，「大王當知，說你應該明白，我今衰老，年紀也大了，身體也不行了，還害很大的病！」「煢獨羸頓」，「煢」是盡，什麼都沒有。「獨」是孤獨，「羸」是羸弱。「頓」是困頓，羸頓不堪了。「我死將不久，快要死了。但是，我若能得到轉輪王的手、足、血肉，頭目、骨髓，我的身命不會死的，必冀存活，還可以能活著。把你的身體布施給我！」

「唯願大王莫更籌量。」說你若是一考慮，一思量，一計度，那就顧惜了，你就不肯捨給我了，應當無所顧惜。「但見慈念」，看著你的大慈大悲，把你的身體把一切王位都施捨給我吧！這是求者。施者，就是這位菩薩。爲什麼這個地方不說王子，不說轉輪王，說的是菩薩？乞討的人一定知道這個王子是位菩薩。在印度，以前的國王號召天下，我要行布施了，設大施會，誰要求什麼，都可以向我來求，把他宮裡的所有七寶都擺在街道上，誰要什麼，就給什麼，但是他得先出布告。這位乞討的人，認爲這個國王是菩薩，唯有菩薩才能捨。

「爾時菩薩作是念言」，這裡所成的菩薩，是十行的菩薩，行菩薩道，所以他叫布施，乞者一定知道他是行菩薩道的。這個菩薩怎麼想呢？「我這個身體，一定是死的，現在沒死，將來一定死的。當死，必定要死的。要死的時候，什麼利益好處也沒有，現在有人向我求，就把我的身體給他吧。」布施之後，心無所悔，這叫內施。這是解釋內施、外施、內外俱施的三施。這種布施，不是給點錢，給點衣服，做點慈善事業，那個不算是的，把身命都能捨了。

像五臺山壽寧寺，北齊太子燃身供佛。那個沒有求者，那是自己發心供養，這也是內施，那叫供養。我們認爲他一定是菩薩，因爲經上都如是說，這叫內施。什麼叫外施呢？

云何為菩薩外施。佛子。此菩薩年盛色美。眾相具足。名華上服而以嚴身。始受灌頂轉輪王位。七寶具足。王四天下。時或有人來白王言。我今貧窶。眾苦逼迫。惟願仁慈特垂矜念。捨此王位以贍於我。我當親領受王福樂。爾時菩薩作是念言。一切榮盛。必當衰歇。於衰歇時。不能復更饒益眾生。我今宜應隨彼所求。充滿其意。作是念已。即便施之而無所悔。是名外施。

第四種外施。相貌莊嚴，內具德行，外在相貌自然莊嚴，「眾相具足」，說他相好。他穿的衣服非常漂亮，莊嚴他的身，也是受灌頂王位，「名華上服而以嚴身，始受灌頂轉輪王位。」也是要當國王，都是王四天下，都是金輪王，「七寶具足，王四天下。」

什麼叫金輪、銀輪、銅輪、鐵輪？爲什麼有這個分別？金輪，比我們現在的飛機微妙得多，爲什麼？在一念間這個國王登上金輪，能夠到四大部洲，南贍部洲、北俱盧洲、西牛賀洲、東勝神洲。銀輪只能到三洲，到不了北俱盧洲。銅輪，只能到兩洲，南贍部洲、西牛賀洲。鐵輪，只能這一個洲。鐵輪下面，三宿諸王，只能一個地方一個地方的國王，不能王這一個洲的。現在我們這個洲，南贍部洲還沒個鐵輪王。這個國王不同，王四天下。看他下生，國王下生，一登金輪王位金輪現前，銀輪王位銀輪現前，自然而來的。隨著他國王的來，下生而生的，不是人造的，那叫神力。

這時候有人來向他說，「時或有人來白王言：我今貧窶，眾苦逼迫。」我現在什麼都沒有了，沒有衣食住，什麼都沒有，住處也沒有，衣服也沒有，一切什麼都沒有，「惟願仁慈特垂矜念。」希望你，仁慈我，愛戀我，把王位讓給我。「捨此王位以贍於我，我當親領受王福樂。」我得著你給我的王位，你享的福，那我就該享受享受了。

「爾時菩薩作是念言：一切榮盛，必當衰歇。」不管榮盛到什麼程度，總有個盡的時候，要衰歇。人的身命一定還要死的，那應該布施給他吧！算了施捨給你吧。施捨之後不後悔，這叫外施。施國王、施財富，以下是內外合成，兩者都要，叫內外施。

云何為菩薩內外施。佛子。此菩薩如上所說處輪王位。七寶具足。王四天下。時或有人而來白言。此轉輪位王處已久。我未曾得。唯願大王捨之與我。幷及王身為我臣僕。爾時菩薩作是念言。我身財寶及以王位。悉是無常敗壞之法。我今盛壯。富有天下。乞者現前。當以不堅而求堅法。作是念已。即便施之。乃至以身恭勤作役心無所悔。是名內外施。

第五種內外施。前面有內施、有外施，這是說這兩種布施。他也是「處輪王位」，也是七寶具足，也是王四天下。這時有人來跟他說，國王啊，你在這個位置上待了很久了。王處已久，我還沒得到。你施捨給我吧，不但把王位讓給我。王位是外施，說你這身體也要捨給我，王位讓給我，給我當奴才。

「爾時菩薩作是念言。」十行菩薩行菩薩道的時候，他就這樣想，我的身體是要死的，我的財富是要失掉的，我的王位是要轉移的。無常之法、敗壞之法不久的，現在雖富有天下，這是無常的。現在有人向我求，那很好啊！不要慳吝。對這個求法者，他把這種布施認爲是求法。他作這樣的念頭，都施捨給他。

「即便施之，乃至以身恭勤作役。」他就服服貼貼的，還給他當奴才，還照顧他，心無所悔，這叫內外施。心無所悔，這叫內外施。現在在人間是沒有的，我認爲是沒有的。對百萬富翁、千萬富翁、億萬富翁，說你捨給我吧，還得給我當奴才，現在也沒人這樣要求，這事是辦不到的。但我們從佛經上所看的故事，內施、外施，這類受施者求施者，不是凡人。

發大菩提心，不是一句話，我們天天的發願，天天的發菩提心，可不是一個願，也不是隨便發的。發心，就要去做，做就要行，做就是行，行之後才能滿願。我們講布施、持戒、忍辱、精進、禪定、智慧，六度的第一個是布施，把布施度擺在最前面，有時你捨，人家不受。

你捨，人家不受。那是什麼?眾生各個的業，業不同故，他所作的業不同。業不同，他的感受也就不同了。感受是看一切事情的看法，對一切事情的過程怎麼認識的，怎麼理解的，怎麼看的。要看本質，不看現相。這是菩薩的內施、外施，以下是一切施。

云何為菩薩一切施。佛子。此菩薩亦如上說處輪王位。七寶具足。王四天下。時有無量貧窮之人。來詣其前。而作是言。大王名稱周聞十方。我等欽風故來至此。吾曹今者各有所求。願普垂慈令得滿足。時諸貧人從彼大王。或乞國土。或乞妻子。或乞手足。血肉心肺。頭目髓腦。菩薩是時心作是念。一切恩愛會當別離。而於眾生無所饒益。我今為欲永捨貪愛。以此一切必離散物滿眾生願。作是念已。悉皆施與。心無悔恨。亦不於眾生而生厭賤。是名一切施。

第六種一切施。他不問你是國王、大臣，或在家做什麼。這不是一般的，而是到第七行、第八行，十行圓滿大菩薩，這叫十無盡藏。布施是無盡的，無盡藏，包含內容很多。前面所說的內施、外施，乃至三輪皆施，一切都捨，一切都施。「云何爲菩薩一切施？佛子，此菩薩亦如上說」，還是這位菩薩。

「處輪王位，七寶具足，王四天下。」跟前面是一樣的。「時有無量貧窮之人。」不是一個兩個，而是無量貧窮之人，都來到這個國王前面。大王啊，你的善心，專門指布施的善心，你的名稱大家都知道，「周聞十方」。

「來詣其前，而作是言：大王名稱周聞十方，我等欽風。」欽佩你的風範，你的態度，我們知道，一找你，你都能辦得到的，「故來至此，吾曹今者各有所求。」我們所求的都不一樣，願你慈悲捨給我們，使大家都滿足。這些貧人從彼大王，有的求他的國土，有的求國王的妃子、妻子。有的乞求他的國土，把王位讓給他，有的要他的手，有的要他的腳，或者要他的血，要他的肉。或者要他的心肺，或者要他的頭目手足，骨髓。「願普垂慈令得滿足。時諸貧人從彼大王，或乞國土，或乞妻子，或乞手足，血肉心肺，頭目髓腦。菩薩是時心作是念。」他心裡就觀照了。行菩薩道，發菩提心，觀照什麼呢？

「一切恩愛會當別離。」國王、家庭、所有的財富，一切物質都是貪愛的，一定會別離的，不是常聚的，會失掉的。與其等著將來失掉，我現在就捨給他們，反正將來也會失掉的，我都布施給他們，滿他們所願。我從此發菩提心永捨貪愛，什麼也不貪求，一切貪愛都沒有了。這些物質，包括自己身體內外，都是離散之物，必定失掉的。感命終了、命盡了，什麼都沒有了。我現在就滿他們願，都布施給他。

「而於眾生無所饒益。我今爲欲永捨貪愛，以此一切必離散物滿眾生願，作是念已，悉皆施與，心無悔恨，亦不於眾生而生厭賤。是名一切施。」不輕看他們，因爲他們都是成就佛道的，成菩薩道。這叫一切施。什麼都捨，竭盡內外，一切皆施。內施、外施，乃至於王位。說前面所捨的，現在一切皆施。內施、外施，內外一切皆施，還有過去施。

云何為菩薩過去施。此菩薩聞過去諸佛菩薩所有功德。聞已不著。了達非有。不起分別。不貪不味。亦不求取。無所依倚。見法如夢。無有堅固。於諸善根。不起有想。亦無所倚。但為教化取著眾生成熟佛

法而為演說。又復觀察過去諸法。十方推求都不可得。作是念已。於過去法畢竟皆捨。是名過去施。

第七種過去施。這不是捨現相，而是捨思想。過去都過去了，不存在了，但是我過去聽到諸佛說的法，我現在回憶。過去諸佛所說的法，我不去執著它。爲什麼？因爲不是實在的，不是如實體性的，了達非有，諸法皆空。在一切法上不要去分別，不要貪，不要味，不貪不味。法的味道，法味法味。不求取，無所依倚。

這位菩薩已經證得空性。爲什麼要說這些話？他悟得從初住開始，他住的是菩提心，無著。我們前面講無著，對一切佛所說的法，不起貪著，不取味塵，不求取，無所依倚。諸佛所說的法，如夢，沒有堅固的，我們的善根是有沒有？不執著，「於諸善根，不起有想。」好像我們的善根很大，過去修行很多，功德很大，不生這個念頭，「亦無所倚」。

不依自己過去所修行的所積累的善根、所積累的功德，不作這個想，想什麼？只是爲了教化眾生、取著眾生、成熟眾生，成熟佛法，演說佛法。同時要觀察，這是修行，就是觀照，就是修觀，觀察過去一切諸法。過去諸法已經過去了，沒有了。十方推求，不可得。「作是念已。於過去法畢竟皆捨，是名過去施。」

這也叫布施。過去現在未來，先說過去施。我們說菩薩第七行，不著行，對一切法不執著，都是諸佛菩薩方便善巧慧所造成的，不是實際的。實際的是什麼呢？佛性。相信自己的佛性沒有這些。因爲若一失掉過去，就有貪愛了，戀戀不捨。這是不執著過去的，對於未來的沒有貪求。「我做了好多功德，好多事業，將來能得到什麼果？」這是對過去有戀，對未來有貪，這叫心有染著，不是清淨的。把過去的都布施，於佛法尚且無所著，何況一切世間法呢？佛法都不執著了，何況世間法呢？一切無所執著。

這是前面第七不著行菩薩，行方便的時候不著相，對任何法不起分別。這位修證者現在已經成性了，稱著法性。法性之內，沒有一法所立的，不貪染，不愛昧，不方便去求取，不以爲這是我的德，依著這個德而去修行。畢竟皆捨，是這樣修行的，修過去的。什麼樣無著？這位菩薩證得般若深智，沒有一切諸相，一切法皆空，也沒有什麼能布施的、所布施的，能所雙亡。過去諸法不會計較它是有、是無，過去的布施，把過去都布施了，誰來接受你的布施？沒有。

云何為菩薩未來施。此菩薩聞未來諸佛之所修行。了達非有。不取於相。不別樂往生諸佛國土。不味不著。亦不生厭。不以善根迴向於彼。亦不於彼而退善根。常勤修行未曾廢捨。但欲因彼境界攝取眾生。為說真實令成熟佛法。然此法者。非有處所。非無處所。非內非外。非近非遠。復作是念。若法非有不可不捨。是名未來施。

第八種未來施。有過去就有未來，但未來還沒來，都把它捨了。「此菩薩聞未來諸佛之所修行，了達非有，不取於相，不別樂往生諸佛國土。」這位菩薩不求生別的佛國土，沒有這個求。「不味不著」，這位菩薩不發願求生，一會生極樂世界，一會生東方世界，沒有這個思想，沒有這個求法，也沒有善根迴向生極樂世界。假設我們想求諸佛國土，想生極樂世界，就把我所種的善根、所有的修行都迴向彼土。那就要是自己的善根、自己的修行，一切都是性空無我，一切性空無著。

「亦不生厭，不以善根迴向於彼。亦不於彼而退善根，常勤修行未曾廢捨。」在修的上面而不起執著，不執著一定要怎麼樣。我們現在發願就是要達到，當你到這個位，你也跟他一樣。爲什麼？他常勤修行，不捨的是他的願，他的欲望！拿這個境界相攝取眾生。他拿這個法是攝取眾生，不是他要去，同時還跟你說眞實法，成就佛法。

這個法是什麼呢？這個法沒有處所，沒有實在的，「但欲因彼境界攝取眾生，爲說眞實令成熟佛法。然此法者。非有處所，非無處所。」下面這個施捨，全是般若義，不是內施也不是外施，不是遠也不是近，諸法不立，這個法到底是有？到底是無？非有，就是沒有，他又不捨，不捨又是有。這叫未來施，把未來都布施。

這個布施我們做不到，影子還沒得，連道理還沒懂呢！這是什麼意思？不執著有修行的因，不求不發願得到淨土的果，這才是普賢行。我們讀十大願王，告訴你一切無著。不求自己安樂處，不求耽處聖樂，我們求極樂世界，生極樂世界是安處聖樂。生到極樂世界安處聖樂，常想聖樂。菩薩說法利益眾生怎麼利益的呢？經文上說「但欲」，欲也是他的願望，這位菩薩的願望，「因彼境界」，說極樂世界怎麼美妙，說極樂世界怎麼殊勝，目的是什麼？攝取眾生。

假極樂世界阿彌陀佛說法利益眾生，假殊勝境界來攝取眾生，這樣說是眞實的，不是虛的，目的是令他成熟佛法。但是這個法是要你不要起執著，一生心動念，就叫執著。極樂世界就是華藏世界，就是法性的本體。這個法性本體的法不是有處所的，沒極樂世界，又不是無處所。「非無處所」，那就有處所，「非有處所」，那就是無處所，兩邊都不執著，不立二邊。得建立這個思想，所以說「非內非外，非近非遠」，都不是的。一切佛所教授的法，不把它當成實在的，非有。這在《金剛經》上說的很明顯，「知我說法，如筏諭者，法尚應捨，何況非法」，不要去執著。「若法非有」，「非有」就是沒有，還學它幹什麼！不可以。

「復作是念，若法非有不可不捨。是名未來施。」一切法非有。但是我也要以此法來布施，把非有之法來布施，讓眾生認得一切法非有，不要去執著，一執著就是有執著見，達不到法性，法性是沒有執著的。因此，要捨掉它，這叫未來施，未來沒有，就把它捨掉。未來有沒有呢？未來當然有，「是法住法位，世間相常住」。若是學圓教法，知道它是圓的。你這個也不對，那個也不對，這些不對的全對，但是得你證得了，你若一執著全不對。

有時候說這件事跟理上合，跟法上合，合也好、不合也好，法沒有一個合不合。對著非而說是，對著貪瞋癡而說的戒定慧，但是沒有戒定慧也沒有貪瞋癡。佛的甚深教義，是得你到那個機、到那個位置才說甚深的法，像這些法是華嚴菩薩所學的。我們讓你捨身上的肉，肯捨嗎？捨眼睛、捨耳朵、捨鼻子，誰也不肯捨，捨心臟，那個人心臟壞了，我捐獻了，把我的心臟移植給他，現在的手術很高明，還辦得到。說我的眼根捨給他，他內部哪個機能壞了，我把我這個捨給他了。這也叫捨。

上面所說的道理，是說菩薩行菩薩道的時候，一切皆捨的這個「捨」字把它當作不執著，捨執著，得到不執著。這叫未來施，未來的都布施了。

云何為菩薩現在施。此菩薩聞四天王眾天。三十三天。夜摩天。兜率陀天。化樂天。他化自在天。梵天。梵身天。梵輔天。梵眾天。大梵天。光天。少光天。無量光天。光音天。淨天。少淨天。無量淨天。徧淨天。廣天。少廣天。無量廣天。廣果天。無煩天。無熱天。善見天。善現天。色究竟天。乃至聞聲聞緣覺具足功德。聞已。其心不迷不沒。不聚不

散。但觀諸行。如夢不實。無有貪著。為令眾生捨離惡趣。心無分別。修菩薩道。成就佛法而為開演。是名現在施。

第九種現在施。什麼叫菩薩現在的布施？還是不執著的，這幾個布施都是很深的。什麼叫菩薩現在布施呢？把現在都捨掉。

二十八重天，有時名詞不同，略一個字、多一個字都沒有關係。總而言之，四天王天到三十三天，到六欲天，到十八梵天，四禪定天，四無色天，這些天人的功德，比人間的功德大。天人有神通，福報比人間福報大，「乃至聞聲聞緣覺」，天人、二乘聖人他們的功德，聞已，你聽到了，心裡不被他們的功德所迷惑，也不泯沒他的功德。

「具足功德，聞已。其心不迷不沒，不聚不散。」不希求。「但觀諸行」，諸天所作的，跟二乘聲聞緣覺權乘菩薩所作的，都是假的。「如夢不實」，像作夢一樣的，沒有眞實的，所以他不起貪著的念頭。但是爲了使一切眾生捨六道輪迴，捨三惡道苦，那只是爲了眾生捨惡趣而說的善法。說生天，乃至於了生死，斷二乘人的煩惱，不是菩薩的本意，現在布施是這樣布施。布施什麼呢？知道一切諸法如夢不實。

「無有貪著，爲令眾生捨離惡趣。」說天道，說人間，菩薩心不分別這個。天道、人道、六道，菩薩心沒有！只是成就佛果行菩薩道，給一切眾生開演，這叫現在施。

這不是個人，對這一些思想念著上面一切無貪，明知道一切諸法如夢如幻不實的境界，沒有貪著，但是隨順令眾生捨離惡趣，才給他說這些法。

「心無分別」，菩薩在這上面沒有分別好壞善惡，從來沒有這些念頭，這樣修的菩薩道，只成就佛果來開演諸法，在菩薩心意當中沒有，就叫捨。現在施，把現在所處的境界相全布施了。

云何為菩薩究竟施。佛子。此菩薩假使有無量眾生。或有無眼。或有無耳。或無鼻舌。及以手足。來至其所。告菩薩言。我身薄祜。諸根殘缺。惟願仁慈以善方便。捨己所有。令我具足。菩薩聞之。即便施與。假使由此經阿僧祇劫諸根不具。亦不心生一念悔惜。但自觀身從初入胎不淨微形。胞段諸根生老病死。又觀此身無有真實。無有慚愧。非賢聖物。臭穢不潔。骨節相持。血肉所塗。九孔常流。人所惡賤。作是觀已。不生一念愛著之心。復作是念。此身危脆無有堅固。我今云何而生戀著。應以施彼。充滿其願。如我所作。以此開導一切眾生。令於身心不生貪愛。悉得成就清淨智身。是名究竟施。是為菩薩摩訶薩第六施藏。

第十種究竟施。什麼是菩薩究竟施？功德林菩薩稱在會的大菩薩，「此菩薩假使有無量眾生。」「無量眾生」，是沒有數字的。或有的眾生沒有眼睛，或有的眾生沒有耳朵，或有的眾生沒有鼻子、沒有舌頭、沒有手、沒有足，來至我所，來到行布施的這個菩薩。

「告菩薩言：我身薄祜。」沒有護祐我的人。「諸根殘缺」，六根不全，不是缺這樣，就是缺那樣，「惟願仁慈」，願你慈悲慈悲，以善巧方便，「捨己所有，令我具足。」把你所有的捨給我，令我具足。

「菩薩聞之，即便施與。」就捨給他，他要什麼給什麼。不是一天兩天，要經過無量阿僧祇劫那麼長的時間。他捨給人家，菩薩的根就不全了，諸根不具。他雖然是諸根不全都捨給人家，心裡沒有一念悔惜。或者自己感覺難受，愛護自己的六根，或者說我不該捨了，沒有這個念頭，一念都不生。

「但自觀身」，菩薩回觀自己的身，從最初入胎，乃至於微形，那個微形叫不淨。「胞段諸根」，在母腹衣胞裡頭，你所有的根，眼耳鼻舌意諸根，你生到人間所有諸根，又成了人形，具體一個人。從母胎一生下來，一定要經歷「生老病死」，這四個哪個也躲不過去。這是第一個觀。其次，「又觀此身」具體的一個身體，觀這個身，哪樣是眞實的？沒有一樣是眞實的。

「無有慙愧」，我們前面「慙藏」、「愧藏」都講了。「非賢聖物」，這個跟賢聖物之法不相合的，都是不潔淨的。「臭穢不潔」，九孔常流不淨。我們前面的根生髮長，脈轉筋搖，三十六種物都是不淨的。「骨節相持」，那個骨頭跟一個骨頭相接，相連接的。

「血肉所塗」，除了血跟肉結合的，「九孔常流」，兩個眼睛、兩個耳朵、兩個鼻孔、一個嘴巴、大小便，九孔所流的都是不清淨的。「人所惡賤」，不論誰，怎麼打整，怎麼洗澡還是不淨的，是臭惡的，不是清淨物。

「作是觀已」，這樣來回照你的身心，「不生一念愛著之心」。但是這種境界，聲聞也做得到，聲聞已經證得。斷了見思惑，他就沒有愛著心，不但沒有愛著心，他生起厭離心，灰身滅（泯）智，若把身體毀滅掉，讓它毀了，滅智就是斷了思欲，沒有任何思欲，這就是斷見思惑的表現。

「復作是念，此身危脆無有堅固。」這個身體很脆弱，不是堅固的東西，隨便就壞了，隨便就消失了。不論遇見火，遇見水，小小一個車禍也可以把你撞的粉身碎骨。在這樣情況，「我今云何而生戀著？」這樣你還起什麼貪戀心嗎？因此對來求者，對來求布施的，全部滿他的願，一切都捨。把我所做的這些，讓眾生也都知道。給他是給他，要開導一切眾生，讓他對自己的身、對自己的肉心，不要貪著。這個心是我們的妄想，是我們隨著肉體的肉團心。識所寄處，六識所寄託的，就當作房子一樣的，租房子住的。等而下之，它壞了就沒有，就走了。

因此，這樣來開導眾生。你對你的身，你對你的心，不要起貪戀，它是臭穢不淨、無常的、苦的、空的，無我的。我們說苦空無常，就是觀你這個身體是苦的、是假的、是空的，死了之後什麼也沒有了，苦空無常。因此他們來求布施的，那就滿足他們的願。正好，你就把它布施給他們。

以這個方法給他們作開導，你的身體也是無常的。對自己的身心不要生起貪愛想，美容、化裝更不需要了，不要盡一切的力量來去保護它，沒有必要的，保護不住的，一定要散、一定要壞的。

「如我所作」，菩薩自己說。這位功德林菩薩說，行十無盡藏的菩薩是布施無盡藏，無盡藏裡含的都是布施。「如我所作」，菩薩自己說，我現在就是這樣做的。我以我所作的來向大家說，開導一切眾生。我是對我的身體不生貪愛，希望你們也對身體不要生貪愛想。對你這個現在的身心不潔不淨，這是業報身，不生貪愛能得到什麼呢？能得到諸佛清淨的智慧法身。菩薩的究竟施，你所得到的回報是什麼呢？是清淨智慧身，這就叫究竟施。是爲菩薩摩訶薩第六布施藏的施藏。

這是《華嚴經》講的布施，叫「施藏」，含藏著這麼多的布施，我們只是現相的布施，拿點東西給人家，從來沒有捨自己的知見，這也是布施，不生貪愛布施，讓眾生也都不生貪愛，不只是世間的財物，要把自己所修的、所證得的全布施給眾生了，讓眾生也都能得到。

前面經文講，要修苦觀，從你一入胎時就苦，一直苦到你死。死了之後，苦還隨著你，脫離不了苦，被苦所攝受了，生老病死都是苦。

如果你對幻化的境界不大清楚，就看演戲的文藝工作者、藝術工作者，特別是梅蘭芳，三十六歲了，他化裝出來像十六七歲小姑娘一樣的。眞的假的？你在戲臺上看都是眞的，回去一卸了裝，不是了。但你可以看到，那就是假相。我們這個人是假相，現了這麼一個假相，感到這個假相消失了，回歸眞實，那個眞實我們沒有得到，或者戲裝換了，回歸眞實的，那個眞實還是假相，還是幻化的。看戲人看得很快樂，離開戲場的時候幻滅了。一切境界相變化，感你回到家裡頭，坐的腰酸背痛，當時看見很快樂，回來之後就不是這樣。

樂是苦的因，苦是樂的果。沒有樂都是苦，這叫苦觀。從我們入胎的時候就開始苦，一直到你死亡。苦的息滅，生老病死苦，要修這種觀。我們任何事都以我爲主，之後還要修無我觀。苦用無我觀來對治，我是個主宰義，我說了算，我想怎麼著，自己對自己作主，好多人都這樣說，我對自己作主。

我問好多道友：「你作得了主嗎？」哪樣你能作得了主，沒有一樣你能作得了主。他不相信，自己還作不了主，我說你害病，你作個主我不害病，辦得到嗎？你有這個主，讓你不老？這是眼前現實的境界。你想達到目的，達到不老，這個世界上沒有一個人達到這個目的。一定要老！不老、不死、不苦的人沒有，這個主誰也做不到。

我們平常說話，做什麼事，「我的」、「我的」。包括對自己的身體，「我的」身體，「我的」眼睛，都是這種語言，中間加個「的」，爲什麼？沒有「我」，都是「我的」。「我的」眼睛不是「我」，如果瞎子沒有眼睛的，那他該不活了，那是「我」嗎？「我」沒有了。少一根沒關係，他照樣活，不過是個瞎子而已。爲什麼？眼睛是「我的」，不是「我」。究竟「我」在哪裡呢？都是「我的」，「我的」眼睛、「我的」耳朵，「我的」鼻子、「我的」身體、「我的」心，「我的」不是「我」，是「我的」。

這樣修觀，就是觀想無我，我是主宰義，但什麼都做不了主。生老病死苦你作不了主，社會上什麼事你都作不了主，千變萬化，因爲你這個主宰不成立，沒有個眞實主宰的。

你在那說如夢幻泡影，這是修假觀。假觀，佛在《金剛經》上說，一切有爲法，如夢幻泡影，都如是。因爲沒有我故，世間都捨掉，根本沒有！因此，一定要觀無我，別的你修不成，觀無我，什麼事跟我沒有關係，不是我，我根本沒有，觀成熟了，但是有個眞我，不是沒有我，說那個眞我是什麼呢？就是性的緣起，這個我是緣起，緣起成就我的性的眞實，有個眞實的我。

在講慧藏的時候，明慧藏表智慧，但是明慧藏不講智，專講慧。因爲智跟慧兩個分開，智是智的作用，慧是慧的作用。怎麼能夠觀到無我？觀到苦？怎麼能達到？你要有慧，慧是了別爲義，做任何事物，把任何事物了別清清楚楚，他是專對著俗諦說的，「慧眼當觀俗」，觀俗諦，智慧是照理的，智慧專照理的，我們講妙明眞心，那是照理的，那要智慧。

這個慧在別的經論上講，智就是慧，慧就是智。現在《華嚴經》，智是智，慧是慧。其他的經論講六度萬行，《華嚴經》講十度，十度的後四度，方、願、力、智，這叫慧藏。菩薩修觀的時候，中間有迴向。這個觀是什麼呢？就要用慧觀，用慧來觀一切事物，察看一切事物，知道一切境界相，認識境界相的實體，不隨相轉。

我們經常說不隨境轉，就是心轉境，境就變成心；心被境轉，你的心就變成境界。這在《楞嚴經》講的非常多，七處徵心，八番顯見，就是一個知，一個見。心被境轉，就是凡夫，六道輪迴。境能被心轉，心能轉境就是佛。環境把你的心轉了，你就是眾生。

若眞實的、如實的了達這種義，如實諦審，觀你身這個境，我們現在講身，這個身是境界相，境界相是生滅的，有時有，有時沒有。你不能偏，心是偏的。這樣如實觀，你的心看任何的境界相都不被它轉，但是你能轉它，不被迷惑。你的心很明了，你能把它變化，這是轉的意思。

煩惱來了，用你的慧一照，如實知道了，沒有這麼回事，瞎生煩惱，你的心裡就解脫了。外邊的境界相很多，影響到你，影響到社會，影響到大體，幻化無實的。這樣能夠如實了達眞正的道理，就能知如實義。

有人寫給我一個紙條問：「佛法要有傳承！很多師父到寺廟把功課本拿來自己背，根本沒有傳承，您是怎麼理解傳承？」

「佛法無人說，雖慧莫能了。」說你有智慧也不能懂得，這叫傳承。現在寺廟的傳承，是什麼傳承呢？衣鉢！衣鉢沒有了，給個法卷，哪一門哪一派的！佛沒有，是不是佛法？是，是中國的佛法。這叫傳承，拿衣鉢作信物。

另一個傳承，師父傳徒弟。釋迦牟尼佛傳給迦葉尊者，有一次陞座，拿起一枝花，大家都沒表示，只有迦葉尊者微笑。這個就是公案，如來拈花，迦葉微笑。如來拈朵花，迦葉就微笑，這叫傳承。

還有一個傳承，文殊師利菩薩給我們的，釋迦牟尼佛陞座，文殊師利菩薩當維那師，他敲個磬，念四句偈子，「法筵龍象眾，當觀第一諦，諦觀法王法，法王法如是」，傳承！誰接受就傳給誰，這也是傳承。

你問：「很多師父到寺廟拿起經本自己念經，沒有傳承。」有啊，經本是佛說的，你拿起來接著念，釋迦牟尼佛就傳給你，你就得到釋迦牟尼佛傳承。

另外一個傳承，學密宗，要師父親口傳。至於像外道，小時候聽到東北九宮道、天理道，「五字眞言，法不傳六耳！」你知道了，不許告訴父母，不許告訴妻子。爲什麼不能說？只能我傳給你，「觀世音菩薩」，就這五個字。我們是弘揚，讓人人都知道！他不許說，要親自傳，法不傳六耳，弄到密室裡頭，外頭拿黑布圍上，鬧半天是「觀世音菩薩」，這是一個。

這人又問：「早晚功課，傳授給我們，表達佛法的傳承有序！這樣以後有居士讓師父傳授早晚課，心裡也不會嘀咕。」

我自己沒有傳承。你讓我傳五堂功課，五堂功課我不會，我沒有傳承。我的老法師有四位，一個是虛雲老和尚，他站那兒就入定了，每次上殿都那樣，嘴巴子一動沒動。慈舟老法師是我的親教師，我跟他學華嚴的。我在他跟前當侍者，從來沒上過殿。我出家了，就學佛法，學佛法就當法師，當法師沒有上殿，也沒過過堂。

大家都知道弘一法師，他從來沒上過殿，大家看我什麼時候上過殿？我也沒隨過眾，這不是傳承。五堂功課能認得字，自己念，誰傳你的？釋迦牟尼佛。《大藏經》，你去閱藏，有個師父來教你閱《大藏經》嗎？沒有。不論當代的太虛法師、印順法師，都是自己閱藏開悟的。傳承是當寺廟方丈，才要傳承。

我所學的派，一個天臺宗的四教，我是跟倓虛老法師學過幾年，講《法華經》，叫天臺四教。我跟慈舟老法師在鼓山學的時候，從一九三二年到三五年，學的是華嚴五教。五教、四教、華嚴、佛學院，不注重上殿。之所以有上殿兩堂功課，是因爲我們一天吃飽了，別的修行不會，不學教理，不念經，不懂得教義、坐參禪，那你上個五堂功課！你要找傳承，找找你們的比丘尼師父，另外找傳承，我這裡沒有傳承。

讓我傳給你五堂功課，我沒有這樣學。我沒有上殿，五堂功課不會，唱念不會，就是這樣。我是說眞實話、老實話，你看我幾時上過殿？不說在普壽寺沒上過殿，我從當學生開始，一天殿也沒上過。最初是不收我，只是給老法師當侍者，就跟著老法師，沒上過殿。畢了業當了法師，到青島湛山寺，我是法師，法師不上殿，單有個寮房，我就備我的課，講課。

我沒有傳承，感自己出來當法師，又在西藏學，西藏也沒上殿！西藏到大殿上念個咒，就是到大殿喝茶吃糌粑，那是常住給的，不是我們飯廳。西藏的喇嘛，各人住在各人房子，各人燒自己的鍋，各人作自己的飯。不是我們幾百個人坐在一塊堆吃的，誰供啊？燒茶，各人喝個人茶，一人一個寮房，一人一個小竈，愛吃什麼吃什麼，他不管，沒有這個集體，這是釋迦牟尼佛的規矩。

在印度，你看英國人挖出來的五比丘遺址，五個房子，一人一個房間，外頭一個小爐竈，大概釋迦牟尼佛五比丘最初是開始這樣的，乞食回來熱一熱，到時候不作其他的用，那時的印度是乞食，不是家裡自己做吃的。

但是在中國十方叢林，講究清規戒律。現在我的一個弟子，了法法師，在南普陀講清規戒律，不是講比丘戒、比丘尼戒，而是講百丈祖師所立的清規。你自己隨著大殿，大家念什麼你跟著念吧！反正有維那，維那師就是傳承，就傳給了。他怎麼念，你跟著他怎麼念，他又跟誰學的？他在哪學的？他又在哪念的？那就是傳承。

◎七慧藏

佛子。何等為菩薩摩訶薩慧藏。此菩薩於色如實知。色集如實知。色滅如實知。色滅道如實知。於受想行識如實知。受想行識集如實知。受想行識滅如實知。受想行識滅道如實知。於無明如實知。無明集如實知。無明滅如實知。無明滅道如實知。於愛如實知。愛集如實知。愛滅如實知。愛滅道如實知。於聲聞如實知。聲聞法如實知。聲聞集如實知。聲聞涅槃如實知。於獨覺如實知。獨覺法如實知。獨覺集如實知。獨覺涅槃如實知。於菩薩如實知。菩薩法如實知。菩薩集如實知。菩薩涅槃如實知。

這是「慧藏」。慧是了別，這裡所說的「知」，就是慧，這是明「慧藏」，慧無盡藏。「何等爲菩薩摩訶薩慧藏？」這是問號，第七是慧藏。什麼叫作「慧藏」？以下有十種法，分成五類，五類十法。慧，有智慧，是了別，最後都「如實知」。「如實知」可不是一般的知，這是菩薩藏。慧藏如實知，不是聲聞，聲聞不如實知。凡夫更不說了，這是聲聞、緣覺、菩薩三乘。

形容功德林菩薩對這些菩薩說，見了法性，才能如實知。以上的十種法，他分成五類，這五類再用兩門來攝受。一個是知、是慧，一個是境，境就是凡夫一切境界相。如實知是知什麼呢？知的是聖境，知道總體的意思。這說菩薩看聲聞法怎麼看的？看緣覺法怎麼看的？看一般的菩薩乘法怎麼看的？就是他怎麼認知的？

「何等爲菩薩摩訶薩慧藏」，知就是慧，慧就是知。他怎麼知的？此菩薩於色如實知，色是世間境界相，凡是名色的，都叫有相。他如實知，就知道無相，這叫「如實知」。「色集如實知」，色集就是苦集滅道的集。一切的形形色色諸法，因集而來的。菩薩行菩薩道的時候，「於色如實知」。色怎麼來的？是集因所招感的，是集來的。色滅，知道一切色無常相。理上沒有這些色，這叫滅。滅是修道所證得的，能如實知。大家經常學的苦集滅道，一切色相的因，滅道是修道成就的果，就是因果。

如實知者，不是現在我們所知道的這個知。證得它的理，這樣來解釋「如實知」。這裡頭分三界之內，三界之外，分界外，分界內，菩薩於一切法都如實知。前面說色受想行識五蘊法，總說是五蘊法，這五蘊法，菩薩行菩薩行的時候能如實了知。分別說，色集色滅道，一個一個分開來說的，其實就是四聖諦。

前面所說的這段經文是四諦十二緣。一個是四諦法，一個是因緣法。依著聲聞緣覺小乘教義來說，它是屬於生滅法。生滅滅已，達到寂滅了，寂滅是無生滅法。菩薩看這些法都是無作無相，是這樣如實知。這一法，無作無相，凡夫境界跟聖人境界，兩種分別。不但知道凡夫一切境界，也知道二乘聖者所證的境界。達到無作無爲的四諦，那就是四聖諦。

菩薩的慧，所知道是諦，諦就是理。知道苦，苦的道理。知道集，集的道理。知道滅，滅的道理。知道道，所修道的。菩薩以他的慧知、能觀的慧，觀這些境界。色也好，受想行識也好，觀五蘊境界如實知，就是知道它的諦理，就是四聖諦。

「於無明如實知」，這是十二因緣。因爲最初無明是無知。迷了，迷了就生愛。無明是因愛而起，怎麼樣使無明滅？無明生起如實知，無明是從愛，愛要集，集要招感。招感什麼呢？無明緣行，行緣名色，名色緣六入，按十二因緣一個一個觀。這是生起，生起了又還滅。

前面這一段經文，是說凡夫境界跟聖人境界。我們舉一個例來說，苦、集、滅、道。苦是現在受的果，苦怎麼來的？是招感來的，招感就是集。集來很多的因，很多的因，那就成就了很多的苦果。菩薩的慧都了別，了別是理，理上而顯事的，不但事明白，理也如是明白。從事上講，四諦是有作的，從聖境上講，四諦是無作的。有作無作來分析四諦的道理，之後就是三界內三界外，因果都有所不同的。菩薩以能觀的慧，慧照，這些都是無作的。這是總說，但是它在流轉的時候，觀察它的還滅。還滅就是修道者不隨流轉而轉。流轉是生死，還滅是超生死，還滅那個還沒流轉完的，讓它不要流轉。現在我們不會再流轉，聞法修道出家，出家了聞法修道。

這還要一直流轉，要把它息滅，不讓它流轉。這種法、這種滅是能知之人，知道你所知道的法，在人中就有法，依著法經歷世俗世間。世間就是生滅，出世間就是道集。集是因，把世間的因變成出世間的因。我們是集世間的因，招感的苦果，現在我們集出世間的因修道，修道證得滅的果。這個「知」字，分能知、所知，能知是指人說的，所知是指法說的。

知道什麼法呢？我們先說四諦五蘊。之後就說十二因緣，十二因緣沒有全說，大略這麼一舉就是了。我們都是從愛而生起的生死流轉，愛怎麼來的？愛就是無明。生愛，叫愛取有。愛要取，取了就有了，有什麼？有生死了。有生死，無盡的苦難就跟著來了。無明跟愛，這是漏落三界的，它們的行，全是苦的，就是行蘊。色受想行，行是運動，從不停的，就是行蘊。到你迷惑所產生的那個識，有一部分是淨業，八識有淨有染。這都是染的流轉，這是四諦的聲聞法。緣覺法就是十二因緣。緣成了，就把它聚集一塊堆，之後漸漸有生死。

怎麼樣對治呢？修道！一個修觀、修慧，一個修定，止觀雙運。或者從止門入的手，就是修定入手。觀門入手就是從觀察觀照分析，其實止中也具足觀，觀中也有止，止觀有時候是分開說，有時候兩者是互相連起說的。有了止觀，可以集出世的因修道。行就是修道，修道之後就證得滅。苦集滅道，果在前，因在後，這是解釋。

苦是怎麼來的？招集作業所來的。滅是怎麼成就的？是修道成就的。這段經文是菩薩知道一切無作、無相，顯示無作無相。無作無相是菩薩通的觀。愛與煩惱都是自己做的、招集的。由於癡愛才產生，產生了之後如是流轉，常時流轉不息。四諦十二因緣，四諦是法，修法的是人，聲聞是人。他以修法故成就果德，道果，就叫涅槃，這個涅槃是有餘涅槃，不是佛的無餘涅槃。

十二因緣是緣覺法。一說到無邊法界無量世界，無作無相，就是菩薩法，這叫三乘法。這個知，知道聲聞，知道聲聞法，知道苦集滅道四諦，也知道因緣法，也知道涅槃法。緣覺聲聞所證的不是究竟的。現在這個地方所說的涅槃就是滅諦，不是佛果上的究竟無餘涅槃。這是三乘法，這個菩薩所知，什麼叫知？這個是講「慧藏」。

云何知。知從業報諸行因緣之所造作。一切虛假空無有實。非我非堅固。無有少法可得成立。欲令眾生知其實性。廣為宣說。為說何等。說諸法不可壞。何等法不可壞。色不可壞。受想行識不可壞。無明不可壞。聲聞法。獨覺法。菩薩法。不可壞。何以故。一切法無作。無作者。無言說。無處所。不生不起。不與不取。無動轉。無作用。

是這樣知，知道我們這個業用，所作的業一定有報的。不論善業惡業，不論造什麼業一定有報的，因必有果。一切因緣之所造作，造作就叫業，業是造作爲義。這個造作是假的，所作的業都不是眞實的，是虛假的，都是菩薩的認識。「空無有實」，哪裡有個實在東西？我，非我。我們認爲堅固的非堅固，假名無實。這是一法不立的意思。「空無有實」，一切虛假的空無有實。我不是我，非我，堅固不是堅固沒有一法，就是少法，沒有一樣可以把它立得住的，「無有少法可得成立」，涵義就是這樣。無有少法者，就是一切皆空。萬法皆空，這個立的空義，不是眞實的，是虛假的，所以叫空的。有沒有眞實的，有啊！

「一切虛假空無有實，非我非堅固，無有少法可得成立，欲令眾生知其實性。」菩薩行道所要演說的，就是這個目的，令一切眾生知道諸法的眞實性。怎麼樣才能知道？要學，我們現在是學著知道諸法眞實性。

「廣爲宣說」，要令一切眾生都知道眞實性。「爲說何等」，所演說的都是些什麼？一切諸法，不可壞。前面說一切諸法非我非堅固，無有少法可得。現在要令眾生知道眞實性，這是相，非我非堅固無有少法可得。現在要說它的性，性是什麼樣子？不可壞，一切諸法不可壞。

「說諸法不可壞，何等法不可壞，色不可壞，受想行識不可壞，無明不可壞，聲聞法獨覺法，菩薩法不可壞。何以故？」前面不是說一切法非我，虛假，空無有實嗎？那是說的相，現在是說的性，這叫性相二門。怎麼樣是不可壞的法？色不可壞，是五蘊法，色受想行識。爲什麼五蘊法要分開說？色法是境界相，受想行識是心相，這叫色心二法。前面說它是沒有眞實的，後面說它是不可壞性，本來就沒有，壞個什麼呢？以前說它空的，空無有實，那還壞個什麼？所以不可壞。色法不可壞，心法也不可壞，色心二法都不可壞。爲什麼？一切法無作。誰造作的一切法，無作者沒有言說。

「一切法無作。無作者，無言說。無處所，不生不起。」法無處所，根本就不生不起，一法不生一法不立，沒有動作、沒有取捨、沒有作用，這樣說的一切法不成立。總的說來，就是你在一切世間相上，看見一切事物，看到一切法，知道一個是相、一個是性。相是沒有的，空的。眞實性，菩薩所知道的，眞空。有是妙有，屬於妙有都是不可壞的。妙有非有，本來就沒有，壞個什麼呢？從另一個意思來說無有障礙，這種法是行十行菩薩他們所知道的。這個知也不是產生有一個能知的，去知其所知，沒有能所。

這是菩薩所知的，就是菩薩的慧，這是講「慧藏」。形容菩薩的慧是什麼樣子？無造作無相，無作無爲無生無滅。從五蘊法、四諦、十二因緣、苦集滅道種種法，在相上能知道它的無相。集是因，招來的苦果，因即不眞，所招來的苦果也不實。不是實在的，你別把它當成眞實的。十二因緣所造的叫十二支，一切因緣是一個集相，根本就沒有造作。知道諸法無造作，知道它的相。顯一切法，諸法無相，所以五蘊皆空。

大家天天念《心經》，行深般若波羅蜜多的時候，照見五蘊皆空，色受想行識全是空的。《心經》的話不多，講的却非常透徹。用到一切經上說，你不要隨文字轉，隨著文字轉會把你轉得很糊塗。「行深般若波羅蜜多時，照見五蘊皆空」，「深般若」就是菩薩的知，知道什麼？知道四諦十二因緣是空的。這個就叫體空觀。體空觀，一照當體皆空。析空觀就不同了，假你的分析，一樣一樣分析，分析完了之後，它不存在了，達到空的，叫析空觀。析空觀，對於智慧不太大的，給它分析分析，他才明了。他行深般若一照，五蘊皆空，二死永亡。生死也是空的，顯法無相無作，這樣來進入的。以這種道理利益一切眾生。滅道就是幫助你斷煩惱、證菩提，苦集是說你把那當成眞實的，所以才受苦。招集那些因都不成，因所成的都是假的，所得的苦果不把它當成眞的。

修觀很不容易，眞正觀成熟了，會產生效果。我們或者哪個地方受點傷，或者害病，吃藥打針，不論怎麼治療是苦的。當受苦難的時候，你修觀！觀是假的，痛是眞的，你把那個痛沒觀成假的。要轉移目標，當你痛的不能忍受，說這個不是我，誰在痛？另外生起個念頭，思想不繫在苦的上面、痛的上面、難過的上面。想你最歡喜的事，轉移目標，把它轉了。把你這個心分散一下，別專注在上面，那就沒事了。等觀修成了，確實是假。

觀沒修成，空不了，空不了就是眞。空沒有實的，但是你的煩惱空不掉，都把它當成實的，那個眞實的不是諦。你當眞實的是虛假不實的，你要證得了，把它翻過來是道諦，諦就是理，入了理性，理才是眞的。相是可壞的，理是不壞的。能知這個實相是道諦性，修道的眞實，這就叫實相，實相而產生的實知。不論自利、利他，要入這樣的實知。

這段話說一切性不可壞。性即是相，理偏於事，這個事也不可壞。事依理而成的，理不可壞故，事也不可壞。這叫自色性相。這是智慧所成的相，智慧相是無相的，若一執著就不行了。你現在所見的諸法，都如聚沫，泡影幻夢不實，這是諸法的虛妄。一切色性都是空的，空性不壞。不是壞了而後才是空，那不叫本空。壞而後的那個空不是的，在一切相上看著它的性，是本空，本來就是空的。

前面講依性才顯相，相即是性，性空故相亦空。一切色都是性空。性空不可壞。經上所講的，我們所悟得的叫性空，不是把一切事物壞了，消失了，沒有了，不是那個空。看見事物的本身，知道它的性是空的，這個性是空的是眞的。法性，不是壞了之後才空，那是理外的空。這個空是理即是空，空即是理。

因此，說空就是眞，一切顯眞。《般若經》說空，是顯眞性的，顯法性的。等一切事物壞了之後，那個空不是了，那是理外的空。我們這個說眞的，就是在這個事物之上認識它的性是眞的，相是假的。我們平常所看的，說這個相沒有了，空的這個空不是的，這個空還是相，色相空相，佛所說的空性都是有相的，不是那個空相。這個空沒相，那個空是對著有說的，這個空叫眞空。因爲是空，法即是空，不等它壞，若壞了就斷滅了。

在《金剛經》上，佛跟須菩提說：「於法不說斷滅相。」你不要理解錯了，斷滅空跟這個空不一樣的。壞了，那叫滅，滅了叫斷滅空，都要觀照。我們往往混淆不清，不能入理也不能入道。我們在相上執著的要死，什麼時候也消滅不了。我們好多都是女道友，妳執著妳這個女身，永遠變不了男的，也變不了佛，聲聞緣覺也達不到。先得放下這個肉體的現相，不要起執著，這是假的。

能這麼認識嗎？學佛的弟子非得這樣認識不可，不認識沒法入道。無著行也講了一些，就是你執著，執著解脫不了，解脫不了，你怎麼成道！別說了生死，你現在的痛苦，不能轉成快樂。你把痛苦轉成了，一天都是在快樂當中，不是在煩惱當中，漸漸就可以了。能夠這樣就是生死即涅槃，煩惱即菩提，那叫轉了，把兩個看成一個。能生不生、能滅不滅、所生不起，能詮所詮是一個，沒有能詮沒有所詮。無我無造不可壞故。這讓你回歸你的心，必須心裡去作，作就是觀。不要在相上執著，相上執著解脫不了。這樣才達到因不成果，果不成因，無體無動轉，這叫所做的作用，沒有作相。

菩薩成就如是等無量慧藏。以少方便了一切法。自然明達不由他悟。

這叫慧，眞正的眞實慧。用善巧慧一觀照就能了達一切法，自然明達不由他悟。

不由他悟就是自悟，讓你這樣來認識，這樣認識得有菩薩的慧。我們自己沒有慧，學《華嚴經》，把菩薩的慧借給我們，怎麼借？就是我去觀想它，我照那樣去作，照那樣去觀，那樣去思惟，不就是借來了嗎？其實也無所謂借不借，他就是我、我就是他，那就變了菩薩，也成了菩薩慧。

此慧無盡藏。有十種不可盡故。說為無盡。

這個慧加個「無盡」，無窮無盡的智慧，怎麼顯出來？這個慧是無盡藏。「有十種不可盡故，說爲無盡。」這才叫慧無盡，以下是名詞。

何等為十。所謂多聞善巧不可盡故。親近善知識不可盡故。善分別句義不可盡故。入深法界不可盡故。以一味智莊嚴不可盡故。集一切福德心無疲倦不可盡故。入一切陀羅尼門不可盡故。能分別一切眾生語言音聲不可盡故。能斷一切眾生疑惑不可盡故。為一切眾生現一切佛神力。教化調伏令修行不斷不可盡故。是為十。是為菩薩摩訶薩第七慧藏。住此藏者得無盡智慧。普能開悟一切眾生。

哪十種不可盡？「所謂多聞善巧不可盡故」，這叫無盡。多聞生出善巧智慧，無窮無盡，這是第一個無盡。「親近善知識不可盡故」，常時親近善知識，善財童子五十三參，親近善知識，豈止五十三參，成佛了還在參，這叫無盡。聞法無盡，多聞無盡，乃至親近善知識無盡，要想聞法要親近善知識，聞諸菩薩說法，諸佛都是善知識，諸佛菩薩都是善知識。善知識的涵義很廣，善知諸法眞實義，就叫善知識。識是了別，了別就是善知，知道一切諸法眞實的道理，這叫善知識。

「善分別句義不可盡故」，《華嚴經》的每句話，若分別開來，無窮無盡，哪句話都說之不盡。你可以引經據典，《阿含經》、《法華經》、《華嚴經》，哪一句話都可以引入，圓融的！那也叫無盡。分別吧！每一句話所含的道理，前面有個慧，所以說慧無盡故。所以能知道，一切諸法的文句道理都是不可盡的。

「入深法界不可盡故」，甚深法界，說的很深，我們不說深的，就說淺的。經常說佛法在世間不離世間覺，佛法都在世間，我們一天生活當中都是佛法。看著很淺哪！其實很深。你怎麼能認識世間法，在生活環境當中都是佛法，文殊菩薩告訴我們「善用其心」，那就是善巧，把你的心用好了。明明是染法，一善用其心變成淨法。我們上廁所，解大小便，這是不淨法，但是你一善用其心，變成清淨法，變成度眾生法。「大小便時，當願眾生」，在你大小便時都想到一切眾生，「棄貪瞋癡」。把貪瞋癡都棄掉，一切罪惡的法都除掉。這叫善巧，把它轉了，惡變成善，把貪瞋癡都去掉，就是戒定慧。

眾生心，菩薩在行一切法的時候都是利益眾生，在行一切善法的時候，只有一點功德，是慢慢的轉，菩薩一舉一動都是在利益眾生。這樣的多聞善巧，親近善知識，可以作廣義的講，不要太狹義了，有道德的或者菩薩再來的，你哪能知道！你有這個福德嗎？你跟他有這個因緣嗎？你把它改成廣義的善知識，你的前後左右，全是善知識。他做的他想的，跟你做的你想的不一樣。他想的做的，你照他去學，他不是你的善知識嗎？他做錯了，給你做榜樣，你照著他改，他也是你的善知識。《華嚴經》，有時候把惡知識變成善知識，善知識變成惡知識，惡知識善知識，都是知識。

善財童子五十三參殺人無厭的無厭足王，婆須蜜女是妓女，都是善知識。這叫逆行菩薩，他們現的是逆行，跟佛所教導的是相反的，無不是善知識。一切就得靠修道者自己，善知善識。「善知」就是善用其心，「善識」是識別這個事是善是惡，是惡的我把它轉成善，一切都成善。

「善分別句義不可盡故」，每一句話涵義無窮，看你怎麼發揮怎麼理解。每部經上的一句話，海墨書之而不盡，把大海作爲墨，寫不完的。爲什麼加個「善分別」呢？這就是智，慧無盡藏。

「入深法界不可盡故」，什麼叫深法界？如果不知道，就從善財童子五十三參，從開始發菩提心、行菩提道開始吧！十住初發心位，眞正發菩提心。十地菩薩，初地菩薩—歡喜地，那才是眞正的見性發菩提心，證得了發菩提心。一個證發心，一個見發心。我們是善發心，向善的心、發的菩提心，這幾個菩提心都不一樣的。你就這樣深入法界，那個時候你的認知，慧藏，慧無盡，深入法界不可盡。

「以一味智莊嚴不可盡故」，「智」就是「一味」，就是一法，能以一法莊嚴佛的境界，莊嚴淨佛國土都可以，不可盡。這個道理，很多的大德都如是演，就是「一味」。好多經講「等同一味」，一味是什麼味？海水有點鹹，這叫「等同一味」。你經任何事都把它變成佛味，佛的味道。這得你從一開始初入門，歸依三寶，就是菩薩了，就成爲佛子。這很簡單，初入門歸依三寶，這叫「一味智」。這種莊嚴不可盡，這是根本。以後受五戒、八戒，乃至一切戒，只是歸依三寶的一部分。歸依佛的時候，是歸依一切佛。歸依這個法，就是歸依一切法，一切法豈止華嚴，包括一切法。

就像昨天問我傳承，我也在觀！釋迦牟尼佛得誰的傳承？通過佛的歷史，佛從王宮出家，雪山苦行六年，他參的是外道！外道六師他都學了，難道是這個傳承嗎？他不會把他所學的來作爲傳承。他夜睹明星，豁然大悟，就成佛了。誰傳給他的？我在西藏問過好多人，說灌頂法傳承，講這個傳承那個傳承，印度大師傳承，我說都離不開釋迦牟尼佛。

現在整個的三千大千世界，現在你所有的傳承，我們所知道的，就是釋迦牟尼佛傳的，釋迦牟尼佛接誰的法？誰傳給他的？我做什麼事，總要刨根問底。這個是不可以問的，也問不到的。像十無盡藏，慧無盡藏，功德林菩薩說的！誰傳給功德林菩薩的慧無盡藏，十無盡藏？他沒說，只說十方功德林佛加持他。「善男子，你現在說這個法，十方諸佛也在說這個法。」說明了他沒有到十方諸佛求這個法，他現在說這個法的時候，也不是十方諸佛傳給他的。大家來印證他，說你說這個不錯，我們現在也都說這個法。

問傳承嗎？我知道我的老師，慈舟老法師，他所學的是月霞老法師。月霞老法師跟誰學的呢？是自學的嗎？像清涼國師，他是華嚴四祖，他沒有跟三祖學，中間隔了一百多年。三祖跟二祖智儼和尚也隔了好多年，智儼和尚跟杜順和尚也隔了好多年。杜順和尚沒有這麼說：「我是華嚴初祖。」

我們現在要學菩薩的無著行，誰傳給我們的？佛。哪個佛？十方諸佛。現在諸佛，過去諸佛，佛佛道同。我也有問號，釋迦牟尼佛說極樂世界，生阿彌陀佛世界。佛佛道同，阿彌陀佛說的法跟釋迦牟尼佛說的法是同是異？同，我們這個世界說的這個苦集滅道，是不是阿彌陀佛也說的苦集滅道？大家生去那裡回來印證一下，是不是同！

所謂同者，是理同，事不同。理上人人都具足佛性，同的。事上諸佛沒有苦難，三塗八難，佛沒有，菩薩都沒有，阿羅漢都沒有，那又不同了，這叫理同事不同。事來成理，那理也同了，事也同了。理靠事來顯，不假事來顯，這個理是無言的，無言說，那怎麼來成？反覆觀照，觀照用智慧。反覆思惟用三昧，就是定力。定慧合一了，集一切福德心，永遠沒疲厭，不可盡。

說傳承法吧！徒弟跟師父不一樣的，你們都有師父，你回去看看你的師父，你跟你的師父一樣不？將來你再收徒弟，你的徒弟跟你一樣不？媽媽生的兒子，兒子跟媽媽不一樣的，媽媽生的女兒，不一樣的。這個社會時代不同了。八十年前，或者九十年前，現在這幾十年變化的，佛教講不可思議。現在這個社會上，像電視、電影，誰傳來的？找他們最初傳承，社會就是這樣演變的，這叫自然演變。放下執著，奮勇前進，不要執著在句義上！每一句話，若分別開來，張三說一樣，李四說又一樣，我們過去說公說公有理，婆說理更多。自己跟自己往前增長，以佛所教授的，第一個先求解脫，不要執著。解脫了之後，一切都不執著了，生死涅槃平等，達到我們現在學的目的。一切的福德體，沒有疲倦的心，把它保持住，永遠不疲倦。修行不懈怠，一切陀羅尼門，不可盡！入一切陀羅尼門，總一切法持無量義。一切法，包括的太多了，能分別一切眾生語言音聲不可盡。

「集一切福德心無疲倦不可盡故，入一切陀羅尼門不可盡故，能分別一切眾生語言音聲不可盡故，能斷一切眾生疑惑不可盡故，為一切眾生現一切佛神力，教化調伏令修行不斷不可盡故。是為十。」這十種都不可盡，慧無盡藏，智慧無盡。現在我們所學的，是誰傳給我們的？功德林菩薩傳給我們的，不是佛，這是功德林菩薩所說的。

「是為菩薩摩訶薩第七慧藏。住此藏者得無盡智慧，普能開悟一切眾生。」但是我們自己必須先得到慧無盡，沒有智慧，世間法不成，出世間法也不成。先得有慧，慧怎麼來的？有了智慧，善巧都能做，有了智慧你能修，沒有智慧你修不成，慧是主導的，他能使給眾生開悟。那你要學，學因緣，學教理。怎麼樣能求得福德？怎麼樣能培養智慧？智慧不是突然間來的，你閱《大藏經》，看一遍，看得懂你就用，看不懂就慢慢的學，這個福德很大的，也能開智慧。如果你不能全看，《大般若經》一定要看一遍。在人事關係上，在學佛的關係上，漸漸就能夠進入了，業障就消了，業障消了，慧就增長了。越增長越增智慧，越消煩惱，有了智慧了斷煩惱，當你的智慧特大，煩惱斷盡了。

這還要受持，持是持而不捨，要有辨別是非的能力，得靠智慧，辨別是非。現在大家在這裡共同學，你先辨別夢參說的話，他說的對不對？不要聽他說，他說的不見得對，你可以看很多經論來證實他所說這個話對不對？要有這個辨別能力，有了智慧你才能通。沒有智慧通不了，障礙重重。有了智慧，什麼方便都做得很好的，沒有智慧，處處是障礙。「慧藏」就如是，以下是「念藏」。

◎八念藏

佛子。何等為菩薩摩訶薩念藏。此菩薩捨離癡惑得具足念。憶念過去。一生。二生。乃至十生。百生。千生。百千生。無量百千生。成劫。壞劫。成壞劫。非一成劫。非一壞劫。非一成壞劫。百劫。千劫。百千億那由他。乃至無量無數。無邊無等。不可數。不可稱。不可思。不可量。不可說。不可說不可說劫。念一佛名號。乃至不可說不可說佛名號。念一佛出世說授記。乃至不可說不可說佛出世說授記。念一佛出世說脩多羅。乃至不可說不可說佛出世說脩多羅。如脩多羅。祇夜。授記。伽陀。尼陀那。優陀那。本事。本生。方廣。未曾有。譬喻。論議。亦如是。念一眾會。乃至不可說不可說眾會。念演一法。乃至演不可說不可說法。念一根種種性。乃至不可說不可說根種種性。念一根無量種種性。乃至不可說不可說根無量種種性。念一煩惱種種性。乃至不可說不可說煩惱種種性。念一三昧種種性。乃至不可說不可說三昧種種種性。

念一個佛的名號，具足不可說不可說佛名號。十無盡，什麼無盡？念無盡。「念」，就是我們思念的念頭，我們每個人都有念，你在念什麼？我們一天要生好多個念，誰也數不出來。沒有注意，注意了也數不出來，因爲你的念隨時變化。

上面是十種顯示無盡。一個顯生，一個顯劫，一個顯佛名，一個顯授記，一個顯演教，一個顯眾會，一個顯說義，一個顯根性，一個顯所治，一個顯能治。念有十種，前面講的是念的差別相，說那麼多的差別相，都是不可說不可說的差別相，這個念有十種。每個人對照一下，我們是不是也有這些念頭？

此念有十種。所謂寂靜念。清淨念。不濁念。明徹念。離塵念。離種種塵念。離垢念。光耀念。可愛樂念。無障礙念。

「寂靜念」，寂靜念是無念。「清淨念」，念清淨。「不濁念」，不混濁也是清淨的涵義。「明徹念」，念頭很明徹。「離塵念」，要超出世間。「離種種塵念」，我們一天想的六塵境界，想的太多，都把它離開。「離垢念，光耀念」，想光明，照耀這個念。「可愛樂念」，念自己心裡喜歡的。「無障礙念」，念無障礙。

這十念的涵義，第一是「靜慮相應」，這是說你靜下心來，對照思惟你的念頭，你的念頭跟觀止相應。靜慮，清淨，靜慮就是清淨念頭。第二是「無漏俱轉」，無漏念，不漏落。第三是「淨信俱故」，還有淨信，信佛、信法、信僧，產生清淨念，無雜念。第四是「了了知故」，了知念，能了知自己的念頭。

第五是「不取相故」，還有一個不取相念，什麼相都不取叫無相念。譬如說我們念阿彌陀佛，即不取阿彌陀佛相，也沒有我能念阿彌陀佛的念，也沒有所念阿彌陀佛的阿彌陀佛，這叫不取相的念頭。第六是「離分別故」，第七是「離所知故」，第八是「與慧俱故」，第九是「具上諸德」，第十是「離上諸過」。

這十種念，念即無念。在念上就是無念，離開念。離所知念，對什麼事我都知道，離掉這個念頭。與慧俱念，前面講「慧藏」，念跟智慧相合的念。這個念我們都沒住到，我們是胡思亂想，充滿世間的雜亂。

菩薩住是念時。一切世間無能嬈亂。一切異論無能變動。往世善根悉得清淨。於諸世法無所染著。眾魔外道所不能壞。轉身受生無所忘失。過現未來說法無盡。於一切世界中。與眾生同住曾無過咎。入一切諸佛眾會道場無所障礙。一切佛所悉得親近。是名菩薩摩訶薩第八念藏。

一切世間變動不了菩薩的念，過去劫所修的無量善根，悉得清淨。「往世善根悉得清淨，於諸世法無所染著。」一法不染，爲什麼？萬法皆空故，說一法也不染。「眾魔外道所不能壞。」想破壞菩薩的行辦不到，想破壞菩薩的念頭辦不到。

「轉身受生無所忘失。」念佛也好、念法也好，念不失。過去現在未來三世，所有的法，法無盡，一切法無盡。「過現未來說法無盡，於一切世界中，與眾生同住。」不論生到哪類眾生，跟眾生同住同吃，跟一切眾生都同。但是一切眾生都在錯惡、犯罪當中。菩薩無過咎，一點過咎都沒有。

「曾無過咎，入一切諸佛眾會道場。」到一切諸佛所有的道場，這個道場有說法的道場，有行道的道場，道場各個不同的。「轉身受生無所忘失」，不論過一生、過兩生、千百萬億生，這個念頭不忘失，不論念佛、念法或者念道。正念現前，沒有過咎。入一切諸佛的道場，什麼障礙都沒有，想到哪去就到哪去，一動念就到了。能親近一切諸佛，念藏成就。

「無所障礙，一切佛所悉得親近，是名菩薩摩訶薩第八念藏。」我們現在著重的是念佛念法念僧，十念相續。凡是受三歸的，晚上什麼事都沒有，上床休息了，一定念佛念法念僧，「歸依佛、歸依法、歸依僧」，最少念十遍。早晨睜開眼睛第一個念頭，就是念「歸依佛、歸依法、歸依僧」，最少念十聲。晝夜兩頭銜接起來，中間的雜念妄念都不要了，就是「歸依佛、歸依法、歸依僧」。漸漸的能夠入念，念入。一切世俗世間法都是念成的，不要輕視念，念就能成就。

常時如是念，離一切過，什麼過錯都沒有，念念相續。如果念阿彌陀佛的，念頭總是念阿彌陀佛，念《華嚴經》的，念念不忘普賢行願，念念都是普賢行願。不論任何經教，淨土也好，禪宗也好，「歸依佛、歸依法、歸依僧」，這個三歸必須得要。不論誰，一入佛門，第一個「歸依佛、歸依法、歸依僧」，以後都是發展。你學一切法，學華嚴學法華，還是得「歸依佛、歸依法、歸依僧」，「僧」是指菩薩，歸依菩薩僧。以下是第九「持藏」。

◎九持藏

佛子。何等為菩薩摩訶薩持藏。此菩薩持諸佛所說脩多羅。文句義理無有忘失。一生持。乃至不可說不可說生持。持一佛名號。乃至不可說不可說佛名號。持一劫數。乃至不可說不可說劫數。持一佛授記。乃至不可說不可說佛授記。持一脩多羅。乃至不可說不可說脩多羅。持一眾會。乃至不可說不可說眾會。持演一法。乃至演不可說不可說法。持一根無量種種性。乃至不可說不可說根無量種種性。持一煩惱種種性。乃至不可說不可說煩惱種種性。持一三昧種種性。乃至不可說不可說三昧種種性。佛子。此持藏無邊難滿。難至其底。難得親近。無能制伏。無量無盡具大威力。是佛境界。唯佛能了。是名菩薩摩訶薩第九持藏。

「持」是受持不捨的意思，持什麼？受持一切法文句義，總一切法、持無量義，持著無量義利，不要忘失。不但一生持，乃至不可說不可說生持。持一佛的名號，你念阿彌陀佛一直念下去，乃至不可說不可說的佛名號，念一佛的名號就是持了不可說不可說的佛名號。

「難得親近，無能制伏，無量無盡具大威力，是佛境界唯佛能了，是名菩薩摩訶薩第九持藏。」這個持藏，持大方廣。第一，「大」是大之無外，沒有超過大之外的。第二，「廣」，廣能虛受，不是虛的，而是實的。「大」是體，「廣」是相、用。第三種深難至底，想到達它的底，到不了底。第四，四邊絕相，絕相無相。第五，外無能制，沒有能持，沒有持藏的所持。第六，體無分量，持的體，不是分量，不是大小，不是方圓。第七，用無窮盡。第八，內含眾德。第九，因徹果源，初發心時成正覺，如是二心初心難，就是因徹果海。第十，餘無能究，沒有能夠超出持藏。持什麼呢？持佛名號，持佛所持的名號，持佛授記，任持不失。

◎十辯藏

佛子。何等為菩薩摩訶薩辯藏。此菩薩有深智慧。了知實相。廣為眾生演說諸法。不違一切諸佛經典。

第十是「辯藏」。「辯」是辯證的意思，辯證一切諸法的深義。辯證諸法深義，必須得有深智慧，深智慧是什麼智慧呢？實相的智慧，了知實相，給眾生演說的法，不違背實相。一切諸法皆是佛的，一切經典都是一品，實相品，乃至不可說不可說的品類。

說一品法。乃至不可說不可說品法。說一佛名號。乃至不可說不可說佛名號。如是說一世界。說一佛授記。說一脩多羅。說一眾會。說演一法。說一根無量種種性。說一煩惱無量種種性。說一三昧無量種種性。乃至說不可說不可說三昧無量種種性。或一日說。或半月一月說。或百年千年百千年說。或一劫百劫千劫百千劫說。或百千億那由他劫說。或無數無量乃至不可說不可說劫說。劫數可盡。一文一句。義理難盡。

無量佛的世界，說一佛授記，就是無量佛的授記，一切大乘經典修多羅，都是如是，說演一法，說一根無量種種性，說一煩惱無量種種性，說一三昧無量種種性，乃至不可說不可說三昧無量種種性。這叫「無盡藏」。

何以故。此菩薩成就十種無盡藏故。成就此藏得攝一切法陀羅尼門現在前。百萬阿僧祇陀羅尼以為眷屬。得此陀羅尼已。以法光明廣為眾生演說於法。

「辯藏」，辯論無盡的，演法無礙，辯才無礙，成就此藏。光明就是表法的，佛經常是放光，以光說法，光即是說法。這是指佛的光明，不是不作意的光明。

其說法時。以廣長舌出妙音聲。充滿十方一切世界。隨其根性悉令滿足。心得歡喜。滅除一切煩惱纏垢。善入一切音聲言語文字辯才。令一切眾生佛種不斷淨心相續。亦以法光明而演說法。無有窮盡。不生疲倦。何以故。此菩薩成就盡虛空徧法界無邊身故。

佛的舌，叫廣長舌，佛伸出來的舌頭能徧覆三千大千世界；我們的舌頭，到不了鼻子。有人十世百世不打妄語，他的舌頭伸出來能把臉蓋上。我們不行，盡說假話，所以舌頭蓋不住，連鼻子都達不到，因為說假話太多了，舌頭伸不出來。得廣長舌，此菩薩成就十無盡藏，能攝一切法陀羅尼現前。總持，總一切法持無量義。百萬阿僧祇以為眷屬，這一法有法眷屬。像法相、三論、戒藏都是從《華嚴經》出的，《華嚴經》就是總。數量可盡，一文一句的義理難盡，一句話的道理講，講不完的。「辯」，辯才無礙的演說諸法，得說一切陀羅尼門現前。說法的時候用廣長舌演的美妙音聲，隨眾生類隨眾生音，隨眾生的福德各有所得，消滅一切煩惱。

「充滿十方一切世界，隨其根性悉令滿足，心得歡喜。」聞法的都得歡喜，消除一切煩惱障，「滅除一切煩惱纏垢，善入一切音聲言語文字辯才，令一切眾生佛種不斷淨心相續。」淨心相續者，就是成就道業。「亦以法光明而演說法。」這叫無盡辯，無有窮盡說法，無有疲倦。

「無有窮盡，不生疲倦。何以故？此菩薩成就盡虛空徧法界無邊身故。」像我們讀《地藏經》，地藏菩薩化身，連佛都不知道他的化身有好多數，「吾以佛眼觀故，猶不盡數」。化身無盡，身無盡、說法也無盡，聞法的眾生當然也是無盡。

是為菩薩摩訶薩第十辯藏。此藏無窮盡。無分段。無間無斷。無變異。無隔礙。無退轉。甚深無底。難可得入。普入一切佛法之門。

這一品是十無盡藏，十無盡藏就是十行位的菩薩，行菩薩道，以十無盡藏來爲一切眾生演說法，這就是辯十無盡藏。

佛子。此十種無盡藏。有十種無盡法。令諸菩薩究竟成就無上菩提。何等為十。饒益一切眾生故。以本願善迴向故。一切劫無斷絕故。盡虛空界悉開悟心無限故。迴向有為而不著故。一念境界一切法無盡故。大願心無變異故。善攝取諸陀羅尼故。一切諸佛所護念故。了一切法皆如幻故。是為十種無盡法。能令一切世間所作。悉得究竟無盡大藏。

用本願力迴向成就佛果。「一切劫無斷絕故，盡虛空界悉開悟心無限故。」盡虛空界使一切眾生都能開悟，都能證得他的心。

「迴向有爲而不著故」，一切法迴向無爲，但是迴向有爲，有爲即是無爲，無爲才不執著。迴向有爲而不執著，因爲已得到無爲法，一切境界，一切法無盡。一切境界無盡，世間一切境界是無盡的，法也無盡。菩薩的大願心，願力無盡善能攝取諸陀羅尼，一切法的總義，他能攝持，持而不捨。爲一切諸佛所護念，了知一切法皆如幻，是爲十種無盡藏，能令一切世間所作，悉得究竟無盡大藏。

這十句，第一是上求下化。第二是豎窮橫徧。第三是捨相契實，一切相捨了，契眞實。第四是無變善攝，不變實體，而能善巧攝受教化一切眾生。第五是外護內明，外護諸法，內明眞實道理。

十無盡藏品 竟

國家圖書館出版品預行編目資料

升夜摩天宮品 第十九.夜摩宮中偈讚品 第二十.十行品 第二十一.
十無盡藏品 第二十二/夢參老和尚主講；方廣編輯部整理.
— 初版. — 臺北市：方廣文化事業有限公司, 2021.09
面； 公分. —（大方廣佛華嚴經. 八十華嚴講述；12）
ISBN 978-986-99031-3-4（精裝）

1.華嚴部
221.22　　110013779

大方廣佛華嚴經《八十華嚴講述》

升夜摩天宮品 第十九・夜摩宮中偈讚品 第二十
十行品 第二十一・十無盡藏品 第二十二

主　　講：夢參老和尚
編輯整理：方廣文化編輯部
封面攝影：仁智
美編設計：隆睿
印　　製：鎏坊工作室
出　　版：方廣文化事業有限公司
住　　址：台北市大安區和平東路
電　　話：02-2392-0003
傳　　真：02-2391-9603

◎地址變更:2024年已搬遷
通訊地址改爲106-907
台北青田郵局第120號信箱
(方廣文化)

劃撥帳號：17623463　方廣文化事業有限公司
網　　址：*http://www.fangoan.com.tw*
電子信箱：*fangoan@ms37.hinet.net*
裝　　訂：精益裝訂股份有限公司
出版日期：2021年9月 初版1刷
定　　價：新台幣580元(軟精裝)
經 銷 商：聯合發行股份有限公司
電　　話：02- 2917-8022
傳　　真：02- 2915-6275
行政院新聞局出版登記證：局版臺業字第六〇九〇號
ISBN：978-986-99031-3-4
No.H401　　Printed in Taiwan

夢參老和尚系列
書 籍

方廣文化出版品目錄〈一〉

八十華嚴講述

HP01 大乘起信論淺述 (八十華嚴導讀一)
H208 淺說華嚴大意 (八十華嚴導讀二)
H209 世主妙嚴品 (第一至三冊)
H210 如來現相品・普賢三昧品 (第四冊)
H211 世界成就品・華藏世界品・毘盧遮那品 (第五冊)
H212 如來名號品・四聖諦品・光明覺品 (第六冊)
H213 菩薩問明品 (第七冊)
H214 淨行品 (第八冊)
H215 賢首品 (第九冊)
H301 升須彌山頂品・須彌頂上偈讚品・十住品 (第十冊)
H302 梵行品・初發心功德品・明法品 (第十一冊)
H401 升夜摩天宮品・夜摩宮中偈讚品・十行品・十無盡藏品 (第十二冊)
....陸續出版中....

華 嚴

H203 華嚴經淨行品講述
H324 華嚴經梵行品新講 (增訂版)
H205 華嚴經普賢行願品講述
H206 華嚴經疏論導讀
H255 華嚴經普賢行願品大意

天 台

T305A 妙法蓮華經導讀

楞 嚴

LY01 淺說五十種禪定陰魔—《楞嚴經》五十陰魔章
L345 楞嚴經淺釋 (全套三冊)

方廣文化出版品目錄〈二〉

夢參老和尚系列
書　籍

● 地藏三經

地藏經

D506　地藏菩薩本願經講述 (全套三冊)
D516A　淺說地藏經大意

占察經

D509 占察善惡業報經講記 (附HIPS材質占察輪及修行手冊)
D512 占察善惡業報經新講

大乘大集地藏十輪經 D507 (全套六冊)

D507-1 地藏菩薩的止觀法門 (序品 第一冊)
D507-2 地藏菩薩的觀呼吸法門 (十輪品 第二冊)
D507-3 地藏菩薩的戒律法門 (無依行品 第三冊)
D507-4 地藏菩薩的解脫法門 (有依行品 第四冊)
D507-5 地藏菩薩的懺悔法門 (懺悔品 善業道品 第五冊)
D507-6 地藏菩薩的念佛法門 (福田相品 獲益囑累品 第六冊)

● 般 若

B411 般若波羅蜜多心經講述 (合輯本)
B406 金剛經
B409 淺說金剛經大意
B412 應無所住：金剛經十四堂課

● 開 示 錄

S902 修行 (第一集)
Q905 向佛陀學習 (第二集)
Q906 禪・簡單啟示 (第三集)
Q907 正念 (第四集)
Q908 觀照 (第五集)

方廣文化出版品目錄〈三〉

地藏系列	D503	地藏三經（經文版） （地藏菩薩本願經、大乘大集地藏十輪經、占察善惡業報經）
	D511	占察善惡業報經行法（占察拜懺本）（中摺本）
華嚴系列	H201	華嚴十地經論
	H202	十住毘婆沙論
	H207	大方廣佛華嚴經（八十華嚴）（全套八冊）
般若系列	B402	小品般若經
	B403A	大乘理趣六波羅蜜多經
	B404A	能斷金剛經了義疏（附心經頌釋）
	B408	摩訶般若波羅蜜經（中品般若）（全套三冊）
天台系列	T302	摩訶止觀
	T303	無量義經（中摺本）
	T304	觀普賢菩薩行法經（中摺本）
部派論典系列	S901A	阿毘達磨法蘊足論
	Q704	阿毗達磨俱舍論（全套二冊）
	S903	法句經（古譯本）（中摺本）
瑜伽唯識系列	U801	瑜伽師地論（全套四冊）
	U802A	大乘阿毗達磨集論
	B803	成唯識論
	B804A	大乘百法明門論解疏
	B805	攝大乘論暨隨錄
憨山大師系列	HA01	楞嚴經通議（全套二冊）

方廣文化出版品目錄〈四〉

密宗系列

M001　菩提道次第略論釋 (全套四冊)
M002　勝集密教王五次第論
M003　入中論釋
M004　大乘寶要義論(諸經要集)
M006　菩提道次第略論
M007　寂天菩薩全集
M008　菩提道次第廣論
M010　菩提道次第修法筆記
M011　白度母修法(延壽法門修法講解)
M012 A　中陰–死亡時刻的解脫
M018　菩提道次第廣論集註 (卷一～卷十三)
M019　佛教的本質–《佛教哲學與大手印導引》
M020　業的力量–(與死亡的恐懼共處)

能海上師系列

N601　般若波羅蜜多教授現證莊嚴論名句頌解
N602　菩提道次第論科頌講記
N345　戒定慧基本三學
N606　能海上師傳
N607　現證莊嚴論清涼記
N608　菩提道次第心論

論頌系列

L101　四部論頌(釋量論頌 現證莊嚴論頌 入中論頌 俱舍論頌)
L102　中觀論頌 (中摺本)
L103　入菩薩行論頌 (中摺本)
L104A　彌勒菩薩五部論頌
L105A　龍樹菩薩論頌集
L106　中觀論頌釋
R001　入中論頌 (小摺本)

方廣文化出版品目錄〈五〉

南傳佛教系列

SE05 七種覺悟的因素
SE06 南傳大念處經 (中摺本)
SE07 三十七道品導引手冊 (阿羅漢的足跡增訂版)
SE08 內觀基礎 《從身體中了悟解脫的真相》
SE09 緬甸禪坐 《究竟的止觀之道》(增訂版)

其他系列

Q701 單老居士文集
Q702 肇論講義
Q703B 影 塵-倓虛老法師回憶錄
Q705 佛學小辭典 (隨身版)
ZA01 參 禪《虛雲老和尚禪七開示》
ZA02 禪淨雙修《虛雲老和尚開示錄》
Z005《禪宗公案》-李潤生著